谨将此书献给自 1921 年中共成立以来，尤其是 1949 年中共建政以后，在毛泽东和中共的高压统治下，在各个政治运动中，包括 1989 年北京民运，以及 2019 年香港反送中运动中出现的众多视死如归，用生命和鲜血反抗专制极权的英雄。

审判毛泽东

锺闻　艾仲华　著

神州出版社

审判毛泽东

锺闻 艾仲华 著

封面雕塑：高氏兄弟
封面及内文图片来源：网络图库

出版社：神州出版社
版次：2019 年 12 月第一版，2019 年 12 月第一次印刷
开本：6X9inch, 15x22.5cm
字数：320 千字
定价：$30.00 美元

序 一

深挖毛泽东的罪恶根底

于金山

毛泽东与希特勒、斯大林是 20 世纪人类的三大魔头。三大魔头中，毛首屈一指。

毛泽东杀人之残忍与数量，远比希特勒斯大林为甚。超过我们祖国三千年所有朝代和平时期被杀死的人的总和。中华民族被毛泽东残害的 30 年，是华夏历史上最黑暗的时期。

在毛泽东统治年代，人民纷纷向外逃亡而不得，毛共武装封锁所有边境通道，实行"关门打狗"，30 年来人民始终在饥饿和半饥饿线上挣扎，连饭都吃不饱，还谈何其他？

毛泽东死后，邓小平，江泽民，胡锦涛经济上改革开放，百姓慢慢吃饱饭了，生活逐渐有所改善，经济也有发展，政治上中共还继承毛泽东的政治遗产。与美国基本上友好往来，不与美国对抗，商业双方有利，中国受益更多，美国也刻意协助，中美交流进行的不错。习近平上台 5 年来，实行与美国对抗为主轴，在南海军事化控制公海航道，与美国及周边各国对抗，扩大网军，加紧收集美国科技商业机密，不断派人进入美国进行渗透活动，并透过商业、文化、学术管道培植亲中反美人才，威胁到美国国家安全。习近平急欲取代美国世界主导地位，企图要当世界领袖，也使世界各国害怕他像对待中国人民那样专制暴戾，而产生畏惧戒心。

2018 年以来，美国被迫重新全面检讨对中国政策，逐渐与中共划清界限，防止继续被共产主义渗透，改变融合为遏制，使北京当局不得不有所收敛。

习近平在国内大力向毛泽东极左政治倒退，推行个人崇拜，高度集中个人权力，实行毛式独裁，意图无限期连任做终身帝王。国内则加紧社会控制，紧缩人民政治参与空间，网路警察监控全面化，压制民众资讯自由。

习近平仍把改革开放当口号，挂在口头上，实质上是向毛泽东极左共产政策倒退。习近平能这样做，根源在于毛泽东死后 40 年，中共从未清算过毛的罪行，肃清其流毒影响。毛泽东饿死 4000 万人的滔天罪行，至今中共仍然掩盖隐瞒，不许人民知道真相。相反继续宣传毛泽东是伟大领袖，红太阳的宣传资料充斥网路。毛泽东那一套，依然从政治上思想上统治中国。习近平全面学毛泽东，个人崇拜甚至要超过毛泽东。要改变习大帝向错误道路前进，就必然要涉及挖毛根，摧毁毛泽东的影响力。

锺闻构想的毛泽东悔罪之旅，正是要挖毛泽东的罪恶根底。毛泽东在幽灵之地要悔罪，习近平更要思毛之过，抛弃祖师爷毛泽东，抛弃共产主义，放弃与美国对抗的错误政策，中国在世界才有发展出路。

锺闻是 1980 年代纽约华人社区采访记者。我也在担任另一间报社的记者，与锺闻时常在不同的场合见面。锺闻虽不多言，但对很多时事都有个人独特的看法，尤其是中国近代史和中美两国的关系。现在锺闻出书《审判毛泽东》，也就是呼吁习近平悔过错误道路，抛弃毛泽东之道，值得我们海外华人同胞重视，希望有助于改变中共现在当权派的恶行，走向王道正道。

序 二

他会甘心情愿忏悔吗？

蔡天石

2018 年 10 月，陈君把本书的初稿转寄给我并约略介绍了作者。顿时，我被作者年近米寿，仍如此执着去写这本三十万字的长篇所感动。细读之后，发觉他的观点跟我有很多地方相异。所以，没有对该书作任何评论，以免伤害作者的热情。意想不到，作者竟然不以为忤，以开放的态度要求我为书写篇代序。这豁达的态度，看来是在美国多年，思想受到良好的薰陶、去除心灵上之狭隘和偏见的结果。既然大家不戚戚于议论，我便籍此提点个人的读后意见。

作者浏览了大量关于文革前后登载的文章，有关毛泽东的生平乃至死后，受到各方面人仕所挖掘、揭发的文件材料及评论。有感于这些材料既丰富、又太过松散，有很多地方既无法证实、评论更存争议。于是采用近于小说的形式去把如此庞杂的资料联结起来，这当然是作者机敏之处。不过，因此而近于戏说了。

我很赞赏中共元老陈云对毛的评价："建党他有份、建国他有功、治国他无能、文革他有罪。"权力使人腐化，越大越长期、越极端的权力越使人腐化得越彻底。毛从湖南湘潭的韶山涌的农民小地主家庭中出生，从受到书塾教育到携备纸笔墨砚，周游附近几个乡县之时，会看到民间疾苦，希望有所改变。这时的毛润芝不失为中国的思想上求进步青年之一分子。本着对知识的追求之心，他读了师范学校，再设法到北京去。在友人帮助下，总算谋得了一份既可以生活，又可以深造提高学问的北大图书馆工作人员的好职务。他的智商颇高，如果肯艰苦攻读，很可能成为与康有为、梁启超、胡适、梁漱溟、陈寅恪等学者同列的大师。事实上，他也得到杨昌济教授的看重，女儿杨开慧更是以身相许。

到底真正是什么原因，使他离开了北京并转而成为崇拜暴力的农民起义的领袖？绝非因为陈独秀之流把马克思著作从俄译本转译至中文，他阅后就逐渐成为了共产主义的信徒如此简单。看来，我们不妨比较一下：德国的希特勒遗下的青年时期之画作，如加努力，就会成为优秀的画家。希特勒这点跟毛润芝倒有几分异曲同工之处。毛成了万岁爷之后，他的下属把他的思想吹奉为当代马列主义的顶峰，只能供后人作笑谈。

其实，毛在世时也清楚知道：现在很多人已经不相信马克思主义了。毛的书桌，案头放的是一叠《资治通鉴》，他的书房充满的是精美的线装书。文化革命前后公开的摄影、纪录片毫无隐讳，让世人皆尽知！他享受到从遵义会议到去世，共四十一年的权力，从井岗山山大王到驾驭全国。其间多次的起起落落，几度危机之下又回复巩固的权力。他为维持这极权而不惜牺牲别人的一切已成了他的习惯。他早已完成从改革者到封建极权统治者的蜕变并腐化的过程。

毛的御林军称为8341部队是众所周知的。他终寿八十三岁，他享极权四十一年，这数字与八三四一巧合得令人吃惊。这是否会让聪明绝顶的毛皇帝构成预感，构成心理压力？什么"真正的唯物主义者是无所畏惧的"说法，跟这位万岁爷沾不上关系。这位被传唱多年的"不落的太阳"，这四个伟大的君皇，死后如有灵魂上到玉皇大帝庭前，会甘心情愿地拜跪吗？四十年代在重庆，他不是带头喊蒋万岁，没几年就把蒋赶到台湾了啊！五十年代推行大跃进、人民公社、总路线三面红旗之时，他写诗"天连五岭银锄落、地动三河铁臂摇"后，他的御用诗人急忙作相呼应的诗歌在全国传颂并载入中小学教科书："天上没有玉皇，地上没有龙王。我就是玉皇，我就是龙王。喝令三山五岭开道，我来了！"这首诗歌完全迎合并暴露了毛泽东要当龙的传人之王及天上的玉皇的愿望。

人们再回味一下，共产主义者耳熟能详的国际歌中的"从来就没有什么救世主，也不靠神仙皇帝……"与文化革命时期代替了国歌的"东方红"中的"中国出了个毛泽东，他是人民的大救星……"可以参详着考察。两首歌词内容既矛盾，又毫不矛盾。可意会，亦可言传。

古代的皇帝身旁还设了些左右拾遗之类的谏官，毛接受的是"大树特树毛泽东思想的绝对权威"，毛成了马克思主义的顶峰学问的缔造者，全国人民都得听从毛主席的教导，他早该当世界领袖了。

自从爱因斯坦的方程式 E=MC2 受到公认、自从电脑出现及以电脑操纵机器人并逐渐普及使用。人类对世界的认知已进入新时代。人们知道物质与能量能互相变换，人类不必要靠剥削别人而取得马克思所谓的"剩余价值"，可以让电脑及机器人代替繁重的脑力和体力劳动。这从根本动摇了唯物论并把马克思理论批驳得体无完肤。当今仍然固守这套理论者，无论把这套理论发展到如何顶峰，都跟现代的科技和支持现代科技的理论不相容。更无论他握有多大极权去顽固地强行要别人接受，也免不了陷入"沉舟侧畔千帆过，病树前头万木春"的结果。

回谈到本书，作者把毛主动犯下的罪恶，似说成是受下属所蒙蔽所至，连狡辩都免了。这点，恐怕中共全国的下属干部也不认同。事实上，无论罪与错都是上行下效加上吹捧的结果。文革早期批判过的"错误言论大家有份"，使他的继承者要抬出"毛泽东思想胜利万岁"来为自己的行为作注解，这态度已成风气，是必要把中国继续引向灾难的深渊。本书的积极意义，是让一部分读者，会根寻"前三十年、后三十年"的历史，或许能作出反思。

序 三

痛击毛泽东神祇的重锤

蔚虹

　　古今中外，暴君与明主均见于史书。中国的纣王，厉王，幽王，秦始皇，乃开启残暴专制之治的代表人物；延至今日，中国的专制传统尚根深蒂固。鄙陋如我，无评述外国暴君如何专制的才具，经历了苏共由鼎盛至崩解之全程，又亲身经历毛泽东按照列宁斯大林构建之专制模式在中国强暴施政所造成的举世震骇的浩劫，未醒悟者有谁？剿灭了德国法西斯和在平和之中，促使苏联集团整体崩塌，人类确认了民主，自由，平等的文明政治的可贵，野蛮专制已普遍被鄙弃；这是近百年来人类对黑暗专制的生死与共的圣战，代价惨重。决战中，丘吉尔，罗斯福，蒋介石，是文明的俊杰。希特勒，列宁，斯大林，莫索里尼则是被唾骂的独夫渣滓。文明战胜了强暴，这是人类从未有过的圣战。

　　圣战未已，当今何者为人类步入全面文明胜景前夕的最后的人间炼狱？毛泽东集伪善，残暴，淫秽，无底线，无承诺，有过必诿，睚眦必报，阴险诡诈，残害同僚，信口雌黄，见利忘义于一身，自 1940 年至 1976 年，从骗夺政权到文革浩劫，把偌大的中国颠覆为法西斯国家，民不聊生，哀鸿遍野，全民教育文化彻底崩坏，道德沦丧……。啊，我神州壮丽河山竟沦为一座森森然的巴士底狱！法国巴士底狱被攻陷之时，囚徒寥寥数人，而中华大地的政治犯，思想犯则无以计数，当权者竟矢口否认政治犯，思想犯的存在。偌大的神州，已取代了巴士底狱，比法国的巴士底狱更巴士底狱！

　　摧毁毛氏强加于神州的专制法西斯强权，必然是全人类民主，自由，文明事业取得全球范围彻底性胜利的标志，是人类彻底铲除法西斯炼狱，功记史册的胜利。

毛泽东是恶贯满盈，罪行罄竹难书的中华史上的罪魁，极力维护他的声威，掩饰其罪恶者，乃独裁者既得利益者固权恋栈愚蠢的挣扎。敢于揭露毛泽东的丑恶面目和龌龊灵魂者，则是醒觉明智勇敢德义兼备的义举。在民族昏后苏醒，灵魂救赎，道德重建之初，毛泽东的私人医生李志绥一书风行，把毛匪首踩在脚下，成了首吹反毛号角的清醒的先驱。他虽被暗害，死得不明不白，但他的名字和回忆录，将永志人间。

　　如今，锺闻经过长期搜寻积累，把毛泽东许多鲜为人知的史实，以朴实无华，宛似白描的笔触，写成新著，这是一本史实汇篇，集史实史评虚拟的追讨控诉和虚拟的毛泽东无可奈何的自悔于一体，很有可读性。

　　史海钩沉，殊属可贵，它是击向毛泽东炼狱高墙有力的一锤。

序 四

我眼中的毛泽东

——《审判毛泽东》代序

徐文立

美国布朗大学沃森国际研究院荣退高级研究员

毛泽东就是毛泽东。这话好像什么都没有说。那么，现代人不常爱说"我就是我"嘛？难道也什么都没有说吗？显然不是，所以我主张用现代的观念历史地去看待已经死去了 43 年的毛泽东：毛泽东就是毛泽东。在我眼里，毛泽东曾经是一个不安分的有自己抱负或者说有自己野心的年轻人，随着他的权谋得势，他几乎成了中国的最后一位专制皇帝，后来的华国锋、邓小平、江泽民、胡锦涛，直至现在的习近平，手中的权势和他的差不多，但是都够不上"红色皇帝"这个格。

那么，毛泽东怎样成为了一个红色皇帝呢？他基本上是延续了中国自秦以来两千多年的皇权专制社会中所特有的改朝换代的全部手段，什么马克思主义、列宁主义、斯大林主义，在毛泽东的手里也只不过是一个工具。当然，所谓的理论也往往就是个工具而已。真知灼见的思想才是有可能成为独特的精神创造。所以，从这个意义上说，毛泽东只不过是一个成功了的农民领袖，这个"农民性"跟了毛泽东一辈子，这是解读毛泽东的一把钥匙。只是年轻时代他主办的《湘江评论》，以及和蔡和森等挚友的通信往来，不能不说是有一些书生意气，激扬文字，指点江山的豪情。

《三国志》看多了，《水浒传》看多了，二十四史中那些帝王权谋看多了，而且得心应手，毛泽东难免不把《红楼梦》作为斗争的权术来研究，再加上耿耿于怀永远忘不了的在北京大学打工时所遭受的屈辱，自然形成了他小家子气的刻薄和狠毒。所以，他在成名之后，在给他的老同学的私信中也不忘念叨那些教授们对他的小视和轻狂，这就更加剧了他的小家子气。所以，在他的愤世嫉俗中，理由变得很简单：只要你是城里人、只要你是有产者、只要你是知识分子，便都是他的仇恨的对象和理由。一旦他有了权柄，就把他那整个的党、以至于整个的中华民族都毒化得没了品味。

当然，也不得不承认相当多的和他有同样经历和心境的人，确实在他的威权之下，得到了相当的好处；以至，这些人成了他的统治基础；以至，这些人袒护他和平时期致七、八千万人死亡的罪孽。直至今日拥戴他的人，还是这类型号的人。于是，毛泽东就在这样的一种环境当中如鱼得水，甚至嚣张至今。

导　言

一个残忍暴戾时代的血泪见证

锺闻　艾仲华

　　本书基于真实的历史资料，通过虚拟毛泽东与马克思、秦始皇、朱元璋、蒋介石、斯大林、赫鲁晓夫、希特勒、刘少奇、朱德、邓小平等数十个名人的阴魂对话，数十个在毛泽东时代被残害的冤魂向玉皇大帝的申诉，以及玉皇大帝的大审判，在我们面前生动地呈现了一个野心勃勃、狂妄毒辣的毛泽东。这个将西方马克思主义与中国传统文化结合的毛泽东，专横暴戾、热衷个人崇拜、排斥异己、完全听不进不同意见的个性，令他一意孤行，在中国实行公有化及均富的平均主义路线，导致中国经济在他掌权的时间内极度落后，人民长期饥饿贫困。他挑动阶级仇恨推行愚民政策，利用下层百姓压制具有独立思想的知识份子，在社会上甚至家庭成员之间鼓吹阶级斗争思想，也使全体人民长期生活在仇视对抗及恐惧痛苦之中。

　　毛泽东是湖南省韶山冲一个富农的儿子，他在私塾学习六年，熟读四书五经，后毕业于省师范学校。他认真研读《资治通鉴》，还喜欢读《三国演义》《水浒传》等闲书，从书中吸取了不少统治的权术。自 1894 年甲午战争以后，西方各帝国主义国家在中国划分势力范围及抢夺资源，剥削奴役及杀害百姓，导致人民生活在水深火热之中。目睹家乡饥民的痛苦，毛泽东开始伺机造反。

　　1917 年俄国列宁政变成功以后，毛泽东接受了马克思主义在地球上建立公平美好社会的思想，1920 年在长沙成立共产主义小组。他到安源组织煤矿工人罢工，逃到江西井岗山为匪，迎娶土豪之女贺子珍，占山为王，成了山大王。

　　这时，毛泽东已开始显露毒辣残暴的个性。他任用部下，在原有的江西红军中抓反革命，使用火烧吊打、竹枝插指甲、将手用铁钉钉在桌上等残酷的私刑。这些本来对他友好的红军干部进行反抗，却被认为是反革命叛变，毛泽东曾一次狠绝地将700红军干部杀害。他的目的是将原来的红军打散，扩大自己的势力。据统计，由1927至1933五年之中，被毛泽东杀害的红军共有数万人。

国民党军队对中央苏区进行围剿，前四次红军反围剿胜利。1934年10月红军五次反围剿失败之后，狼狈逃窜。1935年1月，红军在贵州重镇遵义举行中央政治局扩大会议，选出三人军事小组，毛通过权术，逐渐独揽大权。并开始在共党和共军中实行专横高压的统治。

1936年10月到达陕北。许多希望国家富强，积极抗日的青年与知识份子，纷纷前来投靠共产党。多疑的毛泽东却不停地进行整风，在革命队伍内查找特务、内奸及反革命，令许多本来满腔热血的人士都冤枉地被批斗、关押、审问甚至杀害。

中国历代农民起义的口号是"均贫富"，中国传统中也有"不患寡而患不均"的大同思想，毛泽东将他信仰的共产主义与这种思想结合，在所控制的农村实行土改，获得了贫穷百姓的支持。与国民党内战三年获胜，共产党宣布成立中华人民共和国，开始在全国范围内实行土改。

土改充满暴力与血腥，工作队挑动流氓、地痞和贫苦农民残暴殴打地主，使用竹木夹手脚，罚跪破璃等残酷私刑，不少受不了私刑的人宁可自杀。一些平日对村民仁慈的地主一样被殴斗，即使没有大罪者也被枪毙，土改中死去的地主难以计算。

通过勤劳俭朴发家的地主，在美国的洗衣工人将血汗钱寄回乡下购买田地房屋的华侨，不能逃脱房产土地被没收的命运。共产党在城市没收官僚资本家的财产，对私营企业实行公私合营。其实十多年后文革开始，民族资本家财产也等于被没收了。

1958年毛泽东提出大跃进，全国几千万人土法炼钢，农村出现深耕、密植、虚报产量浮夸风。他又在1958年8月实行人民公社化，由公社提供不需要付钱的大锅饭，并计划供给农民一切生活所需，实行不切实际的"共产主义"。

大跃进劳民伤财，集体粮食大幅减产，不久后集体粮食被吃光，农民又不允许种自留地。由 1959 年至 1961 年，全国农村活活饿死四千多万人，有些地方的农民竟然饿得易子而食。本书后面收录诺贝尔文学奖获得者莫言写的记录中国农村 1960 年人民公社化后，因浮夸风、共产风导致中国农村经济破产，大批农民因饥饿吃泥土、煤块、甚至吃人肉，尸横遍野的惊心动魄的回忆文章。

1956 年 11 月八届二中全会，全党开展整风运动，1957 年 4 月共产党欢迎党外人士提意见。谁知到 6 月份，毛泽东发出反击右派份子向共产党进攻的指示，全国 55 万曾向共产党提意见的人被划为属于敌我矛盾的右派份子。55 万中半数被开除公职的城市知识份子，被赶回原籍乡下耕田。反右运动中受到迫害的右派、右倾分子一共达到 300 万人之多。大多右派份子被送到边远地区劳动教养或监督劳动，有人饿得竟然要吃粪坑中的蛆虫，甚至要吃受难者的尸体，饿死的右派份子不计其数。留在原单位的右派份子也只能转去从事低贱工作，并受尽政治歧视。

1959 年 7 月在庐山中央及各省市自治区负责人的会议上，国防部长彭德怀对大炼钢铁及饿死数千万人提出意见，获得湖南省委书记周小舟、解放军总参谋长黄克诚、外交部副部长张闻天的支持，四人被毛打成反党集团。彭德怀和张闻天在文革中受到残酷批斗，他们头戴高帽，胸前挂着大牌子，低头弯腰，状况极其凄凉。张闻天在批斗中曾多次心脏病发作。

1962 年七千人大会后毛泽东退居二线，由刘少奇邓小平收拾残局。刘邓的三自一包政策令国家经济及民生有了起色。但毛泽东于 1963 年就提出党内存在社会主义及资本主义两条路线斗争，并决定开展反修防修的社会主义教育运动。他又于 1966 年发动文化革命，八次接见红卫兵，挑动红卫兵造反，鼓吹"天下大乱，越乱越好"，呼吁红卫兵"舍得一身剐，敢把皇帝拉下马"。红卫兵将刘少奇邓小平及支持他们路线的各级干部批斗夺权，他们四处打人，疯狂抄家，破四旧、烧书、砸菩萨，还使用真刀真枪进行武斗，武斗中死人无数。

五类份子，各领域的知识份子，包括从美加、英国及香港回国参加社会主义建设的高级知识份子，解放前曾加入国民党和三青团者，曾在国民党机构工作的职员医生工程师，曾在国民党军队服役的军人包括抗日英雄，绝大部份都被打被斗，无法忍受攻击的人选择自杀。这时的中国，根本就是鬼哭狼嚎的人间地狱。

书中列举了数十个受害者，其中多人只是因为对毛泽东的路线政策提出意见，就被判成现行反革命份子关进监狱，在狱中受到严刑拷打，多人被枪杀。

张志新 1950 年曾参加志愿军，就读军事干部学校，毕业后留校在俄语资料室工作，1955 年入党。文革中她因认为毛泽东总路线大跃进人民公社三面红旗错误，忠字舞助长个人崇拜，便被判为现行反革命关进监狱。1970 年因为刘少奇翻案被判死刑，后改判 15 年，她不服上诉，又被加判为无期徒刑。狱中曾被拖布塞喉，铁丝钳舌头和嘴巴，背上背着 18 斤重铁锤，脚带铁镣，经常被毒打，头发几乎被拔光，更惨无人道的是被枪决前曾被轮奸。

1973 年 11 月狱中批林批孔，张志新提出极右总根源在毛泽东，被认为坚持反动立场重新被判死刑。1975 年 2 月辽宁省委审批，毛泽东的侄子毛远新认为她"死不悔改，杀了算了"。她被关在只能坐不能躺的小号内，被逼至精神失常，竟用馒头沾经血吃，并在小号内大小便。为怕她喊口号，行刑前几个大汉按着她，将她的喉管割断。张志新总共坐牢 6 年，死时仅 45 岁。

另一个受害者林昭，1949 年参加革命，曾到苏南农村参加土改。她后来毕业于北京大学中文系新闻专业，1957 年响应号召批评政府被打成右派，服安眠药自杀被认为对抗运动，被送去劳动教养 3 年。北大总共 8000 学子，其中 1500 师生被打成右派。她因主办针砭时弊杂志，1960 年被捕入狱，在狱中受尽折磨。1962 年初因病保外就医，后来只是因为信仰基督教，1962 年 12 月又被送入监狱。1965 年 3 月写《告人类》，当局认为思想反动，5 月被判刑 20 年。她在监狱中咬破指头用床单写血书《判决后的申明》表示反抗，1968 年 4 月 29 日被判处死刑，死时年仅 36 岁。公安人员 5 月 1 日竟然向她母亲索取 5 分钱的子弹费。她被枪杀后，父服药自杀。母精神失常，也于 1975 年自杀。

受害者李九莲，文革时是江西省红卫兵，她在给当兵男友信中对林彪表示不满；她反思文革，认为刘少奇很多观点是对的，怀疑文革是毛泽东与刘少奇的派系斗争；她认为毛泽东不应该鼓动红卫兵武斗，导致死伤无数。男友将信上交，她因上述言论被判为现行反革命入狱2年。1972年7月批林批孔运动中，李九莲遭到地委、地区法院及公安部门来访，忍无可忍到赣州公园贴出"反林彪无罪"的大字报，很多民众在大字报上题字对她表示支持。但当地领导认为李九莲为反革命言行翻案，又将她关进监狱。赣州250个单位数千人举行集会，并自发涌向地委办公楼，几百群众分乘40多辆卡车奔赴监禁李九莲的兴国县，对她表示支持；当地党政领导也有人为李九莲说话，但省军区领导坚持认为该案是反革命事件。热心人士成立调查委员会，老百姓自发捐钱进行广播、写材料、抄大字报、印传单、到北京上访，为李九莲翻案。上级领导坚持不肯听取群众意见，1975年李九莲又因现行反革命罪被判15年。调委会40多人也被判刑，600多人受刑事、行政、党纪处分，被开除公职或被撤职。为了一个不相识的女子，许多具有正义感的人入狱、流落街头、离婚、精神失常、被打致残及自杀。

1976年10月四人帮下台，华国锋仍不肯给李九莲平反。李九莲对此表示不满，后以恶毒攻击华主席罪名被判死刑，于1977年12月14日三万人公判大会上被枪毙，卒年31岁。

小学教师钟海源，在1975年因带着孩子播音、刻钢板、抄大字报坚持为李九莲平反，被捕入狱并被判刑12年。她拖着沉重的铁镣，坚持认为李九莲无罪。她嘴巴被打出血，小腿被打断，仍继续指责华国锋。李九莲被杀四个月后，钟海源也被判死刑。行刑时她胸前挂着个大牌，背上插牌，还被用绳索勒喉。因一个高干子弟军官需要肾移植，行刑时没有将她打死，抬入车上活剖肾后，死时才20多岁。

受害者遇罗克，他看到大批黑五类份子被无辜杀害，写了《出身论》，另外还写了三篇批判姚文元的文章。遇罗克指出，毛泽东推崇血统论，导致社会上掀起"老子英雄儿好汉，老子反动儿混蛋"的狂潮，红五类籍着这股狂潮滥杀黑五类。北京市附近的大兴县，1966年

8月，几天内杀了300人，有20多户被杀光。

湖南道县张贴"斩尽杀绝黑五类，永保江山万代红"的通告，由1967年8月开始，两个月内通过枪杀、棍打、刀杀、炸药、活埋、沉水、火烧、摔死等残忍的手法，杀害五类份子4000多人，自杀300人，大屠杀涉及36个公社2700多户。

湖南宁远县杀害了1000多个五类份子。一个大队干部将地富大小60人集中起来，推入地窖活埋，成为零陵地区的杀人冠军。零陵其它地区也杀了几千个五类份子，年纪最大的70多岁，最小的出生仅10天，被杀的未成年者多达800多人。湖南滥杀五类份子的县还有江华县、江永县、双牌县、祁阳县、南山县、新田县等多个县，总共杀害五类份子2600人。

集体杀害五类份子的风暴也在广西省蔓延。全州县将76个地富份子及家人推下无底洞；灵山县提出要建立一个没有地富阶级的社会，杀死地富及其子女2000人，全家杀绝有500多户。

广西甚至出现吃人现象。一个叫邓记芳的地主仔，被几个农民用松枝压住手脚，一人用大菜刀将胸膛剖开，掏出心肝切开，由众人分吃。1980年记者访问年纪已80岁的杀人者，他竟然理直气壮地说："毛主席说的阶级斗争你死我活，不是你杀他，就是他杀你。"

广西吃人成风，武宣县批斗后将被斗者立即处死，心、肝、生殖器等器官在人仍未完全死去时割下来当场烹煮，摆人肉宴席。据后来统计，被宰吃的共有76人。

遇罗克仅因批评出身论的危害，竟在28岁被枪毙。他的弟弟遇罗文写下《我家》这本书，记载了遇罗克成长经历、思想的形成、文革中写《血统论》的过程。

毛泽东将中国变成了一座充满仇恨而又贫穷的大监狱。为了维护专制独裁统治，他发动低层百姓疯狂压制具有独立思想的知识份子。但在毛统治时期，低层老百姓因为极度贫穷，人与人之间终日争斗，日子也很不好过。毛泽东长期推行给人民带来灾难的血统论，其实极其无稽。他的父亲是拥有七间大瓦房的富农；中共最高的领导人刘少奇、周恩来、邓小平、康生，全都出身于地主家庭。

对历史罪行的纵容就是对未来的犯罪。历史是文明的基石。改革开放四十年，中国至今没有纠正被扭曲的历史，原因在于没有彻底否定毛泽东。更有甚者，以两个三十年不能互相否定，为中共在建国后所犯下的罪行开脱。数十万人受害的反右运动依然留下一条尾巴。对文革的评价也从"浩劫"变成"探索中的教训"。澄清历史真相，纠正历史错误，是每个从那个时代过来的人的责任。

毛泽东已去世 40 多年，他的思想从未受到批判，他的尸体仍被停放在北京的纪念堂供人瞻仰。最令人担忧的是，中国新的领导人仍然学习他大搞个人崇拜，搞一言堂，控制网络钳制思想。当局逮捕具有不同意见的人士，将他们关进监狱或精神病院，强逼他们打针吃药，将正常人摧残成精神病人。

《审判毛泽东》这本书，呼吁民众提高警觉，防止恐怖的历史重演。前三十年、后三十年的历史纠葛不解决，历史的包袱就永远背在中共身上，不能解脱，时时作祟。

这本书的写作之际，正逢香港反送中运动如火如荼的时刻。中共公然干涉 1997《中英联合声明》的一国两制赋予香港人民的自由。送中法案提前结束一国两制的承诺，将人送回国内审理。2019 年 6 月，港人反对《送中法案》，100 万、200 万先后上街，提出撤回恶法、成立警暴独立调查委员会、实行直选等五大诉求。香港民众普遍醒觉，年轻大中学生视死如归。有四个香港年轻人甚至以自杀捍卫香港的自由，牺牲生命谱写抗争之曲。这些年轻人，许多是 1949 年后从中国大陆逃亡香港的第二代、第三代。他们不愿香港像大陆一样沦陷，逃无可逃。于是，走上街头，雄起抗争。各阶层一致"和平，理性，非暴力"，不畏强暴镇压，团结抗争。中产阶级民众捐钱购买头盔防毒面具，送饭盒车票，社工、医务人员在第一线抢救受伤示威者，老人、妇女、老师在前线保护示威者，律师免费为被捕者出庭辩护，甚至公务员也参与抗争运动，一致要求中共撤回恶法。

中共中央、香港行政当局和香港人民的"三明治"的国家治理关系。将港人送回国内审理的提案，提前结束 1997 中英一国两制联合声明，是中共一国一制的开端。彻底违背了中英两国政府当年制定的

一国两制的政策。中共不仅不理会香港人民维持一国两制的合理诉求，甚至派出公安、武警，乔装成香港警察，对年轻的示威者血腥镇压。带铁环警棍将抗争者打致头破血流，近距离使用催泪弹、胡椒喷雾、橡胶子弹、布袋弹甚至实弹。对那些手无寸铁放弃反抗的学生，采用极端报复的恐怖手段。甚至跪压瘦弱的示威者。一些示威者头颈重创，肋骨折断，内脏出血。之后又残忍地拖延几个小时，不准急救人员把他们送医院医治。呜呼！中共不仁，以港人为刍狗。

白色恐怖在香港蔓延。到十一月中旬，香港已有5000人被捕，打伤抗争者及民众一万多人。警察、帮派白衣人恐怖暴力袭击造成全港一片混乱。已有被捕的男女示威者公开指证在警局内受到酷刑毒打及性侵。海湾出现几条黑衣示威者浮尸体，其中包括 15 岁的女学生、跳水运动员陈彦霖。不少市民认为，乔装香港警察的中共武警对示威者的凶残程度，甚于当年的日本侵略者。马列主义对中国的精神殖民，是华夏历史最恐怖、最凶残的殖民。

随后，香港特首林郑月娥利用港英当局多年前制定的紧急法颁布《禁蒙面法》，整个香港弥漫白色恐怖气氛。《禁蒙面法》在全港引起更大反抗，示威者破坏支持警察与黑社会合作的地铁公司，破坏中资机构及支持极权的左派社团。10 月 14 日傍晚，全港十三万人勇敢地前往中环集会，请求美国众议院讨论时通过禁止违反人权的人士移居美国，冻结这些人在美国的财产的《香港人权民主法案》。香港人敢于向极权挑战的大无畏精神感动了美国的众议员，该提案在众议院获得全票通过，有力地支持了香港人反极权的抗暴斗争。

在美国众议院 10 月 15 日全票通过《香港民主人权法案》之后，香港警察对民众的暴力不断升级，警察强奸谋杀抗争者，伤害普通民众。六月以来，逮捕示威者共达 6105 余人。而同时期香港监狱正在服刑的为 5739 人。拘捕的人数超过全港坐牢的人数。被拘捕的 6000 余人，检控率仅 17%，可见滥捕规模之大。11 月 12 日警方攻打香港中文大学校园，光是催泪弹就放射了上千枚，另外还有多种其它子弹，校园内铺满了被催泪弹毒气毒死的雀鸟。11 月 17 日至 19 日，警方出动 2000 警察包围了香港理工大学，动用水炮车和装甲车，疯狂放射催泪弹和其他子弹。警方仅在理工大学就逮捕了 1100 名学生，香港千千万万群众自发驾车驾电单车及徒步前往理工大学救援。

警方攻打两间大学的野蛮行径，极大地刺激了美国的立法者，在卢比奥等议员的努力推动之下，该法案立即被提前安排到热线通过机制，并于十九日在参议院获得全票通过。美国给予香港特殊关税地位从自动延长改为一年一审，惩罚违反人权的恶官，不準他们进入美国及冻结他们在美国的财产。当天还通过了禁止将镇压性武器卖给中共的法案。美国总统川普在十天之内，于 11 月 27 日签署生效。法案的通过有力地支持了冒着生命危险反对中共暴政极权的香港人民。

2019 年香港人民"反送中"运动，已发展为反中共极权争民主自由的抗争运动，是文革时代反毛极权暴政和 1989 年天安门抗争运动的继续。1989 年天安门运动无国际支持声援，孤立流产。2019 年香港抗争运动得到各国广泛支持。中共 70 周年国庆前夕，香港有 10 万人示威游行反国殇。同时"全球抗共"有 29 个国家的 50 个城市示威集会，声援香港，直指中共习近平暴政。

香港民众要做社会的真正主人，成为反中共暴政争自由民主的桥头堡，为中国转型宪政民主打先锋。香港人不畏当局施暴施压，正在深入发展为持久的社会抗争运动，不但为香港人争权益，也为中国带来新希望。

引 子

1976 年 9 月 9 日，毛泽东死了！

他终于用死亡为国为民做了一件唯一的好事。虽然他的尸体存在毛泽东纪念堂，按毛泽东的罪行，玉皇大帝判其阴魂下十八层地狱煎熬。

在地狱，毛泽东见过希特勒、斯大林。希特勒对毛泽东颇为不屑，认为毛泽东对自己的国人毫无人性，痛下杀手，是非人类。毛泽东与斯大林，两魔同病相怜。

斯大林对毛泽东说："论杀人你我差不多，都属于暴君刽子手。但我没搞大跃进，没搞文革。我在乌克兰饿死数百万人，但那是乌克兰人。你搞大跃进，饿死数千万汉人。你不但杀人，还杀祖宗灭文明。我不及你。你来了，害人魔王非你莫属！"

斯大林这么一说，毛泽东十分沮丧，想不到自己罪大恶极到如此地步。

毛泽东的阴魂在十八层地狱煎熬，四十多年，苦不堪言，极欲改变境遇，跪求阎王。阎王告知，必须洗心革脸，向亿万受迫害者低头认罪，乞求原谅，方有机会从地狱十八层逐步超度，一层层往上改善。毛泽东心中不愿，为了超度，口头只好答应。遂主动向阎王申请求见玉皇大帝恩准他拜会各路冤魂亡灵。阎王带毛泽东到天庭拜见玉皇大帝。

玉皇大帝一见毛，怒斥道："你这个马列孽种还配做炎黄子孙？你败坏了祖宗毁坏了数千年中华文明。哪个朝代在平靖时代让农民饿死几千万？又在和平时期，杀人百万千万？更可恨的是你泯灭了中国人最基本的道德信仰和人性，十恶不赦！乃千古第一暴君！"

鉴于他在人间，还有无数悬案未决，流毒远未得到清算，尤其他的继承者至今依然掩盖他的罪行，企图重蹈覆辙，继续把中国人民带入黑暗的深渊。玉皇大帝决定在天庭举行大审判。

为了让大审判进一步揭开毛的本来面目，让中国人民通过事实看清毛的本质，同时也让毛彻底认清他对天下苍生的祸害和自己的罪恶，大审前，玉皇大帝降旨御批，要毛泽东的阴魂暂时离开十八层地狱，拜会各路幽灵亡魂，既有历史上的暴君恶魔及跟他一道打天下的同志和其他各种不同身份的人物，给他一个公正的审判。只有毛泽东彻底认清他给中华民族造成的深重灾难，彻底忏悔服罪，才能安慰那些在毛泽东时代受苦受难的国人以及它们的后人，才能让在毛泽东时代冤屈的亡魂在天国安宁，才能警示今天继承毛泽东阶级斗争衣钵的共产党的传人尽早脱毛，回头是岸。

毛泽东为了尽早摆脱十八层地狱的煎熬，一者希望到他的老祖宗马克思、斯大林、秦始皇那里寻找精神支持；再者通过说服党内同志，让他们给玉皇大帝说情，让自己早日脱离十八层地狱；三者安抚他们，叫他们不到天庭上访，给他的案子添乱。毛泽东便依了玉皇大帝之旨，通过各种方式拜访求见各路亡灵，期待得到玉皇大帝的宽大处理。公正的玉皇大帝，也从天界下凡，访问冤魂，以求做出公正判决。

目　录

第一部

死魂灵 黄泉会

1、马克思（Karl Marx 1818 年－1883 年）

毛泽东自称"我是马克思加秦始皇"。在地狱煎熬时，很渴望见马克思。玉皇大帝批准了他的申请，安排他会见马克思。

马克思开门见山说："毛先生，我听说你自称'马克思加秦始皇'，这从何说起呢？"

毛："我认为你的主义，千头万绪，归根到底，就是一句话，造反有理。我专门造反，因此就等于是马克思。"

马克思听了哈哈大笑："你的认识太肤浅了，断章取义。我和恩格斯1848年写过《共产党宣言》，曾鼓吹暴力革命。那时我三十岁，恩格斯二十八岁，都是年轻人，血气方刚，年轻气盛，理论尚未成熟，考虑不周。你就抓住一句造反当旗帜。其实你们中国，自古以来，就有农民造反，经验丰富，何必从我书上，捡了一句话当旗子。"

毛："你的一句话，新鲜火辣，又有俄国列宁活学活用见证，拿到中国来好煽动人啊，我就拿你一句话来煽风点火起家。"

马："列宁，斯大林是活学活用了，他们也是'为我所用'，拿我一句话当旗子而已，哪里有依从我的理论行事呢？而且他们搞了几十年，失败了，说明他们造反无理，被历史淘汰了。你做他们的学生，又在中国大搞，结果也失败了，说明你也是造反无理。你还传播给你的学生洪森，结果柬埔寨失败得更惨。"

毛："中国虽然死人几千万，但不能说失败。我的继承者，继承

1

我的遗志，继续我的阶级斗争理论。无产阶级专政，共产党领导也在宪法里搁着。怎么能说失败呢？"

英国伦敦北部海格特公墓的马克思像

马："我的无产阶级专政理论，被你们歪曲。我说无产阶级专政是手段，列宁说是目的。无产阶级专政目的论不是我的意思。你们继承的是列宁的衣钵，不是我的理论。结果在中国大搞阶级斗争，和平时期死了几千万人。你们应该好好检讨认罪，不该文过饰非。也不该对我断章取义。你知道，我的祖国说：'我们有两个马克思，青年暴力马克思，被俄国人带走了，爆炸了；老年自由民主马克思，被西欧带走了，开花结果了。你从俄国带走的，是更暴烈的列宁，爆炸得更惨。"

毛："马老，您知道，我给中国共产党戴了几十年的'伟大，光荣，正确'的高帽子，不好意思摘下来啊，怎好向老百姓认错认罪？"

马："你们确实连封建帝王不如，我知道中国帝王，历来有下'罪己诏'的传统。"

毛："我宣传马克思主义，就是要打破传统啊。"

马："你完全错了，传统是许多代无数人经验和智慧的结晶，传统可贵，不可丢掉。你们该总结经验教训，从'伟大，光荣，正确'的死胡同走出来。"

毛："我还有个法宝，就是'马列主义与中国实践相结合'，可以灵活运用。"

马："我明白你的'中国化'，实际是'为我所用'，打着马列主义旗号，你随意解释，随意发挥，随心所欲，旗号是马列，内容是你的，即是所谓'毛思想'。"

2

在乌克兰的去共产化当中，马克思和其他共产主义者的雕像，被扔弃在树林中的垃圾场

毛："现在我的继承者，依然打着你我的旗号，继续统治中国。说明'毛思想'管用嘛。"

马："中国应该'与时俱进'，你们孔子两千五百年前，就说'圣之者时也'，就是说必须'与时俱进'，才能是圣人。我不是圣人，即使是'圣人'，也只是一百五十年前的。现在社会发展大不同了，研究当代社会发展，与时俱进，才能成为当代圣人。"

毛："马老，你的话，言简意赅，今天得见您，终身受用，我一定传达给我的继承者，让他们悔罪，造福中国，将功补过。"

毛得马克思真传指点，遂起身告辞，与马老道别。

2、秦始皇（前259年－前210年）

毛自认"马克思加秦始皇"，他崇拜秦始皇，向玉皇大帝申请求见，玉皇大帝批准毛去见秦始皇。

毛："久仰陛下，今日得见，不胜荣幸。"

秦："你做了空前大中国王，难得今日相见。"

毛："鄙人一贯敬仰皇上，万望今日赐教。"

秦："你自认'马克思加秦始皇'，可是我感到你我非同列，我与你大有别。"

毛："从何说起呢？"

秦：" 句话，我是中国第一大功臣，开国第一大帝，你是破坏中国文明第一大罪人，杀害同胞最多的第一大罪人。明朝史学家李贽称我是'千古一帝'，我说你是'千古一魔'。我两千年为人传颂，你今后两千年将被人唾骂。我的历史一清二白，你的历史罪过，至今被党国掩瞒，不敢公之于世。"

毛："你说得太重了吧，可能不太了解情况。"

秦："我完全了解。两千年来，我的灵魂一直在神州大地游荡，在长安，北京上空回荡。北京发生的事情，我在天国看得清清楚楚，人间发生的事，我在天国有资料可查，玉皇大帝给了我特权，什么事都瞒不了我。"

毛："我也是开国大帝啊，我开了'新中国'。"

秦："你毁了中华民国。你建的什么'新中国'！你建的是血腥中国，30年血腥斑斑，是文明大倒退，开历史倒车。你一面倒向苏联，按苏联模子，来搞你的'新中国'，搞得乌烟瘴气，一塌糊涂，我从天国往下看，饿殍遍野，哀嚎动地，惨不忍睹，再看大好山河，千疮百孔，看得我老泪横流，不断摇头叹息，我恨不得马上下凡把你绞死。"

毛："斯大林帮我夺取政权啊，他给我钱，又给武器，我当然要跟他走啦。"

秦："斯大林什么东西，他是造反头子，到处杀人，搞破坏。苏联是一匹狼，对中国最凶狠。俄国先在大清，吃掉中国大片大片领土，又在民国和你共产时期，吃掉蒙古。日俄战争，就是在中国打仗，争夺东北。你是中了邪，引狼入室，认贼作父，甘当斯大林的干儿子，出卖祖产，败家子，怎有脸见祖宗父老？"

毛："开始跟斯大林确实是跟错了。斯大林死后，我就不跟苏联了。"

秦："但是你继承了斯大林的野心，斯大林要当国际共产领袖，你也想做世界共产王，宣扬北京是世界革命中心，鼓动亚非拉三大洲

4

小穷国造反，搞得中国民穷财尽；输出革命，祸延邻国，像柬埔寨，全国死人四分之一，你成了与希特勒，斯大林齐名的二十世纪世界三大魔王。希特勒只杀犹太人，不杀本国同胞，你专杀本国同胞，而且是在世界各国和平建设大发展时期。希特勒杀人六百万，你杀死、整死、饿死同胞七千万。希特勒只有你的十分之一。斯大林死了，苏联已经不杀人了，你继承斯大林衣钵，继续杀，三倍于斯大林。三大魔王，你数第一。"

毛："我是一心想把中国，搞出个共产模样来，给亚非拉三大洲作示范，我才好当世界共产王啊。"

秦："你搞大跃进，要搞出个共产样板，拿几亿同胞做试验品，搞什么人民公社，三面红旗，结果搞到死人几千万，你不把同胞当人，你不认罪，不担罪责，反而嫁祸下面，整人杀人，颠倒黑白，制造大批冤假错案，整个中国成了大监狱。"

毛："我在地狱四十年，也有所思。其实我在1966年就有所思。我还作诗一首：正是神都有事时，又来南国踏芳枝。青松怒向苍天发，败叶纷随碧水驰。一阵风雷惊世界，满街红绿走旌旗。凭阑静听潇潇雨，故国人民有所思。"

秦："你的有所思是文过饰非。你发动青少年造反，当你的炮灰。文革一过，统统赶到乡下，美之名曰：到广阔的天地炼红心。扭曲了几千万人的心灵，包括今上。你让他扛200斤麦子走十几里路不换肩。身心都受到严重伤害和扭曲。"

毛："你的父亲异人不是也上山下乡到赵国，才有你这个人质之子。上山下乡，培养无产阶级红色接班人，看来从你父亲一代就开始了。另外我不明白，你既然功劳盖世，为何秦朝只有十五年就灭亡了？"

秦："秦灭在于我意外早逝，还未来得及安排接班，被小儿子搞糟了。中华大厦还未建成，留给刘邦他们续建了，基础是我打下的。后人有人说我苛政，焚书坑儒，都是夸大其词。我哪有你大搞镇反肃反等杀人几百万的十分之一，我那时强力推行法制，在初建大帝国之

5

时，都是必要的，非此不足以维护统一。直至今天，仍然经得起历史检验。"

秦又问："老毛，你活了多少岁？"

毛答："八十三岁。比您活得长。"

秦："我才活了四十九岁，就算五十吧，比你短得多，你比我多活三十三年，为祸国家时间太长了。我听了许多冤鬼哭诉，都说你活得太长了，为祸神州太久。他们说：如果你1945年死，中华少战死六百万；如果1957年死，中华少饿死三千七百万；如果1965年死，中华少整死斗死两千万；结果1976年你终于死了，百姓才开始吃饱饭了；你一生做得正确的一件事就是：死了。遗憾的是死得太晚了。"

毛："那些冤鬼说的让我无地自容。"毛又问："依你看，现在中国如何？"

秦："邓小平在你翘了辫子后，扭转了历史车轮，改革开放，勉强让中国人民吃饱饭。但是邓小平不敢清除你的流毒，还把的你的神主牌挂在天安门城楼。投鼠忌器，怕全面否定你也会使中共政权的正当性全面崩溃。导致你的恶劣影响还在。结果，毛病养成恶习。习近平如今不仅继承你的衣钵，而且还要发扬光大……中华民族何其不幸！让人扼腕叹息。"

毛听了秦始皇一席话，感到心情更加沉重。几十年来，他听过无数批评，但都没有秦始皇批得如此严厉，像个无情的历史审判官，针针见血，打中要害，使毛受到历来最重一击，他心中暗暗低吟：真是'薑是老的辣'。

秦始皇勉励他听孔子的话，有过即改，面对历史，彻底悔过，这样才能尽早超度，脱离十八层地狱。毛表面诺诺，心里并无悔罪之意。毛与秦王作揖道别，各自阴魂散去。

3、希特勒（Adolf Hitler 1889年－1945年）

毛求见希特勒，玉皇大帝批准了。毛与希特勒见面，一见如故，似曾相识。

希特勒比毛大 4 岁。希特勒见到毛握握手，高兴地先开口："老弟，你好吗！"希特勒的"你好吗"是汉语发音，他唯一会说这句中

国话。这句"你好吗"一下把毛的隔膜感觉打消了，感到特别亲切，而且他用中国"老弟"的亲切称呼，毛就更不感隔膜了。

毛回应说："老兄，你好！我们一见如故呀！"希特勒一听毛说一见如故，也显得更加亲切。正应了一句古话：乌龟见老鳖——一对王八。

希特勒开门见山说："你开始拜我为师兄就好了，可以避免中国内战死那么多人，可惜你去拜斯大林为师，学了整自己人，杀自己人那一套，凡不合你意见的都整都杀，搞恐怖统治。我只枪口对外，杀犹太人。你是听斯大林的学生，放着日本人不打，打自己人。人家说你'外战外行，内战内行'，没说错吧？"

毛无法争辩说："这点我暂且承认了。但我不是法西斯啊，你是法西斯。"

希特勒坦率说："是，我公开说，我就是法西斯，我的师兄意大利墨索里尼，比我法西斯早，你知道'法西斯'的含义吧？万众团结，一个意志，一个权力，一个领袖，而且为穷人奋斗，就是法西斯。"

毛说："你为穷人奋斗，我也是啊！"

希特勒说："我是真为穷人奋斗，你是假的。我对穷人充满同情心，因为我曾穷到在街上要饭，我是穷人出身，你知道我的名字是什么意思吗？"

毛说："我不知道啊，是什么意思呢？"

希说："我的名字 Hitler，德文意思是'住小房子的人'，所以我一生勤俭。你只顾你游山玩水玩女人，全国行宫别墅二十处，全国

饿死人几千万，你照样游山玩水。"

毛听了无言以对。

希特勒又说："我的出发点好，心好，不搞恐怖，不整不杀自己人。斯大林和你那一套，是法西斯加极权主义，也是一个领袖，一个意志，也说为穷人。我们跟你们两点不同，第一点不同，你们的法西斯，是恐怖杀人，我们对内不搞恐怖，还保持民主选举。第二点不同，你们嘴说为民，实际上是利用无知人民，煽动他们搞暴力恐怖。我们搞建设，实实在在为人民做好事。我们对内，没说的。但是对外错了，发动战争，结果祸及德国。"

毛只好承认说："这两点我都明白了。你是对内搞和平法西斯，对外搞恐怖法西斯。对外你发动战争罪大，可是你为什么要发动战争呢？"

希特勒认罪说："发动战争是我的大罪。自认德国人优越，想拿自己那一套统治别人。在战争中又犯了些大错误，失败了。"

毛好奇地问："你在二战中犯了什么大错误呢？"

希特勒坦白说："二战是我和斯大林密谋合谋发动的，他攻东欧，我攻西欧。后来我发现斯大林坏，他要搞共产国际扩张，狡猾危险，要把他搞掉，而且我的野心也越来越大，要把德国优越布满全欧。野心大不说，太急燥了，没等西欧搞定，就急着去打斯大林。如果我搞定西欧大陆，英国隔海，先妥协放着，不把美国惹进来，稳住西欧，再打斯大林不晚。那时我若集中兵力打垮斯大林，整个世界大局都不同了。你毛小弟，少了斯大林，共产党也站不住了，你就要跟蒋介石合作，和平建国了，中国也就少了内战灾难，岂不是大好事？！所以我犯错误，也连累了你们中国。"

毛听希特勒，讲得头头是道，也找不着理由跟他辩驳，只好说："果真像你讲的，也不会有国共内战。后面的一切，自然不会发生。"

希特勒认真地说："罪你犯了，只好低头认罪，重新做人吧。像我一样，早早悔罪，争取上帝宽恕，像你们孔子说的'更也，人皆仰之'。"

8

希特勒还说："我已悔罪 70 多年，一直表现良好，最近上帝可能考虑放宽对我管制，听说正在征求各方意见，看是否能恢复我部分自由。"

毛听了希特勒一席话，心想：大家同样是法西斯，后悔当初学斯大林，没学希特勒，上了斯大林的当。以至于今天被打入十八层地狱。

希特勒和毛谈完，就握手道别，各自阴魂散去。

4、朱元璋（1328 年－1398 年）

朱元璋是经过十六年农民战争，打到北京的明朝开国皇帝，毛更是经过二十二年农民战争取得政权的领袖，毛与朱有很多类似之处，毛对朱尊崇，曾对写《朱元璋传》的吴晗说，要写好点。朱元璋曾提"高筑墙，广积粮，缓称王"，毛 1960 年代仿提："深挖洞，广积粮，不称霸"。

毛到地狱四十年，得知民间对自己批评声浪甚高，有些不解。心想自己与朱差不多，为何朱受后世肯定，连清朝康熙帝每南巡，也必到明孝陵跪拜，而自己被批得犹如鞭尸。毛想当面请教朱，就向玉皇大帝提申请。玉皇大帝批准并安排朱毛会面。

毛开门见山说："我在世时，全国一切听我的'最高指示'，可是我死后，尽管我的继承者还维护我，民间批我骂我的声浪，却越来越高，我不明白为什么？我跟你差不多，是靠农民起义做了皇帝，你却身后一直被人尊崇，连功业比你大的康熙帝，也跪拜你，给你立碑'隆高唐宋'。"

朱："我在灵界一直向下界观察，你一生造反，直到老终。但你与我有很大不同。我得天下后，不忘祖宗，继续尊孔，只是不喜欢孟子说'君为轻'，不让孟子入孔庙。我尊'儒道佛'，视为民族魂。反观你，忘掉祖宗，丢掉'儒道佛'，从遥远的天边，找来个洋人，立作神主牌，搞莫名其妙的阶级划分，阶级斗争，让几亿子民，刀枪相向，血流成河，死人无数，全国大乱，民不聊生。几千年来，没有一个帝王，像你如此大罪。"

毛："我也是为了救国救民啊！所以文人替我编歌《东方红》，颂我'大救星'没想到您对我如此评价。"

朱："你的第二罪，是'认贼作父，引狼入室'。俄国人在清朝，就趁机夺我中华大片领土，是贼无疑。民国之初，又趁机唆使外蒙独立，划入他的势力范围，使我中华丧失大片领土。你等共产党人，又拿他的钱和枪，请他来中国当顾问。引狼入室，乱我神州。你学斯大林，认他做大老板，你自己当伙计，开共产分店，搞得天下天昏地暗，一塌糊涂。"

毛："我原来是要学习俄国革命榜样，走俄国路，救国救民啊！"

朱："你哪里是救国救民啊？你的第三罪，是忘掉百姓，视民如蝼蚁，你搞什么大跃进，人民公社，把百姓当试验品，一心蛮干，引来全国大饥荒，几千万人像蚂蚁一样无辜死去，中国几千年历史，从来没有过像你这样治理国家的。"

毛："我搞大跃进，是要超英赶美啊！"

朱："你的超英赶美，是骗人口号。你的第四罪，是狂妄自大，要当世界共产王，不惜拿民脂民膏，撒钱讨好外人，天女散花，为你一人当共产王，全国百姓遭殃。从'抗美援朝'起，就不惜牺牲几十万人，向斯大林争取你的共产国际地位。斯大林一死，你就想取而代之，当共产王，排斥赫鲁晓夫，不惜付出任何代价。印尼共产党，在你鼓吹夺权失败后，40万人被杀；柬埔寨在你输出革命中，200万人死于非命。中国自汉朝起，就是世界第一大国，但历代帝王，从来没想过称霸世界，都是人家自愿'万邦来朝'。"

毛："我是想搞我的国际共产主义啊！"

朱："你罪大恶极、劣迹斑斑，辩之无用。你现在的继承者，还继续替你掩盖，但掩盖不能长久，现在你的接班人习近平还在继承你这一套愚民政策，可悲也夫！你唯一之道，是忏悔罪过，悔过自新，争取人民宽恕，减轻你的罪恶，让历史记载，稍微缓和些。"

毛："我全错了吗？我还有打败蒋介石，新中国开国之功吧？"

朱："假如你开国之后，如台湾1950年代那样建设崛起，你就开国有功。事实非如此，你开国，是大灾大难的开始，你说'解放'，实际上是'奴役'，你开国后的胡作非为，是你开国前罪过的延续和发展。"

毛："我打败蒋介石，统一中国，总有功劳吧？"

朱："何功之有？本来中华民国就是一个合法政府！你本无必要造反打蒋，蒋纵有千错万错，但蒋无上述我指出你的四大罪过，蒋无必要推翻，他可以慢慢修错建新。你看他1949年败退台湾后的表现，就可知蒋并非大奸大恶，他有民族情怀、道德底线、尊崇文化，跟你这等无底线无人性的恶棍地痞完全不同。你借外力，煽动造反，妖言惑众，侥幸夺了权，以谎言立国，又欲以谎言治国。引来无数人道灾难，死人几千万，有何功劳可言？"

毛："你也是造反夺权，怎么你就有功劳呢？"

朱："我是推翻文化落后的蒙人统治，开国后又厉行一系列举措，加强国家建设，与民休养生息，使明朝也成为黄金时代。我也有过错，但历史家评我功大过小，承认我为文明进步有贡献，故我史上留名。你是造反，导致文明倒退，四大罪之外，还毁掉祖国无数历史文物。"

毛得朱当面严正申斥，如雷贯耳，如梦初醒，大惊失色，头冒虚汗，无言以对。就起身向太祖致谢告辞。

5、道光帝（1782年－1850年）

道光帝1840年，以空前决心禁烟，结果冒犯了英国，爆发鸦片战争。由于国力军力悬殊，朝内缓禁派势力大，战争失利，禁烟失败，但道光史上留名。毛佩服道光帝，对比自己一百年后，还厉行种鸦片，内心惭愧，有意检讨错误，但如何检讨，尚无主意，故欲请教道光帝，就向玉皇大帝提出申请。

两人如约见面。毛开门见山说："鄙人佩服皇上禁烟决断，不惜冒犯大英帝国，引发战争。我却在一百年后，在管辖区内厉行种鸦片。我在十八层地狱待遇太苦，想换个环境。我准备向国人检讨，换取玉皇大帝开恩，哪怕转世当一头猪都比现在待在十八层地狱好。但如何检讨，尚未想好，故前来向皇上请教。"

道光："朕毅然不顾缓禁派反对，果断禁烟，是基于烟毒害民害国，长此下去，民弱国穷。为挽救颓势，不惜与大英一战。惜军力悬殊，终于失败。但虽败犹荣。你却反吾道而行，为你一人一党私利，不惜害民害国，不但不禁烟，还种烟贩毒，又隐瞒罪过。今日暴露天下，百姓哗然。你唯有从根上检讨，争取玉皇大帝宽恕。"

毛："皇上认为如何从根源上检讨呢？"

道光："根源在为满足一己私欲，野心夺权，不惜一切，煽动民众造反，种鸦片图快利，养兵扩大势力。"

毛："我扩大势力，是为建立新中国啊！"

道光："你若造反是为了打倒腐败王朝，尚情有可原，可惜你更腐败，你要打倒的，比你还好些，你毫无自由民主可言，你建立的'新中国'，不如旧中国。你学斯大林之残暴，走俄人之路，完全错了。俄国开化未久，只有近千年历史，还受文化落后的蒙古统治近百年，哪里及我五千年文明大国。俄帝尚且要向法国取经，你却打倒自己的祖宗，拜倒在苏联人裙下，称斯大林为大老板。你推行共产革命，毁祖宗文明，令中国文明倒退，实为祖国罪人。"

毛："皇上分析开导，我已明白七分。我暴力造反，从根上错了，才有种大烟贩毒之举。"

道光："如果你根本是为民为国，就不至于种烟贩毒了。试问百姓民众，哪有一点利益？为要求得玉皇大帝赦免，你要从根上检讨悔过。"

毛："我明白了。皇上要我从根上检讨，我不该煽动群众暴力造反，追随开化未久的斯大林，摧毁祖国文明。"

道光："大清帝国自朕之后，慈禧太后倡开放革新，举洋务，改积习，历40余年，成绩显著，已定计划，部署行宪，可惜被孙中山等革命党推翻，袁世凯执政又未站稳脚跟，民国一片混乱，内争内战不已，民不聊生。你们革命党，错在数典忘祖，追随洋人中最暴虐的那伙人，搞得国家大乱，生民涂炭，罪恶极大。"

毛："我明白了，我不但要检讨种鸦片，要从造反夺权全盘上检讨。"

毛得道光帝忠言开导，心里敞亮起来，决心从根上悔罪。遂起身向道光帝作揖，道谢告辞，默默离去。

6、慈禧太后（1835年－1908年）

毛喜研究历史。他被打入地狱后，重新研究中国历史，发现自己过去说的精华与糟粕论是错的。四十年后，他觉得流传下来的历史资料，十分珍贵，值得后人去吸取营养。中国汉，唐，宋，元，明，清，几个大朝代，都是伟大黄金时代。过去为了革命宣传，强调农民造反有理，否定历代统治者的功绩，是错误的。特别对清朝，过去为了给推翻满清政府制造藉口，把清朝说得一塌糊涂，不符合历史事实。

毛重新检视了清朝十一个皇帝，觉得还可以；清朝二百多年，对中华民族虽无大功劳，但也不算太惨。特别是到慈禧太后，她掌权四十八年，面向现代世界，开创了革新开放新时代。便去慈禧陵园转了一圈，看看有没有机会遇到慈禧的灵魂。

　　晚上，毛翻来覆去想着慈禧太后。快近午夜时分，想慈禧，慈禧到。

　　毛："您曾经是一国之主。您比我大五十八岁，您驾崩时，我才十五岁，在乡间闭塞无所闻，两年后我去长沙才得知。过去对您不恭不敬，我离世四十多年思过，今天醒悟了，后辈不肖，毁您陵墓，十分难过。"

　　慈禧："毁陵盗墓不只对我，我痛心的是毁我所有祖宗。有过能改好。放下屠刀，立地成佛。"

　　毛："自从袁世凯逼宣统帝退位，国家动摇，内战不断，令祖宗遭此浩劫。"

　　慈禧："国本动摇，大错在我，我错在废光绪，临死前一天毒死他，让他与我同崩。结果一国无主。三岁小皇帝，哪能主事？他父亲年少气盛，是个蛮横的主。搞出皇族内阁。面对反对的声音，说'不怕，有枪在'，只相信枪杆子，丝毫不懂妥协的道理。若光绪在，把康梁保皇派从海外召回，重整河山，大清不会亡。"

　　毛："大清倒了，我们这些绿林好汉，才有机会，打斗出头，不然蒋介石和我，怎能掌权呢？"

　　慈禧："你们改朝换代，如果能国泰民安，也不错。可是，政权到你手里更坏，灾难连连，生灵涂炭，死人无数，民不聊生，我在灵界看人间，十分心痛。"

　　毛敷衍说："我也不想百姓多灾，奈何要听莫斯科老毛子。"

　　慈禧："你听了斯大林，跟着他走，引狼入室，祸害百姓。俄国人在我掌权 40 年内，我就早已看透，北极熊比日本人更凶，八国联军打北京，他就乘机侵占东北。后来引发日俄战争，以东北作战场，我无可奈何中立观战。两害相比，日本为轻，国人多暗自望日得胜。

结果，日本人胜了，栽培出孙大炮。你和孙大炮联盟，北伐推翻北洋民国，另起山头。后来你和蒋介石又分道扬镳。你抱住斯大林的大腿，把斯大林那一套，引进中华。量中华之物力，结俄国之欢心。你建国后，又学斯大林搞集体农庄，没收农民土地，饿死几千万人，不可理喻，我真心痛。"

毛："怪我学俄国，搞共产，祸害百姓。"

慈禧："我主政几十年观察，俄国人最凶，日本次之，美国人最友好，英国人还算温和。"

毛不得不说："俄国人确实最凶，他侵入新疆，如果没有您铁的意志，坚持派左宗棠去收复，新疆就没了，中国领土又少了一大块。"

慈禧："新疆是亲俄势力，1860 年代乘洪秀全之乱，统辖大部分地盘，投入俄国怀抱，俄国也乘机出兵占领伊犁。我决心收复新疆，难度很大，朝中多数反对，连李鸿章都说：兵力财力，万不能达。但我思俄国已占伊犁 4 年，再拖下去，俄国占领成既成事实。左宗棠意坚功大，历尽艰难，两年收复新疆大部分领土。俄国人赖在伊犁，我又派大臣去俄国谈判，俄国要求一大片领土作交换，我严加拒绝，俄国威胁战争，九万军队调来，我作打的准备，又再派大臣去谈判，最后达成妥协，付给俄国五百万两银子，作为俄国十年'代守伊犁'的赔偿，中国收回伊犁。可是，你们共产党人对于俄国把外蒙古割走，干了什么？不光不据理力争，还举双手赞成。说'只有国民党反动派才痛恨蒙古人民共和国有独立地位'。无缘无故把外蒙古给丢了。"

毛："北极熊把吞下去的土地，又吐出来，从来没有过。若不是太后亲自指挥西征和谈判，新疆肯定完了。"

慈禧："收复新疆前后五年，我紧张焦虑，卒至病倒，我对得起祖宗，康熙，乾隆都不会责备我。"

毛："您对待法国人在越南方面的无理要求，深谋远虑，以战逼和，得胜了有理有节，稳定了边疆，中外都佩服太后的智慧。"

慈禧："1883 年法国侵入越南，我研究了中越关系历史，断定保不住越南，为稳住边境，不能软弱求和。李鸿章与法国已谈判达成协议，法国承认中越边界，中国默认越南是法国保护国。但后来法国要索取两亿五千万法郎，朝中多主妥协让步，息事宁人。我认此乃无故勒索，一个法郎都不给。我也提出请美国调停，法国拒绝。我咬牙宣布：法人狡横无理，唯一意主战。1884年法国进攻台湾，炸福州，意在勒索，我愤怒宣战。在强敌面前，我方输多赢少。但到1885年，我方在镇南关打了大胜仗，震惊世界，法国总理辞职，继任总理很快与我达成和解，签订了和约，法国一个法郎也没得到。"

毛："当时许多国人都说，打了大胜仗，为何不乘胜追击？反而撤回边界。"

慈禧："若不乘胜即收，孤军深入，越地终非我有。"

毛："您前后有理有节，洞察越南局势，作英明决策，令我深为佩服。80年后，我在中印边境战争中，就是吸收了您的智慧，胜而后撤，见好就收。1979年邓小平指挥中越边境之战，进而快退，不多周旋，也是吸收了您的智慧。"

慈禧："你后来加了'有利'，变成'有理有利有节'，就更完备了。"

毛："与对待俄国人和法国人不同，您信得过美国人，还任命美国人当钦差大臣，出使欧美。"

慈禧："那个美国人蒲安臣（Burlingame），他在北京当美国大使，六年表现，为人不错，我信得过。那时我们缺少外交人才，他带领三十人代表团，去打开局面，又训练了人才，帮了大忙。不幸积劳成疾，途中死在俄国。"

毛："您破格任用外国人搞外交，您的开放视野和胸怀，开创了中国新时代。"

慈禧："英国人用大炮惊醒我们，面对新世界，不开放，不革新，没有出路。"

毛："但是您不是反对康有为维新变法吗？"

慈禧："维新变法，是我批准光绪发上谕所发起，我和光绪意见一致，中途康有为插进来，要成立他主导的'制度局'，安插党羽，

16

控制权力，被我识破，命他去上海办报，他拒绝去，视我为他实现权欲的障碍，企图煽动袁世凯，包围颐和园。事发失败，他逃跑了。康有为坏了事，害我幽禁光绪，但变法继续进行，没有因噎废食。最后毒死光绪，同归于尽，那是后话。没想到革命党人会夺权，大清完了，国家大乱。没有康有为捣乱，光绪会正常行使权力。"

毛："蒋介石歪曲事实编历史，说您反对变法，我跟着附和，现在知道错了。"

慈禧："我的另一个错误，是偏信仇外保守派，纵容义和团排外，欲借义和团对抗洋人，引来八国联军打北京，我被迫逃西安。我两次发罪己诏和自责之诏，公开承认错误，痛定思痛，促使我下决心行新政，比维新变法更大步，定下 9 年行君主立宪时间表，可惜人亡政息，革命党人把大清推翻了。如有我或光绪在，袁世凯不敢，革命党人也无可奈何。隆裕后太柔弱了，经不起袁跪求。不过她顺应民心潮流，认天下平安就好，孙中山都赞她让出政权，女中尧舜。隆裕后忧郁加重，第二年就病故，才 45 岁。袁世凯说她德至功高，下令全国下半旗，致哀 3 日，文武官员穿孝 27 日，也算善终了。"

毛："我离世后，重新学习研究了洋务自强运动历史，知道晚清在你领导下，开了风气之先，许多东西从无到有，就拿铁路来说，到您去世时，已修通了第一条大铁路京汉线，中国现代化，从此全面发展。"

慈禧："修铁路可不是一件简单事，首先要打破传统观念。记得英国人 1865 年，第一次提出修铁路建议，我发给十个王公大臣征求意见，没有一个同意，连李鸿章都不同意，第一个理由，修铁路就要迁坟，但祖宗坟墓不能动，碍我风水。第二个理由，修了铁路，影响挑担子，赶驴车的生计，他们失业了怎么办？同年英国人在北京前门修了一里长的展览铁路，京人看了视为怪物，急忙拆除。"

毛："我明白搞洋务，现代化，第一个障碍是传统观念，要一下改变不容易。"

慈禧："过了十二年，英国人在上海，还是花钱修通了三十里长的吴淞铁路，营运了一年，但是村民强烈反对，走上铁轨逼火车停下，政府只好花钱赎买拆除，铁轨运去台湾。"

毛："传统观念不解决，好事也办不成。"

慈禧："但是在李鸿章督导下，第一条运煤铁路，1882 年还是在唐山附近修通了，虽然还不到二十里长，而且开始是用骡子拉车的，不用火车头，大家对火车头看不惯。"

毛："要大家接受一个新事物，真不容易。大家视又冒烟、又会叫的火车头为怪物，又惊动乡村安宁。"

慈禧："到 1889 年，李鸿章终于从法国买来车厢车头，在北京西苑修了 7 里铁路，让我坐上去感受速度和舒适，铁路终于为大家接受了。"

毛："从拒绝到接受，花了二十五年时间，你坐上火车，皇上都接受了，大家才算没话说。"

慈禧："从此修铁路才算开了头，得张之洞力主修通京汉线，又折腾了好多年，终于在我去世前两年，修通了这全国第一条大铁路。"

毛："从英国人建议和修展览铁路开始，到修成一条大铁路，整整花了 40 年，您给中国现代化开了个好头，从此应该一路顺利了。可是 1911 年把大清推翻，1912 年孙中山接手要大修铁路，拿了钱，却十多年连一里路，也不见修成。"

慈禧："革命党人多是夸言做大事，哗众取宠，少见踏实做事。还是怪我处置不当，让大清倒了，导致国家大乱，建设谈不上了。"

毛："您最后八年推行新政，大刀阔斧，可圈可点，早在 1901 年 1 月，您还在西安，就发布上喻，揭开新政序幕。"

慈禧："这次新政，比维新变法更全面更深入，举凡朝章国故，吏治民生，学校科举，军政财政，一切制度，无不在内。唯有变法自强，为国家安危之命脉，民生之转机，为臣民计，舍此无他策。"

毛："国人看到，您取消满汉通婚禁令，倡女性解放，劝改缠足，推广女学，设立女学堂，又派出第一批女生赴美留学，其中有宋庆龄、宋美龄。您又废酷刑，禁刑讯，改良监狱，设法律学堂，建立文明法律制度。您行新政，出现新气象，有目共睹，国人看到出现许多'生平第一'：路灯，自来水，电话，电影，运动会，公园，动物园，博物馆，西医院，农业试验场，报纸，新政给人们带来新生活。"

慈禧："我也有自己的第一次，我第一次允许外国人进颐和园，给我照相，不但照标准像，还打扮照佛像，穿京剧服照相。同时第一次请美国女画家，进颐和园给我画像。"

毛："所以我们看到，开放从您早已开始，非自邓小平起。"

慈禧："我得到报告，天津被联军占领二年，城市面目一新，交权时帐目清单，每1分钱都有记录，成堆垃圾消失，公共厕所诞生，排污系统开始建造，西式警察维持治安，人们对西方有了好感。我们何不开放学习，轻松一下。"

毛："我注意到，您对美国人最有好感，最亲近，不知你是从何经验而来？"

慈禧："我是积四十年之经验，从我历年观察得知，在所有列强中，唯美国对我最诚，无害我占便宜之心，故我视他们为朋友。"

毛："国人注意到，你最重视与美国交往，那时西方公使团首席夫人，是美国公使夫人，你专门邀请她来赴宴，美国公使夫人回邀，您特派养女固伦公主，代表您率领11位贵妇赴会，随从共四百多人，场面壮观，令人惊叹。"

慈禧："我从心里感谢她们，所以美国公使夫人的女儿生小孩，我都吩咐送婴儿礼品。公使夫人离任回国，我从身上摘下一颗玉石送她，那颗玉石像护身符，伴我数十年。"

毛："您把在世界博览会展示的您的画像，送给罗斯福总统。你的友好感动了总统，罗斯福特派他的女儿访问中国，您专门接见。以后总统女儿结婚，您又特意送大箱礼服。您的善意感动了罗斯福，他特意要求国会，退还一半八国联军赔款，用作中国教育费用，派留学生出国。此后英法德各国都仿效减免赔款，减轻了中国负担。"

慈禧："所以历史经验告诉我，跟美国交朋友没有错。其次是英国，也算温和。我不会忘记英国人赫德（Hart）为我们主理海关二十多年，帮我建设清廉海关，保证关税收入。八国联军赔款的方案，就是他设计，他用提高进口奢侈品关税的办法，等于让西方商人少赚点钱，中国富人多付点钱，来解决赔款，不必增加国家负担，这样大家都轻松了。"

毛："您最为国人称道的，是立宪改革的决断，不知太后您为何有那么大的决心？"

慈禧："我看出世界潮流，大势所趋，是君主立宪。英国能上下一心，所以厉害，维多利亚女王背后，是国会那些强人。大清要在新世界生存下去，保住王位，必须尽早行君主立宪，我必须在有生之年，抓住时机，尽力而为。"

毛："立宪这么大的事，朝中阻力一定很大，您已年高，怎好短期做到？"

慈禧："我是有步骤去做，1905年就派两个王公大臣考察团，分赴东西洋，考察各国宪政一年，回来我接见，谈了二小时，又看了几十卷报告，博取众长，经过一系列准备，1907年先成立了'资政院'，作为过渡机构。1908年我批准了宪法大纲，议院法，选举法，议员产生办法，完成了总体部署。"

毛："国人最看重的，是您居然定下九年'开设议会年限'，使大家看到是实的，不是虚的。"

慈禧："主持章程的庆亲王，是不同意设定年限的，说这样大的转折，宣布年限不妥。我坚持必须设定年限，防止各级官员消极拖延，虎头蛇尾。我指出，只有定下年限并宣布，展示每年应筹备之事，方能鞭策行动。"

毛："太后如此坚定，使国人看到皇太后的大决心。有外国记者说：皇后紧紧抓住缰绳，毫不迟疑地把国家战车，驶进前人没走过的路。"

慈禧："可惜我只能管生前，管不了死后。我再次后悔，我缺乏远见，没安排好接班人，没想到革命党人会推翻小皇帝。"

毛："我也是没有安排好接班人。原来计划由华国锋过渡，最后江青接班当党的总书记，毛远新当国家主席。没想到尸骨未寒，江青就成了阶下囚。邓矮子全面资本主义复辟，搞权贵资本主义。这可是违背了我的初衷啊！"

慈禧："你的初衷和邓的改开，形式不同，本质一样，都是为了维持共产党的极权统治。今上说，不忘初心，也是这个意思。根子都在你。为了中国人民过上幸福生活，你必须首先还清三十年暴政种下的孽债。国家在你三十年治下，灾难连连，死人无数，民不聊生，你生前从未悔罪，死后四十多年，你的继承人也从未悔罪，今日国家，依然行苏联极权体制，何来宪政？你必须忏悔，反省思过，促使你的继承人改过图新。"

毛敷衍说："太后所言极是。我正在忏悔，不久就要面对玉皇大帝的裁决。请太后见到玉皇大帝，帮我美言几句，好让我早日跳出十八层地狱。转世投胎，当牛当马甚至当猪，我都愿意。"

毛与慈禧太后谈到这里，大家都感到已畅所欲言。太后起身告辞。毛扶太后起身，趁势举起太后的右手，像当年吻菲律宾总统马可仕的夫人那样，在太后手背上亲吻一口。太后笑道，"你这个死鬼，死了还这么好色"，话音未落，忽地变作一道青烟飞走。留下毛一人，站在原处，怅然若失。

7、袁世凯（1859 年－1916 年）

毛一直琢磨着为什么袁世凯是短命皇帝？一日果然见到袁世凯。

毛："您是中华第一任议会正式选举出来的大总统，又是中华鼎革后称帝第一人。一百年后得见您，十分荣幸。"

袁："我是短命皇帝，只做了三个月就下台，不久就驾崩了。"

毛："太可惜了，才五十七岁，英年早逝。"

袁："我没能颐养天年，我的祖辈大多年不过六十岁，可能遗传吧。"

毛："你太操心了，做了大总统，又操办做皇帝。如果你不逼清

帝退位，继续做你的总理大臣，会太平得多，您会延年益寿。"

袁："可能吧。做大总统没经验，中国没人做过总统，又无章法可循，国人也不习惯，不好操作，所以我就操办做皇帝了。不料革命党人反对，我不得不退位，忧郁病重，竟一病不起。"

毛："清帝其实也不是非推翻不可，慈禧在世时，就已启动立宪革新，你顺势而为也可。可惜慈禧，光绪同时死去，他们活下来一个，你也逼退不了。隆裕皇后是软蛋，被你软硬兼施逼下去了。"

袁："我也有私心，清帝退了，我可做老大。你看，我做了大总统，发行的银币，都有我头像，我成袁大头了。"

毛："事实上，是你创建了中华民国，不是孙中山。孙中山不是国父，你才是国父。可以说，没有你，就没有中华民国，这是事实。但历来国共两党宣传，都推崇孙中山。只是因为你称帝，把你否定了。"

袁："孙中山的确没在国内做什么事，他只是海外到处跑，广东人说他'车大炮'，给他起了个花名叫'孙大炮'。他宣传革命，也没多少人理会。"

毛："您做了大总统，又做皇帝，贪图虚名而已。其实，你的皇帝，是虚有其名，而无其实。不如我不要皇帝虚名，我就叫主席，却有十倍皇帝之实。"

袁："你有什么皇帝之实呢？"

毛："我至少有二十座行宫，全国各省都有，你有行宫吗？"

袁："我一个行宫都没有，我还没来得及建行宫呢，就上了黄泉路。你有二十座行宫，真是前无古人，后无来者。清帝也不过只有承德山庄，美国总统也只有戴维营别墅。"

毛："您有一妻九妾，子孙满堂，可是您没有三宫六妃。"

袁："你不过先后娶了四个老婆而已，还不如我呢。"

毛："否！老婆不在多，我也不要后院宫妃，那是形式。我有流动妃子，随叫随到，呼之即来，挥之即去，免得麻烦。全国顶级文工团，歌舞团，所有歌女舞女，都是我的蓄水池，我有一池无限春水，我要就放水。外人还抓不着，比你做真皇帝潇洒吧？"

袁："你有现代加古代的脑筋，融为一体，花样创新，我是纯粹老式的。"

毛："我出巡游山玩水，有长长火车专列，两百卫队，全国到处流动，比乾隆帝只去江南，风光多了。你出巡玩过吗？"

袁："我什么都不会玩，就是玩几个老婆妻妾，生子生孙一大群。"

毛："您是治军治国有方，清末民初洋务革新，经验丰富，行政管理有一套。我会农村煽动农民斗地主，打土豪，分田地。开国怎么搞，一头雾水。我不喜欢北京城墙，就叫拆，梁启超儿子反对，也无可奈何。人家叫我败家子，把祖宗宝贝毁了。"

袁："你比洪秀全聪明。洪秀全只占领南京十年，总归失败自杀了。那年我才五岁，不懂事，太平军也没到河南来。你在农村造反，有根据地，一直到占领全国。"

毛："洪秀全占南京十年，我学不来，我只能先占山为王，慢慢发展，日本打进来，才给了我机会，加上张学良在西安抓蒋，天赐我良机，让我生存下来，不然我早玩完了。"

袁："我是循规蹈矩，不造反，从当清兵开始，出战朝鲜，一路上升，回国就开始'小站练兵'，请德国军官教练，新军现代化，从我开始。"

毛："我知道，解放军的'三大纪律、八项注意'军歌，就是从你的'大帅练兵歌'，演变而来的。"

袁："我还创办了新式警察，办新式学校，也禁烟禁赌。"

毛："我明白，说你是中国现代陆军之父，也不为过。你还开创了把中国旧历新年，改为春节，免得与新历新年矛盾，我们现在一直沿用实行。你不愧为改革先锋。"

袁："可惜孙中山不喜协商共事，一有不同意见，就甩手去广州，另起炉灶。"

毛："我知道，宋教仁南京被刺身亡，他就认定是你干的，马上搞二次革命，失败逃去日本。那时黄兴都主张法律解决。其实前一年北京炸弹暗杀，你卫队死10人，你得幸免。暗杀都是两派非法活动，动不动就武力解决，断送了宪政之路。"

袁："国民党批我十年，你们共产党附和，对我不公平，我蒙冤十年。"

毛："幸亏邓小平开放，现在许多历史资料，都逐渐公开了。我相信未来，历史会还你公道。"

袁："承你支持，我很高兴。不过我个人事小，国家事大，我看到国家在你治下三十年，灾难连连，死人无数，我很痛心。你从来没有悔罪，你的继承人也学你那一套，搞个人崇拜，想当世界领袖，不顾百姓死活。你必须忏悔，反省思过。"

毛敷衍说："你说的是，我正在忏悔，不久要面对玉皇大帝的公审。玉皇大帝可能邀你做陪审员。果如是，你要替小弟美言美言。让我及早魂归故里，回到我的韶山老屋。"说着说着，竟挤出几滴眼泪。

袁大头得毛一番肯定赞许，又得毛悔罪诺言，见毛有些诚意，就起身告辞。把毛留在身后，径直去了。

8、孔子 (前551年－前479年)

毛到山东曲阜，想见见孔子。见之前，他拿到一叠曲阜的文物资料，包括文革时被破坏的文物损失，和修复的情况，其中他看到1966年11月在戚本禹，康生授意下，谭厚兰以中央文革小组名义，率队两百多人从北京到曲阜造"孔家店"的反。联合当地造反派成立"彻

底捣毁孔家店革命造反联络站"，召开彻底捣毁孔家店的万人大会，砸毁国务院 1961 年立的"全国重点文物保护"石碑，发了给国务院的抗议信。

他们在曲阜二十九天，烧毁古书两千七百余册，各种字画九百多轴，其中有国家一级保护文物七十余件，珍版书籍一千七百余册；砸毁包括孔子墓碑在内的历代石碑一千余座，捣毁孔庙，破坏孔府、孔林、书国故址，刨平孔坟。"谭厚兰是北京师范大学的红卫兵头头，是北京高校红卫兵五大领袖之一，1966 年曾上天安门跟毛主席握手，1968 年在北京人大会堂受毛主席接见五大领袖谈话。

毛看到这些历史资料，心里很不平静，他想到谭厚兰的所作所为，自己都有责任，对历史文物这样大的破坏，骇人听闻，不知孔子知道了作何感想？

迷迷糊糊，半睡半醒之间，孔子的身影竟然浮现上来，由远而近，慢慢靠近过来。

不一会儿又发现背后还有一个身影浮现，那是个女人，那是谁？等那女人慢慢走近来，毛定睛仔细一看，正跟刚才看到的'谭厚兰'照片一模一样。那女人走上来，

毛不禁先开口问："你是谭厚兰？你今天怎么来了？"

谭厚兰说："玉皇大帝叫我来，叫我当着你的面，向孔子谢罪。"

孔子插过来说："你有什么罪？"

厚兰说："我在文革带两百多人来破坏孔林，孔庙，孔府，我有大罪。"她随即在孔子面前跪下，低头认罪。孔子把她扶起来。

孔子问："谁让你来的？"

厚兰答："是中央文革小组"。

孔子说："那罪不该你，你是跑腿的小卒。"

毛听了忍不住说："中央文革小组，也是听我的，没有我的默许，他们不敢。现在我认识到了，正要向孔圣谢罪。"说着就要下跪。

孔子宽大为怀，说："君子之过也，如日月之食。过也，人皆见之；更也，人皆仰之。"

毛说："我小时候读您的书，循规蹈矩，听您教导。"

孔子说："你如果这样一直下去就好了。可是后来你走了邪路。"

毛说："后来我跟俄国人造反了，把老祖宗一套，全打翻了。"

孔子说："你搞大跃进，引来大饥荒，死人几千万，又搞文革，罪过极大，祸及全国全民，死人无数，中国历史上，从没有过呀！说你是千古罪人不为过。"

孔子又说："你把两千多年的国家传统文化全打翻了，人性全搞坏了，罪过实在太大。你的灵魂，永远被钉在历史耻辱柱上，永不得安息。"

孔子还说："听说你见了希特勒，这很好。你比希特勒的罪过大得多，你至少要用比希特勒大三倍的努力，去悔罪，才有可能得到人民宽恕。"

毛说："我大伤了中国文明的根脉。死人可能三代能恢复，伤文明甚至六代也未必全恢复，都是百身莫赎。你们看，现在第四代都出生了，社会道德伦理，比起我青少年那个年代，还远不如呢。"

孔子接过来说："文革造反，红卫兵无罪，不管是什么派，都是听'最高指示'的小卒，小卒无罪。"

孔子又补充说："听说不少红卫兵，当了替罪羊，不应该啊！他们都应该解放，向他们道歉。"

厚兰感动地说："我今天听了，我的灵魂从此安息，我在天国宽心了。"

孔子转过来，向毛说："你今天来见我，我看是诚心的。"

毛说："我在文革大错，特来向您谢罪。如果你有机会，请告诉玉皇大帝为我减刑。"

孔子说："君子之过，更也，人皆仰之。你是君子吗？"

毛说："文革我不该批林又批孔，林彪写'克己复礼'，我就连起来批，1973年我还给郭沫若写诗，说什么'孔学名高实秕糠'，到晚年我完全糊涂了，四十年反省，到今天才认识到。"

孔子说："其实，我不是什么圣人。我在世时，就只想留传我的思想学说，帮助君王治国，我也没有写下著作，一部《论语》是弟子们整理我平时的言论集子，是他们在民间传播中华道统。三百年后，董仲舒把我立起来，是为了文明发展的需要。以后我的学说，一代一代传承发展，与时俱进，成为中国文明的代表，如此而已。"

毛说："现在我明白了，我批孔是撼动了国本，伤了中国文明的根，使国人无所适从，失魂落魄，像无头苍蝇，道德伦丧，国不将国，影响何止三代。两千年来，改朝换代，尽管也有造反，但无人反孔，孔圣一直依然故我，唯独我到晚年糊涂了，老祖宗，老圣人，都不在眼里，无法无天，唯我独尊。"

孔子说："是啊！不管你在位多高，谁也不可'无法无天'，天就是玉皇大帝，是最高的审判者，我也服从。法是大家制定的，大家都要遵守。"

孔子又说："我看到你早期头脑清醒，尊崇中国传统文明，也相当尊崇我，只是后来上了斯大林的贼船，跟共产苏联走，学斯大林那一套，把母国传统的一套丢了，把国家搞得一塌糊涂。"

毛说："是的。我早期还在诗里引用您的话，我的两个女儿名字李纳李敏，就是来自您说的'君子纳于言，而敏于事'。走苏联的路，学斯大林那一套，祸国殃民，死人几千万，我百身莫赎！"

孔子说："错了就改，改了就好，历史问题，百姓会从宽考量的。我看到中国文明，还是树大根深，改革开放，人民从饿肚皮到有饭吃，我略感欣慰！但是，改革开放，是要彻底清除列宁斯大林流毒。如果共产主义的根子不去除，国祚恐不长久。希望你的继承者明白这句话。"

孔子又重覆对毛说："我今天听到你的一番话，希望是发自内心的反省，而不是为了求得玉皇大帝轻判的虚假陈述。"

孔子说完就告辞。谭厚兰也跟着告别远去。

9、梁启超（1873 年 － 1929 年）

毛到北京西郊植物园寻梁启超墓，遇见梁亡魂。

梁启超是清末民初伟大思想家，又是政治家，学问家，教育家，于 1929 年在北京去世，安葬在植物园内，毛对梁公非常敬仰，过去一直没有机会见梁公。

梁启超与夫人合葬墓，坐北朝南，墓前有黄色花岗岩石阶九级，有方砖铺设的甬道。甬道右侧有梁启超七弟梁启雄墓，左侧有梁启超之子梁思忠墓。两旁广植松柏，墓呈拱形状。全部以黄色花岗岩为主修建，环境幽雅、肃穆。梁公墓是建筑家儿子梁思成设计的。

毛喜欢香山脚下的环境，晚上毛躺在床上，翻看着梁启超早期的著作，回忆他青年时期受梁公的影响，浮想联翩，梁公炙热的爱国热情，激进的革新精神，给他极大鼓舞，可说是他青年时代第一个革命导师。想着想着，似睡非睡，渐渐似入梦境，梁公的身影竟模模糊糊在远处浮现，而且向他移动靠近，定睛一看，果然是他想见的梁任公。

梁公先开口向他说："润之，多谢你今天来看我！"

毛立即回应说："梁老师您好！您是我一百年前的老师，今天还是我的老师。您比我大 20 岁，是老辈老师，我虽然没见过您，但您的思想精神一直引导我前进。"

梁公说："你当国家主席，我的影响有那么大吗？"

毛说："您的思想学说，给我青年时代打下基础，不可磨灭。记得我17岁第一次看到您出的《新民丛报》，给我打开了一个新世界，我读了又读，都能背出来了。我非常崇拜您，并且模仿您的新文体写作。您写的文章，立论锋利，条理分明，感情奔放，痛快淋漓，又清新平易，大家传诵一时。您是当时最有号召力的政论家。您开始办报那么辛苦，自己写评论，又要修改别人来稿，全部编排工作和复印工作，都由一个人承担，真是不可思议。"

梁公说："初期办报确实不容易，我还管送报呢。我办报二十七年，前后办过十七种报刊，大部分都是自己亲力亲为，真是'一脚踢'呀"

毛说："您以饱带感情之笔，写流利畅达之文，洋洋万言，雅俗共赏。读时令我摄魂忘疲，竟或怒发冲冠，或热泪湿纸。您的文章别有一种魔力。你发明的'新闻体'，非文言，非白话，半文不白，又简短又易懂，开创了一种新文体，大家都喜看，都仿效您，风行起来，影响深远，功德无量。我最佩服您办报。"

毛又问："我有个疑问，您为何一直主张'君子立宪'，不主张革命？"

梁公说："民主共和固然好，但我衡量中国的国情，我们一时达不到。我考察过欧美，美式民主，中国不行。英国尚且保存女王，西班牙，瑞典等都保持国王，行君主立宪，议会民主很好。中国行君主立宪，是最佳选择。若是推翻帝制，必引来大乱内战，不可收拾。"

毛说："可是孙中山革命，不是成功了吗？"

梁公说："1911年表面清帝被推翻了，可是孙中山到1925年去世，还说'革命尚未成功'，实际上中国一直在乱，在打内战。"

毛："孙中山跟我们合作，国共合作不是很好吗？蒋介石搞分裂，又互相打起来。"

梁公："孙中山那时，实际上完全被斯大林操纵，跟你们被斯大林操纵一样。国共合作是有条件的，就是苏联拿钱拿军火来，北伐完全受苏联顾问指挥。斯大林指示你们共产党，钻到国民党肚子里去，躯体是国民党，灵魂是共产党。那时你们宣传工作厉害，又有苏联作革命榜样，又有钱有枪撑腰，大部分青年都跟你们走，我的一个儿子也同情说你们好。我早说共产主义是毒药，救不了中国，可是他不听。"

梁公接着说："后来蒋介石发现，他掌握不了共党，开始清党，杀共产党员，你们也报复，互相厮杀，双方死人过万，无数热血青年，就这样流血牺牲了。那是 1927 年的事，那时我悲痛无奈，你们双方都上了斯大林的当，他是要扩张，搞世界共产主义革命，第一个目标就是中国，他要操控中国。"

毛："那时我们认定，走俄国路是正确的。"

梁公："陈独秀开始也这样认为，他是你们第一个觉醒的，他最早发现斯大林的企图心，他反对拿苏联的钱和枪打内战。国共分裂了，斯大林把他当替罪羊，免了他的总书记，给他扣个大帽子'右倾投降主义'。"

毛："是您说的那么回事。另外我搞不清您和康有为，为何后来又分歧分开了呢？"

梁公："康有为是我的老师，他比我大十五岁，到他去世，我还认他老师。他经济拮据，办后事都有困难，我寄钱去善后。但是我们的政治立场确实有分歧。辛亥革命后，他还继续保皇，张勋复辟，他还插进去。清朝倒了，还真能复辟吗？抬个小皇帝出来，作招牌而已，实为傀儡，自己来掌权。就像日本人搞满洲国，抬皇帝出来做傀儡一样。所以革命后，我不再保皇。"

毛："您是与时俱进，顺应潮流。"

梁公："革命了，无可奈何，打内战，只好叹息。我也想顺应作点事，为国家施展一下抱负，所以在袁世凯，段祺瑞政府，都做过短期的官，当我发现我无能为力时，只好辞退。我跟康老师还有点不同，他有权欲，有权位观念，我只想做事，事做不了，就搞学问，教书，如此而已。"

毛："中国到了今天，您认为未来该怎样立国呢？马列主义还行吗？"

梁公："马列主义立国，肯定不行。苏联1991年也已放弃了。民主宪政是时代大潮流，中国应顺应世界潮流。我认为该二元立国，就是'公德'民主宪政；'私德'传统道德。传统道德就是以孔子为代表的两千年传统。公德必须建立在私德基础上，要有私德，就要修身。"

毛："民主宪政你认为何时能实现呢？"

梁公："那要看条件和时机成熟。稳步打好基础，建国以来30年你的恶政恶名，首先要清理，革新形象。仿'君主立宪'过渡，也无不可，就是尊'中共为君'，如果大多数国民同意，你共产党后代做君主，也可以。只要有法可循，立宪立法做好。如嫌共产党名声不好，改个什么名字也可。"

毛："我明白了。'二元立国'，先生高见，学生同意！"

毛最后问："听说你辞世前，是医疗事故，西医害了您？"

梁公："可以这么说吧，那时西医风行，大家都信，中医抬不起头来，我的许多朋友，都要我看西医，说西医科学，相信开刀，在协和医院把不该割的一个肾割掉了。病情更重，终于不治。那时又没有透析洗肾一说。其实中间一段时间改服中药，已有好转。"

毛："这真是大教训啊！不然我们能看到先生更多著作，更多贡献。"

梁公："以我原来之强健，我原想起码能活到70，真是人算不如天算啊！"

毛："我从您那里学到点聪明，尽信医不如无医，医生的话，我信一半，一半要听我的，我一生最怕开刀，我活到八十三岁，如果你用保守疗法，起码能活到七十五岁，太可惜了。"

梁公："现在中医活过来了，可喜。而且走向世界，听说自从1972年美国尼克松总统访问你之后，美国人也渐渐接受中医药，现在执照针灸师已经有几万人，大部分是白人，华人只占三分之一。许多医学院都设有中医药部系。美国人也开始自种中草药。"

毛："是啊！您走得太早，非常遗憾。好在您留下一千四百万字著作，有四十册书，够每个人研读一辈子，您的著作是无穷的宝藏。"

梁公："还是要'与时俱进'，跟上世界潮流，新时代，要有新发展。"

梁公觉话已谈得差不多了，就告辞道别退去。毛连连道谢辞别导师。

10、利玛窦（Matteo Ricci 1552年－1610年）

见过梁任公后，毛决定去阜成门外见利玛窦。

毛经过四十年思过，深感共产主义不行了，共产主义救不了中国，现在社会道德下滑，要重建道德，复兴中国，要请回孔子，又要中西结合，顺应世界潮流。利玛窦是第一个把西方文化带到中国，又把孔子带到西方的传教士，中西文化交流开创者。将近五百年前明朝时代，他第一个被中国皇帝允许住在北京，传教和学术交流三十年，死在北京，又是第一个被皇帝批准安葬北京的外国人。

利玛窦墓就在现今北京市委党校的大后院内。墓地四周有矮墙围着，正中有石牌坊大门，两扇灰色铁花灵门，墓地四周有几株青翠柏树。灵门启开，只见屹立一座一人半高的汉白玉石碑，是为明朝1610年所立。1900年遭义和团破坏，过后慈禧太后重修；1966年文革红卫兵再次破坏，1978年邓小平批准重修。墓碑虽有伤痕可见，仍沿用明朝所立之碑。

碑额雕龙花纹的中心，镌有代表天主教会的十字徽记，表明墓主是天主教徒。碑身正中刻有"耶稣会士利公之墓"八个大字。墓园自利玛窦以来，几百年已有数百传教士安葬此，但经文革破坏，现在大多数已无法辨认。

晚上毛翻看利玛窦的资料，利玛窦的崇高形象在他脑海翻腾，一个外国人，来到陌生中国，终身不离不归，不婚无子无后，也无女朋友，过完全没有女人的生活，简直不可思议，完全献身宗教和科学事业，想着想着，利玛窦的身影，竟然浮现上来，由模糊渐渐清晰，向他移近，定睛一看，竟然是利玛窦。

利公开口说："毛公，谢谢你远道来看我。"

毛说："我是经过40年反思，才练出历史眼光，才认识您。"又说："您一生贡献给中国，中国人忘不了您。"

利公说："明朝万历帝赐我安葬北京，给我最高荣耀，以后几百年，几百个传教士，都荣获安葬在这里，我们非常感激。"

毛说："您不但来传教传福音，还来传播西方科学，包括天文，数学，地理等，你在北京画制了中国第一张世界地图，开阔了中国人眼界。"

利公："那是根据我从意大利带来的原图画的。后来有人研究说，那个世界图，最先是中国人画的，这很有可能啊！因为我来中国，是在郑和下西洋之后，郑和对世界有许多发现，中国人对世界贡献了不起。不过，谁先谁后一点关系不大，重要的是发明发现成果，大家能分享，推动文明发展。"

毛说："您远道只身来中国，很不容易啊！中国人都崇敬你。"

利公："来中国是不容易，坐船要好几个月。我们一行四人，先到印度，再从印度到澳门，在澳门学中文两年，然后进入广东。在广东传教多年，两位教士在广东去世了，一位回到意大利，只我一人继续留在中国。后来我到江西，南京传教多年。最后，在南京得到机会进入北京。"

毛："您学中文好下功夫啊！还能用四书五经的词语，来解释圣经教义，用孔子的话语，大家一听就明白。您还用拉丁文，翻译孔子《论语》，您是向西方介绍孔子《论语》第一人。"

利公："那时交通困难，我在世时看不到《论语》在西方出版，是我回归天国后好多年，才在巴黎出版的。孔子了不起，全世界都该学。"

毛："你打通中西，让中国人保持信孔子，信天，信祖宗，又能信耶稣，中西相容，您开创中西交流，贡献了不起！"

利公："我深入研究了，发现中国人信天，同西方信上帝相通，大同小异，上帝也是天，不过稍微具体一点。至于信条，表现形式不同，根本意思是相近的。孔子则是具体的人间哲学，伦理道德，不可或少。敬祖拜祖，中西皆然，形式不同而已。"

毛："都像你这样认识，开放豁达，中西就无矛盾了，天下就太平了，所以说您的贡献非常了不起。"

毛又说："我今天特地来请教您，是因为我搞了三十年共产主义，搞得一塌糊涂，共产主义不行了，要另行别法。"

利公说："你们现在的党章不是还写着建设'社会主义'奔向'共产主义'？"

毛说："写着是官样文章，形式而已，实际上变了，邓小平只是还利用我的躯体，把我的内脏全挖掉了，我的内脏就是'阶级斗争'，他把两只黑猫白猫，塞进我肚子里去，中国老话'旧瓶新酒'，味道全变了。"

利公说："哦，原来是这样，不能看表面形式，中国历史长，办法多，表里可不一。"

毛："我的三十年，是把猫都管制起来，搜罗全国粮食来喂猫，不许猫自己去觅食，结果饿死了几千万只猫，搞得全国怨声载道，不可收拾。邓小平一上台，一、二、三，放！不管白猫黑猫，一律放出来，各自觅食，各显神通，结果所有猫，都吃得胖胖的，没一只饿毙的。他不但允许所有猫在本地区跑，还允许跑全国，现在还跑全世界。

过去只有少数几只外国猫来中国，哪有中国猫能跑全球？现在中国猫到处投资呢！"

利公："没想到邓公一句'白猫黑猫'威力这么大。有如此翻天覆地的变化。今天不是很好了吗？还有什么问题呢？"

毛："吃饱饭没问题了，中国老话'衣食足，思荣辱'，文明问题上来了，伦理道德被我搞文革破坏了，至今未能恢复传统道德，你可看到许多道德败坏的现象，所以要来向你求教。"

利公："我没有什么新办法，还是五百年前的老办法。西方有上帝，东方有'天'。天不但是大自然，更有你们的内涵，你们敬天，包括敬你们的远祖，皇帝，炎帝，尧，禹等老祖宗，你们北京有天坛，每年皇帝都要在此祭天祭祖，老祖宗的那一套永不忘，那就是你们祭天的具体内涵。说天意不可违，也就是你们老祖宗的根本精神不可违，不管是哪个皇帝。毛公，你的最大教训，就是丢了老祖宗，认了俄国人做祖宗，祸害国家几十年。现在无非是把老祖宗请回来，把孔子请回来。还是这个老办法，岂有他哉？"

毛："你这样一讲，我明白了，把老祖宗请回来，把孔子请回来，放弃俄国那一套。"

利公听了很满意说："我永在中国安身，我在天国期待中国复兴文明，期待看到你们遵天意，敬祖宗，敬孔子。"说着就告辞渐渐退去。

毛听了利公一席话，心中豁然开朗。

11、孙中山（1866年－1925年）

毛决定去南京拜祭孙中山。他上次是1953年乘军舰到达南京，顺道去中山陵拜祭。事隔六十年，再次来到南京中山陵。

中山陵位于南京东郊紫金山南麓，孙中山1925年3月在北京逝世后，国民党遵照他的遗愿，在南京为他修建陵墓，1926年1月开始兴建，1929年春，建成祭堂等主要建筑，当年6月1日孙中山入葬，陵墓全部工程至1931年才告完成。

据说中山陵花了一百多万两银子，工程浩大，前后建了六年。陵园设计师兼总建筑师吕彦直，未等全完工，就积劳成疾死了。当初孙中山还要水晶棺保存遗体。他生前遗愿，是要像列宁那样，放在水晶棺让人瞻仰。苏联也帮忙，水晶棺远道运送来了，但是遗体已变黑了，不好保存，水晶棺也用不上，只好埋地下。孙中山的墓穴在卧像下方5米深处，不对外开放。

曾有人好奇问毛："你死后意愿是什么呢？"

毛说："说来话长。本来1956年开'八大'，我提议中央委员大家死后都火化，大家都同意了，还签了字，是非常认真的。我1976年离世前，再没说过什么，说明应照1956年大家签字的办。可是我身后江青，华国锋等人，不按我签字的办，自作主张，把我放水晶棺放在纪念馆，让人瞻仰，使我不得安息。我不重视肉体，肉体是古今都不可保存的，我重视灵魂，灵魂可在历史空间游荡，可叹我的灵魂被锁在十八层地狱，至今不得解脱，一千年不能轮回。不是玉皇大帝特许，我的阴魂也不得从地狱出来跟老同志见面。"

入夜，毛翻来覆去不得安宁，孙中山的形象一直在他脑海翻腾，往事错综复杂，今天又上山拜孙公，让他不成眠，不过倦极了，迷迷糊糊总算睡过去了。夜半一阵阴风，毛感到阵阵寒意，似要惊醒之际，他看到远处一个人影浮上来，莫非是鬼怪？那个人影慢慢向他走近过来，吓得他往后缩。

那人影走到他跟前，用带广东口音的普通话说："你是润之？"

毛定睛一看，竟是孙中山，忙回应说："我就是润之，孙总理您好！"

孙说："我早不当总理了，你就叫我孙公好了。我在这里已经躺下快100年了，虽然没有水晶棺，有这样浩大辉煌的陵园，我也心满意足了。你安息何处呢？"

毛不好意思地说："我的皮囊还在天安门躺在广场上呢，不像您高高在上俯视人间。"

孙说："广场上车来人往，熙熙攘攘，怎好安息啊？谁把你摆在那里的？"

毛说："还不是我老婆自作主张，她说了算。她想利用我来宣传她自己，好继我的大位。"

孙说："她是戏子出身吧？不正经，文革你把她放出来，到处咬人，怎能继位呢？"

毛说："到文革末期，我把刘少奇，林彪都打倒了，周恩来，邓小平我又信不过，看来看去，只有自己老婆还信得过，可惜她又立不起来，等我一见马克思，他们就把她抓了，关起来。我躺在广场，无可奈何。"

孙说："润之，你生前确实了不起，爬得最高，红遍神州大地，无人能及，可是你顾前不顾后，一味革命，不断革命，把你所有战友同志，都革掉了，剩下孤家寡人，等你一离人世，好像从天上掉下来，躺倒在地上，剩下好看躯壳而已。"

孙又说到自己："我生前远不及你成功，我像你一样，造反起家，我自小就说，我崇拜洪秀全，认他是'反清英雄第一人'，我要做'洪秀全第二'。我本来家庭条件不错，哥哥在夏威夷搞农场，经济富裕，供我在香港读书，我学医第一名毕业，因为那个学校就我一个学生。行医也不错，但是我不安本分，跟一些朋友，鼓吹推翻满清政府，搞秘密组织，到处宣传募捐，给钱会道门搞武装暴动，所谓'十次起义，十次失败'。"

毛说："你这种城市暴动法子，恐怕也是从俄国学来的。我搞农村'秋收起义'，学土匪生存之道，一次成功上山站住了。那你十次失败了，又怎么办呢？"

孙说:"没办法啊,很丧气啊,但我还是坚持下去,老婆孩子丢下,我到处奔波,凭一张嘴巴能说会道,人家叫我'孙大炮'。但拿到钱很少,有时连吃饭都成问题。不像梁启超,那时梁任公游历美国,可神气了,有人邀请,到处欢迎会演讲。他有学问,救国之道讲得有一套,美国总统罗斯福接见,国务卿接见,大哲学家杜威会见,一来好几个月,一个一个城市跑。我没人管,怎么办呢?我就参加'洪门堂',做他们的会员,起码食宿有个落脚地,也可借机宣传筹款。你知道'武昌起义'时,我在哪里吗?"

毛说:"您正在背后策划指挥吧?"

孙显得有点不好意思,他坦诚说:"那时我根本什么都不知道。我正在美国中部丹佛(Denver)一家中餐馆做'企枱',就是服务员。为了维持生活,什么都要干啊!有一天,我正在端着盘碗,一个伙计拿着一封电报,兴高采烈急忙找我说'老孙,来电报了,好消息!'我打开一看,是黄兴来的电报:'武昌起义成功,火速返国,共商大计'。我喜出望外,赶紧收拾简单行李,借到一笔旅费,买船票经欧洲返国。"

毛说:"真像天掉下来一个大馅饼啊!你运气真好!"

孙说:"我坐船经过英国,宣传筹款,心想要有点钱,才好回国见面,但可惜听我的人不多,大家不相信清帝会下台。等坐船一个多月到了南京,人家以为我一定筹到大钱回来办事,问我筹到多少?我只好说,我只有思想主张,没有钱。"

毛同情地说:"是啊!搞革命,没钱没枪不行。"

孙接着说:"在南京,大家看我跑遍欧美世界,阅历广,能说会道,主义学说头头是道,就推我当临时大总统。这个大总统,其实是空的,要钱没钱,要兵没兵。组织要推黄兴。大家最看重袁世凯,他有实力,有兵在手。我对他说,只要你能让清帝退位,大总统让你当,我让位。果然他逼清帝退位成功,我就辞退了。"

毛问:"那你不是失业了吗?"

孙说:"是啊,革命成功,我就没事做了。于是我给袁大头说:

"我去修铁路，给我钱。他同意给我钱，去做建设铁路总经理。"

毛又问："你真去修铁路了吗？"

孙说："袁世凯给我十万元，还没等真干起来呢，宋教仁被刺杀了，他是国民党最得力的干将，我怀疑一定是袁世凯所为。于是发动二次革命，反对袁世凯。可是，人单力薄，很快就被压下去，要通缉我，我只好逃避去日本。"

毛惋惜地说："您看一不对头，就动武对抗，也太急了吧？如果通过合法斗争，说不定还占上风呢，跑去日本，反而失败了。"

孙说："后来袁世凯称帝，失败去世，段祺瑞上台主政，我看难谈，难合作，就号召国民党议员南下广州，另起炉灶，和两广军阀结合，另立政府，与北京政府分庭抗礼。那时所有外国，只承认北京政府，没人承认广州政府，我在南方跟地方军阀周旋几年，曲曲折折，没有进展。"

毛说："突破的关键在俄国。"

孙说："你说对了。救命稻草是斯大林。1923年来了个苏联顾问孙越，我们在上海会谈，一拍即合，苏联给钱给军火，支持我发展壮大，我的'联俄联共'政策就出来了，按苏共模式改造国民党。共产党员可以个人身份，加入国民党。第二年，黄埔军校在广州成立，蒋介石当校长，周恩来当政治部主任，苏联援助武器建立'党军'。国共合作你也是参加了，往后的事你都记得吧？"

毛说："记得。那时就是听苏联顾问的，建立'党军'，准备北伐。"

孙说："那时也是两种意见，并非一定要北伐。1924年，冯玉祥北京政变成功，邀请我北上共商国是，1925年初我就去了，就是想南北和议，共同组织政府，不要打了。不巧我肝病发作了，不久就住医院。"

毛问："那时南北谈得怎样呢？"

孙说："还没认真谈呢。苏联顾问不放心我，我的一切活动，都在鲍罗廷和鲍妻监视下，凡见一客，都先要得鲍罗廷许可，每天他或他妻子，总要来两三个小时，他一走，我就长舒一口气，我好像没有一点自由。"

毛说："对您况且如此，对我们就更不用说了，实际上是顾问指挥一切，事无巨细，都要听他们的。"

孙又补充说："斯大林是要建立他的世界共产主义帝国，中国是他的一个大棋子，他出钱出枪，指挥一切。我和你都是要夺取政权，各有所谋，路子一条，就是打。斯大林不喜欢搞什么和谈合作，一合作他就控制不了啦。还有，斯大林是要你们钻到国民党肚子里去，操控国民党，灵魂是共产党，躯体是国民党，这就为以后国共分裂埋下火药。"

毛说："北伐打到上海，国共就分裂了，国民党清党杀我们，我们也杀他们，那是 1927 年了，您老人家已不在人世。"

孙说："双方热血革命青年死了上万，祸根是苏联种下的，两党互相残杀，我们上了斯大林的当。没有苏联援助，北伐搞不起来，南北议和就太平了。听了苏联的话，搞到民不聊生，到我离世时，满清已倒十几年，还是'革命尚未成功'。"

孙公接着说："我离世后，你和蒋介石又打了 20 多年，你终于打赢了，得到整个大陆，那样不就好了吗，可以和平建国了，你怎么还死那么多人？"

毛说："一言难尽啊！我要按斯大林的路子，搞继续革命，继续革命就是要革地主，革资本家，革知识分子，革国民党残余，还要革内部反革命，革那些反党分子的命，总之要一个接一个，不停搞运动，最后是搞文革，全方位的革，包括革老祖宗，革一切牛鬼蛇神，革命就是要杀人，要死人，包括饿死人，统计起来是七千万，到我离世时，还有五、六亿人口。"

孙说："这真是兑现了梁启超说的'种瓜得瓜，种豆得豆，革命生革命'了。你革命又产生革命，一个革命完了又接第二个，第三个，没完没了，你叫做'不断革命'，到你死时，还没革完，你死不瞑目。建国呢？到你死时，国民经济到了崩溃边缘。你听斯大林的话，走俄

40

国的路，上当了。”

毛听了无言以对。

孙接着说："我佩服邓小平，他把你革命那一套收起来，让大家放开手脚搞资本主义，发展经济，不搞煽动穷人起来反地主反资本家那一套，不计较先富后富，现在大家都吃饱饭了，卫星也上天了，国际级的大资本家，也出现了，不'因噎废食'去限制资本发展，比我当初的'节制资本'还好。一句话，你走俄国的路，他走美国的路，你三十年饿死人几千万，他不到四十年搞到十亿吨钢铁，富得流油。谁对谁错？一看就明白。"

毛说："邓小平搞的是资本主义，是资本主义复辟。如今搞得贫富两极分化，贪腐遍地。我后悔当年没有像灭刘少奇一样把他也做掉。留他一命，后患无穷。不过，他没有彻底否定我，一面搞资本主义，一面扛着我的旗帜。"

孙说："邓小平的路子，和当年梁启超的路子一样，梁公主改良，不主革命。现在回过头来看，如果当年按梁公的路子走，保留清廷，不折腾革命，免了内战，中国会避免好多灾祸，少死好多人。事实上，慈禧太后生前，就已启动九年行宪的计划，君主立宪，也无不可。后来你们坚持走俄国的路，跟斯大林革命，损失了几十年时间，现在才知道上当了。"

孙又补充说："我们还丢了外蒙古，革命把外蒙也革掉了。苏俄乘我们内乱之机，唆使外蒙独立，把我们一大块祖产，从祖国分裂出去，成了苏联的势力范围。"

毛把话题转到今天，请教孙说："你老人家认为，今日中国应以什么思想主导呢？"

孙说："中国历来有一个道统，尧，舜，禹，汤，文，武，周公，孔子，相继不绝，我的思想基础，就是继承这个道统，结合现代，我提出民族，民权，民生，三民主义，就是继承这个正统思想，来发扬光大！今天中国，我认为还是要继承这个道统，老祖宗不可忘记。"

毛听了孙回顾历史，得出的经验教训，豁然开朗，好多想法，双

41

方今天十分靠近。孙也觉得话说得差不多了，就与毛道别告辞。不一会儿，渐渐远去。

12、斯大林（1878 年－1953 年）

毛一生去外国二次，两次都是去莫斯科。一次去见斯大林，一次去见赫鲁晓夫。毛特别怀念斯大林，那一次他去莫斯科，一待二个月。他决定再去莫斯科，希望再见到斯大林和赫鲁晓夫。毛到达莫斯科，毛的阴魂回到郊区以前住过的宾馆。

晚上，毛一直回味 1949 年住这里，与斯大林见面谈话的难忘时刻，斯大林的形象，在他脑海里翻来覆去。但当天旅途有点疲倦了，迷迷糊糊就睡过去了。

半夜毛梦到有人来，叫他去克里姆林宫，说斯大林等着要见他。毛很高兴，马上跟着来人去克里姆林宫。毛进了宫，来人引领他到斯大林的办公室，毛一看，还是他当年那个办公室，毛一进门，斯大林就热情迎上来，跟他热烈握手，请他坐下喝茶聊天，中间只有一个翻译，他们互相问候和寒暄了一下。

斯大林开门见山说："从我们 1949 年见面到现在，六十多年了。我在灵界也六十年多了，你在灵界也四十年了，虽然我们都在阴间，我什么都看得到。我经过六十年反省思过，有不少新的认识，相信你也会是这样。我们今晚可以无拘无束，海阔天空，随意聊天。"

毛："我很喜欢您如此坦率诚恳说话，我一向向您学习，是您的忠实学生。可以说，没有您，就没有我毛泽东。没有苏共，就没有中共。您对我们的恩情太大了，我们永远忘不了。从我们党成立起，您派代表来帮助我们建党，出钱出力，一切都是按您指示操办起来的。那时我们什么都不懂啊。"

斯大林："你们中国革命客观条件好，前有洪秀全太平天国造反传统，你们的'革命先行者'孙中山，就说他自己是'洪秀全第二'，反清革命以洪秀全为榜样。再往后面看，明朝朱元璋造反起义，打了十五年，打到北京取得政权，他是你的榜样。中国有此先例。印度就不行，我也派人去印度活动组党，印度跟你们中国一样，1920年就成立了共产主义小组，中国1921年就组成党了，印度却拖到1933年，才成功成立印度共产党。成立了也不搞武装斗争，不像你们在国共合作失败后，就马上搞南昌武装起义，秋收武装起义。印度太温和，甘地和平不合作运动的影响太大，他们不喜欢拿枪动武，喜欢合法议会斗争，甘地的接班人尼赫鲁，1920年代也来苏联考察学习过，他只学社会主义计划经济，不学武装斗争。所以印度共产党1942年就获得合法地位，参加议会选举。你们中国学我们，搞武装斗争。你不愧是我的好学生。"

毛问："印度甘地和平运动有什么好呢？"

斯大林："甘地和平运动死人少，一次死几个，死几十个了不起了。破坏少，代价不大。他们搞了二十多年，时间跟你们差不多，也取得了政权，印度也从英国独立出来了。印度70年来行民主议会制度，跟你们不是一个路子。"

毛："但是我们中国就是相信打，孙中山开始就是暴动，我笃信枪杆子。"

斯大林："孙中山的办法不行，他筹钱去买枪，收买那些会道门打手，去偷袭官府，期望偷袭成功，举起反清旗帜，号召别人去响应。结果搞了十次，但十次都失败。你吸取孙的失败教训，你学土匪，你聪明，你想土匪在山里能长期生存，我为什么不能？不过你跟土匪不同，你多了一顶红五星帽子，有远大目标，要夺取全国政权。不像土匪在山里混一辈子。"

毛："您说得对，我就是学土匪的生存办法，也是带着枪挨家挨户要粮食，如说没有，就搜，搜到了先骂他欺骗，再抬走粮食，但我们按规矩开收条，明知是白条也开。"

斯大林："你还学会煽动民众，我说'煽动'，你说'发动'。意思一样，可能你们认为'发动'文雅点，还有'鼓动'，但我觉得说'煽动'最贴切到家。'煽动'要有'火'，要手中有枪，光口头说说发动还不行。你最相信枪，所以你有实力，把群众煽动起来，你就有队伍了。你一生善于利用人民，这是你成功的法宝。"

毛得意说："这些都是从您那里学到的啊！你是导师，我是学生而已。"

斯大林："你还有优点，你有耐性又有狠劲，我打内战两三年解决了，你打二十年不嫌长，非要打到底。你们中国话'无毒不丈夫'，你就是够狠毒，你是大丈夫，周恩来服你，他不够狠，他只能当小媳妇。"

毛："陈独秀也是不够狠吧？你把他开掉了。"

斯大林："陈独秀不如你，他是学者，不会玩枪杆子。他后来看明白，中国要先发展资本主义，他是你们那个时代的邓小平，但是国共合作失败了，我当然要把他开掉，让他当替罪羊，不然戏怎么唱下去？"

毛："大革命时期，国共分裂，我记得当时有你派来的国际共产的代表罗易，他是印度人，向汪精卫泄露共产国际的电报指示，此事广为人知。"

斯大林："是的。我把他调回来了。他很天真，以为可给汪精卫施压，要他停止清共。罗易违反纪律。此人是哲学学者，但很有组织力，他从美国逃到墨西哥，在墨西哥组织共产党，参加共产国际，被列宁称赞为'东方革命的象征'，后来他回印度了，还搞他的哲学。"

毛："你刚才说土匪办法实际，我扩大地盘叫'根据地'，在江西是发展不错，但是五次围剿最后也吃不消，被迫逃去西北，人员损失十之八九，如果不是形势发生变化，日本打进来，张学良也帮了大忙，恐怕也站不住，非去莫斯科不可。"

斯大林："你们有办法，串通张学良，真是高招。他发动西安事变抓蒋介石，的确是鲁莽行事，他以为我会支持，你那时也主张杀蒋，我衡量如杀蒋，会削弱抗日力量，有利于日本打平中国，中国被打平，日本就会向北，对苏联加大压力，我怎能吃得消？只好放蒋团结抗日。张学良这一折腾，对蒋是不利了，但对你就很有利，你得到喘息机会，后来还得到大发展。"

毛："这都归功于你的指示正确。您叫我们不要正面碰日本人，只打点游击，主要点在发展自己，因此到抗日胜利，我已经发展到一百万人以上人马了。二

战打完了，你主张我跟蒋介石谈判，和平合作建国，我要继续打下去，将革命进行到底。"

斯大林："是啊！我看二战大家都打得很疲倦了，都想歇口气，而且我怕闹大了，美国插进来干涉，搞成国际问题不好办。你是想打到底，独得政权，你执意打下去，我也只好随你。你不听话，但你能成事，果然全赢了，大家也都高兴。"

毛："我是跟着您革命到底的路子走的，思想指引要归功于您，所以我想见您亲自领教，1947年我就提出，要去莫斯科见您，你开始点头，后来又没邀请。1948年我再次提出去莫斯科，因为整个内战打得很顺利，快到胜利建国了，以后的大政方针，要跟您商量。你开始也说行，后来又推迟，搞得我六神无主，面子也不好看。"

斯大林："那时我也有难处，我不知你们内战最后结果怎样？苏联跟蒋介石政府，还有外交关系，你来保密保不住怎么办？一直到1949年初，我还主张你跟蒋介石谈，苏联当调停人，只要我们能够占主导地位。我最怕美国最后插手挺蒋，问题复杂化。后来你要打到底，不去啰嗦，我也只好顺着你。你说要来莫斯科，我不知你抱什么态度？

要谈什么？我说派米高扬来找你先谈谈，你接受了。"

毛："米高扬来，我们很欢迎。那时你还怕保不了密，让蒋介石知道了不好办。我在西柏坡，保密是很好的。不过劳累了米高扬，他要坐大飞机飞旅顺，再坐小飞机飞到石家庄，我们派缴获的吉普车去接他，在破土路上颠簸几个小时，才来到西柏坡。我们知道米高扬喜欢喝酒，事先还专门派人去石家庄，买了好汾酒和葡萄酒。我跟米高扬谈了三天，另外周恩来跟他谈了三天。你们想了解我们的立场和态度，我反复对米高扬说，我接受您的领导和指挥，我是您的学生，我当然要亲苏。"

斯大林："米高扬向我报告了，这点我比较放心了。因为你两次不听我的话，1945年我要你和谈，你坚持要打。1949年初，我再次要你和谈，你再次坚持打到底。你知道我怕什么？我最怕你强硬，惹美国干涉。我知道美国不好惹，一战，二战，都是惹美国进来，结果都被美国打败了。你再惹美国进来，把我卷进去，我打不过美国，我要吃亏。幸亏美国只是温和调停，并不强硬干涉，让你占了上风，我也松了口气。我还怕你如南斯拉夫铁托，强硬到闹独立，不听使唤了。"

毛："所以我要反复表态，我是您的学生，只会倒向您。谈到具体，我要你帮助建国，给我援助，都已经快到最后胜利了。"

斯大林："帮助当然应该。但我跟蒋介石还有个条约，东北的利益按条约该给还他没给，我不知你什么态度？"

毛："东北的利益，长春铁路，旅顺大连，是中国的，我们当然该收回。还有，外蒙古也是我们中国的，也该考虑还中国。"

斯大林："蒙古我已经吃进去了，你还想我吐出来？根本连提都不要提。1945年跟蒋介石的条约，是我吃掉外蒙古，还蒋东北利益作交换，当我把蒙古吃下了，东北我还占着，我不撤军，说三个月撤，我呆了七个月才撤，他也无可奈何，他没有力量制约我。我答应日本的资产都留下不动，但我把机器设备资产搬走了，他也无可奈何。后来蒋告到联合国，联合国判蒋赢我输，判有什么用，我不理会，他也没法，联合国出兵干涉？联合国哪里有兵？现在你想我把东北利益都转给你？我不想。所以你跟米高扬谈归谈，谈到条约我不感兴趣。"

毛："我知道您不想放弃东北利益，所以就先搁下，先解决援助问题，我们迫切需要您的帮助。"

斯大林："最重要的是，你明确完全倒向我，使我放心。你知道，蒋政府到1949年3月，从南京迁去广州，我指示苏联大使馆也跟去，因为我跟蒋还有外交关系，所以外国使馆都跟着迁去了，唯独美国大使馆不迁，司徒雷登赖在南京不走，何故？很明显美国还希望拉住你，你也还派人跟司徒雷登多次接触，我最怕的就是你可能左右摇摆，我抓不住你。"

司徒雷登

毛："司徒雷登也是我手上玩的一张牌，好向你讨价还价，你不答应，你看我还有司徒雷登，就要让步了。后来我派刘少奇去莫斯科见你，看能否敲定？刘少奇那时去莫斯科也不容易，他从北京坐火车到沈阳，在沈阳把高岗带上，火车再到大连，在大连坐你们飞机到伯力，从伯力再坐大飞机到莫斯科，总共7天才到达。第二天你就接见他，刘少奇表明绝对一边倒向您，您十分高兴，当晚就敲定帮助中国。1949年6月28日，我看到刘少奇的电报，心里就踏实了，马上动手赶写《论人民民主专政》。6月30日公开广播发表，最重要的就是表明'一边倒'。美国一看没戏唱了，就下令司徒雷登撤走。司徒雷登还表现温情，还想等待我有所回心转意，一直赖到八月。美国国务院一再下令，他不得已离开南京回国。他一离开，我就马上写了《别了，司徒雷登》一文，公开发表，表明我对抛弃美国的坚决态度，使您看到更加放心。"

斯大林："是的，这样我就更放心了。你们刘少奇在莫斯科呆了四十多天，我跟他谈了六次，他工作非常细致周详啊，不但谈经济援助问题，还谈国家机构如何设置，经济如何管理，文化和教育，党组织和群众组织结构等等，无所不包，全盘照搬我们的，方方面面，都列出具体内容，长长的许多清单。"

毛："因为我们是一张白纸啊！您也考虑很周到。那时江青在莫斯科养病，你还特别提到邀请她参加宴会，真是感激您呀。谈到我提的'中共伟大光荣正确'，您认为'伟大光荣'没问题，对'正确'有所保留，就是因为我多次对蒋态度，与您有不同意见。"

斯大林："是的。对蒋我一直认为你太狠。我看蒋也不是很坏，1920 年代，他还来莫斯科学习过，还提出加入共产党，我没同意，后来只作为观察员，出席共产国际会议。我觉得你和蒋是革命兄弟，北伐我都出钱出力。当然关键还是顾虑太狠了，美国插手干涉。好在美国不强硬，你算好运得到全胜，把蒋赶到台湾孤岛去了。对胜利者是不该责备的，所以最后我承认你'正确'，无所保留了。"

毛："感谢您的宽容谅解。我从小性格就是执着，做事狠，非此不可，我要独得政权，不容第二人。所以我不想与蒋合作。"

斯大林："我看你还是可靠，所以最后跟刘少奇谈到，以后东亚各国的共产党事务，归你们分管，当然总管还是我，你后来也确实卖力了。刘少奇这次来成果累累，临走还马上行动，带走两百名经济干部和工程师，坐了长长一列火车回去。他没谈条约问题，他聪明避开，他知道谈也不会有结果。"

毛："条约问题只有留给我了。此事我认为是非谈不可的。所以我准备 1949 年 11 月去莫斯科为您祝七十大寿时，就事先给你发电报提出，你不答复，再电你也不理睬此事，我只好硬着头皮先去再说。"

斯大林："你一来到跟我见面，就提出条约问题，我没等你说完，就打断你的话，说我们政治局早研究过了，1945 年的条约不能改变，必须保留。你看话不好再说下去，再说下去就变成辩论了。但你转圈转了半天，又说周恩来也想来莫斯科，是不是让他来一趟？我是听话听音，你要周来，还不是想谈条约。我说让周恩来来干什么？反正我没事要找他，你要他来是你的事。就这样谈不下去了。"

毛："你拒绝谈，我不甘心。我就赖在住所不走，也不出来，你要我去参观什么地方，我不去。报纸没有我的消息了，外国人奇怪了，毛泽东失踪了。外国媒体就猜是否被软禁起来了，毛与斯大林发生摩擦了。美国就高兴起来了，插手中国事务机会可能又来了。这是您最忌讳最害怕发生的事，你不能让我这个执着的人空手回去，只好让步。你让塔斯社拟好一篇我发表的《答记者问》，你还在上面签了字，我一出面，说明安全没事，打破了西方的猜疑，你就放心了。你做了让步，答应谈条约，我就马上发电报，让周恩来出发来莫斯科。周来后双方交谈反反复复，最后总算各让一步，你们在东北利益暂时保留，几年后交还。蒙古就一点不能变了。双方最后签了新条约，您我都出席了，总算圆满。等我坐火车回到北京，已经 3 月 4 日，我在莫斯科待了两个多月，是外访前所未有之长。"

斯大林："我佩服你的坚持性，坚持就是胜利，美国始终在旁边监视着，也起了催化作用。"

毛："1950 年夏天，你同意金日成打南韩，统一朝鲜，叫我去支援，但政治局绝大多数不同意，我很为难。"

斯大林："金日成是看到你打得那么顺利，那么大个国家，三年就打下来了，他看到你，就很有信心打。我说，我再给你两百七十辆坦克，几百门大炮，如果还打不下来，就请中国帮忙。"

毛："按理说，中国确实不该再出兵打了，刚打完内战，精疲力尽，百废待兴，万事在开头，我们要建立秩序，要搞经济，大家都不同意出兵，只我一人听你话。周恩来是不表态，听我的，算是半个同意。你既然信任我，要我当东亚老大，我怎好推辞？我也想，通过打，能提高我的地位，以后好接你的班。我就决定打，出兵，政治局我有决策权，大家不得

金日成

不听我的。"

斯大林："你打得不错，好样的，美国人损失五万，很不简单，你牺牲很大，连儿子都死在那里，功劳很大。"

毛："中国损失四十万人，三百万部队，都轮番去朝鲜打过，等于全体出动了，全国可说总动员，可是还没打到底，你怎么就叫停呢？"

斯大林："打了二年，我看把美国也消耗差不多了，适可而止，再打油水不大，死他5万，就算赢了，再拖下去，我也怕把我也卷进去，就缩手吧。可是你打劲大，不打到底不罢休。"

毛："我想再死几十万，我也能扛下去，我有几百万，再死几十万，也不过十分之一，我几年就能补充过来。既然开打了，就要打出点名堂来。如果要我停，我要有点代价。"

斯大林："我知道，你一想要我援建几十个军工厂，二想要原子弹技术，可是我怕你壮大了，像铁托那样，不听话了，我要控制，不能给你那么多援助。"

毛："你不给我，我不甘心，我就在朝鲜停停打打，打着拖下去，名义上是交换战俘问题谈不拢。一直到您离开人世，还在打打停停，僵在那里。"

斯大林笑说："我成了停战的绊脚石啦，等我一死，你们不久就解决了，哈哈！"

毛："那是后话。赫鲁晓夫一上台，他很大方，一下同意给我援建九十个军工厂，我就满意地同意停战了。"

毛又说："最后，我想请教您一个问题，现在民间流传'普列汉诺夫遗言'，您看是真实的吗？这个'遗言'有四条：一、随着生产力发展，知识分子队伍比无产阶级增加得更快，在生产力中的作用跃居首位，在电气时代马克思主义的无产阶级专政理论将会过时。二、布尔什维克的无产阶级专政，将迅速演变成一党专政，再变为领袖专政。而建立在欺骗和暴力基础上的社会，本身就包含着自我毁灭的炸药，一旦真相大白，便会立刻土崩瓦解。三、布党将依次遇到四大危机：饥荒危机、意识形态危机、社会经济危机和崩溃危机，最后政权土崩瓦解，这一过程可能持续数十年，但这个结局谁也无法改变。四、国家的伟大并不在于它的领土甚至它的历史，而是民主传统和公民的生活水平。只要公民还在受穷，只要没有民主，国家就难保不发生动荡，直至崩溃。"

斯大林："我在世时，没有听过有这个遗言。如果有，即使保密，我应该是知道的。我看现在的流传，是编造出来的，但是反映民间相当多人，根据几十年的历史发展，有此看法。"

毛跟斯大林这一席话，谈得坦率，双方都满意，毛一看时间不早了，就起身告辞离去。

13、赫鲁晓夫（1894年－1971年)

毛在莫斯科第二天去拜祭赫鲁晓夫。

赫鲁晓夫墓在莫斯科西南新圣女公墓内，他1971年去世，没有按常规安葬在克里姆林宫红墙内，究竟是党中央有异议，或者是赫鲁晓夫本人的意愿，没有定论。赫鲁晓夫的墓碑很有特色，不像一般的伟人半身雕像，而是只有一个孤零零的头像，到脖子就没了，下面用六块黑白两种颜色的大理石，作立着的墓碑，艺术家设计，暗示对他的评价是毁誉参半。

毛的阴魂来到新圣公墓园，在赫鲁晓夫墓前逗留了一会儿，等于给赫鲁晓夫的阴魂打了招呼。半夜，赫鲁晓夫的阴魂果然到别墅来找毛聊天。

赫鲁晓夫向毛问好："你好！多谢你今天远道来看我，不敢当啊！"

毛："1950年代，你三次到中国来访问，我也到莫斯科访问过你，你给我留下难忘的记忆。很感谢你对中国的帮助。记得1954年你第一次来，我和刘少奇，周恩来，朱德全部出动，去机场迎接你。你刚上台不久，就大方答应援助我们一百多个项目，又长期贷款五亿卢布。

这些在斯大林时代，是不可想象的。斯大林总是卡来卡去，生怕抓不住我。从您开始，中苏关系步入宽松时代。我们怎能忘记。"

赫鲁晓夫："援助是应该的。你还记得吧，参加你们国庆之后，我们领导人在中南海颐年堂举行最高级会谈。谈了战争与和平，世界形势之后，我问你：'你们对我方还有什么要求吗？'你说：'我们对原子能、核武器感兴趣，想同你们商量商量，希望你们给我们帮助，使我们有所建树。总之，我们也想搞这项工业。'我一听愣住了，怎么也没有想到你会出这个难题，我急忙拒绝道：'搞那个东西太费钱了。我们这个大家庭，有个核保护伞就行了，无须大家都来搞它。须知搞那东西既费钱。又费时间。'你听了可能不满意。但我还是同意帮你们先造一座小型原子反应堆。"

毛："是呀！我对那个宝贝是看中了。你看，美国给日本丢下二个原子弹，整个大战就结束了。我不能没有它。这次你不答应，我下次还要提的。"

赫鲁晓夫："我很佩服你的执着。"

毛："1956 年你作'秘密报告'，揭发斯大林'大清洗'罪行，批判他'个人崇拜'，你释放了几百万政治犯，给两千万人恢复了名誉，此事影响太大了，东欧不说，我在中国就吃不消。你上半年作报告，我下半年开'八大'，我的'毛泽东思想'，就被割掉了。进一步，就会批我'个人崇拜'，跟你批斯大林一样。我搞'肃反'，打'AB 团'，整风，党内斗争，死人也有十几万。建国后搞土改杀人，镇压反革命，肃反，加起来死人几百万，像斯大林那样一揭发，我怎吃得消？你搞修正主义，刘少奇他们也跟你，所以我要顶住。保住斯大林，就是保住我自己，所以我说斯大林是三七开，三分错误，七分成绩。还是伟大领袖。"

赫鲁晓夫："1957 年，我邀请你来莫斯科参加十月革命四十周年和国际共产大会，你提出要原子弹技术，我也答应了。"

毛："我很感谢你的慷慨大方，我就很高兴去了。你派专机来接我们代表团，我们乘坐你的图 104 飞机到达莫斯科，机场红地毯铺路，你亲自和布尔加宁、伏罗希洛夫、库西宁、米高扬、苏斯洛夫、福尔采娃、柯西金等苏联党政领导人前来迎接。你对我的款待，就像对皇帝一样，特别让我住克里姆林宫，还是沙皇的寝宫，还交代服务人员，根据我的生活习惯，重新布置了卧室：把原来笨重的钢丝床撤掉，换上一张宽大的木板床，把毛毯、鸭绒枕头之类的东西拿走，换上从北京带来的又长又宽的棉被和枕头，把卫生间的坐式马桶，改成蹲式马桶，你还亲自到克里姆林宫，检查为我准备的起居室，看到那张硕大的木板床、薄薄的被褥，你说：'丛林里来的战士'，是吧？"

赫鲁晓夫笑说："是的。在卫生间，当我看到原来的坐式马桶的四周，用瓷砖垒起，与坐桶一样高，从旁边砌起了一个台阶，装修了护栏。我觉得很奇特。我问你，难道蹲着大便更舒服吗？"

毛："我是老习惯，改不了啦，要我坐着，就拉不出屎来，加上我有便秘的毛病，就更难了。"

赫鲁晓夫笑说："真有趣啊！"

毛："在参加完你们的庆祝活动之后，国际共产大会开始了，你请我发言。我那时以老大自居，为了表现我高于其他人的地位，我拒绝了大会要每个讲话人，事先递交讲稿的规定，我没有讲稿，我要想到哪儿说到哪儿。不过我有仔细准备。我为了表现与众不同，我故意坐在座位上讲，而不是站著讲。我最兴奋的是谈核战争，我说要设想一下，如果爆发战争要死多少人？全世界二十七亿人口，可能损失三分之一；再多一点，可能损失一半。极而言之，死掉一半人，还有一半人，帝国主义打平了，全世界社会主义化了，再过多少年，又会有 27 亿，一定还要多。大厅里的代表，听了都感到震惊，认为人对我无非是数字，死人我满不在乎，核战争毫不介意，说我想要战争。我反驳了希望改善人民生活的倾向，有人说穷是坏事，我看穷是好事。越穷越要革命。人人都富裕的时代，是不堪设想的，热卡太多了，人就要长两个脑袋，四条腿了。我的观点跟斯大林死后共产党不希望战争，更在乎生活提高的看法不同。各国共产党领导人，认为我说话不著边际，无法当真。"

赫鲁晓夫做否定斯大林秘密报告

赫鲁晓夫说："是啊！你的话无法当真，大家听了就听了，不当回事。"

毛："但我是认真的。我们那时国内正在讨论要不要计划生育？我深知人多是无价之宝，搞革命就靠人，人多多益善，人多就不怕核战争，所以我回国就否定了计划生育，放开让大家生，准备应付核战。"

赫鲁晓夫："这次你回国总算满意了吧？给原子弹样品和生产的技术资料，我们签了协定，我们的专家也去了，帮你们培养了几千名核技术人才。"

毛："这是我最看重的。所以我邀请你1958年再访华。"

赫鲁晓夫："1958年我来华了，但那时你正在搞大跃进，我感到气氛有点不对。"

毛："我搞大跃进，跑步进入共产主义，就是搞给你看，看中国正统共产主义是什么？你说中国的共产主义是大锅清水汤，我不在乎你说什么，也不在乎要死人，搞革命就免不了死人，共产主义革命成功了，死人也值得。我的人民公社，就是共产主义的样板。你看不上我的搞法，你就注重土豆烧牛肉，认为那才是共产主义，我认为你是修正主义，我们就说不到一块去了。"

赫鲁晓夫："我说要和平共处，和平竞赛，你说美国是头号敌人，是纸老虎，要分敌我。说什么'东风压倒西风'，不怕。我提出中苏建立联合舰队，来对付美国，你又不同意。"

毛："是呀！联合舰队我不同意，我要自己单独搞，不让你卷进来。你回国不久，8月23日，我就突然炮轰金门，一口气发射了三万枚苏制炮弹，引发台海危机。美国以为我要打台湾了。其实我是要制造紧张空气，打给美国人看，也打给你看，我打的是'政治炮'。打给你看是，要迫使你给我核潜艇和其他新军事技术。美国人紧张了，美国舰队开到台湾海峡，美国国务卿杜勒斯(John Foster Dulles)宣布，美国不但坚决保卫台湾，而且也要保卫金门，还威胁要轰炸大陆。你紧张了，怕苏联被拖进与美国的军事冲突中去，第二天就派外交部长葛罗米柯(Andrei Gromyko)来中国。我要葛罗米柯放心，我说当前我们不会打台湾，也不会打美国，不至于引起世界大战。但将来和美国必有一战。

葛罗米柯

我接著向葛罗米柯说，我希望同你交换意见，看核战争爆发了怎么个打法？我暗示苏联届时将被整个毁掉，我问葛罗米柯：这样一场世界大战之后，'我们应当在哪里建立社会主义世界的首都呢？'莫斯科那时不存在了。我建议在太平洋上人造一座小岛，作为社会主义世界的新首都。葛罗米柯听得毛骨悚然，他不想把这些话写在电报上向你报告，但后来还是写了，我的这番话引起了你的特别注意。

我吓唬了葛罗米柯后，给他吃定心丸：我的方针是我们自己来承担战争的全部责任。我们同美国周旋，我们不要你们参加战争。我们不会拖苏联下水。当然，前提是，你们要帮我们，使我们能独自对付美国。"

赫鲁晓夫："我收到葛罗米柯的电报后，我很快就给你去信说：'感谢你愿意独自承受打击，而不把苏联卷进去。'我同意帮助你，使你有能力对抗美国。"

毛:"你大方满足我的要求,我就以国防部长彭德怀的名义,写了一纸声明,宣布暂停炮击金门。这样台海危机就解除了。我给你写信说,我十分乐意让中国独自承受美国的核武打击:'为了最后胜利,灭掉帝国主义,我们愿意承担第一个打击,无非是死一大堆人'。"

毛又说:"这次台海危机,使你批准转让一系列尖端技术,1959年2月4日,我们签订了惊人的"新技术援助协定",规定苏联帮助中国建造整套先进武器、军舰,包括常规动力导弹潜艇、潜对地弹道导弹等。我十分感谢你。"毛说完后,心中暗喜,对害怕战争的人,讹诈最有效。

赫鲁晓夫接着谈到1959年访华说:"我刚去美国作了十三天访问,回国两天,就赶去参加中国国庆典礼,跟你们会谈,我满怀热情向你们报告访美成果,我向你说,美苏都有缓和局势,消除冷战,和平竞赛的愿望。我本来想拉你们向这个方向去,但你们坚持搞大跃进,人民公社,对我的话冷淡,不大听得进去。会谈变成了辩论,大家争论激烈,别的没什么好谈的。我觉得再去外地参观,没多大意思了,就藉口说国内有急事,要提前回国。待了3天就离开中国了,这也是我最后一次访华。其实我并没有多大急事,我还就近顺道先去西伯利亚视察了两个城市,才回莫斯科。"

毛:"是的。我反对搞'三和',(和平共处,和平竞赛,和平过渡),我坚持正统马列主义搞革命,帝国主义是主要敌人,中国要率先实现共产主义。我和你的路线不一样,我们谈不到一块去了。你对我们的技术援助也有了些限制。"

赫鲁晓夫:"技术援助本来我们相当开放,不保守,但有一件事使我伤心。1958年9月,一枚美国最新式的'响尾蛇'导弹,从一架台湾飞机完整未爆落在中国领土,我要求中方让苏联专家参与研究这枚导弹,但你们谎说导弹找不到。我第一次感到'兄弟般的友谊'上,有一条很深的裂痕。我思索到底该不该向中国提供新军事技术,教你们怎么造导弹和核弹头。1959年2月,我决定施加压力,按下R-12

导弹技术说明不发。这下'响尾蛇'马上就找到了。可是，'响尾蛇'已被拆开，关键的导向系统不见了。我认为这是侮辱我们。我感到痛苦。我们对你们没有秘密，什么都给了你们。而你们得了件宝贝，却不让我们分享。我得出结论，你只是利用苏联为自己私利服务，心里想的不是共产主义阵营的利益，你急不可耐地要统治世界。我下令拖延核技术转让。6 月 20 日，我们停止供应中国原子弹样品和技术资料。"

毛："这对中国不是致命打击，因为中国此时已经掌握了制造原子弹的基本技术。但我明白，以后你就靠不住了。但我眼下还不能和你彻底分手。你的军事技术转让，虽然有了限制，但没有停止，1960年转让的设计图纸有一千份，比 1958 年还多。我想抓紧时间先把你们技术拿到手，我的策略是'分而不裂'。"

赫鲁晓夫："你在国际上也开始公开搞自己那一套了。1960 年你趁著"五一"劳动节，从亚、非、拉请来七百多名同情者，把他们作为你的阵营核心。你接见了好几组人，报纸上大加宣扬，说这些外国人如何表达对你的'敬爱'，如何唱《东方红》。6 月 5 日，世界工联理事会在北京召开，有来自六十多个国家的代表，其中好些是火药味很重的工会领袖，他们不愿听命于莫斯科。这是你掌权以来在中国开的重要的国际大会。你让政治局全体出马，大力游说代表们，说和平共处是骗局。因为不能直接谴责苏联，法国、意大利共产党就被挑出来当靶子，说它们是帝国主义的臣仆。与会的意大利代表告诉我们，中国的态度充满敌意，把他们吓坏了，担心会挨打。你在朝我们脸上吐痰，我们认为世界工联理事会事件是中苏分裂的开端。美国中央情报局也这么认为，说中国的行为'对苏联领导是一场极大的挑战，苏联可能迎头痛击。'中苏裂痕第一次被外界看到了。"

毛："我看到了，6 月 21 日，你对聚集在罗马尼亚首都布加勒斯特的 51 个国家的共产党代表讲话，强烈抨击我关于世界要靠战争进入社会主义的断言。"

赫鲁晓夫："是的。社会主义在全世界胜利，不必依靠世界大战，

57

只有疯子和狂人才想再打一次世界大战。那只会使无数人民在战争中死去。我在会外尖锐的对你的代表彭真说：'你们想支配一切人，你们想支配世界。你们既然那么爱斯大林，你们把斯大林的棺材，搬到北京去好了。'我看你就像斯大林一样。一个模子浇出来的。彭真发现在布加勒斯特，完全没人听他讲你的路线。他承认他在布加勒斯特是孤立的。一个党也不支持中国。就连阿尔巴尼亚也不支持。这样彻底的孤立出乎他的意料，在这种形势下分裂，对你有害无利，你还需要苏联的军事技术。你只好叫彭真在我们会议公报上签字，一个字都不改，没把你的任何提法塞上去。我此时也完全看透了你，我回苏联后，就决定把苏联在华的一千多名专家全部撤回，同时停止帮助中国建设尚未完工的一百五十五个项目。"

毛："你的报复对我的打击不小，中国科学家虽说已经学到了制造原子弹的技术，但导弹技术还没有完全学到。我只好设法挽回。1960年 11 月在莫斯科开八十一国共产党会议时，我采取了和好的态度。我亲自到苏联大使馆出席十月革命纪念日。1961 年元旦，我给你发了封极力称颂你的贺电，我们两国有了些和解。以后你同意在一百五十五个未完成项目中，继续帮助建设六十六项。"

赫鲁晓夫："你们有所谓'三年困难时期'，把困难归因于天气和苏联，说我'撕合同，撤专家，逼还债'，这是转移视线的说法，事实上欠债该十六年还清，你偏要五年还清，你要老百姓'勒紧腰带'，我没逼你。撤销部分合同，你减少负担，不会因而饿死人。1961年，我看到你们饥荒，还主动借给一百万吨粮食，和五十万吨古巴糖，同时还同意给你转让米格 21 战斗机制造权。说到还债，我主动减轻中国的债务，重新调整了卢布对人民币的兑换率，使中方得益。这一调整，把中国欠的债，降低了 70%。"

毛听了这些都是事实，也无可辩驳。但毛说："1963 年 7 月，你和美，英签了核武不扩散条约，这就公开表示不再转移核武机密了，我就公开给你撕破脸皮，批你赫鲁晓夫修正主义，连续发表《九评》，在国际上把你搞臭。但鉴于美国有根据核不扩散的协议，打击中国核设施的风声，而你对于这种风声表示坚决反对，美国也不敢动手。我看对你还有拉住利用的价值。1964年4月12日，我亲自修改了给你七十寿辰的贺电。贺电原来写上分歧和争论，我改成争论是暂时的，一旦世界发生重大事变，我就会跟你共同对敌。我还亲笔对你加上'亲爱的同志'几个字，结尾还著意使用中苏友谊的套语：'让帝国主义和各国反动派在我们的团结面前颤抖吧。'十一国庆节前夕，我又再次热情地跟苏联代表打招呼，拉著对方的手反覆说：一切都会好起来的，我们会站在一起的。"

赫鲁晓夫："我掩护你继续搞原子弹。1964年10月16日，你的第1颗原子弹爆炸了，你说'原子弹说爆就爆，其乐无穷'。《东方红》三千人庆贺。你们宣传造原子弹靠'自力更生'，把苏联的决定性援助隐瞒了。当然，你们付出重大代价，据专家估算，花了四十亿美元，在困难时期，是天文数字。跟你原子弹爆炸巧合，爆炸前2天，我正在黑海度假，莫斯科就发生政变，逼我下台，我不知你们的爆炸，是庆祝我下台，还是庆贺我援助你们十年之功？"

毛笑说："可能两方面都有吧！我也不知道。斯大林是僵硬时代，你是宽松时代。我是僵硬的，邓小平宽松，他像你。"

赫鲁晓夫看谈得差不多了，时间不早了，就起身道别告辞。

14、勃列日涅夫（1906年－1982年）

拜会赫鲁晓夫后，快天亮时，毛见到一个熟悉的身影出现在眼前，他定睛一看，哇，这不是勃列日涅夫吗？

勃氏走近了先向毛问好说："你好！感谢你远道来看我，还给我献花。"

毛："我在世时没见过你，但是你对我们中国来说，大家都很熟悉。1964年赫鲁晓夫被你搞下台时，我和刘少奇、朱德、周恩来联名，给你致电祝贺当选总书记，你和柯西金也联名复电表示感谢。于是我停止了过去几年对苏联的高调批评。同时，我决定派周恩来，率党政代表团赴莫斯科，参加十月革命 47 周年庆典，试探你的对华政策。

毛泽东在九大

但你的国防部长马林诺夫斯基在祝酒时，居然对周恩来说：'我们搞掉了赫鲁晓夫，你们也搞掉毛泽东，让我们两国关系恢复正常'。周恩来给我说了，我当然非常不高兴。"

勃氏："是的。我是想你下台。因为你1963年连续发表《九评》，骂苏联是修正主义，把话说绝了，要把苏联搞臭，叫我怎能跟你相处？你下台了，中苏就缓和了。"

毛："我跟赫鲁晓夫路线不同，可是你把赫鲁晓夫搞掉了，我们不是可以重新开始吗？"

勃氏："赫鲁晓夫改革开放，我起码一半保留的。他对中国的态度，我基本保留。我只是部分恢复斯大林，你却说我是没有赫鲁晓夫的赫鲁晓夫路线，还说我是修正主义，中苏关系怎能有新开始呢？其实，赫鲁晓夫对你还是很不错的，他十年三次访华，给你们援助，比斯大林时代多得多，斯大林没他那么大方。我主政十八年，你也不邀请我，我一次也没去过中国。我看你比斯大林还僵硬，越来越左，怎好相处呢？"

毛："我明白你的态度了，既然你不想跟我相处，我就要继续批你修正主义，而且要有些实际行动表现，就是发动珍宝岛事件，想以胜利姿态出现，压倒你修正主义。中苏边境七千公里，双方交恶以来，就摩擦不断。我选择打仗的地方，是乌苏里江上一个无人居住的小岛珍宝岛。这个地点位于乌苏里江主航道中心线靠中国一侧，苏联对该岛的主权要求没什么理由。1969 年 3 月 2 日，我们部队伏击了苏联巡逻队，打死三十二名苏联军人，我们伤亡也好几十人。你们就立即运来重炮和坦克，在 14 日深夜打响了一场大得多的战争，苏联导弹射入中国领土二十公里。死亡人数苏联是六十人，中国八百人。美国情报局的照片专家说，乌苏里江的中国一边'被苏联大炮轰得密密麻麻尽是弹坑，好似月亮的表面'。你们显然是很认真了。"

勃氏："我不过是用你的话'人不犯我，我不犯人；人若犯我，我必犯人'，礼尚往来而已。"

毛说："你的反击之狠，使我吃了一惊。我担心苏联会入侵，在上层内部讲到你'打進来'的可能性。我立即下令'不要打了'。就连苏军随后对珍宝岛进行狂轰滥炸，我也没有反击。当我们发现苏军往珍宝岛方面移动时，我立刻要外交部通报苏联，中方'准备进行外交谈判'。我最怕你们在我开九大时，来个突然袭击。九大还有十天，就要在北京开幕了。弄得我们开九大要保密。一千五百名代表和几百名工作人员，就像被监禁在住地，大门紧闭，一律不许外出，电话全部撤，临街的窗户不得打开，还要拉上窗帘。去人民大会堂会场时，代表们坐的车在市区里先兜一个大圈子，再从侧门分散开进去，隐蔽地从便门进入会场。会堂向外的门窗被厚厚的窗帘遮得严严实实，使人影灯光透不出去。"

勃氏："你显然是反应过度了，我并没有突然袭击你首都的打算啊。"

毛："我的提防不是没有道理。8 月 13 日，你们又在新疆铁列克提地区，派大批坦克装甲车，深入中国境内，把一支中国边防部队包围起来，全部歼灭。你还想用原子弹袭击中国的核设施，还探询美国的态度。我忧心忡忡打破不跟苏联高层来往的方针，同意柯西金 1969 年 9 月在河内参加完胡志明的葬礼后，归国途中来北京。我派周恩来去机场跟他会面，开门见山就提苏联对中国核基地施行核打击的问题。但他没能从柯西金得到苏联不会动手的保证。一周后，周再次给柯西金写信，请他确认中苏双方同意互不使用核力量进攻对方。苏联总理的回信有意不确认这个'默契'。还是美国帮了我们。美国反对你的核打击，美国说不会置之不理，你们才住手了。"

勃氏："我们当然要看美国的态度，美国干涉就不好办。如果美国说，'那是你们共产主义阵营内部的事，我们管不着'，那我就可放手了。美国表示会干涉，他们救了你。如果我不管美国，一意孤行，美国一报复，我就吃不消了。"

柯西金与周恩来

毛："即使这样，我还是信不过你们。我还是十分紧张。10 月 18 日，苏联代表团要来北京进行边界谈判。我怕飞机载来的不是谈判者，而是往下扔原子弹。我跟林彪在苏联飞机到来前，便远走高飞。我 15 日去了武汉，林彪 17 日去了苏州。18 日那天，林彪平常的午休也不休了，自始至终跟踪苏联飞机的航程。直到北京报告，看到苏联人从飞机上走下来，他才放心去睡午觉。周恩来留在北京坚守阵地，他搬进了西山防原子弹的军事指挥中心。他在那里待到 1970 年 2 月。这场持续近 4 个月的战争风险，整个中国军队进入紧急战备状态，疏散了九十万人、四千架飞机和六百艘舰艇。我们中南海挖了个底朝天，建造了一个巨大的防原子弹的防空洞。这个洞由一条可并行 4 辆汽车的绝密通道，连接天安门、人民大会堂、林彪住宅毛家湾、专为领导人的 301 医院，一直通往西山的秘密指挥中心。我还号召全国'深挖洞'，在城市大挖防空洞，耗资之巨，就不必说了。没想到珍宝岛小试牛刀，却害得我们大折腾。另外我还要加快三线建设，以便应付核战。"

勃氏："你还耗费巨资，发动全民搞什么三线建设呢？你的思维太陈旧过时了。现代核战要打起来，还分什么一线、二线、三线呢？也无所谓前方后方了，那是快速的全方位立体战，你的中南海地下防空洞，那早就是对方的瞄准目标了，你挖得再深，一个钻地核导弹，你就全毁了。或许只有美国的流动空中白宫指挥部，才能逃过敌人追踪。我要安全只能往北冰洋去，你想安全只好上喜马拉雅山了。如果你不想在地球消失的话。"

　　毛："你主政那十几年，跟美国搞核竞赛，为什么没赛过他呢？"

　　勃氏："我那十几年，国力大大增强，人民生活也大为提高，核弹头还一度超过美国。搞到最后几年，经济负担太吃力了，加上我们共产体制效率，怎么都比不上资本自由体制，人们开始抱怨了。打阿富汗十年，劳民伤财，到我末期，已开始走下坡。我还是赛不过美国，到我死前，我已有一点回心转意，包括改善对华关系。"

　　毛："我看重你生前最后改善对华关系的态度，所以我来向你献花。你的从政经验很可贵，值得好好研究。"

　　勃氏："谢谢你的评价，更感谢你的鲜花。"

　　勃氏起身向毛道别。毛送勃氏离开，勃氏随即远去。

15、霍查（1908 年－1985 年）

　　毛心中一直记挂着他命名的"欧洲社会主义明灯"阿尔巴尼亚，记挂着他的老朋友霍查。霍查是统治阿国十年的大独裁者。当年在经济困难时期，毛全力援助阿尔巴尼亚。中国大手笔的援建项目，大多已残破不堪，大部分废弃了。目下只有一些当年援建的四层楼公寓，老旧不堪。1960年代修建这些碉堡，钢筋水泥大部分来自中国，那时有上万工人和技术人员，来阿援建各项工程。几十万个中国援建的碉堡，现在弃之无用，不好处理，一部分废物利用，改作旅舍，餐馆，咖啡馆，养鸡场，仓库等。

霍查1985年去世，那时还十分风光，国葬在民族烈士墓园，墓碑刻着"霍查1908—"只有生日，没有卒日，寓意霍查永远活着不死。1990年代初期，苏联瓦解，整个共产阵营变天。1992年霍查棺木被迁出烈士墓园，迁到平民公墓。金字塔形的霍查纪念馆已改作它用，不纪念霍查了。

毛对阿尔巴尼亚的改变感到失望。他极想见到霍查。

午夜时分，霍查果然出现。毛喜出望外，热情招呼霍查坐下叙谈。

霍查："十分感谢你惦记着我。"

毛："你是我的老朋友了，1956年你就来北京出席中共八大。"

霍查："我记得，那是我唯一的一次去北京看你，可惜以后你一直忙着国内事，就没有机会再去了。"

毛："1961年我跟赫鲁晓夫破裂，你站在我一边，你是我唯一的欧洲盟友，我就叫你是欧洲的社会主义明灯。"

霍查："你十分大方慷慨，我要什么给什么，粮食，工业品，军需民需，应有尽有，大量工程技术人员和工人来援建。"

毛："那几年给你无偿援助九十亿元人民币，折合等于现在千亿以上，我国内老百姓都有意见。我花九十亿元，买你一盏明灯，够贵的啊！"

霍查："很遗憾，我的明灯，没给你照亮多少。那几年正是中国最困难时期，大饥荒饿死人，你还优先供应我们，我感激不尽。"

毛："大饥荒饿死人事小，我第一保原子弹快搞成，不惜动用一切物资。第二保援外，援外第一就是你，第二是越南、柬埔寨、非洲。饿死人的事，我对外一概不承认，总说没饿死人。"

霍查："事实上那几年你饿死了几千万农民，太惊人了。"

毛："那些只是一堆数字，那些死人报告，我叫烧掉了事。"

霍查："你能掩盖，在欧洲就掩盖不住。至少还要讲点人道主义吧。"

毛："我是革命第一，人道主义是资产阶级讲的。无产阶级不讲人道，讲人道还闹什么革命？"

霍查："不讲人道，隐瞒不住怎么办？"

毛："我党能隐瞒，我死了四十多年还给我隐瞒着，国内人不知，也不许讲。不过，瞒得了一时，瞒不了永远。你看电子通讯这么发达，中国有六、七亿人上网。我看下去再也隐瞒不了啦。不知道今天的领导人怎么面对？"

霍查："当今领导人学你学得十足。相信他会成功隐瞒下去。还有，他在中国搞新文革，也是继承你的衣钵真传啊。个人崇拜之风在中国再度刮起。你学斯大林个人崇拜，文革很成功，我也学你个人崇拜。林彪给你出小红书，我是小白书，霍查语录。吃饭前先唱歌颂我的歌。我去工厂参观，工厂提前三天停工作准备。"

毛："你学斯大林，学我搞党内清洗，你我差不多，一批一批清洗反党集团，文化，军事，经济各方面大清洗，到最后你清洗第二号人物谢胡，跟我到最后清洗林彪差不多。今上反腐，也是学得你我啊。中国有这样的红色接班人，我感到很欣慰。"

霍查："谢胡公开说是他自杀，实际上是我弄死的，跟你弄死林彪差不多。"

毛："是的。林彪公开说是汽油没了坠机亡，实际上是我弄死的。"

霍查："我们虽然是最高统帅，但心里总是感觉不安全。越来越多疑，猜疑狂，越到最后，越感到恐惧不安全。我们空军起飞一架轰炸机，我下令一定要起飞第二架，飞到它上面，一有可疑就丢炸弹炸掉。后来又补充，还要起飞第3架在更上面，来监视第2架。"

毛："我也是怀疑所有将领战友，最后只信任妻子，侄子，还有个大老实人华国锋，勉强可信。"

霍查："你以马列正统自居，我比你更正统，更马列。1976年你还没死时，我向周恩来要 500 坦克，他为难拒绝。你死后我就开始公开批你修正主义，跟美帝打交道。"

毛："我跟美国打交道，是利用它，对抗苏修。苏联对我压力太大，他的核武器，坦克群，我吃不消。1969 年不是美国顶住的话，我就完了。"

霍查："美帝是我一生的靶子，我要宣示我正统马列，必须至死瞄准它。"

毛："实际上，我们都错了。中国在我死后，邓小平跟美国好，全国都变好了。那是我开始的中美外交。邓矮子收获我种下的果实。"

霍查："你们邓小平开放经济，比阿国成就大。但是政治没开放，比阿国落后。你的塑像还站得住，我早倒下了。"

毛："是的，我还能平安躺在纪念堂没事。"

霍查："阿国早就有全民讲真话运动，人人都能开口讲真话，清理我的遗毒。大家思想解放了，自由了，过去只有一家报纸，一个电台，现在 100 多家报纸，大多是民办。你们中国还不行。我看不久中国也会有这个运动的。"

毛："我预感到不久就会揭露批判我，清理我的思想。玉皇大帝在天庭也准备公审。我主动要求玉皇大帝给我一个机会，会见各方要人，求得各方理解。这次来听你讲有讲真话运动，使我更要加紧准备了。"

毛又问："你夫人和孩子后来怎样？过得好吗？"

霍查："我夫人判了九年入狱，实际执行五年，出狱每月领三十美元退休金。三个子女，大子自营生意，小子作外贸，收入好，还去过中国。女儿与丈夫作建筑设计，生活不错。他们都过平民生活，不涉政治了。"

毛："听你家庭还不错，比我家破人亡好。你现在还有纪念堂吗？"

霍查："没有了。原来的金字塔形纪念馆，已经改作别用了。你还有纪念堂吧？"

毛："现在还有。不过，我看长不了啦。"

霍查："你要主动预作准备，免得到时狼狈。"

毛："我准备提早向国家建议，把我的纪念堂拆除，在原地建像华盛顿纪念碑那样高大的全国死难同胞纪念碑。"

霍查："你主动建议好，免得将来被鞭尸。"

毛又问："中国人在阿国多吗？"

霍查："不多，有两百人吧。阿国地穷人少，来这里没什么油水，作生意商机不大。"

霍查看谈得差不多了，客套一番后起身告别离去。

16、西哈努克（Sihanauk 1922 年－2012 年）

一日，毛突然想起他的老朋友西哈努克。文革期间，西哈努克王朝被推翻，因柬埔寨国事不顺，被邀长期居住北京，毛非常珍惜供养这位难得的皇家贵宾。

夜间，毛一直回忆西哈努克在中国的时光。午夜时分，想西哈努克，西哈努克就到。西哈努克居然出现在毛的客厅门前，毛喜出望外，忙起身到门口迎接。毛热烈与西哈努克握手，又亲切拥抱，请西哈努克坐下叙旧。

西哈努克："我听说玉皇大帝要开庭审判你，了结你的案子。我十分忧虑。从玉皇大帝那里得到你传来的信息，便赶来拜见。"

毛："你是中国人民的老朋友。记得 1956 年，我第一次请你上天安门观礼，你那时才四十多岁，年轻有为，风采翩翩，你推行佛教、君主、社会主义，三位一体，又在东

西哈努克和妻子莫妮克公主

67

西两大阵营之间周旋，严守中立，国内左右两派之间掌中道，很不简单啊！"

西哈努克："我掌握局势很不容易。1960年我父亲去世，国王之位也要我担当。左派波尔布特等人，在中国大跃进，人民公社的激进影响下，他们离开金边，进入丛林区，展开武装斗争，为红色高棉埋下种子。另一方面，右派对我亲中国，亲苏不满，我很难维持国内稳定。"

毛："你在左右派和中苏美的夹缝中求生存，越南，老挝都打起内战了，你要独善其身，很难啊！"

西哈努克："太难了。1970年，朗诺将军和施里玛达亲王，趁我访苏期间，发动政变，把我废了，朗诺当了总统。我向苏联求助无果，幸得你同意我来北京，给我大力帮助，使我在国外有立足之地，建立流亡政府。"

毛："苏联隔得远，到了勃列日涅夫时代，他们主要关注欧洲，不像斯大林时代重视东方，而且你柬埔寨是小国，他更不愿多管了。我们中国与你是亲邻，你有困难，我义无旁贷相助。"

西哈努克："你给我整个宾馆当官邸，让我随行几十人，都有安身之地，实在感激不尽。"

毛："这是无偿的。我当时就说，你还可以让我们多负担一点。负担你的越多，我就越高兴。到你身边来的人越多，我就越喜欢。让多些人来支持你。如果他们不能去战场打仗，让他们来这里，一千、两千甚至更多，中国随时准备支援，给他们提供一切便利。"

西哈努克："你真是无私的援助，柬埔寨人民忘不了你。"

毛："你站住了，跟美苏打交道，就多了个筹码，对你对我都有益处。"

西哈努克："朗诺政变后，开始执行激烈的反越南政策，柬埔寨境内的越南裔住民遭到迫害、流放乃至虐杀。朗诺也放任美军及南越军队以"追击越共"名义，侵入柬埔寨境内，美军轰炸扩大到柬埔寨全境。仅仅一年半内，就造成了数十万农民牺牲，同时两百万难民产生。农村遭到严重破坏，使原本是粮食出口国的柬埔寨，转为粮食进口国。柬埔寨不稳定，为红色高棉营造了有利环境。"

毛："是啊！美国狂轰滥炸，逼得人民造反。"

西哈努克："1970年3月，在磅湛发生了支持我的起义暴乱，遭到武力镇压。他们说有二、三万农民，受到共产主义影响。此后，还有三个省也相继发生起义暴乱。尽管我不喜欢曾被我打压过的波尔布特，但在你，周恩来，和金日成的说服下，我终于与波尔布特结成统一战线。"

毛："你们结成统一战线，效果不错吧？"

西哈努克："统一战线这一决定，使得红色高棉在农村地区，征招士兵数量得到大量增加，许多新加入红色高棉的农民士兵，他们并没有为共产主义作战的意识，只是为保卫国王而战，我也是一心为柬埔寨独立而尽力，哪怕柬埔寨最后变成共产国家。可惜我名义上是统一战线领袖，但他们却以彻底破坏封建体制为目标，政治理念水火不容。因此双方关系自联盟结成之始，就处于紧张状态。"

毛："你说得对，这恐怕也是难免的，我也是尽量使你们调和，彻底埋葬封建是共产的最终目标。"

西哈努克："1975年，红色高棉终于占领柬埔寨全境，朗诺政权

1963年毛泽东与西哈努克亲王

崩溃。我以国家元首身份，宣布社会主义民主柬埔寨成立，我从平壤经北京归国。我表面上是最高领导人，但无实权，日常除了去由柬共安排的地方视察之外，被软禁在王宫。被允许与我共同居住的，仅有我第六位夫人莫尼克王妃和二位王子和很少的亲信侍从。1976年，红色高棉宣佈废除货币，把全国所有城镇居民，驱赶到乡郊，强迫集体务农，并屠杀所有知识分子。

波尔布特当政 3 年 8 个月，实行极左恐怖统治，全国 1/5 以上人死于饥荒、劳役、疾病或迫害，是 20 世纪最血腥暴力的人道灾难之一。我们大部分王室成员，被流放到地方，我的五个儿子和十四个孙子被虐杀。有一段时间，我都有被处置的危险，只是因得你和中国政府，向波尔布特政府施压，才得幸免。此后我以患病为由，希望出国疗养，遭到政府拒绝。1976 年 4 月，我被迫辞去国家元首，幽禁王宫，与外界失去联系。"

毛："是啊！波尔布特做得太绝了，我们不得不向他施压。他是我的好学生，总得给我点面子吧。"

西哈努克："1979 年 1 月，柬埔寨遭到越南入侵，越南军队逼近金边。波尔布特重新找到我，请求我去参加联合国安全理事会，向大会控诉越南入侵柬埔寨。这样我终于得机会，同家人和亲信一道离柬出国。同年，越南在金边建立傀儡政府。此后十多年，我出任流亡政府首脑，也接受美国援助。"

毛："你得机会再次流亡来北京，那时我和周恩来都离世了，邓小平继续帮助你吧？"

西哈努克："是啊！邓小平跟你一样，继续全力帮助我的流亡政府，要什么有什么，旅游休闲，都一概包办，十分慷慨大方，直到 1989 年 1 月，越南从柬埔寨撤军。柬埔寨人民共和国更名为柬埔寨国，以获得更多国际认同。1991 年，冷战结束，柬埔寨放弃一党制和马列宁义。1992 年，联合国驻柬埔寨临时权力机构维和行动开始，1993 年，柬埔寨在联合国监督下进行选举，结果由我次子拉那烈领导的党，成为第一大党，与柬埔寨人民党组建联合政府，制宪议会颁布新宪法，重新实行君主立宪制，我再次复位国王。1995 年，红色高棉爆发内讧，波尔布特 1997 年被逮捕、审判，1998 年病逝。红色高棉暴行亦被审判，1999 年正式解体，柬埔寨社会日趋安定。但我大部分时间在北京住院治疗。2004 年我年老了，国王再次退位，王子诺罗敦·西哈莫尼继位。我一直身体状况不佳，往返于中国与柬埔寨之间接受治疗。直到 2012 年 10 月 15 日，我终于在北京离世了。"

王子诺罗敦·西哈莫尼

毛:"你享年九十高寿,比我长寿!"

西哈努克:"托你和中国政府之福,给我如此好的生活和医疗条件,使我得享高寿。"

毛:"柬埔寨终于如你所愿,在大国和强邻国之间,得到独立,你是国王,又有佛心,又崇尚社会主义为百姓,富有文采,灵活,身段柔软,深得民心,不愧为典范。我以有你老朋友为荣。"

西哈努克:"感谢你对我和柬埔寨的关照,直到今天,习近平政府还继续给柬埔寨巨大援助,真是感激不尽。"

西哈努克看谈得差不多了,怕影响毛休息,就起身道别告辞,毛送国王到门口,握手告别,西哈努克退后渐渐远去。毛今夜见到怀念的老朋友,尽情叙旧,如愿以偿。

17、波尔布特 (Pol Pot 1925 年－1998 年)

波尔布特是毛的得意真传门生,波尔最后在红色高棉失落被审,无声无息病逝,毛也有点失落。他在会见西哈努克之后,希望也能看到波尔。波尔最有名的遗产,是《大屠杀博物馆》。

波尔布特一生几次到中国取经，见过张春桥和毛泽东。是无产阶级专政继续革命的传人。毛很想再见到波尔，再跟他叙旧谈新。

快到午夜时分，波尔布特的魂灵竟然出现在毛的面前，毛忙上前，亲切握手问候。

波尔："谢谢你远道来金边，今天你老人家不辞辛劳，来看我的'杰作'，很不好意思啊！我还没正式向玉皇大帝悔过啊！玉皇大帝叫我加重反省，我几乎每天都回魂我那恐怖监狱，在上空迴荡。"

毛："你是我的得意门生，青出于蓝，胜于蓝。"

波尔说："我比师傅走得更远，更有发挥。"

毛："我知道你是谋杀总书记杜斯木起家。当时杜斯木深得西哈努克器重，他还与一位公主相恋，你让他'秘密失踪'了，你当了总书记。跟我处理张国焘，刘志丹相似，搞掉了心腹大患。不过我手腕比你高明，让人不知不觉。"

波尔："我是 1960 年当上总书记的。1965 年我就秘密去北京取经。"

毛：" 1965 年 11 月你来北京正好。那时 1965 年印尼刚发生9.30 事件，印尼共产党五十万人被杀，总书记艾地也被害了。我很伤心，还写过一首诗悼念他，最后两句是；'花落自有花开时，蓄芳待来年。'没想到艾地花落，你波尔花开，正好接上班，实在太好了。"

波尔："1965 年我去北京学习 3 个月，到 1966 年 2 月，才从胡志明小道回柬埔寨。那次没见你，你那时正准备发动文化大革命，太忙了。陈伯达，张春桥，都接见了我，给我传道。给我讲枪杆子里面出政权、阶级斗争，无产阶级专政、路线斗争等理论和经验。我回去就依据这些来搞武装斗争。"

毛："你学了就用，又用得很机灵，就像林彪说的活学活用，而且有创新发挥。"

波尔："我要学江青，她是青出于蓝，我也要青出于蓝，胜于蓝。你发明粮票，布票，我连粮票，布票都不用，连钞票都废掉了，完全实物分配，真正按共产主义按需分配，回到原始共产主义的理想极乐世界，连婚姻都有专人配对。平时男女分开，男劳动队，女劳动队，公共食堂，集体化，比你人民公社还进一步。"

张春桥

毛："我大跃进失败了，我没有做到的，你做到了，不愧青出于蓝，胜于蓝。"

波尔："你学斯大林，也是青出于蓝，胜于蓝。跟在后面发挥。斯大林 1930 年代搞集体化，你 1950 年代搞集体化。斯大林没搞大跃进，你发挥搞大跃进。斯大林没搞文化革命，你发挥搞文化大革命。斯大林是爷爷，祖师爷，你是他儿子，我是孙子，一代比一代厉害，都是跟在后面发挥，青出于蓝。"

毛："你说得对，我那一套，都是从斯大林学来的，但我做得更'艺术化'，因为我学了许多古典帝王之术，能活学活用，结合发挥。例如斯大林只会把一大堆反对他的推出去枪毙，我就做得'细腻'，我会整人，整得死来活去，不亦乐乎，让他慢慢去死。而我还冠冕堂皇，红太阳由此慢慢升起。"

波尔："我很佩服你。我学问不够，学不了那些'细腻'功，但我够大胆，够狠。你动员学生上山下乡，我则把城市全部人，都赶下农村，金边成为一座空城，什么家具，小汽车，我都要他们丢掉，那是资产阶级的东西。我加一条宣传恐吓，美国飞机要来轰炸金边了，好把所有人都轰下去。"

毛："你做得非常彻底，没有你的狠劲做不到。"

波尔："做学生只学到 80%，不是好学生，起码要学到 100%。你学斯大林学到 120%。我学你学到 150%。你三十年杀死，整死，饿死七千万，占总人口十分之一，我二十年杀死，整死，饿死两百万，占总人口四分之一！这也是青出于蓝。"

毛："你觉得你比希特勒还厉害吗？"

波尔："希特勒杀犹太人厉害，我没法杀那么多外国人。但希特勒不杀本国人，他对德国人非常好，这点你和我都学不到。你和我都是专杀本国同胞，这也是从斯大林学来的。我们斯大林－毛泽东－波尔布特是一个体系，希特勒跟我们不是一个体系。如果要比，希特勒当然不如我。"

毛："你说得有理。希特勒还有议会民主，他是靠选举上台的。你我跟斯大林一样，是靠削平其他人上台的，方法手段不一样。"

波尔："我学你的'路线斗争'最纯青得法，你说中共五十年搞了十次路线斗争，我执政三年八个月，搞了十次大清洗，除了旧政权的官员和军人被大批消灭，商人、僧侣和知识分子，也大量被肉体消灭。1976年我指出'党的躯体已经生病了'。就是你的'路线斗争'同义语，一大批曾和我一起战斗的兄弟们，从巴黎马列小组的同学，到丛林的同志，都被血腥清洗。高层领导几乎被处决殆尽，包括内政部长，经济与财贸部长，农业部长，公共工程部长，情报部长，通讯、贸易、工业和橡胶种植业部长，国务委员会第一、第二副主席，主管经济的副总理乃至柬共两位创始人，我的亲密战友符宁和胡荣，都被我从肉体上消灭。军队方面，革命军总参谋部人员，除总长宋成，被全部捕杀。跟你说的'清理阶级队伍'意思一样。"

毛："那么你们最后是什么结局呢？"

波尔："1996年二号人物英萨利，率领两个师投降政府军，1997年月总司令宋成密谋投诚，我得知后，派人枪杀宋成夫妇及其八个子女，激起红色高棉官兵愤怒和恐慌，第一次把枪口对准了我这个一号大哥。我仓皇逃命，但为他们抓获，随后还公审我，判我终身监禁。红色高棉希望改善形象，寻找出路，但又因我是红色高棉的灵魂和象征，对我的审判，更使士气涣散。我于1998年心脏病发作去世。我去世后，剩下的红色高棉，陆续走出丛林，纷纷投诚。最后是1998年12月，肯农等八位将军，率数千余部投诚，乔森潘和农谢回归，红色高棉正式画上句号。"

毛："你的结局，跟印尼艾地好不了多少。艾地死在敌人之手，你实际上是死在自己人之手，最后你们是分崩离析了，等于自行解体，结局相当可悲啊！艾地还有点英雄色彩，你则无法给你作诗了。不过你的死，意味柬埔寨新生，灾难结束了。"

波尔："我死不足惜。你三十年来给柬埔寨巨大援助，从武器弹药到穿的用的，无不是中国送来的，没有中国，就没有柬埔寨。我最怀念二件事。一是 1975 年你在中南海接见我，谈了一小时，给我讲路线斗争，说一百年还有两条路线斗争，给我教育非常深刻，我就照你说的做，不断把不同意见的清掉，清到最后分崩离析，自己也站不住了。另外一次是 1977 年 9 月，我被邀访华，这次是我四次访华最风光的一次，也是最后一次。那次华国锋和十多万人夹道欢迎，正当我在柬埔寨最成功最得意之时。华主席高度赞扬我，更使我忘乎所以。可是仅过了一年多，越南人就攻下金边了，我被迫重返丛林，又坚持了二十年。"

毛："我知道从你 1975 年攻下金边，到 1979 年春天越南打下金边，这四年是你最得意之时，可是你真有点太过分了，连西哈努克都囚禁起来，不许他外联，连中国都不许联系，你知道，他是我的老朋友啊！"

波尔："西哈努克跟共产主义本质上是不可共存的。革命要彻底，就不能让他存在。不过那时你已离世，我不能再请教你了。"

毛："论共产主义，你确是好样的，斯大林的好孙子，我不如你。不过你离世 20 年过去了，我更是四十年过去了，玉皇大帝叫我们反省思过，给国家人民带来如此深重灾难。我正在反省中，好获得他的轻判。我联络生前好友的亡灵，要大家跟我一道反省。你也要好好反省啊！"

波尔："好，我听你的。你过去是我的老师，现在也还是我的老师。你说思过就思过。你怎样忏悔，我就怎样忏悔，等你作出样板，我来效法。"

毛："好，以后我再与你联系。"

波尔看谈得差不多了，起身道别告辞，毛送别老学生，久久不能成眠。

18、齐奥塞斯库（Nicolae Ceausescu 1918 年－1989 年）

齐奥塞斯库是罗马尼亚独裁总统，1989 年 12 月在民众抗议示威运动中被推翻，在圣诞节之夜被处决。罗马尼亚从此结束共产暴政，进入民主社会。齐氏是毛的好朋友，毛离世四十多年，每想起齐氏夫妇一起被处决，死得惨，心里难过，想去看看老朋友，以表同情慰问。

毛见到齐奥塞斯库，开门见山说："你夫妇两人死得好惨，一起被处决了。你是我的好朋友，你的下场我好难过，但无处表达，今天特来向你慰问。"

齐："1989 年 12 月局势发展，十天就不可收拾，实在出乎我意料之外。12 月中在西部城市的抗议骚乱，我很快就成功镇压，死了几千人，骚乱平息。12 月 18 日我信心满满，照常按计划去伊朗访问，三天回来，发现局势恶性发展，发生军队倒戈，攻击保安部队。"

毛："军队分裂了，是大事啊！怎么办呢？"

齐："我决定 21 日举行十万人大会来扭转局势，号召人民支持镇压骚乱，我在中央大厦演讲，突然有人在广场高呼：'打倒齐奥塞斯库！'，'打倒杀人犯'，场面失控，武警命令群众散去，国防部长命令：'不准开枪'，但市长传递我的命令：'可以开枪，先警告，如果不散，向腿部开枪。'国防部长在压力下自杀，震动朝野。"

毛："局势已经失控了，你还敢开十万人大会？大错特错。我每次开代表大会，都要有十成胜算。没有胜算，我就拖着不开，好像从八大到九大，隔了十几年。不开会，奈何不了我；开会把我反下去，我万万不干。"

齐："22日支持我的部队倒戈，撤出市中心，市内警察无法阻挡游行队伍冲击，群众冲入中央大厦，向外扔出我的画像。我看情况不妙，调来直升飞机逃跑。但直升飞机已被军队雷达抓住，随时能把我击落。我只好在郊外降落，再乘汽车逃跑，但终于被军队抓到。"

毛："就这样你落入叛军之手了，他们怎么处置你呢？"

齐："他们赶在圣诞节，组成七人法庭审判我，宣布我五条罪状，第一条就是杀人六万，判我死刑。不服可上诉。"

毛："你怎么表示呢，上诉吗？"

齐："我很硬，我说我根本不承认你们的法庭，所以我也不上诉。今天看我失算了。如果我提出上诉，他们也不会当天枪毙我。"

毛："就这样你就完了？"

齐："我说话很硬，不断挥动手势，三个武装军人上来，用绳子反绑我两的手，夹住我动弹不得。这些场面都上了电视，全罗马尼亚都看得到，全欧洲也看得到，直到今天，你在网路上，还能看得到。"

罗马尼亚独裁者齐奥塞斯库的最后时刻

毛："后来怎样呢？马上押出去枪毙了？"

齐："是的。他们趁热打铁，圣诞之夜，就把我押出去，就在军营厕所旁边一块空地，就地处决我俩。三个军人冲锋枪开动，不知道有多少发子弹打在我两身上。"

毛："你俩死得好惨啊！所有共产领导人，你俩下场最惨了。"

齐："我死后，1990年代，我在中国还得到好评，说我'英勇就义'；2000年代，还说我'从容就义'；到2010年代，就变成中性叙述了，再无人给我好评。只有你今天还同情我。"

毛："从你的下场，我看到民心如水。我得到的教训是：权力集中到几个人身上，是个祸害。掌舵者要小心，不要被扔下船去。"

齐："我的教训是不该搞个人崇拜，我1970年以前，还不是那样不得人心的。自从1971年我去中国和朝鲜访问，看到你和金日成搞个人崇拜，又威风又神气，我非常欣赏，非常羡慕，回国就大肆模仿，把自己装扮成跟你一样伟大，我成了罗马尼亚的父亲，我的夫人比你江青还胜出，成为'国母'。群众欢迎队伍，要等我几个小时。我去访问一个工厂，提前3天就停工准备，整点门面，张贴标语。我也学你搞行宫，全国有我四十个宫殿，几艘游艇。我夫人有一大房间毛皮大衣，几百双鞋。我又封二十七个亲属，做了大官。"

毛："你的个人崇拜方式，和我大同小异。个人崇拜起自斯大林，他死后，赫鲁晓夫批他，个人崇拜陷于低潮了，我大跃进失败，也抬不起头来，但得林彪帮我大书特书，大树特树，我不但复活，还加码高升，变成红太阳。把刘少奇打下去了，更肆无忌惮。你1971年来中国时，正是高峰。我给你做了坏榜样，你学我，害了你后半生，不得好死。很对不起你啊！"随后毛又问："你还有什么教训呢？"

齐："我也学你大跃进式的浮夸，虚报成绩，壮大声势，大搞面子建设，没钱就借外债，借了一百亿美元。又大搞农村城市化，强迫农民离开家园集中居住。又学你人多好办事，放开生孩子，规定至少生4个，禁止离婚，强迫命令，让民众很反感，造成民怨。"

毛："我最赞赏你跟苏联闹独立，我就跟你友好，做朋友。我在欧洲共产阵营，就只有霍查和你两个朋友。霍查不像话，拿了我的援助，跟我闹翻了，他比我还马列，还正统，他想当世界革命中心。我没法，就不理他了。他死得还可以，但到1991年世局大变，他也被迁坟倒像。你虽死得惨，但跟我是难兄难弟，哥们到底，所以我还怀念你。"

齐："你的运气比我好多了，死得荣耀，到现在还有人颂扬您。

邓小平虽然推倒了你的政策，结束阶级斗争，但他还是维护你，实行'四个坚持'。我是完全消声匿迹了。新政府还宣布，从对我死刑之后，罗马尼亚废止死刑。意思明显，就说我是灾星，灾星死了，以后再无死刑。"

毛言不由衷地说："你的下场，也对我敲起警钟。我的继承者，到现在还为我掩盖罪行，因为中国比你们欧洲，封闭得多，网路设防火墙，又有大批网络警察，暂时还可为我掩盖。但掩盖总不可能是永远的。"

毛觉得齐谈得坦诚，大家都有悔过之意，今天该谈的谈得差不多了，握手道别，化作青烟，各自离去。

19、蒋介石（1887 年－1975 年）

毛、蒋一生的纠缠，事实是也是国共两党历史的缩影。

一日，毛想到他的对手蒋介石。毛的魂灵就飞到到台湾桃园"蒋中正慈湖陵寝"。蒋公棺木停放在宾馆正堂。蒋公遗嘱要魂归故里，归葬家乡奉化。碍于中国尚未统一，暂时回不去，只好暂停慈湖，一直等了 40 年，依然未动。毛的阴魂到来，惊动了蒋。

蒋公："润之，你来看我，有何指教。"

润之说："台湾自你到了以后，翻天复地，我感到好奇。"

蒋公说："到了台湾，我痛定思过，再图奋发，将功补过。台湾腾飞，成为四小龙之列，我也算死而瞑目。"

毛："我知你后半生治理台湾有功，我也很羡慕。台湾民主宪政，政治也转型了。当年，在延安我们也说要照美国的路子。不过那是面上的话。说说而已。没想到你们来真的。而且，中华文化传统也保存良好。"

蒋："我一生丢了许多东西，但有一样我没丢，孔子我没丢，不管到哪里，我都带着孔子那一套，到了台湾，我依然尊孔，礼义廉耻，四维八德，贯彻始终。孔子伴我起死回生。"

毛："蒋公，您是典范，我正相反，丢了孔子，动摇了根本，最后落魄而去。"

蒋坦诚说："我们是几十年老相识了，大家像兄弟，为了国家，打了几十年，不打不相识。现在大家可以开诚布公，回过头来，看经验教训在哪里？"

蒋顿了一下说："我看我们初心都是好的，想国家好，但上了俄国斯大林的当。你们组党，他给你们钱，你们才活动起来。他是老子，你们像儿子，都要听他的。他阴谋控制中国。孙中山和我，也上了他的当，北伐他出钱出枪，我们都接受了，他是要控制我们。斯大林甚至也要给钱给枪给吴佩孚，也想控制他，这样，无论谁打赢了，他都有功。但吴佩孚有骨气，他不要外国钱，他不接受，结果打输了。如果斯大林不给钱给枪，北伐就搞不成。南北就可能和谈，组联合政府，免了一场内战。"

吴佩孚

蒋又说："美国好，他不插手中国内政，对中国没有企图心。北伐就是斯大林在中间搅和，弄得我们互相撕杀，死伤惨重。"

毛说："你说得对，现在回想起来，就是那么回事。"

蒋又提到抗日战争

说："抗日期间,你是得益于日本人。你派潘汉年去跟日本人打交道,去见汪精卫,建立默契,互不进攻,还互通情报,好让日军打我,借刀杀人,居心歹毒啊。"

毛说："你说的事实不错。那时中共弱小,想夺你的权,不靠外力不行。借日本人把你弱化,我乘机发展壮大,又借苏联之助,才能打垮你,建立我的新中国。"

说到抗战胜利,蒋说："抗战胜利了,大家都想和平建国,谈组联合政府,美国从中调停劝解,也是想帮中国联合成功。但斯大林鼓励你们打,东北大量现代武器装备给你们,让你们越打胃口越大,越有自信,什么停战协议,成了废纸。"

毛:"1945年我去重庆,跟你谈判和平建国,是在苏美压力下,捏着鼻子不得不去的。我根本不想去,我要把你打倒,独吞天下,做中国皇帝。美国大使当和事佬,把你我拉到一起,我不得不敷衍应付。"

蒋:"我看出你是敷衍我,我知道你是非打到底不可的。当时国民党内有人主张扣留你,不让你离开重庆,他们说你一回去,就会变卦,大打起来。但你有美苏担保,我不能那样做。"

毛:"美国1947年压你东北停战,帮了我大忙,给我喘息反攻。斯大林怕惹美国干涉,直到1949年初,还想压我跟你谈判,共治中国。我不听斯大林的话,决心打到底,夺取全中国。"

蒋:"是的,美国实际上是帮了你大忙。如果美国一边倒帮我,强力干涉,你不会那样顺利的。你也有一套权术,你们斗地主,给农民好处,把农民抓到手里,结果你们打赢了,建立你的新中国。土改欺骗了农民。没有几年,把农民到手的土地又收回去,土地成政府的了。你们抓到政权,真搞建设也好,但你们还是学俄国那一套,搞阶级斗争30年,搞到饿死人几千万。俄国那一套,害了中国。幸亏你死了,邓小平摔掉斯大林阶级斗争那一套,跟美国友好。你看,他30年搞成了世界第二,你抱着俄国那一套,大家饿肚子。"

毛说："四十多年反省思过,现在我明白了,俄国路跟错了,上了斯大林的当，害国害民。"

蒋说上了俄国斯大林的当，毛听了有同感说："1950年，我还上了斯大林的当，听他的话，出兵朝鲜，替金日成打仗，冒犯了整个联合国。金日成发动战争打南韩，联合国决定出兵援助反侵略。结果中国死人几十万，真是冤枉了。"

蒋说："我1945年丢掉蒙古，也是上当了。那时也是迁就罗斯福，他想早点打败日本，结束战争，要苏联出兵东北。苏联提出条件要

李宗仁

承认蒙古独立，归他控制。碍于罗斯福请求，我不得不点头。结果斯大林拖到美国丢下原子弹了，日本已经准备投降了，才出兵。十天就占领整个东北了，因为日本根本没抵抗，已经准备投降了，精锐关东军早调去保卫本土了。苏联在东北就做了两件事，一是拆运机器回苏联，二是把收缴的武器装备交给你们，要你们打内战。没有斯大林这一招，或许我们就妥协谈成联合政府了。又是斯大林害了我们。"

毛也同意说："斯大林移交那些武器给我们，的确大大壮大了林彪四野，我们打赢内战，主要靠他的援助。还有日本的关东军改编成解放军，一路杀到海南，真是我们的得力助手。"

蒋说："蒙古就是这样丢了，还不是上了斯大林的当。我后来不承认蒙古独立，因为苏联没履行关于东北的协议。但不承认也等于形式而已。"

毛把话题转到祖国统一问题说："你看未来台湾，大陆怎么统一呢？"

蒋说："统一关键障碍在制度。你们现在还抱着斯大林那一套，表面上说是继承你，你那一套还不是来自斯大林？从江西打到北京，就是斯大林那一套，你不在了，也还是那一套。邓小平来不及改，他

改了经济，管吃饱饭，政治没动。那一套台湾人怎能接受？因此，关键等你们改了制度，水到渠成。其实，俄罗斯现在不是已经改了吗？人家都不要马恩、列宁、斯大林了，你们还死抱着。"

毛说："四十多年过去了，再不改，跟不上世界潮流，国际上也另眼看我们。的确，改了，台湾就好谈统一了。"

毛最后说："很羡慕你啊，你还留下著作，还有给人学习的地方，公德私德都为人称道。"

阎锡山

蒋谦虚说："我守住孔子，又信佛教，基督，信仰使我管住自己，没大出格而已，错误还是很多的。"

毛称赞他说："中原大战，李宗仁，阎锡山都出兵打过你，你后来还让李宗仁当副总统，阎锡山当行政院长。你气量大，我就做不到像你那样。"

蒋说："我记住孔夫子说的两条，一条是部下有错，主要归自己，责在朕躬，不怨别人。一条是有错就改，改了就好。所谓"君子之过也，如日月之食。过也，人皆见之；更也，人皆仰之。""

蒋说完后，就告辞慢慢后退，徐徐模糊远去。

润之被蒋公一席话说得折服。他想，蒋公生前，平时注意修养操守，每天还写日记，现在留下日记几大本，堪为人师。

20、汪精卫（1883—1944年）陈璧君（1891—1959年）

一日，毛的阴魂飘到南京，想起当年孙中山在北京去世，始终在孙公左右伺候的，除了宋庆龄，就是汪精卫和陈璧君。如今中山陵十分风光，而汪精卫却无影无踪，连骨灰都被蒋介石用鼓风机吹掉了，汪精卫真的一无是处？想起大革命国共合作时代，1925年，1926年，汪公二次提名我毛润之任代理宣传部长，信任有加，以后到抗日战争期间，也并无利益冲突，还着潘汉年跟他联系过呢，不像跟老蒋始终对敌。想着想着毛不免有些伤感。

想汪，汪就到。半夜，汪精卫竟然出现在面前，旁边还伴随着陈璧君。

毛见汪夫妇，先开口说："八十年不见了，二位可好？"

汪精卫与陈璧君

汪兆铭是真名，精卫是笔名，但人们叫开了，把真名都忘了，尤如孙中山，真名是孙文。孙公签名，从来都是孙文。汪公签名，也从来是汪兆铭。

汪说："难得我们在阴间见面。"

毛说："你比我大十岁，是名副其实的大兄，你也是主席，汪主席，你怎么知道我在此呢？"

汪说："我从玉皇大帝那里知道，您来南京见孙中山亡灵，还想见我，我和璧君就来问候你了。"

毛说："你是客死异乡。死得很早，才六十一岁。听说与你1935年被刺，中了三枪有关。"

汪说："是啊，有一颗子弹，一直留在体内作怪，时常作痛，1943年再开刀想取掉，发现已是脊骨炎，不好治，去日本医疗也不行，1944年就在日本离世了。外传我拒绝出兵保卫日本被东条害死。此是怀疑尚无实据，东条想害死我，确很容易，医生会听他的，但迄今未见医生揭发。"

毛说："人说你是刺客，图刺满清摄政王不遂，反被蒋派行刺得手，对你实在太无情，太不公平了。我还听说你的遗体运回来，安葬中山陵之旁，第二年抗战胜利，老蒋派何应钦去毁你墓，挖你坟，烧你尸，吹掉你骨灰，真是太无情了。"

汪说："我的尸骨不重要，我生前写的政论文章也不重要，但我留下的诗词重要，诗言志，那是我用心血写成的，反映我的精神思想，我嘱咐只留诗词，供后世检验。"

毛说："你的《双照楼诗词稿》，我都读了，不但佩服你的秀才文采，更钦佩你的爱国壮怀。你当年行刺未果，被捕入狱，在狱中写下的诗，我至今还背得出来，'慷慨歌燕市，从容作楚囚，引刀成一快，不负少年头。'你的烈士诗，很快传诵全国，鼓舞青年投身革命。你后来写的许多诗词，咏山河，哀民生，痛名节，悲苦凄凉，忧国情思，哀国之音，壮怀激烈，一腔愁苦，始终蕴涵着'精卫情结'：'衔石成痴绝，沧波万里愁'的诗句。你'衔石'指的是填海的精卫鸟。你的号'精卫'，就是由此而来。一只小鸟，想衔着小石子去填那破败中国的沧海，填得了吗？当然填不了，但是你始终执着如故。你的诗多哀国破家亡，明报国之志。"

汪说："我写诗是以诗舒怀，寄托我的忧思，记录我的心境。"

毛说："我注意看到你一首诗，写你的心境，很有代表性。我抄录下来：'卧听钟声报夜深，海天残梦渺难寻。柁楼欹仄风仍恶，镫塔微茫月半阴。良友渐随千劫尽，神州重见百年沉。凄然不作零丁叹，检点平生未尽心。'这是你在 1939 年 6 月从日本回天津的船上写的。你去日本，已取得日方支持，回国将在南京建立政权，正是春风得意之时。但从这首诗看，你不但没有半点兴奋的情绪，而且'神州重见百年沉'之句，透露出亡国之音。你感叹'良友渐随千劫尽'，

何香凝

又低调检讨自己'检点平生未尽心'，委婉曲折，很能引起读者共鸣。这和周佛海等其它人的反应完全不同。"

汪说："您也作了好多气势磅礴的诗词，得国人赞赏啊！"

毛说："我的诗词与你不同，我的诗属于帝王诗，公认代表作是《沁园春》，我看不起秦王汉武，唐宗宋祖，成吉思汗，数风流人物，还要看我。我不讲人民百姓，他们为我所用而已。我的帝王诗，无法在民间生根，影响后代，只能供人酒醉茶后，谈论而已。你的'精卫'情结，感人至深，能流芳百世，为民族传承。我想这也正是你欲留后世的。"

汪说："您洞识我的心思。不过我还背着'汉奸'骂名，七十年来，令我心绪难安。"

毛说："老蒋一向视你为敌，你投靠日本，他当然戴你汉奸帽一辈子。不过你名为汉奸，实际没做什么破坏民族，有害民生的事，你的南京政府，大家有目共睹，其实是在日本人和沦陷区百姓之间，充当缓冲器，减少日本人对国民之祸害，使百姓还能平安生存下去，不至于在无政府状态下，流离失所，百姓生活甚至比国民党统治区，还好过些。"

陈璧君插过来说："感谢你有这样公正的评论。抗战胜利后，老蒋把我关进监狱，说我卖国，要我认罪。我说，日寇侵略，国土沦丧，人民遭殃，这是蒋介石的责任，说汪先生卖国？重庆统治下的地区，由不得汪先生去卖。南京统治下的地区，是日本人的占领区，并无寸土是汪先生断送的，相反只有从敌人手中夺回权利，还有什么国可卖？汪先生赤手收回沦陷区，如今完璧归还国家，不但无罪，而且有功。你打赢了老蒋，创立新中国。1949年宋庆龄与何香凝，找到你为我说情。你说：'陈璧君是很能干、也很厉害的女人，可惜走错了路。既然宋先生、何先生为她说情，我看就让她写个认罪声明，政府下个特赦令，将她释放。'她俩给我写了信，送到上海监狱给我。我当时想，共党要我悔过，无非还是老蒋的老观点，认为我是汉奸。汪先生和我都没有卖国，真正卖国是蒋介石。你心中也有数。我愿意在监狱送走我的最后岁月。衷心感谢她俩对我的关心和爱护。也感谢你的宽大。"

毛说："其实认罪声明，也是循例形式而已，你是太认真了，愿意把牢底坐穿。"

璧君说："我是倔性子，死心眼，如果按欧美习惯，在狱中签什么都无所谓，出狱了可作一张废纸，回家还是当英雄迎接，不会影响什么。我当时如果签了什么声明，出来嫌不自由，大可出国，我的几个子女都去国外了，也说得过去。不过我挺着不认罪，是按中国传统讲气节，士可杀不可辱。我死在监狱，也有价值，几十年来留给后人反思，看我的辩词是否有理？其实，汪先生不但无罪，而且有功，他在日占区为人民做了不少好事。你举不出，他做了什么坏事？包括江泽民，他就在南京中央大学读了二年，直到抗战胜利。可以说，没有汪精卫，就没有江泽民后来的成就。"

毛说："抗日战争中，汪先生和我们，其实比较说得来。我们的共同敌手，都是老蒋，蒋是我的主敌，不是日本人。我跟蒋说团结联合抗日，其实是口头上的敷衍，我的秘密实际政策是，一分抗日，二分敷衍，七分发展，十分宣传。事实上执行起来，就是如此。我最看重是发展自己的武力，壮大自己，好为来日夺权。"

汪说："你实行的政策，是否与苏联斯大林配合呢？苏联与日本是互不侵犯的。"

毛说："我跟斯大林当然是配合的，我们还有共产国际的关系，斯大林是领导，大事要听他的。你知道，1939年，斯大林与希特勒签订了《友好互助条约》。1941年4月，苏联又与日本在莫斯科，签署苏日中立条约。苏日双方保持和平友好关系，苏联承认满洲国的独立，及领土完整，日方则承认蒙古独立。这个条约我们当然全力支持与肯定。莫斯科把斯大林的决定通知了延安，斯大林授意我们，可与你的南京政权打交道，必要时联汪反蒋，联日反蒋。这是马列主义的灵活应用。我心领神会，1941年派最出色、最能干的情报大将潘汉年，潜赴上海，建立新的情报据点。他通过特殊关系，命年轻漂亮、精通日语的女作家关露，打入日本驻沪特务机关"岩井公馆"，窃取情报。关露获得的情报，使得江苏、安徽境内的新四军躲过日军扫荡。他们也给你们提供一些蒋军的情报，你们给他们一些活动经费。潘汉年又派人到南京，打入特工总部头子李士群家中。李士群曾是中共地下党员，后被捕叛变。不久，潘本人也和李士群见了面，建立了秘密联系。我们地下工作为了保密、安全，历来是单线联系。在延安，我直接把任务分给潘汉年，别的高官不参与。潘到上海后，再把任务传给下一个人。"

汪说："你 1925 年在广州国共合作期间，当过我的秘书，我推荐你接替任国民党中央宣传部代部长。你授意潘汉年到上海、南京后，

潘汉年

设法和我取得联系，并转达你的口头致意。由于种种原因，潘直到 1942 年 9 月，才在李士群安排下，赴南京见到我，谈了两次，特别转达了你对我的致意。潘汉年想谈双方签个协议，互不侵犯，互相支持，中共协助维护铁路交通线，日方不侵犯中共根据地。但日本军方认为具体执行有困难，不切实际，故未成。不过双方建立了默契，基本上是照此实行。你建立新中国后，听说 1955 年 3 月，潘汉年向陈毅坦白了当年秘密见我一事，立即被陈毅密报你，你当夜即下令公安部长罗瑞卿，逮捕潘汉年，罗亲自带领一群便衣警察赴北京饭店，将还穿着拖鞋的潘汉年捉拿归案。如此紧迫逮捕潘，显然是你灭口之举。你怕一旦潘见我一事传开，大家一定认潘见我是奉命之事，潘的上司就是你，而我又戴着汉奸帽子，岂不连累了你。所以，潘汉年后来被囚二十年至死，是必然下场了。"

毛说："你说的是实际情况，事实如此。潘汉年是枉死了，我也不得不如此办，否则乱了，不好交代，想你也能体谅我的苦衷。"

汪说："抗日期间，日方主攻蒋军，对你相当宽松，给你很大发展空间。日机轰炸重庆，西安等不断，但不轰炸延安，你的根据地，很少去骚扰。共军主要跟国军发生'摩擦'，很少跟我的'伪军'发生摩擦。我跟你反蒋一致。日军大大削弱了国军，对你反蒋夺权大为有利。"

毛说："你说得对。1964年7月10日，日本社会党委员长佐佐木更三来北京见我，我提到曾经有些日本朋友对我说：'很对不起，日本皇军侵略了中国。'我说：'不！没有你们皇军侵略大半个中国，我们就不能团结起来，对付蒋介石，中国共产党就夺取不了政权。所以，日本皇军是我们共产党人的好教员，是大恩人，大救星。'但佐佐木说：'今天听了毛主席非常宽宏大量的讲话。过去，日本军国主义侵略中国，给你们带来了很大的损害，我们感到很抱歉。'我说：'没有什么抱歉。日本军国主义给中共带来了很大利益，使中共夺取了政权。没有你们皇军，我们不可能夺取政权。'我还说：'不要讲过去那一套。日本侵略是好事，帮了我们大忙。这是我的真心话，发自肺腑。'"

汪说："听说你也认为张学良帮了你大忙？"

毛说："你说对了。张少帅也帮了我大忙，一个是日本，一个是他，缺一不可。没有张帅，我可能去莫斯科当寓公了。那时很紧急啊，斯大林都准备派飞机来接我走了。张学良要是站在老蒋那边，我就完了。几十万大军，已经包围了延安，我再没处可逃。张帅一搞西安事变，我不但解围，而且得到大发展机会，名义是联合抗日，实际说给自己大发展。所以说，一个日本，一个张帅，大恩人，大救星，缺一不可。"

汪说："你也认为日本人打美国，是犯了大错误吗？"

毛说："你说得对。日本人打了四年，大半个中国，被他吃下去了，老蒋躲到重庆，你在南京成立政府，眼看你就要成正统，代替蒋

张学良

了。没想到日本1941年，犯了大错，竟然开打美国，偷袭珍珠港，这一下把美国轰起来，日本四年就完了。如果日本不犯此错，一股作气打中国，不出三年，整个中国就成日汪一统了。那样的话，什么蒋万岁，毛万岁，都让给汪主席万岁了。进一步，日本以中国为基地，扫平整个亚洲，也是不出三年的事，整个亚洲，就是大日本的了。"

汪说："你的大战略眼光，洞察局势，很有道理。日本人犯错，也有我一份功。当年日皇询我，应否对美开战？我想一旦将美国拖入战局，中国抗战必乘机翻身，可解救国难，故我极力赞成开战。你认为希特勒也犯了错误吗？"

毛说："哦，你的曲线救国有理，日本人对美开战，对中国有利。你说得好。希特勒也犯了大错。他打了二年，大半个欧洲，都吃下去了，再有一年，整个欧洲都是他的了，当稳欧洲王。可是他西欧没搞定，却调大军东打苏联，太心急了，这同是1941年的事，结果苏联久吃不下，西边又把美国惹进来，美国是决定性因素，美国一进来，希特勒注定完了。

希特勒如果不犯此大错，拿下整个欧洲，不成问题。如此世界将成四大块，欧洲大块希特勒，亚洲大块日本，美洲大块美国，还有苏联一大块，实际上最小。世界形成四大块格局，起码五十至一百年。其中苏联是最小块，人最少，内部也不稳定，可能撑不过五十年。"

汪说："你的分析，很有说服力，日本犯了大错，才缩回去了。不过德国现在又成欧洲领头羊了。"

毛说："德国人向强者认错，也给弱者下跪，普得世人谅解尊重，所以现在又成为欧盟的领头羊。日本只向强者认错，臣服美国，不给弱者下跪，得不到亚洲各国谅解，所以成不了亚洲盟主，甚至联合国入常也通不过。日本人那股倔强劲头，比我们中国人还厉害。"

汪说："你处理国事也是够倔强的，都按你的意志办。"

毛："最后我有个疑问，我不明白你究竟是怎么死的？你只活了六十岁，日本医疗条件又那么好，怎么一下就死掉呢？"

汪："你的疑问有理。我实际上是被日本人杀害的。1944年美军逼近日本本土，东条首相要求我出兵抵抗，我说中国和平军只能管地方，不适合上前线，拒绝出兵。东条盛怒，趁我去医院诊病，加以杀害。因此我死在日本。"

毛："原来如此，你还是心怀中国，没帮日本打仗，日本人看你无利用价值了，就让你完蛋。"

毛又说："我一生是太倔了，独断专行，弄得众叛亲离，最后孤家寡人，留下烂摊子，死人数千万，无法统计，罪过被继承人掩盖四十多年，百姓被蒙，但事实摆着，我不相信还能再掩盖四十年。一旦解禁，我就要退场了，顶多是三、五十年的事。另一方面，我看你不出五十年，会复活，你无劣迹恶行，在历史上站得住。"

汪说："你太客气过誉了，历史自有后人评。"

汪感到毛洋洋一席话，言之有理，今夜一席谈，得益不浅。汪、陈起身道别告辞，退后徐徐远去。

21、宋庆龄（1893年－1981年）

毛在南京见过孙中山、汪精卫、陈璧君后，决定前往上海，与宋庆龄相见。

宋氏一生堪称中共的忠实盟友，一贯的左派，国家副主席，身后并被尊为国家名誉主席，去世前还入了党，名正言顺是'同志'。她与毛同年生，比毛大11个月，故毛曾亲昵称她'大姐'。宋庆龄1981年5月29日在北京逝世。国家为宋庆龄举行国葬，并遵照她的遗嘱，于6月4日将骨灰，安葬入上海万国公墓宋氏墓地，在宋庆龄父母的墓旁。1986年，宋庆龄陵园树立了一座纪念宋庆龄的石碑，上面刻有邓小平亲笔题词"宋庆龄同志永垂不朽"。

毛的阴魂先在宋庆龄雕像前晃了一会，又来到宋氏墓地前，后去"孙中山故居"和"宋庆龄故居纪念馆"。这一行程，等于给宋的亡灵发出通知。

如同往常，毛静候宋的阴魂来见。半夜，一个身影出现，润之睁眼一看，果然是他的宋大姐。

毛喜出望外，忙起来迎上前去，伸出双手紧紧握住大姐的手说："宋大姐您好！非常高兴今晚又见到您。"

宋庆龄

宋："谢谢你今天来看我，我等了四十多年啦！"

毛："是啊！我1976年离世时，您来向我告别。可我被禁锢在十八层地狱，不得穿越。"

宋："在十八层地狱四十多年，你一定有许多新见解。回想1949年，颖超拿着你的亲笔信，亲到上海邀请我北上，共商国是，我很感动。你派专列火车从上海送我到北京，你还和朱德，周恩来等，率领一大帮党内外人士，亲到前门车站接我。去到北京，你们还给我当国家副主席，我很兴奋有机会为国家效力。开始还好，可是我看到你慢慢就盛气凌人起来，听不得意见，马寅初，梁漱溟，你都压下去了，你要改造知识分子，熊十力就问：'为什么要改造我？我就是我，我是来为国效力的，不是来被改造的。'他就不去开什么会。"

毛："回想起来，是我自以为是，凌驾一切人之上，冒犯了所有知识分子。"

宋："1953年，你宣布过渡时期总路线，试图绕过你早先决定的实施新民主主义，急剧转入社会主义，变人民民主专政为无产阶级专政，通过公私合营，变私有为半国有，实际上没收资本家财产。这被很多人视为建国之初开放气度的后退。我写信给中央，直指决策的谬误，我很不理解对工商业改造，共产党曾向工商业，许下长期共存、保障工商业利益的诺言。这样一来，不是变成自食其言了吗？资本家已经对共产党的政策，产生怀疑和恐惧，不少人后悔和抱怨。你看到我的信之后，没有反思，反而批示说：'宋副委员长有意见，要代表资本家讲话。'把我的意见置之不理。不过，1956年元旦，你收到我寄来的贺年片后，还提笔给我写了封信：'亲爱的大姐：贺年片早已收到，甚为高兴，深致感谢……你好吗？睡眠尚好吧？我仍如旧，七分能吃，十分能睡。'我看了很感亲切。"

毛："是的，回想起来，是您对，坚持新民主主义政策就好了，我却急着搞社会主义。"

宋："1956年中共开'八大'，我不是党员，你破格特邀我出席，如此抬举我，我很感动。"

宋深情说；"1957年初，我记得你还给我送来20多斤重的大白菜，那是山东专门送来孝敬你的，你不忘我和张治中，三颗特大白菜，给我们各分送一颗，我深深领了你的情。在此之前，我知道你有靠在床上看文件办公的习惯，专送你一个鸭绒枕头，都是表示姐弟般的关心。"

宋接着说："1957年反右前，刘少奇来上海看我提到，孙先生几十年奋斗没成功，就因为没一个好党。我点头说是，并对他说，我希望参加党。你看，那时我对你还有信心。你不同意我入党，说留党外

宋庆龄与孙中山

起作用更大些,我也理解接受。1957年,你号召党外人士,帮助共产党整风,大鸣大放,放手批评,造成一个生动活泼的政治局面。但是不到两个月,你又下令由整风转向反'右',55万人被打成'资产阶级右派分子'。我当时任全国人大副委员长,我写信给中央,我说党中央号召大鸣大放,怎么又收了?共产党不怕国民党800万大军,不怕美帝国主义,怎么会担心人民推翻党的领导和人民政府?共产党要敢于接受各界人士批评……我很不理解这个运动,我想了两个月,还是想不通:有这么多党内党外纯粹的人,会站在共产党和人民政府的对立面?要推翻共产党?你不喜欢我的意见,压下不理。1959年,你对宋庆龄出任国家副主席持否定态度,对左右高官说,宋庆龄是'民主革命时期的同路人,在社会主义革命时期,她和我们就走不到一起了……我们与她是不同阶级'。不过,由于多数人赞成,我还是继续当副主席,尽管我明白我不过是个摆设。"

毛愧疚地说:"反右看来是错了,整了一大批知识分子。但责任不全在我。如果没有邓小平等极力推动,也不会有那么大的声势和结果。"

宋反驳说:"按照这个逻辑。文革也不是你的错。是江青打着你的旗号搞起来的喽?1966年文革到来,我感到十分震惊,我和我的家族,也受到牵连。孙中山被诬为'走资本主义道路的老祖宗',他在南京的铜像被移走;我父母在上海的坟墓,也被挖掘夷平。我无言以对,红卫兵冲进章士钊的家,抄家两小时,搜走了大批书籍和信件作战利品。我为防抄家不测,亲手焚烧大量资料和书信,转移了我心爱的孙中山画像和艺术品。造反派扬言冲击我的寓所，并扬言要剪掉我的发髻，你派江青来向我解释文革形势，要我理解文革。我对江青说：'对红卫兵的行动，应该有所控制，不应伤害无辜。'我继续撰写长文，纪念孙中山百年诞辰，回击造反派的诬蔑，对来自阴暗角落，对我与孙中山的婚姻生活的中伤诽谤，我愤然反驳，我说世间自有公正，让那些狗去叫吧！"

毛："文革让你受惊！发动文革，是巩固无产阶级专政的好办法。可惜我看不到文革彻底胜利。"

宋："文革你整刘少奇，他是国家主席，怎能随便整人？刘少奇被批斗，对这样的老革命战友，怎么可以这样对待呢？我接连给你和党中央写了七封信，表达对文革的不解，我当时严正声明，一夜之间，一些和我一起工作的同事，都变成了走资派、反党集团、野心家、牛鬼蛇神。中央要我批判刘少奇，我不会做的。刘少奇主席在党中央工作了三四十年，今天会是叛徒、内奸？我不相信，一个叛徒内奸当了七年国家主席。现在宪法还有效吗？怎么可以乱抓人、乱斗人、逼死人？我不管你《炮打司令部》，我的《宋庆龄选集》一出版，就亲笔写'敬爱的刘主席纪念'送他。同时我还送他和孩子贺年片，日记本，糖果，好像文革什么事都没发生，我不违背良心，外国朋友说我是孤独挺立海边的'自由女神'。"

宋又接着说："你看了我的信，你这时已容不得任何意见了，你对总理说，'她不愿意看到今天的变化，可以到海峡对岸，可以去香港、去外国，我不挽留。'并指示总理、李先念把你的话传达给我。但总理很会做人，他没有原原本本传达你的话，而是委婉地说：'主席很关心你，知道你的心情不怎么好，建议你到外面散散心。'听话听音,我听出了话中之意,我说:'是否嫌我还在?我的一生,还是要在这块土地上,走完最后几步。'我忍耐着不动,此后多年,就很少让我公开露面,不报道我,犹如我已不存在。十年浩劫,百思不解,千重忧虑,万般无奈。"

毛自责说:"文革是要通过天下大乱,达到天下大治。我们的政治理念,看来差别甚大。"

宋:"我一生算对得起你和共产党,没有做过不利于你和中共的事,就是说,我在公德方面,过得去,没说的。但私德方面,我三十年思过,有缺陷。我不该到了老年,还与年轻男秘书结婚。婚事对一般人来说,是私事,你怎么处理,是你个人的事。但对我来说,就不是单纯私事了,因为我已经成为公众人物,又在高位,个人一举一动,对国人都有影响。你对我结婚申请批道:'早该如此',就是鼓励我结婚。那时我已经六十岁了,中国传统观念,就是老女人,老女人和年轻男人结婚,被认为不正经,是被人看不起的。总理批;'何必如此',才是正道。按总理意思,生活照顾,甚至同居,都可以,可以不公开。结婚就关系名分,要正式公开的,影响就大。不过因为你批了,也就按你批的办结婚。但等你去世了,我也去世了,邓小平就按总理批的办,不承认这个婚事,不承认那个丈夫,让他消失了事,为的是维护我的形象。我感谢邓小平,他做得对。"

毛:"我说您'早该如此',说的是您在孙先生过世后,早该再婚,不应等 30 年后再婚。"

宋:"你说的这个'早',说得对。孙先生过世时,我才三十出头,天生丽质,风华正茂,又曾留学美国,才识过人,跟孙先生工作十年,知名度也无人能比,以我的条件,再婚正是好时光。但位高不胜寒,你条件越好,人家越难接近你,甚至不敢过问你,加上我忙于革命工作,也无暇多顾私事,就随其自然拖下来了,到了四十岁,还是显得相当年轻,不愁嫁,可是没人给我介绍,可能人家也不敢碰我,我也没碰到有缘人。"

毛:"你说得很实际,入情入理。加上你经历广,后来又去过苏联，德国，法国，国际交往又多，谁能配得上您?谁敢高攀呢？人家也不好介绍啊！"

宋："你是目光远大，举世无双的领袖，你领导长征胜利，我很佩服。你比孙先生有过之而无不及，如果我后来遇到你，或许缘分就来了，可是我没有机会去延安。1937年周恩来来上海见我，谈准备上庐山见蒋会谈的事，那时周也只谈公事，可能也不敢谈你我的私事。如果开口了，也许就有机会，你就不要江青了，那就不会有江青闯祸文革了。"

毛："你那时的名气，怎会到山沟延安来呢？你的非凡丽质魅力，浑身贵气，我那时是从山沟爬出来的土包子，怎能攀得上呢？"

宋："贵妇遇英雄，能创奇迹，趋福避祸，国家就受益了。可是你找了个戏子，她没给你唱好戏，国家也遭祸了。"

毛："那时江青实际上是我的一条狗，我把她放出来，她就到处咬人。"

宋："好在等你一走，邓小平他们就把她抓起来，关进笼子，我也看到了。"

毛问："你最后还实现入党了吧？"

宋："是。等我到了最后时刻，邓小平派王光美，彭真来看我，问我是否还保持1957年入党申请？我考虑了片刻，作了肯定的点头。光美又重覆了一次，我又点头。我点头是简单而认真的。我肯定的是邓小平改革开放，不是空洞的'为共产主义奋斗'。如果在文革期间问我，我一定会摇头说'不'。现在我可以说，主义理论，俄国路子，大方向错了，但邓小平的路子，我赞成。他的路子没明说，实质上，是美国的路子。润之，回顾起来，你30年就做了一件好事，就是1972年你破了中美关系的大冰山，为邓小平出来发展中美关系，打下基础。中美关系这座大冰山，是你1950年错误出战朝鲜打美国结成的。你上了金日成，斯大林的当，让中国蒙受巨大牺牲。"

毛："经过四十多年反思，我认识了走俄国路是错的。邓小平走美国路是对的。"

宋："你走俄国路，我也陪你三十年作花瓶，我是摆设，决策是你。不过在大是大非上，我还算站得住，没跟你走，我还算善终，经得起历史检验。你就通不过。我最后选择安葬父母身边，前半生我没听父母话，心中有愧。跟孙先生结婚仓促，父母反对，我是破窗逃去日本结婚。虽然婚事没大错，心中总有不过意，我身后永远跟父母在一起，了我一件心事。"

宋大姐说到这里，该说的也说得差不多了，就道别告辞，润之意犹未尽，依依不舍看着她的身影，渐渐退后远去。

22、司徒雷登 (John Leighton Stuart 1876—1962 年)

毛 1949 年写的《别了！司徒雷登》，编入了中国中学生语文课本，在中国影响很大。毛心里很过意不去，特意要到杭州见司徒雷登。

毛的到来，惊动司徒的亡魂。他飘到毛跟前，细声开口说："润之别来可好？"

毛说："六十多年了，我说'别了，司徒雷登'。别不了啊！我们还是再会了。天意啊！"

司徒说："我人离开了中国，心还在中国啊！我是心不甘，情不愿，被迫离去的。我到了华盛顿，心情十分压抑，郁闷成疾，三个月就得了中风，半身不遂，单身独居，生活不能自理。幸得我在中国的秘书是个好人，把我接到他家，全家护理我十三年，直到我离世。"

毛听了十分同情说："委屈你了。"

司徒接着说："我临终前，给我的秘书说，我有两个愿望，一是把周恩来送我的明朝花瓶，送还中国，那是中国的文物。另外，希望把我骨灰送回北大，与我爱妻合葬。让我魂归北大，我的心实在与北大分不开。"

毛安慰他说："我明白你的心思。"

毛接着把话题转到1945年重庆谈判说："那时你是和事佬，又是长者，您比我大17岁，大家都尊重你，看你为中国好，苦口婆心，呕心沥血，劝我和蒋和好，共同建国。我邀请你吃饭，你要把蒋也拉来，希望大家恳谈，组成联合政府。可是那时我总想自己拿到全国政权，又得到斯大林鼓励，把东北大量武器装备交给我，我越打雄心越大，和谈敷衍直到无声无气。那时要是听你的话，内战就避免了，大量牺牲也避免了。"

司徒说："我站在中间，没有企图心，只能尽力而为，后来也明白，无能为力了，只能看你们一个胜，一个败。你胜，我们也认了，想跟你谈建立外交关系。"

毛说："是啊！我们也知道，1949年4月，我们打下南京，苏联使团都撤去南下广州了，只有你不动，还留在南京，就是想跟我们谈，承认我们建外交。我们也有点心动，派黄华跟你接触，谈了几次，有点眉目了，你想来北京直接谈，周恩来和我都想跟你见面了。可是我们在摇摆不定，心中没底，最后得斯大林答应援助，我就发表了'一边倒'，就是完全倒向苏联了，你无奈，失望了，白等了几个月。"

司徒雷登说："是啊！我一直等着你让我去北京的安排，但到6月底，你公开发表'一面倒'，美国国务院看没戏了，你们也不跟我联系了，就叫我7月25日前回美国。我还不死心，想再等再联系，过了25日我还没离开，但你们再没联系我。国务院又来电报，要我8月2日前，务必回国。我只好在8月2日离开南京。"

毛说："你是尽了最后努力，不离不舍，令人钦佩。"

司徒说："我飞离中国，中途到冲绳岛，还发表谈话，准备跟中国建立关系。我还不死心呢。国务院知道了，批评我，说人家都不理你了，跟你说'再见'了，你还说什么?!给我下'禁言令'，说得我好伤心。"

毛说："你真是人离心不离，心里还想着中国。"

毛顿了一下说："要是听你的话，跟美国建外交，中国还不至于完全封闭起来，只一面倒向苏联。后来我们发现，这是愚蠢的。实际上，斯大林有企图心，美国没有，你们是真想中国好。"

毛最后说："我写过《纪念白求恩》，成为大家必读的'老三篇'之一。现在，我要再写一篇'纪念司徒雷登'，与'纪念白求恩'并列。加拿大有白求恩，美国有司徒雷登。"

司徒说："我高兴得知，你在世的最后几年，接受尼克松总统访华，跟你会见，打破20多年的僵局，中美破冰，你做了一件大好事，我在天国得到安慰。"

毛听到司徒赞扬他做了一件大好事，十分高兴，心里平静下来，看着司徒的身影，慢慢退后远去。

23、张学良（1901年－2001年）

张学良是共产党的恩人，毛一直没忘记，可惜张自从随蒋离开后一直没回中国大陆来过，直到在美国去世，安葬在夏威夷。毛张的亡魂就在张学良墓地会面。

张先开口向毛说："你远道而来，有何见教？"

毛："我受玉皇大帝之令，做忏悔之旅，求得各路亡灵谅解，早日脱离苦海。"

张说："你我恩怨已经了结。离开了大陆和台湾是非之地，我到夏威夷。这是我的终老之地。"

毛说："我还是悬吊着，我的案子尘埃未落定，这次来，想解决一些悬念。"

张说："好啊！难得机会，我们好敞开心，坦率谈谈。你是不是最想谈'西安事变'呢？"

毛说："是啊！你猜中了。我想问你，你说心里话，你为什么要发动'西安事变'呢？"

张说："你明白的，口头上，你我谁都把抗日当口号喊，实际上谁心里没个算计？事情过去八十多年了，我今天坦白承认，我是想自己出头，超越老蒋，张某人从来不在他人之下。"

毛说："好，你说实话了。那你认为自己实力够吗？"

张说："我衡量过，要跟你们共产党联合，而关键是要斯大林支持。北伐得胜，就是有苏联出钱出军火。"

毛说："你说到点子上来了。我们说到一块去了，那时我就支持你，取代蒋。"

张说："你也说说心里话，你为什么支持我反蒋呢？为抗日吗？"

毛说："你刚才已经坦白说了，抗日是谁都要抓住的口号，我也坦白说，我也有自己算计，我知道自己力量比你小，但我以联合为名，派人钻进你内部，幕后操纵，等于要你听我的，我有斯大林后台这个王牌。"

张说："我相信你们了，你提出联合搞'西北国防政府'，从中国分出去，跟外蒙一样，以苏联作靠山，你还具体要求斯大林，每月300万美金资助。为了表示我的诚意，我派人把你两个儿子，搞了几个月，从上海经过法国，送去苏联。有你和斯大林支持，我雄心要坐上'联合政府'第一高位。"

毛说："事变你发动了，把蒋抓起来了，我很兴奋，我也说蒋可杀，可是后来你怎么退缩了呢？"

张说："不是我退缩，是斯大林退缩了，他变卦了。你看，事变第三天，《真理报》就公开发表文章谴责我，说政变是为日本服务，并且毫不含糊地支持蒋介石。我一看，全身都冷了，斯大林欺骗了我，你们共产党不守信用，我赌输了，我完了。"

毛说："我是后来才知道斯大林变了。那你当时怎么办呢？"

张说："我当天就去见蒋介石，站在那里对著他，默默地流眼泪，蒋觉得我'若甚愧悔'。我半晌"无言自去"，过一会儿又回来，对蒋说，我已经体会到我的行为'轻率鲁莽'，我要'设法秘密送委员长回京'。蒋介石也很合作，南京政府十六日对日宣战后，蒋马上派人带信出去，命令南京'万不可冲突，并即停止轰炸'。"

毛说："那么说你看到斯大林变了，你也马上变了，去找蒋，也不先跟我们商量一下。"

张说："大老板说了算，你小伙计有什么用？我必须把蒋立即保护起来，我还得当蒋的人。我只有一条路，就是放蒋，而且跟蒋一块儿走，这是我生存的唯一希望。否则我会死在许多因我捉蒋，而痛恨我的人手上，我的部下意见纷纷。送蒋回去，会得到他的好感，求得他的宽恕。不然我死定了。"

毛说："后来我才明白，斯大林变卦，是因为看到当年两广反蒋失败，李宗仁，白崇禧，李济深等，与蒋妥协告终。两广有三十万大军，军力财力，地区，都比你强，反蒋都反不动，他觉得你更不行，把你抛弃了。斯大林还要蒋抗日，牵住日本，怕日本北上打苏联。"

张说："后来周恩来到西安，蒋公拒绝见他，后来王明也来了，带来莫斯科的话，说准备释放蒋经国，蒋公才同意周恩来去南京直接谈判，以妥协换儿子的交易，才达成了。到下一年4月，做人质十一年的蒋经国，终于回到南京与父亲团聚。"

毛说："所以这次事变，老蒋也有所得，儿子换回来了，后来到了台湾，才有了接班人。我们共产党，得到喘息发展机会。不然包括你，总共五十万大军包围我们，我们没有退路了，斯大林已作了最坏准备，最后把我们这些领导人，派飞机接去莫斯科。"

张说："所以大家说，我搞事变，你们共产党是赢家，我成了罪人。这个罪我认了。1991年我获得自由，去纽约参加为我九十岁生日祝寿会，我就坦白说，我是一个罪人，鲁莽操切，胆大妄为，应得死罪，四十年不自由，我不抱怨，说我千古罪人，我也认了。"

毛说："周恩来说，你是千古功臣。"

张说："你们得到发展壮大，最后打败了老蒋，夺取了整个大陆，建立了共产政权。如果你新政府搞得好，国泰民安，人民满意，我也心安。可是和平了，你继续杀人，土改杀，镇反杀，肃反杀，一杀又是几百万，看得我胆寒心惊。接着'反右运动'，'反右倾运动'，还是杀。搞什么大跃进，饿死人几千万，一直搞到文化大革命，不但杀人，还杀文明，叫人怎么看得下去？！你说我是'千古功臣'，我的功劳，就是让你们能够在新中国，杀人整死人饿死人7000万？没想到我搞西安事变的后果，竟然如此。我常在上帝面前忏悔，我不仅是罪人，我还是罪人中的罪人。"

张又说："1991年我自由了，1993年移居夏威夷，大陆不断邀请我回去访游，邓小平甚至说派专机来接我，1997年江泽民访问美国到夏威夷，也派人接谈，想见我。我思乡心切，可是见面我说什么好呢？我不光丢了东北，还因此丢了中国。我无颜见家乡父老啊。"

毛听了张这一番话，心想，你张学良真是个书呆子，不想当面顶撞他或教训他，只好说："这一切历史的误会。这一页可以尽快翻过去了。"

张说："可惜现在国家还是分裂状态。你们搞的是极权体制，台湾搞得是民主体制。这一页暂时还翻不过去。"

毛说："你认为怎样才能统一呢？"

张说："关键是大陆制度，还是苏联斯大林那一套，台湾不放心，统一是大吃小，跟你们制度走，没自由了。台湾已经民主宪政30年，苏联也行民主宪政20年了，你还搞专制，怎好统一呢？"

毛说："你说得有些道理。我也要托梦给今天大陆的当政者，促成民主宪政。"

张说："果真实现，西安事变八十多年，就最后总算圆满了。"

又说："毛公你多保重，我要回去了。"

张说到这里，感到该说的都说了，就告辞退去，毛看到他的身影，慢慢模糊远去，他感到张一席话，入情入理。

24、蒋经国（1910 年－1988 年）

毛离世后得知，蒋经国 1980 年代在台湾，开放政治，成功转型为宪政民主，台湾从此成为像西方一样的自由民主之国，完全从俄式体制影响中脱出。毛觉得蒋经国是像华盛顿那样的伟大领袖，使台湾真正走上民主共和之路。毛想当面向小蒋请教。就拿着玉皇大帝的牒纸去找小蒋。

两人见面，毛开门见山说："你从老蒋手里接过政权，政权在你手里成功转型，成为真正民主共和政体，功劳很大，你是中国的华盛顿，今天特来向你请教，根据你的经验，大陆如何转型是好？"

蒋："说我从父亲手里接过政权，顶多说对一半。我是 1972 年得票 93%，当选行政院院长，从此登上权力顶峰。说我父有一半功，是说他提拔培植之功。我当选总统，是 1976 年全民投票直选的，我父 1975 年已辞世。我当行政院长，以'平凡，平淡，平实'施政，当选总统，以'国家利益第一，民众福祉为先'，说到做到，因此民众支持。"

毛："我明白了，说你是继承父权，冤枉你了。我知道你有自己的功力。我长征离开江西之后，你 1938 年去江西工作，你在赣南，禁赌，禁烟，禁娼，言出必行，政绩卓著，民众称你'蒋青天'。你办

'公仆学校'，要干部下去访民 380 种职业，问生活是否满意？对政府有何批评？你自己两年与 1020 个民众会面。你的工作扎实有根底。"

蒋："我在台湾工作，也并非一下民主，1950－1960 年代，基本上还是高压威权时代。到了 1970 年代，才逐渐开放政治，走向民主。"

毛："我知道，你也是俄国共产党的底子，回国才脱胎出来的。"

蒋："你说得对。我在莫斯科中山大学，跟邓小平是同学，我毕业加入了苏联共产党，还发表文章骂我父亲，登报脱离父子关系。我在苏联十二年，彻底赤化了。1938 年康生陪我回国，临行斯大林见我，送我一把手枪。"

毛："回国后你怎么变了呢？"

蒋："我回国首先返乡，见我母亲，她要我的俄国妻子重行中式婚礼，给她取名'方良'我们互相接受得很好，使我打好根底。我父又叫我在溪口与张学良一起读书，一同学习曾国藩《曾文正家书》《王阳明全集》，重新打下中国文化传统基础，重新在祖国出发。"

毛："我明白了，老蒋帮你找回祖宗，放弃'认贼作父'，你才能在江西重新出发。

蒋经国与蒋方良

蒋："1939 年我母亲在家乡，被日本飞机炸死了，我回家乡葬母，立了'以血洗血'石碑，以明我志。"

毛："后来你在上海主理经济，你打虎出名啊！"

蒋："1948 年我在上海处理贪污腐败，打虎打到孔祥熙儿子头上，惹到宋美龄干涉，她跑到上海来，把他接去香港了事。那时我没那么大权力，上面整肃经济也没达成共识，变成虎头蛇尾了。"

毛："你是真有魄力啊！可惜那时你还不能完全作主。"

蒋："我能完全作主，是在我 1978 年当选总统起，我体会到时代在变，环境在变，潮流也在变，必须更加开放，步步向前，走向民主。"

毛："台湾经济开放在先，成了亚洲四小龙之一。政治开放比较难，你是怎样处理的呢？"

蒋："开放报禁党禁，是两件大事。言论自由，不能再限制了。国民党不能永远一党专政，必须按宪法，开放党禁报禁，才符合民主社会。领导人必须通过自由投票产生。"

毛："开放自由投票，是件大事，共产党国民党从来都是指导性投票，共产党几乎就是指定了，实际上是一手操控，投票选举只是个形式。"

蒋："1985 年美国《时代》周刊问我，未来领导人怎么产生？我说：蒋家人士不能继任了，我从未有此考虑。继承人要自由选举产生，同时绝不再有军政府统治。"

毛："这样，就跟西方社会一样了，"

蒋："在此之前，我决心打掉政府方面，人为的对我维护权威的做法。你知道 1984 年出了江南命案，一个作家江南，写了《蒋经国传》，对我有批评，政府的情报组织，为了讨好我，派竹联帮去刺杀江南。我严肃处理了有关人员，包括开除免职。同时通过修法立法，保障民权，防止再发生类似案件。"

毛："你反对'个人崇拜'，作出典范，我就做不到，我不仅默认还怂恿对我个人崇拜，鼓励崇拜。你如此严以待己，难怪得到民众支持。但我不明白，你为什么主动放弃权力呢？按我做法，我是死死抓住权力不放的。"

蒋："因为我深深感到中国近代受权力之害，多少英雄好汉为争权内战，生灵涂炭，灾难不断。打江山坐江山，帝王思想。现代社会主权在民，不是一家一党的，人民选谁就是谁。把权和利还民，人祸不再，社会就会和谐。"

毛："你真有现代伟人胸怀。我还有一个问题，你认为大陆与台湾，怎样才能统一呢？"

蒋："1982 年，廖承志给我来信'经国贤弟'，促我与共产党谈判，促成第 3 次国共合作。宋美龄代我致信'承志世侄'，提出'不接触，不谈判，不妥协'。1983 年廖承志病逝，谈判之说，无疾而终。"

毛："为什么你们讲'三不'呢？"

蒋："因为制度不同，不同质，无基础，谈不到一块，浪费时间。"

毛："那么你认为怎样才能谈，谈到一块呢？"

蒋："很简单，首先要改制度，制度一样，或非常相近，才有基础。现在你们还是俄式硬邦邦的共产制度，台湾害怕，反右派，大跃进，大饥荒，文革，人头落地，谁都害怕，躲都躲不及，进了你们圈子，逃都逃不掉，谁敢跟你们沾边。"

廖承志

毛："照你这么说，那首先要清理和修改制度了。"

蒋："是的，要从清理清算俄国制度入手，包括你执行俄国斯大林那一套所犯的罪行，通过批评批判，取得共识，制度更新，跟台湾谈判才有基础。俄国 1990 年代就这样做了，制度也改了，前车可鉴，你们可以参考。现在制度更新，越南都走在你们前面了。你自己要忏悔，为你的继承人作出榜样。"

毛敷衍说："你所言极是，但是今上恐怕不这么想。我搞上山下乡，害得他小学毕业就被发配农村。根本没有思维能力理解我们今天谈的问题。大陆要改制度，恐怕至少还要 50 年。"

蒋听毛这么说，知道该说的都说了，就不再言语。毛觉得蒋谈吐坦率，得益良多，起身告辞，向蒋道谢，离去。

25、尼克松（Richard Milhous Nixon 1913年－1994年）

毛想起 1972 年美国总统尼克松访华，打开中美关系大门。他在中南海会见尼克松，留下深刻印象。毛一直怀念尼克松，他决定亲去美国拜祭他，参观他的纪念图书馆。毛还准备去华盛顿庄园，拜祭美国开国总统华盛顿。

近午夜时分，尼克松果然出现了。

尼克松："欢迎你远道而来！我也一直想念我们四十多年前的历史会见，这次会见，不但给中美，也给世界带来新希望。"

毛："可惜你因水门事件，再没以总统身份访问中国。"

尼克松："是的。不过我下台后，还以前总统身份，来中国访问。"

毛："1976 年，我已病重，我很想念你，希望你在我有生之年，再次访华。"

尼克松："我很高兴再次同你见面，我决定应邀再来。1976 年 2 月 21 日晚间，我乘坐你派到美国的专机到达北京。第二天，中国政府为我举行国宴。一切都和四年前一模一样：一样的布置，一样的尊敬，一样的礼仪，就连餐桌上的十道菜也和当年一模一样。宴会上我说：'全世界的未来，取决于我们两国通力合作。'第二天我去拜访了你。我们会谈了 1 小时 40 分钟。使我惊讶的是，您如此高龄，思想仍如此明晰敏锐，对当前国际重大问题，仍如此关切，你真是充满思想活力的伟人。我送给你一只由美国烧瓷大师烧制的瓷熊猫，你以绿茶代酒为我干杯。我看到你的健康状况已经不佳。但是你的思想依然那样敏捷。在我们会晤结束时，秘书们把你从椅子上扶起来，搀着您陪我走向门口，你推开助手们，自己站在那里向我告别。我离开北京之后，还参观访问了桂林、广州、从化，乘中国专机离开广州回国。专家评论我访华，说你邀请我去，是利用美国，作为对俄国的抗衡力量。我是传递这个信息的理想人物，改善中美关系，是世界历史的转折点。在我第二次访华半年后，您于 1976 年 9 月 9 日逝世。我发表声明，高度评价你的一生。

毛："十分感谢你对我的高度评价。你同样是高瞻远瞩的领袖。在我去世后，你还多次访华吧？"

尼克松："是的。第三次是 1979 年你的继承人邓小平上台，加强中美友好关系，我应邀访华，会见邓小平，为中美关系加温。第四次是 1982 年庆祝中美关系破冰十周年，我应邀再次访华。第五次是 1985 年，我再次应邀访华，加强中美关系。第六次是 1989 年天安门事件之后，为缓和关系，我又一次访华。第七次也是最后一次是 1993 年，为改善关系，我应邀访华。当时中国媒体只做了有限的报道，没有放在头条位置。那时我已不是美国权力塔尖上的人，我兴致勃勃地访问了北京、上海、杭州、广州、深圳。"

毛赞赏尼克松说："你二十一年七次访华，是真正名副其实的中国老朋友。中国人民忘不了你。你退任后还做了些什么呢？"

尼克松："1974 年辞职后，我首先努力改变自己在美国公众心目中的形象，挽回自己的声誉。你知道，每年 6 月 17 日——水门事件纪念日，对我来说是一个痛苦的日子，许多媒体会举行各种活动，来反思那段对我来说不光彩的日子，不断有新的录音资料公布出来，记者会发出攻击性的提问，来责难我。我以极大耐心和真诚悔恨，来求得公众原谅，在此后二十年里，我不断反思自己，大量读书，积极参与国际事务，为美国在任总统出谋划策，在国内外演讲数百次，我的行为终于让美国人感动了，我重新赢得了人们的信任。"

毛："水门事件，在我看来只是两党之争，比起你的国际战略眼光，是个小事，但你非常认真对待公众的批评，反省自己，令人钦佩，你重新赢得民众信任，让我十分佩服。听说你写了不少书。"

尼克松："二十年来，我总共写了《尼克松回忆录》《六次危机》

《超越和平》《领袖们》《不再有越战》《1999：不战而胜》等八部书。"

毛："二十年出八本书，你非常用功！我对你的《不战而胜》很有兴趣，能不能说说你的主要思维呢？"

尼克松："我说的不战而胜，就是以不进行战争，来使用我们的力量。鼓励苏联内部和平演变。应该制订在铁幕里面，同社会主义国家进行和平竞赛的战略，在军事遏制的基础上，发挥美国的经济优势，以经济援助和技术转让等，诱使社会主义国家'和平演变'；在意识形态竞争中，打攻心战，扩散自由和民主价值观，打开社会主义国家的和平变革之门。我那本书是 1988 年出版的。1992 年苏联解体了。"

毛："你说对了，你真有预见性。美苏竞赛，苏联失败了，美国胜利了。"

尼克松："我以为应当说，是制度的胜负，苏联行共产专制制度，美国行自由民主制度。共产专制失败了，自由民主胜利了。至于对国家来说，我们美国也没有得到什么，没有从苏联那里得到什么领土，也没得什么经济利益。在苏联来说，是他们自身'和平演变'的胜利。没有经过战争，这就是'不战而胜'。"

毛："你这样解释真好。事实上二战后五十年，美苏之间确实只有和平竞赛，没有战争。苏联在和平竞赛中失败了。不像 20 世纪上半个世纪，三十年打了两次世界大战，战争发动者想以战取胜，结果他们都失败了。下半个世纪，没人再敢发动战争。你的主意好，大家和平竞赛吧！结果你们代表的制度，在竞赛中得胜，显得有生命力。苏联所行制度没有生命力，自行失败了。"

尼克松："人类有史以来，直到 1940 年代，一直是以战争定胜负，大家都依赖武力。经过打仗取胜。但进入 1950 年代之后，人类已发展到和平竞赛阶段，武力退居到后面作为后盾，经济力和道义力提升到前面，成为决定性的因素。经济力强弱，取决于经济制度，我们行自由经济制度，事实表明经济力强。苏联行计划经济制度，事实表明经济力弱。实际上是经济制度的胜负。另外苏联生活比较差，自由又少，不得人心，道义力弱，在道义上也失败了。胜败都没经过打仗，在和平竞赛中实现的。"

毛："你的眼光真有洞察力。世界局势发展，真如你所预言，当今世界，军力退居为后盾，只作为遏制力量，经济力，道义力提高到决定性的首要地位。"

尼克松："越往后发展，道义力的重要性越提高，甚至提高到首位。德国和日本的对比，很有说服力。日本经济力比德国强，但日本悔罪不如德国，亚洲许多国家还不原谅，故道义力不如德国，在世界上政治地位也不如德国。德国悔战之罪彻底，得世界各国原谅，重新得尊重，也接受大量难民，为各国称道，道义力比日本强很多，成为欧盟的旗手。德国与日本相比，可看出道义力，比经济力更重要。"

毛："你举德国和日本为例，说明道义力之重要，很有说服力，事实上就是如此。但有一点我不同意，你在《不战而胜》最后有一句话说：当有一天，遥远的古老中国，他们的年轻人，不再相信他们的历史传统和民族的时候，就是我们美国人不战而胜的时候。"

尼克松："我说错了。那是 1988 年时，我没有好好研究中国历史说的。1994 年我离世到了天国，经过二十年研究反思，我发现我那种说法错了。我的错在于把中国的传统观念，与现代我们的价值观念，对立起来。我的最新研究发现，孔子的基本价值观，与我们的价值观，是相通的，并无实质矛盾。应当改为这样说：当中国的年轻人，放弃来自俄国的共产专制观念，恢复孔子的传统观念，也就是认同我们自由民主价值观之时。"

毛："你这样说就对了。孔子回来了，俄国那一套退场了，跟你们也就没有矛盾了。"

尼克松看谈得差不多了，时间不早了，就道别告辞。

26、华盛顿（1732 年－1799 年）

见完尼克松，毛想见华盛顿。他知道玉皇大帝已经发了短信给华盛顿，毛要到维农庄园华盛顿的墓园等候华盛顿的亡灵来见。

华盛顿夫妇的墓地，是一个矮小的小房子，除了放他们夫妇两个灵柩，仅能站立二、三人，人几乎要躬身才能进入。

午夜时分，华盛顿在夫人陪伴下，出现在毛的面前。

华盛顿与毛互相问候寒暄，毛："您是中国人民景仰的开国大总统，能见到您，是我的荣幸。"

華盛頓："我当总统，是很偶然的事，当初闹独立，风险很大，支持的人不到三分之一。其实英国对我们殖民地不算坏，就是因为印花税高了，引起不满反对，英国镇压，引起武装抗争，打起来了，我们也并非要打到底不可，中间也想妥协，争取到大些自主权。因为我知道，靠我们这些毫无训练的民兵，要打赢英国的正规军，几乎是不可能的，但英国不妥协，只好打下去。打了八年，最后还是靠外力帮忙，法国对英宣战出兵，西班牙，荷兰也宣战，才迫使英国承认我们独立。"

毛："真巧，中国有八年抗战打日本，你们有八年抗战打英国。中国靠美国打败日本，你们靠法国打败英国，都是靠外力。但是你打赢了，怎么就回家不干了呢？"

华盛顿："当时有一些军官，要我成立政府，我拒絕了他们慫恿我領導軍事政權的提议，1783 年战争结束，我就解散军队，各自回家，我也回到維農莊園，回復平民生活。"

毛："那么你们岂不是回到战前状态，各州管各州，没个中央政府？"

华盛顿："你说得对，实际就是这样。各州各自为政，州与州有交通和生意往来，发生矛盾，谁来协调？大家商议，没有中央政府不行，但中央政府凭什么规矩建立？没个章法不行，于是首先要讨论制定宪法。1787 年，我主持制宪会议，各州代表在费城闭门讨论了几个月，争论的焦点是中央政府与州政府的权限问题，各州怕中央政府权力过大，影响各州自治，最后妥协制定了美国宪法，根据宪法来组织政府。1789 年，也就是战争结束六年之后，我經過全體選舉團無異議的支持，成為美國第一任總統。"

毛："其实你当独立军总司令，打胜了战争，凭你的权威也够当总统了。"

华盛顿："那不行啊，我不像你，你打赢了内战，有百万大军在手，不当主席也难。我已宣布辞退总司令，成为平民了，再无一兵一卒，当总统是全靠大家选举。其实我夫人是很不情願我去纽约上班的。"

毛："你在纽约的总统府有多大？"

华盛顿："你有时间可以去参观一下，联邦总统府现在还保留着，就在华尔街之旁。所谓总统府，其实不大，初期总共只有十多个官员在那里上班。在纽约住得很挤，我夫人不喜欢，但她

罗斯福总统

还是去了。就这样我做了一届四年，又连选连任一届四年，总共八年熬过去了。"

毛："你两届八年做得好，大家还要求你连任，你怎么不做了呢？"

华盛顿："两届总统任期届满后，我拒绝竞选连任，我说我走在尚未踏实的土地上，我的所作所为，将可能成为以后历届总统的先例。我向美国人民解释，'你们再继续选我做总统，美国就没有真正的民主制度了'。我一直做下去，也会妨碍有才干的新人上来。我和夫人都希望退休，回到平静生活。自从 1797 年 3 月 4 日退休后，我和夫人带着轻松的心情，回到维农庄园生活。我在庄园建立蒸馏室，成为威士忌蒸馏酒制造业者。1799 年，美国即将再次举行总统竞选，联邦党人又希望我再次出来竞选，但是我拒绝了，我说尽管这是我国同胞的愿望，而且在大家信任下，我可能再当选，但另一个比我更有才能的人，却会因此失去机会。而且也会有人诬我怀有野心，我将被指责为昏聩无知的老糊涂。"

毛："你如此坚定拒绝再竞选总统，为后世建立只做两任的典范，以后的总统，都像你那样执行了。"

华盛顿："只有二战期间的罗斯福总统一人例外，他做了四届，第四届只做了一年多就去世了，死在白宫，算是终身总统了。其实他已明知身体不行了，硬要做下去，缺少一点自知之明。他去世后，美国马上修宪，规定总统不能超过两届。老实说，谁都不是没人可代替的，你看，他的继任者杜鲁门总统，不是也做得很好吗？"

毛："你在美国创立了如此健全的民主制度，你又作了榜样，世界各国都向美国学习。"

华盛顿："其实美国的制度，基本上是从母国英国搬过来的，原型来自老祖母那里，美国不过是个独立门户的大小子。不但是民主制度如此，美国人的宗教，文化精神，都主要来自英国。可以说，没有英国，就没有美国。美国历史连殖民地在内 400 年，非常短，再加上母国往后推八百年，总共一千二百年，也不算很长。比起你们中国从孔子起，就有两千五百年，孔子之前，还有二千年多年。历史悠久，底气足。"

毛："你这一说，使我清醒了，我就是忘记了老祖宗孔子，丢开了历史，糊里糊涂从俄国搬过来一套，才把国家搞得一塌糊涂。"

华盛顿："你现在清醒了。好在你的继承人邓小平，悄悄丢开俄国那一套，慢慢恢复传统，国家又慢慢恢复起来了。中国历史文化非常丰富多彩，未来中国值得美国学习的东西很多。"

毛："你觉得美国也有什么教训值得记取，值得我们警惕吗？"

华盛顿："美国最大教训，是南北战争，三年大战，南北总动员，打得太惨，死人太多。北方刚打赢了，林肯就被刺杀了，南方二十五年恢复重建，无论对北方南方，都是悲剧。美国议会民主行了八十年，还丧失理性，动刀动枪，说明大小子独立门户还不成熟，使人想起老祖母，如果有老祖母压阵，不至于如此兄弟残杀。"

毛："是南方先开枪啊，北方林肯有理，打赢了更有理了。"

华盛顿："先开枪固然不对，但要看整个背景前因。打赢了也要检讨分析，并非一定胜为王，败为寇。南北战争一百五十年了，创伤还没抚平，奥巴马总统去南方巡视，南方还举一百五十年前的南方联邦旗来欢迎，有些地方还天天高挂南方联邦旗。今天黑人问题仍然敏感，也是南北战争遗留问题，没有真正解决。"

毛："内战问题的确是个大问题。我跟老蒋打了二十二年，把他赶到台湾去了，但七十年过去了，问题没最后解决，直到今天依然是悬案。美国在中间也感头痛。"

华盛顿："问题靠双方冷静理性共同检讨，非靠动刀动枪去取胜。"

毛："你认为中国行美国民主行吗？"

华盛顿："按中国的历史国情，行英国，日本，瑞典，泰国那样的君主立宪，或叫虚君共和，比较合适。但是你们既然把大清皇帝推倒了，皇帝没有了，再立皇帝也难。袁世凯称帝失败了，你自称万岁，不叫皇帝，实际比皇帝还皇帝，在世还压得住，一离世就不行了，连夫人都被抓起来了。台湾过渡到民主体制，应该说算是成功的。现在中国所行的，实际还是斯大林的模型。俄罗斯已经弃之不用了，中国还用。过时的东西，应该转型。"

毛："国有国父，你是美国的国父。台湾立孙中山为国父，你看行吗？将来他能做全中国的国父吗？"

富兰克林

华盛顿："美国人说我是国父，是在我离世以后的事。按我说，富兰克林才是我心目中的国父，他最老，比我老一辈，压得住阵，既是政治家，又是科学家，发明家，德行也好，谁都佩服，我这一辈的所谓开国元老，谁到费城，总是第 1 个去拜访富兰克林。你看，美元 100 元大钞，头像是富兰克林，三十年不变，只有他，代表美国的最高价值。至于台湾立孙中山，恐怕有点勉强，中国大陆不会普遍接受。至于你，你的画像还高挂天安门，但也恐非长久之计。"

毛："中国的情况，你很清楚。怪我犯了重罪，饿死几千万人，我知道现在当政者掩盖着，勉强维持局面，我迟早要退场的。但中国不能长久无法无天，否则不能稳定向前发展。"

华盛顿："你说得对。中国现在的确还是你说的'无法无天'，无法，就是还没有独立超然的法治，只有党是最大的，党就是法。就是你通俗讲的和尚打伞，无发无天，无法无天，光秃秃的，赤裸裸的，太原始了，不符合现代文明。美国的天，是上帝，总统宣誓要按住圣经举手。中国本来有天，也祭天，都让党扫除了，孔子可称圣人，也弄倒了，等于上面什么也没有了，无法无天，想怎么干就怎么干，毫无约束，这不等于回到丛林时代吗？"

毛："你说得对。我离世后反思反省四十多年，知道我的无法无天错了，把国家搞得一塌糊涂。问题是现在怎么补救？"

华盛顿："邓小平是对的，人首先要吃饱肚子，所以他放开松绑，让农民能自由种地吃饭，现在全国都吃饱了，衣食足，知荣辱。接着是建设现代文明制度，接轨人类几千年文明发展的先进成果，建设宪政民主制度。其次是，把传统文化接续过来。也就是把儒家的精神祖宗孔子请回来。孔子是中国文明的代表，把孔圣人请回来的意思就是让所有统治者在内的人民有一个人人尊崇的道德人格权威，国家最高统治者也要接受约束，无人能超越圣人。中国没有统一的宗教神，孔子就是神了。你们没有一个统一的民族神。一个五千年历史的民族，应该有民族神，民族神是一个民族的精神支柱。"

毛："你说得对，现在中国领导人只重抓经济，不重视现代文明的制度建设，孔子还冷藏着。只有把孔子请回来，逐渐改掉俄国那一套，才能解决根本问题。"

华盛顿："国家力量由军力，经济力，道义力组成。世界发展到今天，道义力越来越重要了，其重要性甚至超过军力，经济力。国家内政不处理好，道义力怎能体现？"

华盛顿一席话，头头是道。毛感到华盛顿在天国也是与时俱进，不断研究新情况，新问题，思维不落伍。

毛泽东想到虽然尸体被晒在天安门广场，可是自己的阴魂被关在十八层地狱，所有信息都被方滨兴设计的绿坝挡住，竟然两耳不闻地狱外的事，顿时觉得羞愧无地自容。

27、安娜·斯特朗（Anna L. Strong 1885年－1970年）

美国马列老太太、比毛大八岁的中共老朋友斯特朗，第一个听毛讲美帝是纸老虎，她把毛的'帝是纸老虎'名言传播全世界。她六次来中国，1958年起定居北京，文革参加红卫兵，直到1970年在焦虑不安中去世，未能见她的美国亲属一面。

毛离世四十多年，每想起斯特朗，心中犹有愧疚，想见斯特朗。趁着玉皇大帝允许他见各路亡灵，就径直找到斯特朗。

毛："您为中国革命奔波几十年，从1920年代起，到1970年死在北京，最后您孤凄一人，无儿无女，连亲属都没能见一个，你死得不安详。玉皇大帝允我见您。今天特来看您。"

斯："我孤凄一人死在异国，北京当时又是一片混乱。我回顾几十年，奔波革命，是否值得？我从 1920 年代，就满怀理想，不满美国现状，看到苏联十月革命，产生了希望，在那里住了二十年，向世界报道苏联，还跟一个党员作家结婚，他在二战中死了，从此我单身一人。1940 年代，我转向中国，在中国看到希望。"

毛："您二战后访华，我们 1946 年延安见面，我对你第一次谈美帝是纸老虎。您把我的言论，传播全世界，从此我的纸老虎论就出名了，我十分感谢您的报道。"

斯："你的纸老虎论调，的确在心理上，打破对美帝迷信，对推动革命很大鼓舞。"

毛："1949 年您想再来中国，抵达莫斯科，却被苏联档回去了，说你是间谍。"

斯："大家都知道，间谍是虚构的。斯大林不希望我再去中国，不希望过多报道你和中国，让你的形象，超过斯大林。你的纸老虎雄论，在气势上已盖过苏联了。莫斯科把我关了六天，就送我回美国了。"

毛："可是您百折不屈，又不断努力，终于得到护照，再来中国，1958 年您来了，我非常欢迎。"

斯："我来中国，我很乐意向美国和全世界报道中国，扩大中国影响，传播世界革命。"

毛："您给我对外宣传，帮了很大忙。"

斯："不过我后来发现，我报道的，都是新华社给我的资料，我没有得到真实的第一手资料，大跃进放卫星，好多都是虚假的。大饥荒你也隐瞒了，我没能向世界，报道客观真实情况。"

毛："我们只能让您宣传我的成就，不能让您作客观报道。你知道，共产党没有'客观'一词，只有'宣传'一词。我们能宣传不好的东西吗？"

斯："人家说我的报道，是新华社的英文版，我成了中国对外的宣传工具，美国人说我不诚实。"

毛："您知道，共产党词汇里，没有'诚实'一词，只有忠于党，忠于革命，忠于领袖这些词汇。"

斯："但你不能掩盖负面的东西啊。"

毛："报道负面东西？共产党只有宣传，没有报道，报道负面，岂非成了反对共产党？我只能给你好的东西，让你来宣传。"

斯："我成了你的喇叭筒。1966年文革开始了，我很兴奋，很激动，我又看到了新希望。"

毛："您参加了红卫兵，带上红袖章，向世界报道，推动了世界革命。"

斯："我和李敦白，写了大字报，我们也造反了，参加反修。"

毛："你们给专家局的大字报，我看了批示：很好。"

斯："文革开始，我也向外报道，这不是一场接班之争，是改造人灵魂，建立新世界的梦想。但是后来慢慢地，我看到混乱，批斗老师，我们大院也无人修整花园了。有人对我说，养花丧志，我生气了，我说毛吸烟是什么志？我写了一篇批评文字，准备寄给《卫报》，中国朋友不许寄，只好作罢。我日夜焦虑不安，注视着运动发展，1968年当我听到刘少奇被作为'叛徒，内奸，工贼'开除，我当晚一个人，呆坐了几个小时，我很纳闷，不知所措。"

毛："打倒刘少奇是我的目标，我的整个战略部署。"

斯："我帮助你们革命几十年，到最后才认识到，原来你们内部权力斗争，比反帝革命重要得多。对美帝不是你死我活的，对你们内

119

部的对手，才是你死我活的。我也再没有安全感了，崇拜狂把我看作异端，我心绪不宁，身体每况愈下，1969年我的侄孙要来中国看我，我连续申请五个月，还是不批准，我非常生气，我打算去金边见他，也不允许，我像关在笼子里。我想返回美国了，重新呼吸自由空气。"

毛："您进了铁桶，就要听我的。"

斯："1970年我身体恶化，我觉得生命没意思了，我一点希望都不能实现，我拒绝吃药，拒绝住院，硬是把我抬去医院，我拒绝吃东西，拒绝打营养剂。最后周恩来看我，劝我吃饭，吃药，我碍于他的情面，点了点头。周恩来还马上下令，通知我的侄孙来中国。但是一切都太迟了，第二天我就去见上帝了。"

毛："您走得太让人感到意外，而且不安详。我听医护人员说，您临终一股劲坐起来，十分清晰说了一句英语：'这可能吗？''（Is it possible?）然后瘫倒床上，心脏一会儿就停止跳动。"

斯："我死得不圆满，在那动荡混乱的岁月，不可能圆满。你把我安放八宝山，给我很高荣誉，但我感到不如回到祖国自由。"

毛："我死后，邓小平行改革开放，现在中美来往相当自由了。"

斯："你不如邓小平，我受了你欺骗，你要忏悔，好好反省思过啊！你30年把中国搞得一塌糊涂，死人几千万，罪恶极大，你必须彻底忏悔。"

毛敷衍说："我正在继续反省，请再多给我些时间。玉皇大帝公审之日，您会得到一个最后的回答。"

毛与斯特朗该谈的都谈了，谈完离去。

斯特朗心情久久难以平静，她想：一生追求原是一场骗局。报应报应！

28、史沫特莱（1892－1950年）吴莉莉（1911－1975年）

史沫特莱是美国著名记者和国际革命活动家，一生支持印度，苏联，中国革命，特别是对中国革命有许多实际支持。她到延安后，推动交谊舞，让毛从此迷上了跳舞。她的翻译吴莉莉，性格泼辣开放，在延安与毛有越轨行为。贺子珍跟毛干仗，惹起一场小风波，导致她俩不得不离开延安。毛离世四十多年，每想起她们两个，怀念之余，尚有愧疚，很想再与他们的亡灵相聚阴间。尤其是对吴莉莉，正好在黄泉边上重温旧情，便急不可耐地找到她们二位的亡灵。

毛对史说："我学跳舞，还是从你这里开始的。你对中国革命不但有许多报道，而且有许多实际贡献。包括教会了我们这些土包子跳

洋舞。你热情开放，也给延安带来一点洋味，但因我某些出轨行为，你俩不得不离开延安，我对你俩怀念之余，犹有内疚。"

史："我非常热爱中国，非常尊崇你。我帮助印度苏联中国，对中国出力最大。"

毛："记得你 1929 年第一次来上海，鲁迅，郭沫若，宋庆龄迎接你，你还给宋庆龄当过一段秘书兼保镖，你热情报道江西革命斗争，

写了《中国红军在前进》等文章。"

史："1934 年我再次来中国，1936 年到西安，正好遇上西安事变，我是唯一用英文向世界报道西安事变，在世界出了名。"

毛："1937 年你来延安，彭德怀，贺龙一路接待，丁玲去迎接你，你一到，我和朱德就接见你，第二天就给你举行欢迎大会，与你谈了一个多小时反帝斗争经历。"

史："我想不但要报道中国革命，而且要实际帮助，我利用国际关系，为延安争取援助，我邀请许多记者朋友来延安，我主持鲁迅艺术学院外语部工作，我甚至发起节育运动，灭鼠运动，得到你的支持。"

毛："我明白你全心全力支持我们，你还申请加入中国共产党。"

史："当陆定一告诉我党中央不同意，因为'当一个党外记者作用更大'，我放声哭起来了。"

毛："你后来到武汉，跟美国大使，南斯拉夫卫生专家筹办红十字救助队，你还亲自在军医部工作，又说服日内瓦国际红十字会，供应中国急需药品。你还号召外国医疗专家来华工作。"

史："是的。加拿大医生白求恩，和布朗，印度柯棣华，都受我影响来中国支援。我在武汉十个月，随后跟救护队撤退到长沙。皖南事变发生，我又将消息在《纽约时报》发表。
我还根据在前线的经历，写了《中国在反击》一书。"

毛："在延安，你看到我们生活单调，无娱乐活动，倡议跳交谊舞，我十分支持。"

史："我和莉莉教你们跳舞，你们很高兴。你最喜欢找我和莉莉跳舞了。朱德，周恩来他们也喜欢跳。"

毛："我很喜欢吴莉莉，她年轻漂亮，留学美国，文雅又有文才，我跟她很谈得来，你也纵容我们接触。"

史："我不大了解你们的文化习惯。不过我听说中国皇帝，是有权要求他所喜欢的女性，延安也算是个小王朝，你是个新帝王，喜欢哪一个都无所谓了。"

毛："说是那么说，但新旧有别，我还是要隐蔽一些，不能跟旧帝王那样公开。再说，抗日时期，前方流血牺牲，后方歌舞升平，太肆无忌惮了，影响不好啊。"

史："所以这样一来就麻烦了。记得一天夜晚，我都睡下了。突然听到隔壁莉莉窑洞吵起来。原来是你来幽会莉莉，贺子珍尾随赶到，三人在窑洞打起来，弄得不可收拾。贺子珍硬是不走，你动用警卫员，才把她拖出去。第二天惊动了整个延安，大家都不好相处了。贺子珍扬言要枪毙我呢。因为是我把莉莉带来的。"

毛："党中央看不好收场，贺子珍也算是经过长征的老红军，有康克清，邓颖超等一帮老大姐支持。周恩来智谋多，给吴莉莉戴了美国间谍嫌疑帽子，快刀斩乱麻，很快强行送她去西安，息事宁人。

史："吴到了西安，还是很想念你。你还写信给她，写诗词，寄书，我她还保存了几十封信和诗词。还有一本题字'润之送莉莉'的《聊斋志异》。她始终记着你，不能忘怀，去了台湾也没忘记。"

毛："但贺子珍这么一闹，我的情绪受很大影响，跟贺子珍关系也无可挽回了。她又哭又闹，吵着要去苏联。我在延安也不好过了，舞也不跳了。红军老大姐，康克清，邓颖超她们看不惯跳舞，影响他们夫妻关系，我也无能为力。其实，朱德，周恩来，刘少奇他们还是很规矩的，他们也接触你，但没什么绯闻，不像我，逮着一个喜欢一个，喜欢谁就上谁。嘻嘻。"

史："不久，我也就很快离开延安，去武汉了。"

毛问史："你后来是回到美国去世吗？"

史："不是。美国麦卡锡反共，我在美国呆不住，又去了英国，1950 年在伦敦病逝。按我意愿，骨灰送中国，安葬八宝山，朱德题墓碑。"

毛："你还给朱德写了书吧？"

史："我给朱德写的书，1956 年才出版。我已经去世几年了。"

毛觉得该谈的都谈得差不多了，就起身告辞，与史和吴握手道别。握完手，毛顺势想要抱吴，被吴一把推开。"老流氓"，吴说。

三人不欢而散。

29、斯诺（Edgar Snow 1905 年－1972 年）

斯诺是美国著名的左派记者，西方 1936 年第一个访问毛泽东的记者，以写《红星照耀中国》（Red Star Over China)长篇报道闻名于世。这本书在全世界翻译成 20 种文字出版，为中共宣传帮了大忙。1939 年，1965 年，1970 年斯诺又多次会见毛，写了大量报道，成为毛的老朋友。

毛离世四十多年，每想起斯诺，尤感激不尽。他很想再见斯诺叙旧。拿着玉皇大帝的牒书，不费力就在灵界找到斯诺。

两位老朋友见面，热情握手寒暄。

毛对斯诺说："非常感谢您为中国革命出了大力，帮了我很大忙，中国革命成功，有你一份功劳。特别是为我宣传，使我闻名于世。你的第一部著作，很快翻成中文，书名改得温和些，叫《西行漫记》，更吸引人，在中国引起轰动。你的书不但壮大我的声势，也吸引许多知识青年，尤其是有知识的女青年，投奔延安，解决了老红军的生理需要，更壮大了共产党的力量。"

斯："我 1934 年在燕京大学兼任新闻讲师时，就开始对中国革命很感兴趣。1936 年你长征成功，我马上去陕北访问你，我们长谈了十多次，你畅谈了你丰富的革命经历，讲得很浪漫，第二年我写成《红星照耀中国》，在西方出版，引起很大反响。1949 年你终于夺得政权，成为新中国领袖，我十分兴奋。"

毛："可惜您未能来参加建国庆典。1965 年你再来，我已经有了原子弹，我们山南海北，又谈了四个小时。"

斯："那时我问你，既然 1946 年你就说原子弹也是纸老虎，你为什么花那么大力气，去造纸老虎呢？还让那么多人得了原子病，延祸终生。"

毛："说纸老虎，是批美帝。原子弹，我必须人有我有，不让人家盖过我。印度尼克鲁 1954 年来华访问，他就对我说，如果核战爆发，不会有幸存者。我说也许不会那么糟。无论如何，有了原子弹，我可站得高一点，壮大声势。

斯："1970 年我最后一次来华见你，我偕同夫人路伊丝从香港到广州，发现中国是一个只有一种声音的国家。到了北京以后，见到中国所有人都背诵你的语录，每天要履行早请示晚汇报，像是宗教仪式。然后，我去了当年采访你的'革命圣地'延安，参观了五·七干校，即你让官员和知识分子劳动改造的地方，我觉得那里的生活就象监狱。我这次访华所见所闻，使我这位革命的热烈拥护者感到：在一个地位日益显赫的神权阶层看来，所有不同意见或者补充性思想，都是异端邪说。

我回到北京，到我熟悉的北京大学参观，介绍竟然说'北京大学在 1949 年以前，是文化帝国主义机构'，1949 年中共建立政权后，才获得新的生命。对这种肆意否定文化传统的言论，我感到非常吃惊。

最后我终于见到了你，你大骂中国知识分子是资产阶级，要对他们专政。你说'人民对领袖的个人崇拜，是正当的和必不可少的'。你说了那句自鸣得意的话，'我这个人是和尚打伞，无法无天。'让我深受刺激的另一件事情，是我的一位老朋友路易·艾黎的儿子艾伦被关押的可怕遭遇。路易·艾黎参加中国革命并定居中国。艾伦告诉我，'文化大革命开始后，他就被囚禁于西北，在监狱里，他周围所有人都死于殴打、饥饿、冻馁和自杀，只有他逃出来，找到周恩来，才保住了一条命。'这次中国之行，使我深受刺激，我觉得你可鄙可厌，对于当年我写《红星照耀中国》颇感后悔。一年后，癌症夺去了我的生命。伯讷德·托马斯根据我 40 多年的日记，整理成书，出版了《冒险的岁月：埃德加·斯诺在中国》，该书透露了我对中国和对你的最后见解。"

斯诺问毛："你那次说：日本人实在好，中国革命没有日本人帮忙，是不行的。日本人进来，使我们发展，搞了百万军队，一亿人口地方。但是许多人说你不义，放着民族敌人不打，打自己兄弟，你怎么说呢？"

毛："共产党第一目标，是夺权政权，只要能把政权抓到手，什么外人帮忙无所谓，你看，列宁不是靠德国人帮忙，去搞十月革命吗？孙中山，蒋介石也是靠俄国人帮忙，才北伐成功，夺得政权。我靠日本人，有何不对？我还靠张学良呢，他是军阀，无所谓，没有他，共产党早完蛋了，只要夺权到手，靠什么坏蛋，无所谓。共产党哲学，就是权力第一。"

斯："那次访谈，我还问你为什么要搞个人崇拜？我说按常理，绝对权力就会腐败，你怎样防止腐败呢？"

斯诺夫人

毛："我说不崇拜不得了。但是现在要降点温，林彪给我四个伟大，是虚的，剩一个就行，只剩下伟大导师，就够了。"

斯："实际上，对你红太阳崇拜，比希特勒，斯大林崇拜严重得多，发展到文字狱了，如果谁把印有你照片的报纸随便扔掉，就是反革命抓起来。"

毛："是的，我是绝对权威兼神圣。那次见面后，你好像不久就去世了，是在美国终老吧？"

斯："不是。是在瑞士日内瓦，美国说我亲共，不好混下去，我就去日内瓦了。我的骨灰按我意愿，一半安葬北大，因为我在北大教过书，我喜欢中国。"

毛："你来到天国四十多年了，有什么新发现新意见吗？"

斯："我是1972年去世的。1971年我在日内瓦快不行了，得知你的接班人林彪出逃，我非常惊讶，给我很大震动，我想刘少奇完了，现在林彪又完了，你怎么办？中国要分裂？我对革命产生幻灭感，我想写点东西，但我已经没力气了。"

毛："你的夫人还在世吧，她好吗？"

斯："她活到 97 岁，才在日内瓦去世。2000 年，她还到北京访问，这次她想做两件事情，一是想将我的遗骨迁回美国，二是想将外国人的捐款，送给某学生运动受害者家属的团体天安门母亲。结果她一进中国，所到之处，都有中国的秘密警察跟踪'保护'，行动处处受限制，中国当局既不准迁走我的遗骨，也不准我夫人与任何人接触。当她到中国人民大学想见天安门母亲的发起人丁子霖副教授时，被警察拦阻，并强制带走。我夫人深感受辱，对丈夫以毕生之力支持中国革命，极度失望，她从此成为中国人权活动最坚定的支持者。"

毛："到了天国，你有什么新感想呢？"

斯："我在天国经常往下看中国，我看到你夫人被捕入狱了，她最忠实执行你的路线，我想你的路线断线了。不过我看到邓小平实行改革开放，跟美国友好，慢慢好起来了，我很高兴。回过头来，看你走俄国路，越走越穷，没饭吃，饿死几千万人。我对当年报道你《红星照耀中国》，也泄了气，我后悔了。我觉得你也该反省悔罪，给后人留下历史教训。"

毛敷衍说："你说得对。我正在反省。"

30、艾地（D. N. Aidit 1923 年－1965 年）

艾地是印尼共产党 1950－1960 年代的总书记。毛对印尼革命极抱厚望，艾地自 1957 起，5 次秘访中国，接受中国援助，印尼共产党迅速壮大至 300 万人。1965 年密谋军事政变失败，艾地被杀，印尼共被杀数十万人，共产党被取缔。

毛离世 40 年，每想起艾地和印尼共数十万人被杀，是由于自己急于输出革命，鼓动冒险，结果输出灾难。想见艾地，问清楚这件事。

127

便拿着玉皇大帝的牒纸，找到艾地的亡魂。

毛开门见山说："1965年9.30.事件，造成你和几十万印尼党人被杀害，写了诗悼念你。我对印尼革命夺权急于求成，鼓动你抓住机会夺权，你就冒险下手了，结果惨败，毁了整个印尼共产党。"

艾："我1957，1959，1961，1963，1965五次访华，向你请教，你都鼓动我极力渗透，趁机夺权。1965年夏天，苏加诺总统健康恶化，我怕他早死对我不利。因他亲苏亲中，为了左右他，我决定先发制人，

趁机动手，得到总统警卫队三个军官全力支持，就秘密发动暗杀军队将领，妄图使军队转向，为我操控，不幸密谋走漏，被苏哈托反击收拾，我和所有领导人，几乎被一网打尽，大批共产党员被抓被杀，败得很惨。只有一个政治局委员幸存下来，他当时在中国。后来就几十年，一直在中国养老了。"

毛："苏哈托对你们真狠啊，你们一点没有还手之力。"

艾："事后你还批评我们说：'印尼共产党犯了两个错误，第一，盲目相信苏加诺，过高估计了党在军队的力量。第二，他们动摇了，没有打到底。'你是高高在上发指责，开脱自己，根本脱离实际。我们拿什么去打？能靠谁去打？苏哈托之残暴凶猛，迅雷不及掩耳，我们根本无还手之力。"

毛："现在检讨起来，是我急于求成，犯了冒险主义错误，使你们蒙受不可弥补的惨重损失，你们全党都垮掉了。中国与印尼的外交关系，也被迫中断了二十多年，到1990年才恢复关系。"

艾："共产党是彻底完了。1966年印尼就宣布共产党非法，不允许存在，少数流亡国外的，到1991年苏联解体，也解散了，共产党连个影都找不到了。930事件还连累了50万华侨。很多人逃亡中国，被

安置在海南等地的华侨农场。他们的后代也已经年过花甲了。这都是我的罪孽。"

毛："印尼共产党是完了，你还有后代生存下来吧？"

艾："所幸我有两个女儿，在莫斯科读小学中学。1970年她们抵达北京，周恩来还宴请她们，五一节请她们上天安门见你，你还拿悼念我的诗，来安慰她们。后来她们又去游韶山，井冈山，学中文，去公社劳动。1971年姐妹两个又考进江西医学院，毕业后又去缅甸，穿上'缅甸人民军'军装，在森林医院服务几年。

1979年去广州，大女儿与她的印尼爱人结婚，接着去澳门工作。在澳门她丈夫受印尼政府指派，他们和妹妹一起去巴黎，参加筹备新兴力量运动会，从此他们在法国定居下来，入了法国籍，获得自由，也能用俄文读俄国禁书，重新认识苏联。

2001年印尼总统瓦希德，去法国访问，还特别请我大女儿，去大使馆见面，告诉她，已向受害者道歉，准备撤销迫害的立法。后来我大女儿得自由回去印尼，见亲属和童年的同学。现在她是自由人了，哪里都可以去了。这是我最感安慰的。"

毛："你两个女儿得自由了，好。在你遇难后，1965年12月给你写了挽联：独枝立寒窗，笑在百花前，奈何笑容难为久，春来反凋残；残固不堪残，何需自寻烦，花落自有花开日，蓄芳待来年。"

艾："你说'蓄芳待来年'，正好说到我女儿身上了，她象征着共产党的出路，曲折最后争得自由，给后人带来希望。我在天国往下看，十分宽慰。"

毛："你说得好。说明我原来想的，政变夺权之路行不通，我输出革命，变成输出灾难，把印尼害惨了，中国也损失，两受其害。你女儿终于走到自由，象征着共产党的未来方向，十分有意义。"

艾："印尼现在不错，没有共产党了，大家自由，安居乐业。可是我看到中国，共产党还是你和斯大林那一套，专制之下没自由，不许民众说个不字。你从未反省思过，向人民认罪。你必须彻底忏悔，抛弃共产，回归文明，促使你的继承者转型民主宪政。"

毛敷衍说："我见你，就是为了反省。等待玉皇大帝的裁判。"

毛觉得艾地大度，今日一席谈，得益不浅，该谈的谈得差不多了，就起身告辞，与艾地道别，各自离去。

31、李敦白（Sidney Rittenberg 1921 年－2019 年）

李敦白是第一个加入中共的美国人。他早年曾参加美国共产党，1942 年加入美军，学中文，1945 年随美军去中国，经宋庆龄介绍，去张家口协助中共新华社办英语广播，1946 年去延安，入中国籍，加入中共。1949 年斯大林诬他是美国间谍，要求毛泽东逮捕他，李敦白即入狱 6 年。

文革初期，他是北京外国人造反派头目，非常激进参与文革，大会高调批斗王光美，曾获毛泽东在天安门接见。1967 年再次被诬入狱，再 10 年冤狱。1980 年李敦白回到美国生活，为美国公司打开中国业务做咨询，直到 2019 年去世，终年 98 岁，是生命力非常强的奇人。

毛见了其他几位美国人，自然想到李敦白，遂通过大鬼小鬼找到李敦白。

李没想到死后多年还有机会在阴间见到毛泽东，他心中有很多怨气，借机发出来。他开门见山地问："1949 年你凭什么说我是美国间谍，送我进监狱呢？"

毛："完全是根据斯大林的指令，他是大老板，我必须听他的。其实是斯大林怕你和斯特朗给我宣传过头了，超过对他的宣传，就诬你们为间谍，把你抓起来。"

李："文革我当造反派头目，给你助威，你为什么第二年又把我抓进监狱呢？"

毛："你头一年干得出色，帮我很大忙。但第二年我不需要你那个造反团了，我要你那个造反团解散，就把你这个头目抓起来。听说我死后给你平反了，你回到美国。"

李："我回美国重新得自由，非常轻松愉快。为了谋生，我为美国公司去中国发展引路，提供咨询，利用我在中国的人脉和名气，发挥我一点余热。"

毛："你对我有什么评价吗？"

李："你是集大英雄和大罪犯于一身。所谓革命夺权年代，你曾是不可一世的大英雄。建国之后 30 年，你是大罪犯，中国被你搞得灾难连连，死人数千万，民不聊生，你的罪恶比希特勒，斯大林还大得多。"

毛："很多人都这么看。我也不争辩，等玉皇大帝公审。你是共产党员，你对共产主义革命现在怎么看？"

李："我入共产党错了。整个共产主义之路错了，中共革命夺权错了，如果没有你夺权成功，整个中国像今日台湾那样多好。今日大陆比台湾政治文明落后许多。"

毛："你后悔加入共产党吗？"

李："是，我为我的过去作为感到耻辱和羞愧，美国不需要共产党，全世界都不需要共产革命，我回到自由美国，找回我的自由生活，很庆幸又重新享受美国生活 40 年。"

毛："你觉得中共现在应该向何方？"

李："中共应顺历史潮流，抛弃共产主义，抛弃你，转型立宪民主，成为自由民主国家。你自己要彻底向玉皇大帝悔罪。"

说完李敦白起身告辞而去。

第二部

狡兔死　走狗烹

32、刘少奇（1898 年－1969 年）

得玉皇大帝允许，毛想去看刘少奇在开封的逝世处。那里现在已经扩大为"刘少奇陈列馆"。陈列馆门口有个售票处，上面标着门票 15 元。毛是阴魂，陈列馆的工作人员见不到他。他免费溜了进去。

穿过前厅，来到后院，四面是三层楼对立的天井院，中间是个小天井，小院僻静阴森，西楼南侧一个房间，就是刘少奇的逝世处，墙上有杨尚昆的题字："刘少奇主席逝世处"。

毛来到刘少奇当年的病房。看到里面仍按原样，摆放着病床，被褥，氧气瓶，药橱，药品等。陈列馆介绍：刘少奇主席是 1969 年 10 月 17 日，由直升机送来。担架把他抬到这里面，那时他已瘦得皮包骨，没一点血色，牙齿只剩七个，不能吃东西，靠鼻饲维生，用一条棉被裹着，说句话都没力气。不久北京来的人和药品全部撤回，这里要药没药，又不许送医院，最后发高烧，熬到 11 月 12 日早晨六点多去世。去世后等专案组来拍照，第二天他们给填好火化申请卡，来了辆吉普车，把遗体抬上去。因为吉普车比较短，遗体比较长，双脚光着露车外。去火化后，骨灰存火化场。火化卡写着姓名是"刘卫黄"，职业是："无业"。

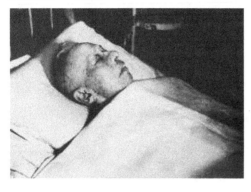

当毛看到"双脚光着露车外"，"无业"这几个字，想起当年要把刘置于死地的念想，竟然死得比自己想象的还要惨。顿时一阵快意，不由得"哼哼"发出两声冷笑。

入夜，毛手里捧着从刘少奇陈列馆拿回来的说明书，翻来覆去，始终摆脱不了那个惨死的影子……刘少奇的身影慢慢浮现。

刘开口用家乡话问："你的阴魂悔罪，进展如何？"

毛先是惊了一下，很快定过神来说："你也知道玉皇大帝要公审我了吗？"

少奇说："整个阴间都传遍了，大鬼小鬼都在开派对庆祝即将到来的公审。听十八层地狱的小鬼说，你在那里待得很不耐烦？

毛："炼狱之苦，实在难熬。"

刘："你我的争论，也快有了最终结果。"

毛说："什么争论？"

少奇说："我曾说过，1960年饿死人，我们都要上史书的。如今，饿死将近四千万人的事，真的上了史书。民族历史，永留耻辱。"

毛回答说："我的错，你没有份吗？七大你提出立我'思想'，又给我最后否决权，树我权威，等于我一人说了算，保证打老蒋胜利。但建国后，你们继续捧我。那年五一劳动节口号，'毛主席万岁'，是我加的，你心里有看法，但嘴里什么都不说。以后喊下去，我万岁就笃定了。"

刘镇静倾听不语，毛继续说下去。

毛："喊我万岁后，遇到的第一件大事，是朝鲜战争。那时我看出你们心里都不同意出兵打，嘴里不说出来，等我作决定。我听了斯大林，也有私心，想立个大功，东方阵营我就上去了。结果跟美帝闹翻了，只有跟斯大林走到底。"

刘："是啊！抗美援朝我们失算了，不然跟老美打交道还有希望，从此我们完全封闭了，闭关锁国，实行你的社会主义改造。"

毛："还是你的新民主主义路线对啊！那是世界潮流正道，我的社会主义改造，斜到苏联一边去了。苏联以后也改了，解体转型了。"

刘："说来话长，那时你急搞合作化，实际上大家都不同意，农民也不愿意，以后发展到公社化，大跃进，大饥荒来了，几千万同胞饿死了，大家挨饿，我们向玉皇大帝下跪一百次，都赎不了罪啊！"

毛："你说七分人祸。非天灾之故，竟然有意承担责任。共产党人从来不会认错，你认错，得人心。你得人心，我就失人心。你的势头盖过我，我只有发动文革，把你整倒，保我名位。这有什么错呢？"

刘少奇体谅地说："你没有错，错在你爹妈生下了你，错在江青让你玩了这么多年。可是为什么后来又一脚把她踢开了呢？"

毛说："江青年轻时，颇有姿色。人老珠黄，非我之过。再说，她确实不如你的光美。江青若有光美之美丽加贤慧，或许你我不会有矛盾。坦白说，我喜欢光美胜于江青，请了几次让她来游泳池，可能你心里不高兴吧？"

刘说："游泳消遣，其实也没什么出格的。但江青醋意大发，外面传开了，见风就是雨，说成'两个女人的战争'，变成政治问题了。"

毛说:"江青是戏子出身,年轻时长得漂亮,可惜小学文化。光美是大家闺秀,人又漂亮,又是美国大学教育,气质也不一样。她的泳技也了得,在水上像条白鱼。我很喜欢她。她 1954 年我就邀她一齐游泳,我教她游,她也高兴。我多次请王光美游,最高兴的一次是 1959 年在庐山水库。那次晚些江青也来了,见到我和光美游得很高兴,还吃醋说:文章是自己的好,老婆是人家的好,我听了只是哈哈笑。光美则装作没听见。"那年我要她陪我游长江,你以感冒为由推脱。"毛虽已成鬼,谈起女人,依然眉飞色舞,不愧是个"好色鬼"。

听毛这样谈论王光美,刘觉得有些恶心。毛邀请王游泳,按中国习惯说法,是毛给他戴了绿帽子。毛心里特乐。毛心想,不管你在八大删掉我毛泽东思想,你这个国家主席,连老婆都被我玩,我以能玩国家主席老婆为乐?刘也不敢说什么。

刘不想谈毛和王的那些游泳的事,转开话题说:"文革光美被打成美国特务,江青要杀了她,林彪请示你,你批'刀下留情'放她一命。她才不致被杀掉,我那时已不在人间。看来你还是有些念旧。"

毛:"当然,当然。我还不至于杀她取乐。"

33、周恩来(1898 年－1976 年)

周恩来是中共创党元老,也是一生跟毛纠缠到死的少数几个人有始有终的中共元老之一。

一日,毛似睡非睡时,见到周恩来到访。

周走过来,问候毛:"你近来好吗?"

毛一惊:"好,好,你也好吗?"

毛:"你曾经是我的老上级啊!但你大气,我思过四十年,才认识我的小气。宁都你撤我职二年,我几十年始终耿耿于怀,三番五次提此事,你不知检讨认错多少次,我却至死不忘啊!"

周:"你现在胸怀变宽大了?"

毛:"1958 年反冒进,我差一点撤了你的总理,是我错了。"

周："因为我顶撞了你。"

毛："1962 年七千人大会，大跃进，大饥荒，饿死人，我犯了这么大罪过，你还在大会发言，公开支持我，林彪支持是虚的，你是实的。"

周："不管多大问题，千错万错，也要你领导改错啊！中国这艘大船，没有你当舵手不行啊！"

毛："幸亏得你讲了一大篇，为我帮腔，是越是困难，越要我掌舵。我一听你讲，大局就稳定了。大会过后，我再开常委会，试探个人态度。我假意说服从会议决定，辞主席退下去，去搞社会调查。朱德，陈云，邓小平都随即表示欢迎我辞主席。你保我说：主席退居二线，主席还是主席。刘少奇面有难色，无奈同意你的意见。你的关键一票，保我过关。"

周："我要是不保你，就是刘少奇当主席了，我就要在他领导下。我宁愿永远在你领导下做事，你是从江西一路走到现在的老领导了。"

毛："你在饿死几千万人的大是大非问题上，不支持刘少奇，而支持我，太难得了。"

周："我见了阎王，才明白我站错了。我没有站在人民利益一边，我对刘少奇不服气，嫌他资格不如我。使你再作恶十多年，人民再遭劫难十多年。"

毛："一是你，一是林彪，没有你们两个，我的主席做不到底。"

周："是，林彪给你编毛语录造势。我 1964 年也亲自导演《东方红》3000 人大型歌舞剧歌颂你。又亲自指导修改《大海航行靠舵手》歌颂你。这些都是失去人民良心的。"

毛："没有你们两个，我发动不了文革，不能打倒刘少奇。"

周："我也曾向阎王忏悔，在人民利益和你之间，我没站在人民利益一边，而站在你错误一边，助你继续作恶天下。"

毛："1964年，苏联把赫鲁晓夫赶下台，你去莫斯科，他们拉拢你，要你把我也赶下台，你当面就抗议，回来就向我报告，我知道你对我忠。"

周："我是认准了，中国只有你镇得住。"

毛："那年你还亲自导演《东方红》歌舞剧，那么大场面歌颂我，使我很感动。"

周："东方红，有你，大家才振奋啊！"

毛："1966年我发动文革，你无条件支持。你还破格在大会喊'向江青同志学习！''向江青同志致敬！'我知道江青哪里够格？你是看我的脸，顾全大局啊！"

周："江青是你最好的学生，当然要支持啦！"

毛："到最后我有意要你辅助江青接班，你怎么不接受呢？"

周："我有难。你在世，我只能在你领导下做事。"

毛："文革委屈你啦！1973年中央还组织什么'帮助总理认识错误小组'，批斗你好几天，要你亲笔写几千字检讨，那时你已癌症在身，反复折腾你，都是我的过错啊！"

周："还是你宽大为怀，没撤我职，让我有机会继续为人民服务"

毛："1976年你走在我前面，我小气不参加追悼会，也不表态，过年还特意放鞭炮。但百万群众，十里长街送总理，你是人心所在。几十年来你始终维护我，顾全大局，相忍为国。"

周："你那时已重病在身，可惜我无力关心你了。总之，我跟你跟错了，对中国人民犯了大罪，使我跟你一起同为历史罪人。我一再向玉皇大帝忏悔。玉皇大帝念我是从犯，你是主犯。而且我多少做过些好事，没把我打入地狱。"

毛："我最后想问你一件事：为什么你死后要把骨灰撒掉，不进八宝山。"

周恩来沉思了片刻，回答说："这句话我今天可以说，以前不能说也不敢说。共产党造孽太深，罪孽太重，后人一定饶不了我们这些共产党的核心人物。我们日后迟早都要被鞭尸、挫骨扬灰。与其像慈禧太后那样被后人辱尸，不如先把骨灰撒了，让后人无尸可辱，无灰可撒。"

润之听到周公这段话，感到心情无比沉重。他的阴魂更加不安。想到自己的尸体陈列在天安门，迟早会……他不敢想下去。

周公见自己最后这段话深深地刺激了毛，在毛沉思的那会儿，也没有他招呼，就悄悄溜走了。

34、林彪（1907 年－1971 年）

梦见周恩来后，毛忽然很想林彪。一日毛的幽灵去蒙古，看林彪坠机死亡的地方。荒原有一个小土堆，是当年就地草草埋了林彪遗体的地方，那时遗体已经烧焦，不好辩认了。后来莫斯科派人来挖土堆，取走了头骨，拿到莫斯科去检验，确认是林彪。现在头骨还在莫斯科呢。

毛拿着一叠大使馆给的林彪出事的档案材料，想弄明白点什么，翻来覆去，不得要领。他想见见林彪。想念之间，林彪的幽灵轻轻走过来，到了面前。

林彪开口说："你近来身体好吧？"

毛说："你死得好惨，我心里难过，非要来现场看看不可。那时我逼得你逃跑，飞机坠地惨死。"

林："其实我也不是非出逃不可，像总理那样大度就好了。"

毛："我明白你比总理灵活，你不愿意在我面前就范，又有高岗，刘少奇前车之鉴，不如一走了之，天马行空，独往而去。"

林："我无法跟总理比啊。"

毛："你有你的长处，你看大局有眼光。抗美援朝，你就不同意，历史证明，你是对的。你也能投我所好，知我喜欢个人崇拜，就给我大树特树。'读毛主席书，听毛主席话，做毛主席好战士'，是你创造，从全军到全民，风行全国，你又编了我的语录，全国人手一册小红书，又树我'四个伟大'。没有你，我不会红得那么厉害。"

林："树红太阳，是应该全力以赴的。"

毛："搞文革没有你不行啊！1962年七千人大会，只有你大赞我，总理附和，保我渡过危机。我就感到只有你出来，把住军队，文革才好搞。"

林："我心里喜欢当老二，在你之下，但我恨罗瑞卿，要你先搞掉他，你也同意了，逼得罗自杀，是我的过错。后来，你把彭真，罗瑞卿，陆定一，杨尚昆连起来，成了'彭罗陆杨反党集团'，都打下去了，为最后搞掉刘少奇开路，我也心满意足。现在反省起来，你我都错了，冤枉了一大帮。"

毛："现在检讨起来，是我疑心重，把他们都搞倒了。最后连你都不信任了，怕你副统帅以后盖过我，我权位不保，觉得还是江青，自己老婆可靠。我秘密南巡找一些将军打招呼，虽没明说，你看出我对你起疑心，很怕以后不好过了，马上紧张起来，沉不住气跑了。"

林："是啊，我沉不住气了，加上叶群，立果认为大事不妙，催促快逃，我就跑了，自作自受啊！你是靠江青，我是靠叶群，两个都不是正经人，不像王光美。两个女人误国，我们都被她们害了。"

毛："责任在我。没有我放她出来，她不能到处咬人。没有我发出那些信息，你不会死得那么惨。"

毛顿了一下，又把话题转到1969年九大上来，说："九大你和陈伯达起草政治报告，以抓革命促生产为中心，恢复秩序抓经济，是对的。我批你'唯生产力论'，是错的。我还要'以阶级斗争为纲'，结果又大折腾了7年。你做接班人，本来都正式写进了党章，后来是我对你起疑心推翻了，促成你出逃。你一跑，我又发动批林批孔批周公，一直折腾到1976年，总理，朱老总，我，都先后去见马克思了。"

林："这些年，我也反省，我不如总理任劳任怨，相忍为国，维护大局，使你感到我讲'四个伟大'，大树特树，是虚的，不如总理实。不过我不作假检讨，不像周恩来那样会演戏。"

毛："其实，我也知道，总理也有虚的，他喊'誓死保卫江青同志'，是过分的，我知道他是违心的，但他做的实事多，我知道他不会盖过我的。我虽小气，但对他放心。对你就不放心，因此你才出逃。"

毛顿了一下说："其实，总理也是同情你的，尽管他公开批你是叛逃，实际上他同情你的处境。后来我才知道，他的侄女透露，总理一次在人大会堂，开完布置批判你的会议后，躲到一个房间，纪登奎陪着他，他失声痛哭呢。"

林："死后我的阴魂不断反省，已认识到跟你捧你错了，陪你一起犯了大罪，祸国殃民。我多次在玉皇大帝面前忏悔认罪，玉皇大帝念我是从犯，你是主犯。而且最后实际上我是被你害死的，我害人民同时又是受害者。而且我儿子写了起义计划（571工程纪要），对你所犯罪行已有所醒悟，认识到文革是灾难，意味着我正在重新站到人民利益方面上来。因此玉皇大帝没把我打入地狱。"

毛听了林这一番话，心里愤愤不平，但也无可奈何。林彪见毛心中不快，随即告辞。

35、邓小平（1904年－1997年）

见过刘、周、林，毛要见邓小平。灵界的阴魂，没有世界的物理阻隔，一眨眼，毛就见到邓。两个阴魂见面的地点在深圳。

毛见到小平，很高兴地说："还是你有本事啊，把深圳搞得这么大，我就搞不来。"

小平谦虚说："那是习仲勋搞的，我出点主意罢了。"

140

毛说："你的主意好啊！白猫黑猫，能捉老鼠就是好猫，不讲什么主义，什么都搞起来了。"

小平解释说："我无非是把你的阶级斗争，关进笼子里，把大家都放出来，让大家都放开手脚干，我就逍遥去打桥牌。"

毛称赞说："还是你聪明啊！我是硬来蛮干。"

小平说："我是从你那失败的教训学来的，没有你走在前面，我也没有这点小聪明。"

毛很兴奋地说："当我听到现在钢铁，搞到十亿吨，我都不敢相信，是真的吗？我搞了三十年，才0.2亿吨啊！"

小平也开心说："现在美国，德国，都反倾销，告状我们出口钢铁太多了，我们被迫要减产，关厂，钢铁工人要失业了，头痛啊！"

毛回忆1958年，为了钢铁翻一番，搞大兵团作战，小土炉上阵，搞得人仰马翻说："那时总理反冒进，我几乎要把他撤了。还不是为了几百万吨钢。路子错了。现在一百倍都不止，你还什么都不必管，光打桥牌就行了。"

小平接着说："现在一个民营厂就出几百万吨，比那时你全国还多，还是老百姓有办法啊！"

毛叹气说："路子错了，真是误国误民，还惹来大饥荒，饿死人几千万，无地自容啊！马克思，秦始皇，都骂我，我只好反省检讨，还不知玉皇大帝会不会让我脱离十八层地狱呢？"

小平安慰说："你的错，我也有份，我也执行了。现在老百姓，还不是支持我吗？"

毛听小平这样说，心里感到平静些。

毛又说："十亿吨，世界第一了，你不算数，还要'韬光养晦'，百年大计，复兴中华。你不讲'崛起'，讲'复兴'，真是大历史眼光，你讲初级社会主义，起码一百年。百年内不出头，埋头干，平均到每个人头，赶上美国，才算数，真是大气魄，大眼光啊！"

小平说："我就怕那些小人，有点成绩就沉不住气，就以为了不起，跟人家去争第一，到处想出头了。现在国内穷苦老百姓，还多呢。"

毛肯定说："按你路子走下去，就对了。"

毛转到接班问题说："你不要名位，只在后面指点，很聪明啊！又立规矩最多做两届十年，七上八下，到六十八岁就要退下来了，不像我做到老死，你的办法很有活力啊，这样接班，你也轻松了。你带了个好头。"

小平说："是啊，不这样的话，做到死，太累了。我不当主席，不必接见那么多外宾，那么多出国访问，有时间玩玩，打桥牌。"

毛问："你打桥牌输了怎么办？"

小平答："输了要钻桌子的。"

毛好奇问："你输了也要钻？"

小平答："大家说：'你年纪大，就不必了，免啦！'但我说规矩不分老少，你们放我水，我反而不舒服，所以我照样钻，大家哄笑一下，不分官大官小，一律平等，是另一种享受，感觉很轻松，所以我打桥牌不要命。"

毛听了笑哈哈说："你真会玩啊！"

小平一看时间差不多了，就向毛告辞："你多多保重，不耽误你时间了，我要去打桥牌了。"

36、习仲勋（1913年－2002年）

毛在深圳见邓小平后，趁便去探望习仲勋。

习说："你亲临探望，真不敢当啊！你当政时因为小说《刘志丹》给我罗织罪名。你死后邓小平就小说《刘志丹》反党问题，给我平反了。我已没有遗憾。不知你的阴魂为何还不放过我。"

毛说；"小说《刘志丹》问题，是谁的错，希望今天能说清楚。"

习说："1962年，李建彤著小说《刘志丹》，开始在《光明日报》连载。先前，李建彤要我审阅小说稿。我认为，小说没有把刘志丹真实写出来，提出要把小说写成三个缩影，'时代的缩影'、'中国革命的缩影'、'毛泽东思想的缩影'。但我忽略了一个避嫌的问题，因为小说以虚构人物，来取代真实人物，其中一个政治部主任，就是以我为原形。我没有避嫌，导致日后被扣上篡党篡国罪名，康生宣称《刘志丹》是反党小说。"

毛说："是康生发现的。1962年8月，康生在中央会议上，指《刘志丹》是为高岗翻案。9月会议，康生给我递了一个条子：'利用小说进行反党，是一大发明'，我唸了这张纸条说：'用写小说来反党反人民，是一大发明。凡是要推翻一个政权，总要先造成舆论，总要先做意识形态方面的工作。不论革命、反革命，都是如此'。后来，在康生策划下，成立专案委员会，康生当主任，对你和贾拓夫、刘景范进行审查。1963年，专案审查《刘志丹》，定性'为高岗翻案''吹捧习仲勋''习贾刘'为反党集团。"

习说："这一定案，牵连大了。周扬因支持批准小说《刘志丹》出版，被捕入狱。大量参与刘志丹小说的人被批斗，部分遭到残酷迫害致死。贾拓夫被迫害至死，马文瑞被打为反党集团，变成了'习马刘反党集团'，马文瑞被关进监狱5年，刘景范坐了十年牢，我被下放到洛阳矿山机器厂，文革遭关押，批斗。作者李建彤1962年起被关进地下室，开除党籍，劳改。刘志丹被打为叛徒，刘志丹的石碑被砸烂。后来，习马刘反党集团与彭德怀反党集团合定为'西北反党集团'，大量西北干部遭受迫害，司局长以上干部被揪斗了好几百，被牵连的有六万多人。直到 1978 年才开始平反。"

毛说："你们整个案子是冤案，问题出在康生，当然我也有责任。你被折腾委屈了十五年。"

习说："你离世后，人们一直对刘志丹之死存疑。刘志丹 1936 年死的那天是 4 月 14 日，在黄河渡口三交。说一挺敌人的机关枪，在扫射进攻的红军时，打中了他的心脏。但刘志丹并没有在进攻的红军行列里，也没有在两军的交叉火力线上，他在 200 米外的一座小山上，用望远镜观战。就那么一颗子弹，从 200 米外准确射在他的心脏上？现代电脑操控导引，也做不到啊！何况那时还未发明电脑。

刘志丹中弹时，有两个人在身旁，一个是政治保卫局的特派员，裴周玉，另一个是刘的警卫员。刘志丹中弹后，裴叫警卫员去找医生，当医生来到时，已完全停止了呼吸。刘志丹死时，身边只有裴一个人。这样的死法使人怀疑，刘志丹是被裴或警卫员暗杀的。你是 4 月 13 日那天，亲自下令刘志丹去三交的，第 2 天刘就被打死了。

刘志丹下葬时，他的夫人要看遗体，周恩来不让看。你亲笔题词，说刘志丹'英勇牺牲，出于意外'。

在党史上，刘志丹是唯一死在前线的地方领袖。他的左右手都在他死的几个星期内被打死：杨琪死于 3 月，杨森死于 5 月初。也就是说，你到陕北几个月内，陕北根据地三个红军最高领袖，都'死在战场'。这样的事，在红军没有过。这种意外被后人广泛质疑。此事已过八十年，你能否为刘志丹之死解疑呢？"

毛说："你刚才已把疑点点明了，几乎点到谜底了。我说'出于意外'，也点出'意外'了，我只能说到这里为止。聪明的读者自会分析，如果让我来点破，人们茶余饭后，就失去谈论的兴味了。"

习说："我一直在脑子里存疑，《刘志丹》小说出来，是否触动你某条神经？令你心神不安。"

毛说："你的生疑很自然，很有道理，是触到我某条神经，但究

144

竟是那一条呢？不用我点明，聪明的读者自会分析，点明了就不大文雅了。"

毛既然说到这里就打住了，习仲勋不好再问下去，他转到高岗问题说："我前面提到生前有一些遗憾，其中最大的遗憾，是未能给高岗平反。你看高岗应该平反吧？"

毛说："应该。高岗的事，说来话长。"

习说："我知道 1948 年高岗到西柏坡汇报东北工作时，他就隐隐约约感到中央内部，对建国路线有不同意见。高岗第一次从你那里，听到有关你对刘少奇的意见。你认为：刘少奇不怎么稳，提出和平民主新阶段，也没有搞过军队工作等等，后来你批评了一些同志，对搞社会主义不感兴

高岗

趣，热心搞资本主义的东西，都是暗指刘少奇。高岗与你接触的时间多了，感觉到你对刘少奇不放心；对周恩来事务缠身，不抓大事，迁就各方的工作作风也不满意。高岗说您讲：刘少奇进城后，没有作多少工作，对主席帮助不大；搞分散主义，自己批发文件，想架空主席；你讲到'刘少奇思想不合拍，停留在新民主主义阶段，没有搞社会主义的思想准备。必要时，要推他、拉他走社会主义，实在不行，就得让他挪挪位子'，高岗感到党内斗争激烈，他自觉地站在你一边。"

毛说："高岗思想比较跟得上我，和我合拍，这是事实。我流露对刘少奇的不满，也是有过。"

习说："1952 年底，中央设立国家计划委员会，任命高岗当主席。陈云去沈阳向高岗宣布任命。高岗对陈云讲：你对经济工作有经验，资格也老，还是你来当家，我给你当助手。陈云说：这是中央定的，你这几年东北干得好，工业搞上去了，方针、路线都执行得好，毛主

席信任你，说你可以管二十年。你不要再推脱了。有事可以找我商量。就这样高岗来北京了。"

毛说："高岗搞计委，把周总理的经济权拿过去了，日常工作形成刘，周，高三大块，新架构引来新矛盾。"

习说："1953年3月至6月间，你多次说身体不大好，年纪大了，让中央的领导酝酿一下，由谁来主持中央日常工作。这时，中央已经实行日常工作由刘少奇、周恩来、高岗轮流值班制。高岗找过陈云商量。高岗表示不同意设总书记，建议多设几个副主席，实行集体领导。陈云同意高岗的意见，并让高岗在中央会议上先提出来。陈云对高岗说：可以搞轮流制，你一个我一个，林彪也可以参加，这样可以避免片面，出现差错也能及时纠正。

1953年夏秋，中央召开全国财经工作会议期间及会后，高岗、饶漱石散布流言蜚语，破坏中央威信，攻击刘少奇和周恩来等，说中央有宗派，挑拨离间，四处活动，要求当副主席，还要求改换总理人选，由他担任总理。闹到不可开交，你不得不出来说话了。"

毛说："我看差不多闹到，说我暗中纵容高岗去闹了，我不得不出来表态，1953年的12月24日政治局会议上，我突然提出'党内有一个资产阶级司令部，东郊民巷车水马龙，新华门门可罗雀'的惊世骇语，把矛头直接指向高岗。然后我交代刘少奇开会，大家作自我批评，加强团结，我则去杭州搞宪法回避。"

习说："按你指示，1954年2月6日至10日在北京召开七届四中全会，包括高岗在内，许多领导都作了自我批评，作出加强党内团结的决议。但刘周邓等认为高岗检讨差，四中全会结束第二天，就召开高岗问题座谈会。会议气氛紧张，有三十二个人发言。陈云首先发言，说高岗曾对他说过：中央多设几个副主席，你一个，我一个，林彪也可以当。把两个人交换意见，说成是高岗有夺权企图。高岗当即反驳说：这话是你先对我说的。会议主持人周恩来，制止高岗再说下去。第二个发言刘亚楼，揭发高岗在东北私下与苏联人谈了三天三夜，提供情报，里通外国。高岗生气说：你造谣，我连俄文都不懂，谈个屁！会场一阵嘘笑。

陈正人揭发高岗反对刘少奇，说高岗有野心，想把刘少奇搞倒，自己做毛主席助手，高岗生气说：你在东北就对刘少奇意见一大把，到处散布对刘少奇不满，以老资格自居，对刘少奇不让你当组织部长耿耿于怀，你怎么不说你自己反对刘少奇！座谈会上，高岗不承认揭发的都是事实，认为对他诬陷，要求中央对质，拿出证据，不承认对刘少奇提意见就是反党夺权。座谈会上揭发的情况。显然对你不利，大有高岗是由你指使从事反党、分裂党的嫌疑。"

毛说："邓小平来杭州，向我汇报座谈会情况，令我始料不及。我当即向小平指出，搞公开揭露，把高岗的问题升级了，从批评与自我批评的党内民主生活，升级到政治斗争。我本意是通过批评，加强团结，让高岗过关。不要搞对质，避免扩大化，会议压缩到二天。"

习说："事实上高岗问题座谈会开了几天，高岗过不了关，情绪紧张又低落，1954年2月，他用警卫员的手枪自杀未遂，周恩来要求软禁高岗，你也认为这样可以避免让高岗再次自杀，同意软禁高岗。这样一来，高岗受到严密监控，4月高岗交了《我的反省》，他一直期待着中央找他谈话。我明白你当时的处境，怕被高岗连累，拒绝和他见面，在批判高岗的文件中，加上负面的评语，世人认为是你落井下石，其实是你先洗清自己，然后再想办法帮助他。但高岗失去自由，消息也不灵通了，让他越发绝望，终于承受不住压力。8月吞药自杀。"

毛说："那时你怎么不去看看，给他说说话呢？没人给他说话，他就想不通了。"

习说："因为当时高岗被监控，每个找他谈话的人都有记录，加上当时倒高岗之势紧张，一直查高岗联络的人都是谁，我也被吓住，我要是去见高岗，给他传达一点你的悄悄话，可能被打入高饶反党集团一分子。"

毛说："这一步晚了。早该给他打个招呼，让他冷静呆着，他这人太刚烈了。"

习说："我明白你的本意，可是我无能为力。"

毛说："把高岗打成反党集团，不是我个人的意思，但面对政治压力，我只能违心接受中央决议，公开表态和被搞臭的高岗拉开距离。我不止一次说过，要是高岗不搞小动作，我还是要重用他，其实我没想把高岗怎么样。到 1971 年林彪摔死在蒙古，我有孤家寡人之感，要是高岗活着该多好！"

习说："我知道高岗去世当天，你就打电话到他家里，要求中央对他善殓厚葬，用上等棺木，指示中组部对他的子女，由组织上抚养，这是周总理在他家东郊民巷八号接你的电话，当着大家的面宣布的，当时在京的中央领导，很多都在现场。"

毛说："是我打的电话。后来我到了北戴河，还非常生气，我对周恩来发脾气，我说，你们把高岗问题处理复杂化，扩大化了。你们不同意他在中央工作，他可以到地方去工作，去陕西当个地委书记都可以，以后好了还能到中央来。听说高岗检讨送上来，也无人找他谈话，听听他的意见，这是我们应该做的吗？我让你们告诉他，保留中央委员，你们为什么不去对他说呢？总理推说专案是邓小平和杨尚昆管的。"

习说："我是一直想推动给高岗平反的，但是没有机会。邓小平执政后，给饶漱石平反了，但小平不给高岗平反，胡耀邦做总书记时，曾组织给高岗平反的小组，但被邓小平否决了，他承认高岗没有反党，但强调是党中央决议，拒绝给高岗平反。高岗的夫人到现在还骂邓小平。邓小平为何不给高岗平反呢？因为当年是刘邓周陈给高岗下的定义，邓要维护刘少奇，周恩来，陈云和他自己。邓小平也知道，高岗是你的亲信，也知道你怀念高岗。江泽民执政后，他不好改变邓小平的决定，到胡锦涛以后，更是拖下来了。"

毛说："总的来说，责在下面，根子在我，高岗是冤死的。应该给高岗平反，还他历史清白。如果有错，根子都在我身上。"

习说："你这样表态，高岗问题很清楚了，六十年冤案大白了。"

习仲勋今夜得毛谈清刘志丹和高岗问题，感到一丝安慰，就起身道别告辞。

148

37、朱德（1886年－1976年）

毛想起患难与共的朱老总。从前革命时期都称"朱毛"，朱的位置还在毛之前。可打下江山后他把朱整的灰头土脸，朱是厚道人，想来甚觉疚愧。毛的阴魂就直奔八宝山，去见朱德。

毛想起跟朱老总共事几十年，有很多对不起他的地方，特别是文革批他，让他受辱，恨不得马上就要见他。直到半夜，朱德的亡灵才缓缓来到。

朱总先开口说："想不到你还记得我。"

毛："您是老前辈，德高望重。从井冈山到北京，五十年你是第一人，我们的军徽，军旗'八一'，就是你南昌起义创下的啊。"

朱："在江西我与你有过争论，其实不是什么原则问题，说到底无非是你要揽权，部队要归你指挥。我后来也看透了你的私心霸气，你也有本事，就不跟你争了。陈毅，周恩来也是如此，服你领导。"

毛："江西时期你军力大，您又是正规军长，我是农民兵，没有您，不成队伍。"

朱："我看出你有指挥领导才能，所以二十年内战，抗日，我都无异议，一直服你领导。说我总司令，我的伟人像，甚至与你并挂天安门。直到1949年底，部队还一直把朱毛像并列挂起，我明白我不过牌位而已。"

毛："我知道您没有野心，遇事随和，大局为重，老实厚道，大家都信得过。军队有您的威望，镇得住。"

朱："我们一路打到北京，建新中国，我都没意见。大跃进前，我也没说什么。庐山会议整彭德怀，我看不过去，但我明白，说也无用。到1962年七千人大会，我认为该给彭德怀平反了，但你不点头，我也就不多说了。"

毛：“我明白您一直顾全大局，没给我造成什么麻烦。”

朱：“文革之初，你要中央开会批我，林彪说我黑司令，要我脱裤子检讨。康生说我空头司令，老机会主义，野心大，想当领袖，是定时炸弹。其他人都一一表态围攻。后来大字报大标语上街，大军阀，野心家，都贴出来了。戚本禹要批斗我，要把我赶出中南海，你出来说话了，说朱总是红司令，谁要批斗，我扶他上去。我明白你，先重敲打，后轻保，是你的策略，意在镇住所有将帅，谁不俯首服帖，就是朱总下场。党内都知道，我几十年无权，只是个礼仪牌位，80 岁路都快走不动了，还是定时炸弹？”

毛：“您说得对，我意不在批您，我意在‘敲山震虎’，您不是会咬人的老虎，却是有大老虎之声威，所以先把你的嘴堵住。”

朱：“其实我哪里有虎威呢，人们都说，你是‘威震四海’，我是‘礼仪天下’。我比民主党派‘花瓶’，高一级而已。”

毛：“说什么大花瓶，大牌位也好，牌位还是要的，您的‘总司令’牌位，几十年很管用。”

朱：“改革开放后，还有学者出书《现代老子－朱德》，我哪里有老子的修养智慧，我不过是个老实人而已。”

毛：“您的涵养，可与老子比。文革那样批你，您不动声色，稳如山，照样种花做体操，不出门，不管天下事。”

朱：“不过你叫我做什么，我还是照做不误，没有消极怠工。叫我去接待外宾，我照样去，去世前一个月，还去呢。”

毛：“您也是鞠躬尽瘁，死而后已。我这次来见你，也是因为玉皇大帝要公审我，我跟你的恩怨一笔勾销。”

朱：“但愿玉皇大帝能这样做。”

朱老总看时间不早了，就起身道别。

38、瞿秋白（1899 年－1935 年）

毛在见过朱德之后，随即在八宝山内去找瞿秋白。

150

瞿秋白在 1927 年到 1931 年间，曾两度担任中共实际领导人，是早期党领袖。1935 年在福建长汀被国民党逮捕枪决，死时年仅三十六岁。随即在附近埋葬，1955 年迁葬八宝山烈士公墓。

1963 年毛曾说："瞿秋白写的《多余的话》，看不下去，无非是向敌人告饶，自首叛变。"文革瞿秋白遭到批判，1967 年瞿秋白墓被红卫兵砸毁。1980 年中央平反，肯定《多余的话》不是叛变投降。瞿秋白墓在八宝山内重建。瞿妻扬之华文革被批斗关押，1973 年去世。瞿秋白无子女，只有一个继女瞿独伊，瞿秋白牺牲时，她只有 14 岁。1928 年至 1941 年在苏联生活，随母亲回国，却被新疆军阀盛世才囚禁。1946 年经营救获释，到新华社工作。1950 年到苏联创建新华社莫斯科分社。1957 年回国到中国农业科学院工作。1978 年在新华社国际部俄文组工作，1982 年离休。

瞿已从其他亡灵处得知，毛有所谓"忏悔之旅"，意在获得各路冤魂的原谅，在玉皇大帝公审时为他美言。

瞿见毛，开口说："我们一别就是八十年！"

毛见瞿说："八十年了，记得 1934 年长征前你给我说过，要求参加长征，但还是把你留下了。后来不久你就被捕被杀害了。"

瞿说："那时不是你作主，是博古，李德说了算。他们说我体弱，长征艰苦，让我留下。我服从革命需要，乐于留在敌后工作。但现在看，让我留下无非是置我于死地。"

毛说："你被捕了党没法营救你，让你遭到不幸。"

瞿："蒋介石顾全我面子，说可出来在俄文部门做事，不用写什么表白。我拒绝了，我愿意就此结束。杀我之前，我写了《多余的话》，算是了此一生。"

毛："你不跟国民党合作，他们就不留你了，好在他们没怎么折磨你。"

瞿："执行枪决令的宋希濂将军，他念我在上海大学教过他，刑前还给我做了四道菜，最后一餐很丰盛，还有酒。他还特请摄影师来给我照绅士像，让世人至今还能看到，刑前我还是个从容的绅士。"

毛："俗话说，慷慨牺牲易，从容就义难，你不但从容，而且潇洒。"

瞿："丰餐后我步行漫步两里路，走向中山公园刑场，沿途用俄语唱《国际歌》《红军歌》，高呼'中国共产党万岁'，'共产主义万岁'。沿途许多民众为我送行，我就像去公园赴盛会。到了刑场，我选一块草坪，优雅盘腿坐下，请刑兵从背后执行。"

毛："你最后唱歌呼口号，更显烈士姿态。不像你发自心灵深处的《多余的话》。赴刑场是烈士，写《多余的话》是绅士。你的一生画下了完美的句号。"

瞿："我是脆弱的，走错了路，没法重来。倒在地上了事，一了百了，免得贻误天下。不像你活到八十三，还躺在水晶棺里，巨大画像高挂天安门。你的死魂灵还在中华大地忽悠天下，荼毒中华民族。"

毛："我的继承人要我躺在水晶棺，续显威风；巨大画像掩盖后面几千万枉死尸骨。一旦掀起掩盖，就不好看了。"

瞿："你还留下五卷垃圾，发行千万册，毒害中华。我自从当了总书记，著述不多；在上海，我写了一些杂文，跟鲁迅的文章放在一起发表。我的《多余的话》表达了我真性情。"

毛："我的毛选，都是讲斗争，夺权，一旦夺了权，现在没人去看了。不像你的《多余的话》，八十年后还在年轻人中回响，你要是上网看看，就能看到无数读后范文，在读者中共鸣。"

瞿："我不怕别人责备，归罪，倒怕别人'钦佩'，但愿以后的青年，不要学我的样子。我不过是彻底暴露内心真相，这是布尔什维克讨厌的，我始终不能克服那种绅士意识，与无产阶级斗士相矛盾，这是我内心的要害。在共产党面前说出来，无疑是'多余'的。"

毛："我明白你在共产路上折腾，失败，折磨了十几年，让你精疲力尽，心灰意冷，我注意到你最后提到可以再读一读的几本书，其中一本是茅盾的《动摇》，那是茅盾在大革命失败后写的《幻灭》《动摇》《追求》三本之一，他写的《动摇》可能与你共鸣。"

瞿："你说对了，茅盾的《动摇》，正好道出我的心态。共产党忌讳'动摇'一词，但老实说，我的内心是在绅士和战士之间动摇，这是无产阶级战士所不容的。我在大革命之后倒下了，你继续'追求'，直到夺得全国政权。"

毛："你说得对。我追求到夺得全国，和平建国，梦寐以求，形势大好，可惜我中斯大林之毒太深，我继续不断革命，拔不出来，我制造的路线斗争一次接一次，总共十次，整人死人无数，搞到最后孤家寡人，只剩老婆和侄子信得过。"

瞿："很可惜你断送了和平发展三十年，搞到比大革命，内战，抗日战争死人还多，全民吃不饱饭，太惨了。"

毛："这是我跟斯大林走，干革命的最终结果，我引中国走进了死胡同，无产阶级'战士'行不通了，幸得邓小平找回你的'绅士'意识，带领全党全民，一点一点从死胡同走出来，走了四十年，现在走了一半。"

瞿："我不是'政治动物'，不能专心于升官发财，大志是没有的。大革命失败，我不得不听苏联顾问，反对陈独秀，但要我取而代之，我觉得非常不合适，我确是调和派。后来把我除掉了，我松了一口气，我是'文人积习未除'，要我当领袖，是'历史的误会'，一头弱马拖着几千斤辎重走山坡，我不能承担此重压。后来中央怎么说，我就怎么说。认为我错了，我立刻承认错误。不愿意再有与中央不同的政见。我也例行公事做了些事，说'奋斗'是太恭维了。"

毛："如果我有你5%的绅士冷静，在夺得全国之后，前思后想，就不会给国家人民造成如此惨重的浩劫，可惜我一条黑路，跟斯大林走到底。"

瞿：“我做了'杀人放火'的共产党领袖，实在是可笑，我确是'婆婆妈妈'的书生，杀一只老鼠都不敢的，忧柔寡断。”

毛：“你有孔夫子的忠恕之道，不像我只知往前冲。越是往前冲，给国家造成灾害越大。”

瞿：“你勇猛精进，我羡慕你，现在你又知过思过，回过头来想孔夫子。”

毛：“我是从你的《多余的话》，得到启示，你的话，一点不多余。”

瞿：“如果我的话，还不算多余，要归功于孔夫子，他在我脑子里扎根，没有因为'革命'，连根拔掉。”

瞿公看谈得差不多了，就起身道别告辞。

39、陈独秀（1879 年－1942 年）

陈独秀是中共创党元老，也是共产党内最早对马克思、斯大林、苏联共产主义有反思的革命者。但由于他的特立独行，在中共党史上的地位却若有若无。毛想起这位被党长期贬低的中共创党元老，遂到安徽安庆陈独秀墓园与陈的亡灵会面。

陈独秀墓园在安庆市北郊，来到墓地。只见墓前有宽阔的石阶和通道，两米高的黑色花岗岩石碑十分醒目，碑上刻着"陈独秀先生之墓"七个大字。

1942 年陈独秀在江津去世，他遗嘱要归葬家乡，但家属无力操办，只能由当地士绅，生前友好资助，临时在当地暂安葬。1947 年抗战胜利后，归葬到家乡叶家冲。1979 年又重修了墓地。1982 年安庆市府确定陈独秀墓为市级文物保护。1998年安徽省府批准陈独秀墓为省级重点文物保护，筹资一千三百万元，墓园扩大到一千平米。

独秀闻悉毛的阴魂来访，便从墓地走出："润之，你远道来看我，有何贵干？"

毛说："陈老师您好！玉皇大帝要我会见曾受我冤屈的亡魂，求得他们的宽恕。您自然在名单上。"

独秀说："你现在还叫我老师？我早不是老师了。"

润之说："您过去是我的老师，现在还是。"

独秀说："不敢当！我们共同学习吧，从历史到现代，可学的东西，很多啊！"

润之说："是啊！我从历史得教训，从您那里，学到不少。"又说："您是思想界的明星，五四运动的总司令，大家都听你的，你对我的影响，比任何人都大。"

独秀说："我那时看到你写的文章，甚至说'我祝陈君万岁，祝他至高的精神万岁'其实，我不过在《新青年》鼓吹'民主，科学'，让年轻人得到鼓舞，但后来也影响不少人，走上极左歧途。"

毛说："你创党有功，没有你，哪有共产党？"

独秀说："过誉了。反思起来，我也有过。虽然你们五届都选我当总书记。我们其实是上了俄国斯大林的当。那时苏联两次发表声明，要还我沙俄时代占中国的领土，放弃沙皇的侵华利益，获得国人极大好感，连孙中山也'以俄为师'，把俄国看成是救星。实际上不是那么回事，后来他把我们的蒙古都吃掉了，成了他的势力范围，我们轻信了，上当了。"

润之说："你是早就觉醒了。我是经过四十年反省思过，才认识上当。一直到1949年，我还发表要向苏联'一面倒'，把美国完全拒绝了。您早就反对接受俄国大量金钱鸦片，受人指挥。你也反对'武装保卫苏联'。"

独秀说："我是在国民党监狱五年，读书反思，才彻底认识上了斯大林的当。让他牵着我们鼻子走，受他控制。苏联解体后，俄罗斯

155

公开的档案，从 1923—1927 年，斯大林的政治局，为中国问题，开过122 次会议，作出 738 个决定，事无巨细，都有具体规定，由派到中国的顾问监督执行，我们拿他钱，吃他饭，怎能不执行？"

毛说："我四十年思过，才认识到国共合作，是斯大林叫我们钻到国民党肚子里去，建立秘密组织，好控制国民党，最后夺取领导权。用苏联的话说，是'像榨柠檬一样，把他榨干，然后丢掉'我发动农民暴动，杀北伐军官亲属，抄他们家。苏联又命令周恩来在上海发动工人暴动，失败了，国民党屠杀我们，国共分裂，互相厮杀。"

独秀说："1932 年国民党抓到我，没杀，判我十三年徒刑，亏得胡适说情，五年就放了我。我狱中思考，国共是兄弟，都是革命，北伐都是拿俄国钱和枪，都是上他的当。国共本来可以合作下去，共同和平建国，先发展资本主义，以后再发展社会主义，分两步走。"

毛说："您有先见之明。邓小平在我之后，就是像您说的，白猫黑猫，放开搞资本主义，先吃饱饭，有小康，长期努力，社会主义慢慢来。共产党如果按你做，中国少走弯路五十年以上。您是那个时代的邓小平。"

独秀说："各人觉醒有早晚，可惜我去世早，中国好事看不到。"

毛说："您说觉醒有早晚，我很荣幸现在又跟上老师，我们又有了共同语言。"

独秀说："我在阴间在继续学习观察，以后保持联系交流吧！"

独秀说着，就慢慢后退，渐渐模糊远去，润之还有点依依不舍。

40、彭德怀（1898 年－1974 年）

毛的阴魂离开安庆，直奔江西九江，到达九江后，直上庐山。

毛曾多次上庐山，有休息有开会。这次上山，并无公务，也没打算见谁，纯粹休息重温旧梦而已。毛最喜庐山，过去上山，多住美庐，即当年蒋宋所住的别墅。

1960 年江西专为毛修建了一座新别墅，选在风景最美的芦林湖旁边，两层别墅有三千平米之大，取名为庐林一号，比美庐更为气派，原来叫毛泽东故居，现在叫庐山博物馆，原样不变，主要场所做展览室，展出青铜器，历代陶瓷，名人书画等。

毛卧房在一层中央，宽大敞亮，陈设雅致，与中南海丰泽园相似。毛1961年首次入住时，看了有点吃惊说："怎么搞得这样考究呀！"今天重游故地，毛心情愉快，经过庐山会议旧址，毛停下来走走。著名的1959年庐山会议，整倒彭德怀，就在此地举行。

毛的阴魂正在庐山晃悠。半夜，骤然雷声大作，惊天闪电，一阵阵狂风刮起，暴雨急落，毛吓得几乎惊叫起来，他从来没遇过这种半夜雷电狂风暴雨。暴雨稍弱，随着阵阵阴风徐来，一个非人似鬼的身影，在远处浮现，后面还跟着一大帮兵卒，毛心想一定是讨债鬼来了，吓得直往后缩，正惊魂未定，那个似魔阴魂，已经飘到毛跟前，毛睁眼一看，倒是并不十分可怕，好像还有些面熟。

毛不由开口说："你是谁？"

那人影说："不认得我了？你好呀？你又上山了。"

毛定下神来说："你是老彭？"

阴魂说："正是。"又说："让你受惊了，不好意思。刚才那阵雷电交加，狂风暴雨，是玉皇大帝特派雷公，雷母，为我开路，怕我路途中有闪失，还跟着一帮兵卒保护。"

毛问："你从哪里来？"

彭说："我从家乡来。落叶归根。比你挺尸天安门广场舒坦。"

毛说："我早已厌恶躺在那里。再说，现在我早已回归平民了，你也不要再叫我主席了，个人崇拜，我也厌恶了。"

彭说："那我还叫你老毛？"

毛说："是啊！还是叫老毛亲切些，说起话来贴心些，没那么多官腔。"

彭说："你终于抛弃个人崇拜。庐山会议你整我，就是只能个人崇拜，不能听批评意见。其实我提意见，还是拥护你当领袖的，什么'里通外国'想推翻你，都是'子虚乌有'，你看我这土包子，有本事'里通外国'吗？"

毛说："我也明白了，给你加的所有罪名，都是假的。真理证明在你那边。"

彭："你还记得1959年3月在上海吗？政治局开扩大会议，我在会上就说：大跃进政策，从根本上我看是错了。你当时说我管军队，不应干涉那么多，说我是'武人忧天倾'。我说我是真心实意为了你的威望。可是过了几天，开八届七中全会，你在开幕词，就离开会议主题，大发龙威，冲着我说：'我这个人是被许多人恨的，特别是彭德怀，他是恨死我的。我对他的政策是：人不犯我，我不犯人；人若犯我，我必犯人。'当时把我吓了一愣。接着上庐山开会，我在山上给你写信，希望你批评一下浮夸风，和小资产阶级狂热性等，完全是忠言好意。一封3500字的信，你歪曲为向党进攻的万言书，从此把我撤职，隔离在西山。"

毛："你的意见书，本来不算什么，可是附和你的人不少，特别是张闻天长篇发言，对我很有压力，我感到我的声望地位，受到威胁，所以把你们一古脑，打成反党集团。"

彭："你说我恨死你了，我恨你什么？我无非是反对你搞个人崇拜，不要学封建帝王，喊万岁，唱东方红，到处修行宫别墅，搞后宫美女。直接惹火你，是批评大跃进浮夸。你为什么要拼命搞大跃进？后来我明白了，你是想超过苏联，搞出个共产主义样板，好当世界共产主义领袖，让全世界崇拜你。你失败了，又不肯接受意见，批评不得，自己永远正确，搞到大饥荒，饿死人几千万，还不认错。"

毛说："我在地狱受煎熬，四十年反省，明白跟斯大林路子走，祸国殃民，把国家搞得不成样子。斯大林死了，我想轮到我了，不把赫鲁晓夫看在眼里，国际共产主义，听我的。1956年我去莫斯科，开国际共产会议，我脱稿大发挥，海阔天空，漫无边际，旁若无人，大家都惊讶。回来我就想，我要在中国搞出个样板，才好宣传，大跃进，人民公社就发明了，跑步进入共产主义，结果搞出大饥荒，大量饿死人，我下不了台。"

彭说："老毛呀，你现在有这样认识，我们就有共同语言了。我吃亏在粗人直言，又不能忍，不像周恩来那样有修养，相忍为国，粗张飞是当不了领导的。领导还要靠你啊！"

毛说："我不如小平。当领导，他比我强。你看，1958年我要搞到一千万吨钢，搞得人仰马翻，拼命才搞到八百万吨，我到1976年，三十年才搞到两千万吨。小平三十年就搞到八亿吨。你看是不是他当领导行？"

彭说："小平是行，埋头干，不讲争什么第一第二。你看，他到了十亿吨，还讲'韬光养晦'，不出头。"

毛说："我的什么超英赶美，都是虚的。小平是实的。四十年后回头看，我服了矮个子。"

彭说："不过我看，他也是从你失败教训学聪明的，他那时也没有像我那样大叫大喊呀，他是埋头干，不说。说起来也没有正本大套，'黑猫白猫，抓住老鼠就是好猫'一句话就概括了。不讲什么主义不主义。"

毛说："林彪也是虚的，他创造什么'四个伟大'，'一句顶一万句'，'学毛著，跟毛走，做毛好学生'，'大树特树'，都是虚的。背后他骂我，他是'天马行空'，'我行我素'，我感觉出来了。不过他全国那么宣传，也确实帮了我大忙，没有他，我这个太阳，不能那么红。"

彭说："林彪会吹，你喜欢。我是实打实的，不会吹，不会捧。我说过我是人民的扫把，人民不喜欢的，我会去扫。"

毛说："现在我认识了，你的性格可贵，表里如一，是可信任的。"

彭说："我始终有个心病。你唯一的儿子在朝鲜牺牲了，没保护好，让你无后。"

毛说："也怨我固执，当初你就不同意他去，你说'子弹是没眼睛的'，朝鲜那样恶劣的环境，我们几十万都牺牲了，也不能怪你。"

彭说："文革你要江青出来，江青像妖精，怎能接班？怎能不把她抓起来。"

毛说："错在我呀，谁也不信任，最后只信任自己老婆。幸亏华国锋，叶剑英，小平他们和平解决了，一个也没死没伤。"

彭说："老毛，你认为朝鲜战争真值得吗？"

毛说："如果四十年前，我一定痛快给你说'值得'。四十年后今天，我就只能说'不值得'，而且是错误的。人要认识一个错误，好难啊！要六十年这么长时间。"

彭说："你说是错误，那我给你卖力出战，也错了？"

毛说："那时只有林彪公开反对，周恩来是模棱两可，听我的。其他人不公开表态，我知道他们心里是不同意的，但看我脸色，不说。"

彭说："那你为什么决定出兵打呢？"

毛说："从我来说，我有私心，解放战争打老蒋三百万，三年解决了。我打红了眼。美国来个几十万，我也能对付不在话下，我人多，我有三百万，很有自信，用人海战术打垮他。打赢了，我在社会主义阵营更有地位，斯大林在，我稳坐老二，斯大林死了，我就是老大。"

彭说："你的想法是你的野心。但当时全国刚打完仗，大家都渴望休养生息，经济建设，过和平生活，犯不上出兵外国，帮人家打。"

毛说："你说的，代表刘少奇等多数的意见，但当时我是'一边倒'，我还要听斯大林的。你知道斯大林的'伟大战略部署'是什么？斯大林有私心，他的部署是'欧洲中心论'，他的主要敌手美国在欧洲，他要巩固东欧那些卫星国，减少美国、北大西洋同盟的压力，把美国的力量，调到东方来。刚好金日成要打南韩，求之不得，一打美国就出兵，中国也出兵，斯大林坐在那里，高高在上哈哈发笑，他的'伟大战略部署'实现了。"

彭说："怪不得苏联在联合国安理会，表决'出兵反对朝鲜侵略'投弃权票。"

毛说："是呀！本来苏联有权投票否决安理会决议，他弃权，明明就是'放水'，让安理会顺利通过，美国和其他国家出兵朝鲜，就是合法的了。中国再出兵帮金日成打，就是支持侵略，在世界面前输了理，说我们反对联合国，我们出兵成了'不义'。斯大林不出兵救金日成，让我们出。"

彭说："这样不是把我们当'炮灰'吗？"

毛说："说得不好听，实质上就是那么回事。我们死了四十万，连伤残百万以上，实际上冤枉了。苏联损失了什么？他什么也没损失。他给我们的兵器，那是要钱买的，以后要拿食品，轻工品还帐的。所以我说，上了斯大林的当。"

彭说："原来不是什么'保家卫国'，是替斯大林打仗。"

毛说："保家卫国，是我编出来的口号，好鼓动群众，实际上，美国也没有准备侵犯我们，我保金日成是真的，金日成为自己，也为斯大林打仗。"

彭说："那么我们不是白白牺牲了吗？"

毛说："是的。我心有不甘，牺牲了也要讨回点代价，我提出你要援助我兵器和军工厂，给我原子弹技术，另外，亚洲一些国家的共产党，要归我来领导。斯大林支支吾吾拖着，只援助武器。打了三年，边打边谈，跟美国人谈停战，跟斯大林谈条件。到第3年，斯大林看再打，也打不出什么名堂了，就要我们结束战争。你要我结束，我不能一下听你的，你要答应我的条件，不然我就打下去，再打几年，再死几十万我也不怕。后来亚洲党的领导问题答应了，印尼，菲律宾，马来西亚，缅甸等共产党，归我领导，就是成了我的势力范围。军工厂问题还是拖着。"

彭说："斯大林真不痛快啊！他怕什么呢？"

毛说："后来我了解了，他怕我成为铁托，羽毛丰盛就硬起来，不听他话了，所以不卖军工厂。可是正谈到僵局时，斯大林忽然中风死了。他一死，赫鲁晓夫很快答应，卖我们九十个军工厂，我就答应停战结束战争，那是 1953 年上半年的事。可是原子弹技术，还是拖下来，没给我们。"

彭说："朝鲜战争我们付出的代价，实在太大了，我们三百万部队，差不多都调动了，轮番入朝作战。倾全国之力，援助前线，建国初期好多事，都被耽误了。"

毛说："抗美援朝是我们国家之痛，六十年后今天，还没抚平，影响实在太大了。"

彭说："说到历史问题，文革批我'百团大战'，是'破坏你的伟大战略部署'，我就当场反驳，他们就把我按倒在地上，骂我死不悔改。"

毛说："问题在斯大林，也在我，我有私心。从抗日民族大义来说，你是绝对正确。斯大林叫我们，重点发展自己，打日本让国民党去打，让他们打得两败俱伤，我发展壮大了，我来收拾战场。你搞百团大战，力量暴露了，日本人就掉过来打我们，岂不吃亏？"

彭说："那放着敌人不打，打自己人？"

毛说："是的，实际如此。我去台湾见蒋公了，他说我们都上了苏联的当。国民党和共产党本是兄弟，兄弟吵架打架，美国人是诚心来拉架劝和，没什么企图心。斯大林有企图心，拉我们打国民党，好控制我们，控制中国。抗战打日本，斯大林不想去消耗，他跟日本签中立条约，也不想我们跟日本打，他要国民党去打日本，让他们两家消耗。我也是按斯大林战略执行的。你是按民族大义，反侵略来执行。

现在检讨起来，是你对。”

彭说：“再说‘西安事变’，是怎回事呢？是不是斯大林，叫放老蒋回去打日本呢？”

毛说：“是的。开始我鼓动张学良，杀了老蒋，一杀老蒋，他就没有退路了，只好跟我们走，我们一下子增加三十万军队，力量了不起了，我就看这个大头。但是斯大林不同意，他看得更大，他要我们放蒋回去打日本，既顶住日本人，又消耗国民党，我们可以从容发展壮大，果然到抗日胜利，我们从几万人，发展到百万人，再打老蒋，就有了本钱。”

彭说：“现在群众知道了这个真相，都认为我们不义。我们威信大大降低了，国民党威信提高了。听说去浙江奉化，朝拜老蒋的很多，比去韶山拜你的多。”

毛说：“这是事实，我也不介意了。事实上抗战老蒋是主力，我们听斯大林的，总的说是上当了。你知道张学良对我们功劳极大，没有他搞事变，我们不久就被老蒋收拾了，斯大林已经考虑准备飞机，接我们这些领导人去莫斯科当寓公。我们感激张少帅，邓小平要派专机，接他回大陆游访，他到死都不愿回去，你知道他为什么？他的心情是‘无面目见乡亲父老’，因为他帮了我，我也打胜了，夺得了全中国，但我不争气，三十年把国家搞得一塌糊涂，民不聊生，死人几千万。而台湾呢？像龙一样腾飞起来了。他回来不知说什么好？他一再说这个意思。我们现在也理解他。”

最后谈到文革彭的屈死，毛深深愧疚说：“老总，我知道文革你受了极大冤屈，你是直性子，受不了冤屈的，死前愤怒把被子都撕烂了。你被秘密火化，骨灰盒上给你乱写什么‘王川，三十二岁，成都人’，给你送到成都火化场存放，你受到极大侮辱。”

彭说：“这些都过去了。我最感安慰的是，你今晚的谈话，我们都交心了，把心里话都说出来了。”

彭又说：“我常常从天国俯视神州大地，看到现在大家吃饱饭了，可得宽心。但看到经常还发生许多群体事件，令我很不心安。最近看

163

到一起，是上千人追讨所谓p2p损失，政府不但不帮助群众，讨回损失，公安还疯狂抓捕群众，害得群众有些生活无以为继，逼得个别绝望自杀。据说那些p2p互助金网贷骗局，背后是政府支持的，他们骗够了钱，平台就消失了。老百姓吃饱饭之余，有点余钱，是为医疗，教育，养老做准备的，这些政府都不管，这不是明显坑害百姓吗？岂不是政府与那些黑手串通，太黑暗了，我看了愤愤不平。这个案子，涉及三千多人，被骗三亿元。

类似的各种大小群体事件，政法统计全国每年超过十万起，政府绝大多数都是镇压驱散，抓人捕人，全国用在几十万武警大军和维稳的庞大经费，超过军费。武警和维稳，都是用来对付老百姓的，我们共产党政权，变成居然以百姓为敌，跟老百姓对抗，我看了十分痛心。"

毛说："你说的是事实，我也有所闻。追根溯源，根子在我，我正在等待，听候玉皇大帝判决发落。"

彭最后说："我现在落户家乡，真的落叶归根了。我要回去了。"

话毕，又响起阵阵雷声，夹着闪电，刮起大风，那是雷公，雷母为彭总开道，不过比来时温和多了。彭总身影渐渐后退远去，天空恢复平静，毛大舒口气，闭上眼睛，惊魂落定，久久不能平静。

41、杨开慧（1901年－1930年）

杨开慧，号霞，字云锦，出生于湖南省长沙县板仓乡（现开慧乡）；杨昌济之女，毛泽东的第二任妻子，育有三個兒子，分别为毛岸英、毛岸青及毛岸龙。

别过彭德怀，毛到长沙开慧镇，就是杨开慧的故乡板仓乡，想在那里与开慧重温旧情。他来到杨开慧故居，包括杨开慧住房、杨昌济夫妇住房以及毛泽东、杨展等住房。1982年修缮时，在墙缝中发现七篇杨开慧所写手稿、信札。1990年再修缮时，又发现第八篇。润之从最后一篇看起，那是1930年1月28日写的："几天睡不著觉，我简直要疯了，许多天没来信，天天等，眼泪……我真爱他呀，天哪！"

润之看到这里，多少往事纷纷涌上心头。他不忍再看下去，闭上眼睛，迷迷蒙蒙之间，隐隐约约看到远处一个人影，仿佛正在看着他，渐渐向他移动，一点一点放大。他似乎认出来了，他喜出望外，那不是开慧吗？

他几乎叫出来："你是谁？是开慧？"

那身影开口了："我正是。"

润之问："你从哪里来？你怎么知道我在这里？"

开慧说："我从来处来，就是你写诗《蝶恋花》那个九重天。我从玉皇大帝那里得到信息，说你今晚会来我这里。"

润之说："我刚才看到你写的了，你几十年那样痴心爱着我，我很对不起你啊！"

开慧说："我多么想见到你啊，生前想，上了天也想，到了天国，我还经常在夜间回到这里游荡，想看你有没有来？可是几十年了，始终没有看见。后来才知道你被发落到十八层地狱。八十年了，今晚终于见到你了，终于如愿了，我真真高兴。"

润之说："我丢下你和孩子，让你蒙难，死得好惨。你为我而死，那时只要你答应和我断绝关系，他们就会放了你，可是你宁愿就义。你为我牺牲，我百身莫赎。"

开慧说："我明白你是为国为民，我希望你成功，我无所谓了。"

润之说："我是成功了，最后胜利了，可是你……"

开慧说："我在天上看见你在天安门登基，我兴奋得落泪。即使你国事繁忙，不能来看我，我在天上看到你1957年写的《蝶恋花》，也高兴得流泪。"

润之："我心中很愧疚，忙于打仗，打完了蒋介石，又去朝鲜打

165

美国，一直忙着没空来看你。"

开慧说："我不明白你为什么去朝鲜打美国？刚打完内战，好不容易建立新中国，该恢复战争创伤，休养生息，发展经济，大家改善生活，才是路子。究竟为什么要去打呢？还把我们的孩子岸英也送去。"

润之："那时是听斯大林的话，去救金日成。"

开慧："朝鲜南北两家打，是人家内部的事，再说，是金日成发动战争，先打南韩，你去救金日成，有什么道理？"

1930 年，杨开慧由于毛率军攻打长沙而受牵连，被捕入狱。1930 年 11 月 14 日，年仅 29 的她被枪毙。

润之："听斯大林的，听错了。那时我也有私心，我想我有三百万军队，美国来个几十万，我也能打赢，赢了有功，在社会主义阵营我能升上去，除了斯大林，就是我了。"

开慧："结果呢？我们死人几十万，美国才死人几万，最后停战了，你也没算赢，把我们最好一个孩子都赔上了。送去一个月，就被炸死了。至今许多人觉得他命不该亡，听说现在有一个蛋炒饭节，纪念他去世。岸英之死，我始终无法瞑目。你为什么一定要送岸英去呢？彭总不是跟你说，子弹不长眼，不同意。你却固执要送去。"

润之："我是想让他去战场锻炼锻炼，镀镀金，回来有点名堂，培养培养，将帅看得过去，将来好接班。"

开慧："和平时期接班讲本事，讲修养，去战场镀金有什么本事？本事要大学教育，实际工作历练，从基层做起。你还是老想着打仗。结果孩子没了，家破人亡。"

润之："当时脑筋转不过来啊，还是从斯大林学来的那一套。"

开慧："你一辈子，就知道走斯大林的路，害死多少人？我们家也受害了。本来，跟国民党合作建国，也是可以的，你非要争当老大，另起炉灶，老蒋比你大 7 岁，他当老大，你老二，不是也挺好吗？你看，后来老蒋把台湾搞得多好？要是你们合作了，现在全中国，都像台湾那样，中国不是更牛气了？"

润之："我是四十年后，才有你现在的认识，早认识就好了。后来我搞大跃进，想超过苏联，全世界共产主义，超出斯大林，我当头。"

开慧说："你想大跃进，我也知道。可是我看到大跃进引来大饥荒，饿死那么多人，神州大地一片哀嚎，我不知流了多少泪，我心碎了。接着你又整掉为民请命的彭德怀一大帮，我心想中国没希望了，我不知你为何要搞成这样？你照斯大林那一套来搞，害死多少人？"

润之："是啊！现在检讨起来，上了斯大林的当，害国害民，也害了自己全家。"

开慧："我一直无法释怀，我们一家五口，我死得最早不说，岸龙在我死后不知下落，岸英让你去送死了，只有岸青死在你后面几年，又有精神病。你自己死后，邓小平抛弃斯大林那一套，才起死回生。你是抱着斯大林那一套，下地狱。玉皇大帝让你在阴间反省思过。"

润之说："我看到你说共产党杀人残忍。那是没办法啊！斯大林教的，他就是残忍，杀人手软就不是革命，越凶越革命。我看到你后来怀疑杀，杀，杀！怀疑从前的观念错了，你觉醒比我早得多。我要是有你那样觉醒，就不会祸越闯越大了。"

开慧说："你读过我写给你的信。那些信我塞在墙里，后来被人发现。我在信你说，你是双料流氓——生活流氓加政治流氓。你上井冈山之前，谎称去湘南发动秋收起义，骗取队伍，私自拉队伍上山为匪。拉队伍路上被民团扣捕，撒谎叛变出卖同党。被释放上山后无恶不作，到处搜刮，一次出动 40 多人去搜刮粮食钱财，被村子几百人包围，困在祠堂痛打，被妇女踩踏教训。你的队伍攻下一个县城，抓了县长，开万人大会，发动众人用乱标枪活活捅死，连土匪头子看来都胆战心惊。袁文才只管按规定收税，农民安居乐业，是善匪。你无恶不作，是恶匪，只是头上多一顶五角星帽子。你烧杀抢放火新闻，当时江西湖南报纸天天登，我什么都知道。你上山三个月就搞了贺子珍，我弟弟上山，亲眼见到。你的罪过，虽九死也不能抵消。"

毛无言以对。开慧临别说："不早了，我要回去了，我期待玉皇大帝的公正判决。"

说着飘然而去。润之望着开慧飘飘模糊远去，心如刀绞。

42、贺子珍（1909 年－1984 年）

毛想起第三任妻子性情刚烈的贺子珍，遂到八宝山与贺子珍的幽灵会面。

在等贺子珍的时候，毛翻看李敏，孔东梅给的写他和贺子珍的几本书，翻到东梅写的《外婆贺子珍前半生：战地爱情，异国煎熬。后半生：人生悲喜，晚年岁月》，还有《听外婆讲那过去的事情》中，情牵延安，相会庐山，幽居上海。脑海里不禁往事翻腾，不能入眠，在半睡半醒间，迷迷糊糊，竟然看到一个人影从远处浮上来，隐隐约约，那浮影向他上前移近，毛定睛一看，那不是贺子珍吗？不禁开口问："你是子珍？！"

子珍说："是我。你那夜在庐山见我，临别说明天再谈，可是再找不到你了，我还有好多话跟你说。"

毛说："那时公事忙，现在可以再谈谈了。我想问你，那时你为什么非要离开我去苏联呢？你在苏联遭了那么大的罪。"

子珍说："出走是我的过，自作自受。我憋不过那口气，负气出走去苏联了。"

毛说："是否看到我对女性不检点，看不过眼？"

子珍："你地位变了，在延安已经是皇帝，跟江西那时不同了，我的思想跟不上，还是江西那一套，跟不上你地位的变化，矛盾就来了。我是倔脾气，转不过弯来。其实，想想皇帝有三宫六院，你那时虽不算正式，也算是共产党的皇帝了。"

毛说："你是忠心不二，心中始终只有我，要求纯洁的爱情，个性又倔强，红军女战士，你是典范。"

子珍说："我以为到苏联能解脱呢，没想到那里也艰难，而且不把我当人看，为了孩子起争执，我不服他们的霸道，就把我当疯子对待，强行把我送进精神病院，在那里孤独一待几年，直到 1947 年王稼祥来苏联找人，几番周折才找到我和孩子，你同意我回国，我才回到哈尔滨得自由。那帮苏联人，我看透了。那些领导人的孩子，到了苏联，把他们当人质扣着，好操控他们的父母。我哪里有什么精神病？精神发作是他们逼出来的。"

毛说："我看也是那么回事。"

子珍说："在延安你要了江青，她真待你好也行，可是你看文革搞成那个样子，你放她出来，最后也把你害惨了！"

毛说："江青是我的一条狗，我放她出来，她咬人越来越凶，变成狼狗，等我一离开人世，她就被抓起来了。我的名誉也完了，我是自作自受。"

子珍说："不是正式的不算，正式的算上开慧之前的那个，你搞了四个老婆。还跟开慧姐的闺蜜有一腿。开慧姐是绝对好人，一点没错，你把她丢了，多么可恨。我呢，你刚才说我忠心不二，可是我倔，不能忍。第四个江青，是害人精。"

毛说："你说得很对，我现在也认识了，正准备向玉皇大帝认错，好让灵魂得到安息。"

子珍说："我们前世不圆满，今晚听你这一谈，现在也算彻底明白了。我要回去了，你自己多多保重吧。"

说完就摆摆手，退后远去，毛看到她的身影越来越模糊，一直到消失不见了。毛还有点依依不舍。

43、张闻天（1900年－1976年）

张闻天在1935年长征途中，支持毛泽东上升到领导地位。从此毛泽东主导中国革命，尽管张闻天名义上有八年是总书记。但张从大跃进到文革到死，被毛整得死去活来。

毛在地狱四十多年，有所反思，想见张，却不知张墓何处？打听下来，张闻天故居在上海，就在浦东新区祝桥镇邓三村。毛就决定去那里守候。

晚上毛看着一叠从故居拿回来的图片资料，脑海又浮现几十年来与张闻天相处的往事，躺在床上翻来覆去，快到午夜时分，大鬼小鬼开始活动。张的幽灵出现在毛面前。

张闻天开口说："润之，想不到你到我的故居找我。"

毛："洛甫，我找不到你的墓。墓在何处？"

闻天："我也不知道啊，可能没有吧。"

毛又问："那你的骨灰呢？"

闻天："我也不知何处去了。不过我想不重要，骨灰和墓，我都不介意。我重在给我平反，还有我写的东西，能出版给后人看，我就心满意足了。"

毛还是关心他死时的情况，问道："你离世时是什么状况呢？"

闻天："我去世时，还不许用我真名，只能叫'张普'，夫人刘英送给我的花圈，只能写'送给老张同志'。我们这个党，最后搞成这样，你说滑稽不滑稽？"

毛听了感伤地说："你是含冤去世，死得不明不白，连家属都不许表真情。"

毛又问："你去世时留下什么话呢？有什么交待？"

170

闻天说："我跟刘英说，存钱都交党费。希望把我最后写的文稿，整理出版。"

毛又问："你最后写了什么呢？"

闻天："我在肇庆写成、又在无锡修改的《无产阶级专政下的政治和经济》《党内斗争要正确进行》，是我最后的两篇"。

毛："你到临终还关心国家发展前途，抱病写作。"

闻天："我们走斯大林的路子错了，怎么从死巷走出来？我一直在思考。"

毛问："你还写了些什么呢？留下手稿了吗?"

闻天："还写了《人民群众是主人》《论社会主义和共产主义》《无产阶级专政下的阶级和阶级斗争》等。我嘱将文稿抄三份，将手稿销毁。这些文章，只作为藏书藏之后世，不留我名。"

毛："你是真为党着想，不为个人。"

闻天："不是我不留名，不负文责，而是自从把我流放广东肇庆，我就只能叫'张普'，不能叫张闻天了。"

毛对闻天的名字好奇，问他："你的洛甫名字，我知道是俄文名字译音，大家就叫你洛甫。'闻天'是你自己起的吗？"

闻天说："不是。是我启蒙老师给起的，源出于《诗经》'鹤鸣于九皋，声闻于天'。

毛戏言："你是鹤，鹤立鸡群，声闻于天，气魄好大啊！"

闻天："我是以'闻于天，不违天道'自训。"

主席："闻天道，不违天道，好！你是尊重天道，不乱来。不像我天不怕，地不怕。我觉得，天道何所惧？"

闻天："你心狠气魄大，野心大，能成大事。大事有好事也有坏事，你成的是坏事。"

毛："长征路上，你支持我掌军权，使我从此一路高升，我永远忘不了。我是当仁不让，你是温和谦逊，不恋权，你当总书记，三次提出让位，第一次是遵义会议后，党需要派一个人，到上海去恢复白区工作，你说'我去'，中央不同意，结果派了陈云。第二次是张国煮搞分裂，向中央要权，为了党的团结，你说'把我的总书记让给他'，我说不可。第三次就是1938年，王稼祥传达了共产国际支持我为领袖的意见，你就立即要把总书记让给我，我不同意。你虽然未把总书记一职让掉，但把政治局会议地点，移到我的住处开，你只在形式上当主席，一切重大问题均由我决定。"

闻天："是呀，那时共产党很穷，政治局也没有个会议室，谁是一把手，就在谁的窑洞里开会。"

毛："江青的事，你给我写信，说她桃色新闻太多，会影响领导威信，要我考虑，我一看就恼火，撕掉，老子要结，谁管得了。"

闻天："江青的事，其实不是我一人意见，我是集中很多人意见，向你反映。1941年我找你谈，你把康生，陈云，任弼时也找来，当面批我狭，高，空，怯，私'，说我一事不懂。"

毛："延安让你受辱，我那时目中无人，不把你看在眼里。"

闻天："我忍辱工作，不计个人面子。"

毛："到1942年，你把实权让掉后，更躲开权力中心，到晋西北、陕北搞农村调查去了，一去一年多。在我心目中，你是明君。直到1943年，我才同意接你总书记，正式交班。"

闻天："你是真能人，我拥护你。我交掉总书记，也轻松了。以后我管一个四五个人的中央材料室，尽力为党，能工作就行。"

毛："延安整风，你检讨，拥护我，我再说不出什么。"

闻天："以你为领袖，是大势所趋，应以党的利益为重。"

毛："1958年大跃进，庐山会议，你讲了三个小时，支持彭德怀，批评大跃进，戳到我的痛处。我把你们打成反党集团，从此你在政坛就消失了。"

闻天："没想到庐山一别，竟成永诀。"

毛："文革来了，又把你翻出来整吧？"

闻天："1968 年批斗我十六、七场，挂大牌子，戴高帽子，体力不支，几次冠心病犯了。还强迫我作伪证，我以有罪之身，为陈云、陆定一等辩诬。我在北京军区，被武装监护了 523 天，直到 1969 年，在专案组护送下，来到广东省肇庆军分区大院，化名张普，不准与外界接触，每月向保卫科汇报思想言行。"

毛："从此你张闻天的名字就消失了，变成了张普。老上级没了，我也就放下块大石头。"

闻天："1972 年我还给你信，诉说过着非常孤寂和闭塞的生活，精神苦闷，请求早日解决我的问题，回到北京去，做点力能胜任的工作，言辞恳切，但无答复。1974 年我又给你写信，希望回到北京生活和养病，别无他求了。信是托王震转呈。"

毛："信看到了，我批：到北京住，恐不合适，可换一地方。"

闻天："承你同意，1975 年我离开广东肇庆，来到江苏无锡。那时我已百病缠身，几次医院抢救。第二年就去世了。"

毛："你为人儒雅谦逊，稳重厚道，一生为党，不明不白，含冤离世。"

闻天："幸而十几年后，我的文集五卷出版，我的思想言论，能给后人评议，从中吸取教训，最堪告慰。"

毛："你我同年离世，四十年来，你有什么反思新识呢？"

闻天："我反思一生走错了路，跟了苏联斯大林走，是个人的悲剧，也给国家造成灾祸。但走进了死胡同，总要走出来，所以我在文革流放中，写了些意见，希望党从错路走出来。"

毛："你的意见主要是什么呢？"

闻天："简单说，一是人权与民主，一是商品与市场。这两条邓小平都带领党国，开始走了，我跟邓意见相通。"

毛："好，现在我也同意。四十年思过，我今天与你有共同语言。"

张闻天听毛这一表态说："润之，你统治三十年，给国家带来大灾大难，你要彻底悔罪啊！我期待不久看到你的悔罪书。"说完就起身道别告辞。

173

44、王明（1904年－1974年）

王明在1930－1950年代，是毛在党内的头号对手。毛在延安曾违心喊过"王明同志万岁！"后来王明一直下坡落魄，1956年离开北京，去莫斯科治病养病，一直到1974年客死莫斯科，安葬在新圣女公墓内。去世前还抱病写了回忆录，批评毛泽东。

毛在1976年去世前两个月，还着人把在延安写的批判王明的九篇文章。翻出来唸给自己听。那时王明已去世两年了。可见毛临终对王明仍未释怀。现在经过天国40年反思，态度渐趋温和，但前隙未全消。

王明一直被批为"教条宗派"，最大帽子是"右倾投降主义"，至今在中国无任何平反。毛想，何不借着玉皇大帝的会见各路亡灵的牒书，见见王明。

想王明，王明到。王明的阴魂顷刻出现在毛面前。

毛："我们是五十年冤家对头，但你我都已离世40年，天帝让你上了天堂，我下了阴间。现在回过头来看那五十年，温故知新，让我们好好叙旧吧。"

王明："十分感谢你1956年放我走，如果我不走，文革批斗必死无疑。你赐我安享晚年二十年。"

毛："你一直是强大的驻莫斯科中共代表团团长。1937年你奉命回国，我们全体出动机场迎接，我高呼'王明同志万岁！'"

王明："那是我一生最风光的时候。不过好景不长，1938年支持你的王稼祥回国，传达季米特洛夫的'口信'，说要支持你为实际领袖，你喜得圣旨，从此太阳一路升起了。"

毛："你还怀疑'口信'是否真实，使'口信'一直存争议。不过我胜利成为领袖已成事实，怀疑也没用了。"

174

王明："我承认你胜利的事实。你'唯我独尊',非成'人之主'不可的霸气,使你在抗战八年和内战四年中,夺取政权,独得天下。"

毛:"如果像你和周恩来那样,跟蒋介石讲合作抗日,一切经过统一战线,怎能独立自主,发展我势力,怎能让日本人去消耗国民党?我怎能打败蒋介石?老实说,抗战八年,我就做了两件事:一是全力发展我势力,从二万人发展到一百一十万;二是连续多年整风整党,

树我唯一领袖,使我号令无人敢说不。没有这两条,我怎能打败蒋介石,独夺政权。"

王明:"站在共产党夺取政权的立场,我承认你这两条做得成功。我做不到这两条,斯大林也做不到。斯大林一直要我拉住国民党蒋介石共同抗日,周恩来也是这个意思。抗日胜利了,斯大林主张谈判联合政府,你却一意要打到底。直到1949年初,你打下了半个中国,斯大林还主张与蒋介石谈联合政府,但你仍然要一打到底,结果你全胜独得天下。大家都高兴祝贺。"

毛:"如果按你和周恩来那样,按斯大林的意思,我们共产党,顶多得半个天下。"

王明:"是的。斯大林认为,蒋介石不是那样坏,他也是革命者,蒋还提出过加入共产国际,斯大林没同意,只以同盟者看待。你是兄弟打架,非要打倒一个不可。历史承认你成功了。你的问题是在夺得政权之后,以皇帝姿态出现,一言九鼎,党内民主都丢了,犯了一连串错误。建国初期,大家都兴奋,满怀希望,几年就变成失望和怨气了。建国后你犯一连串错误,是你夺权前一连串作为的逻辑发展。你本来就是按朱元璋农民军,打天下做皇帝的霸王梦去打,什么民主宪政,只是作装饰的表面文章。"

毛:"你说得对。我是看透了像你这样无兵无卒,就凭满口教条,

一纸圣旨，根本就是'头重脚轻根底浅'，说打倒就打倒你，天下是靠实力打出来的。"

王明："你打得天下是好。如果你也像蒋介石到台湾那样，发奋建国，把台湾建成亚洲四小龙之一，那怕搞得只有台湾一半好，也算莫大成功。可是你 30 年搞到饿死几千万人，全国还吃不饱饭。你检讨是什么原因呢？"

毛："我检讨起来，我学斯大林独裁，青出于蓝，胜于蓝。"

王明："对。斯大林都跟不上你。斯大林对待蒋介石，还比较理性。如果你听斯大林的话，跟蒋介石联合抗日，联合组政府，按那时力量，你当老二，即使不如你理想的当老大，那样中国避免了内战惨祸，从大中华利益出发，对全国人民来说，要好过得多。"

毛："按照你那样说，就没有现在共产党中国的独霸天下了。"

王明："是的。共产党是独霸中国了，但是搞成你去世时那个烂摊子，怎好说你是'解放了中国'？幸得邓小平带领全党，从你的死胡同走出来，邓小平四十年成绩很大。不过跟蒋介石和蒋经国的台湾比，还差许多呢。"

毛："中国现在不是成为第二大经济体了吗，你怎么说还比台湾差呢？"

王明："中国成世界第二大经济体是不假，因为人多啊。台湾人少，但台湾进步是政治，经济，文化全面的，大陆内部问题多多，许多方面还有待努力啊！"

毛："你在去世前，还写回忆录批判我，最使我反感。你是唯一敢批我的领导人。陈独秀，张国焘对我有大意见，他们的回忆录，都没有直接批我。"

王明："我写下批评你的文稿，有些用词可能过头了，但批评的内容，大抵不超出现在党内对你的批评，没有什么新意。只有一条我现在检查起来，批错了，就是说你晚年与美帝勾结。其实你邀请美国尼克松总统访华破冰，改善中美关系，是对的。那时我还是站在苏联立场，来批美帝。"

毛："我在延安写下九篇批你的文章，刺你的用词辛辣，尖刻，只给少数领导人看过，我衡量利弊，不敢公开发表。直到我去世前两个月，我还叫人拿来唸给我听，让我抒怀。但是我还是压下不发，反正你已死了。"

王明："你唯我独尊，容不得一根刺的霸气，也表现在对周恩来的态度上。周几十年跪倒在你脚下，算服服帖帖了，你尚且也不放过他，何况对我呢，所以我很理解。"

毛："文革你再次被缺席批斗，抄你亲属的家，你父亲的坟墓也被砸了。国内对你还没有什么平反呢。你希望给你平反吗？"

王明："文革对我和我父亲那样，我当然希望改正，公开平反更好。令我可堪告慰的是，邓小平改革开放以来，我过去的著述文稿，逐渐能够选择性出版，未来更希望无限制出版，让后人都能全面了解历史，分析对错，从中吸取教训。"

毛："关于你指控我对你下毒，你还坚持吗？"

王明："我中毒损坏身体，已有医生会诊结论。至于是否背后有意所为，我尊重历史的裁判。但我毫不怀疑刘志丹等原陕北根据地领导之死是你精心策划的。让我感到宽慰的是，回顾一生，我没做过什么坏事，没有什么实质对不起人民的地方。至于所谓多次路线斗争对我的指控，留待后人慢慢清理吧。当事人都已仙逝，后人可在平和环境中，从容客观评议，从中吸取教训，增加智慧。"

毛："你说得很好。我已离世四十多年，也在不断反思思过，让我们共同吸取经验教训吧。"

王明："今夜得见你，一席谈得益匪浅，希望以后还有机会相见啊！"

王明看快要天亮了，就起身道别告辞，毛向前送别。

45、张国焘（1897 年－1979 年）

见完王明，毛意犹未尽。他想见张国焘。

当年在长征路上，毛私拉队伍违反军纪强行离去独自北上，张国焘得报告阻止拦截说：红军不打红军，仁慈放走了。毛指示叶剑英伪造张国焘电报要解决一方面军，为擅自行动开脱。毛骗张国焘改走右

路，张国焘受骗改去右路，结果困难无法北上，滞留四川，使毛先到陕北，与莫斯科联络。第二年张国焘部队终于抵达甘南，毛阻止张国焘去陕北会师，派周恩来，彭德怀作说客，骗张国焘独自去陕北与毛商谈大计，把部队指挥权暂时交彭德怀，张国焘中计，只带身边20人卫队，就走了。张国焘入了毛势力范围，如同作了高级俘虏，从此他的四方面军，就任毛宰割了。毛用计谋把西路军支走，等于送入马家军虎口。张国焘从此彻底完了。

张死在加拿大，也埋在加拿大。他的墓地在多伦多北部的一个墓园——松山墓园。张于1979年去世，埋葬于此，上有牧师之名，而无其他。张去世，家属无力善后，求助于蒋经国，蒋念张在俄国时帮过他，寄来三千五百美元，才得以善后。其时张国焘已信奉基督教，丧事由牧师主持。张国焘的遗体，实际不在墓碑之下，而是在约7米之外的另一块墓地下。旁边一块小墓地，上面有一块不显眼的土灰石板。张夫人1994年去世，才共同立了一块碑。张夫人实葬碑下。国焘与夫人一前一后，实际并没葬一起。

毛的阴魂在张的墓地出现，地下小鬼早就通报张国焘。另有小鬼带毛的阴魂来到张面前。

张先开口说："真不敢当啊！你远道而来，这里如此偏僻，你还特意来找我。"

"你是一大的主席，第一个领导，谁都忘不了你。"毛谄笑道。

张："哈哈，难得听你拍别人的马屁。不过你这个马屁拍到马腿上了。一大领导是陈独秀，他因事缺席，我是临时代替的，谈不上领

导。实际你比我年长，可能我在北大搞学生运动出点名，把我拉出来。"

毛："以后你领导工人运动有功劳，特别是从苏联回来后，在鄂豫皖川陕创建根据地，发展红军，功劳更是很大，全国闻名。"

张："发展红军不假，但我也犯过大错，肃反扩大化，冤枉错杀了许多红军干部，是我一生最大的过错。"

毛："你的错过可能错杀了几千，但我在江西搞 AB 团，罪过更大，错杀了几万。你之过，小巫见大巫。"

张："我后来犯了许多错误，导致失败。首之错，是不该放弃根据地，去跟你会合长征。1934 年你们放弃江西迁移，是老蒋围剿逼出来的。我那里还没被逼得非放弃不可。一离开根据地，变成流寇了。老蒋叫'流窜'。几万人没有后勤供应，流到那，吃老百姓到那，吃住都要先找，几个月下来，很不容易。"

毛："都向大西北转移，打通苏联，是莫斯科的指示。你也是执行的。"

张："打通大西北当然好，但路长又多艰，成功成数小，莫斯科指示也不否定川南根据地，也是一选择。主要是能生存，能站得住就可。"

毛："我的思考与你同。所以 1935 年遵义会议后，我在贵州转来转去，转到云南，心中也是想找个能生存的新根据地，可是不成功，云南会理一带不错，但当地军阀不让，我衡量打不过他们，放弃了。最后被迫北上四川。冤枉四个月，多走了 2500 公里，损失三万人。"

张："当时老蒋都给你开大门进四川，毫无阻挡，你为什么不进川呢？四川的条件也比贵州好，而且我已向川西移动了。"

毛："我有个人私心考虑，你的部队人多，兵强马壮，我人少，入川一跟你会合，你一定是老大，我不愿曲居老二，愿意自己独立干，所以尽量躲着你。最后躲不了啦，只好北上川西，与你会合。"

张："川西楙功会合后，我统帅八万，你一万，军权自然归我，党权归你，张闻天，周恩来实际听你的。研究决定分左右两路北上，我统左路，你随右路。出发两天，你就冒党中央之名，要我改走右路，跟在你后面。我服从了，后来才知上当了。"

毛："我不愿你左路走得顺利，先期到达宁夏陕西，与莫斯科重建联系。我又发现，右路过草地很难走，没吃没住，牺牲大，让你来走，你一定知难而退，我就把你甩在后面了。"

张："事实的确如你所料，草地过不去，已到深秋天冷，部队熬不住，被迫停下了，向南寻求发展，但成都平原一带，地方军阀硬，根本进不去，只好再向北移动。"

毛："我知道你不可能在南面找到发展之地，只有你在我后面，我就放心了。"

张："你那次半夜不告而别，带你那几千人私离大部队北上，陈昌奉问我是否拦截？我说自己人不打自己人，你走了无可奈何。我不追杀你，也给自己日后留了一条生路。"

毛："我不走就只能听你的，我要保持独立，有党中央在手，我人少也不怕，结果我到陕北站住了。"

张："我犯的致命错，是听你的从左路改回走右路，中了你的计，把我甩在后面。第二年经过很多艰辛损失，到达陕宁边境，你派彭德怀来接我，我又中了计，把我与大部队隔离了，你另派出指挥部，去指挥四方面军。从此左路军在甘肃闯来闯去，几万人几乎全军覆没，都是你指挥的，但失败之帐，算在我名下。"

毛："历史书从来是胜利者写的。我当然不能把失败帐记在自己头上。"

张："我到了陕北，变成孤家寡人了，无军无权，只能接受批斗，你也公开羞辱我，骂我猪八戒，批斗者甚至打我耳光，我忍无可忍，知道呆下去是死路一条。1938年就乘去拜祭黄帝之机，逃离延安，我连妻子都没来得及跟她说。"

毛："你跑了，正中我下怀。我放下一块大石头，少得再麻烦。你妻子不知道，我们也没告诉她。她还以为有什么保密特别任务离开了，一个多月才问哪里去了。那时她怀了七个月大肚子，我看也不好处理，就放她走了。"

张："你放走我妻子和儿子，我很感谢。后来我们在香港团圆，去加拿大终老，得以善终。中共最高领导人跟你有过节的善终者不多。"

毛："听说你写了很长的回忆录，很多人看。"

张："1966 年美国一所大学找我写，给我稿费，我花了三年时间去写，那时我已七十岁了，不过记忆力尚好，写了九十多万字。按照大学的要求，原原本本，只写事实经过，和个人感觉，不骂谁，也不骂自己。我想就是留下我走过的痕迹，我所作所为，都老实交代了，是非功过，都不论及，一切留后人评。我得点稿费，好去加拿大养老。1968 年，我全家就来到多伦多了。"

毛："你不希望未来给你平反吗？"

张："我不在意了。平反的事，无所谓了。"

毛不解地问："为什么不在意呢，是客气还是心里话？"

张："是心里话。"

毛纳闷，为什么张不求平反，就直问他："你为什么不求平反呢？这可是大事啊！"

张："我的激进思想与爱国热情，一如往昔，但是我已信奉基督教，我已洗手不沾政治了，我的头脑已整个从马列斯大林共产主义，改变为基督教。犹如一个电脑，整个程式都更换了，原来那一套，不适用了。基督教最重要两条，一条是忏悔，人生有罪要悔过。一条是感恩。耶稣与孔子相通，孔子说，君子之过，如日月之食，过也，人皆见之，更也，人皆仰之。都说有过要忏悔。耶稣说感恩上帝，孔子说感恩父母，祖先，祭祖，祭天地，含义一样。至于耶稣讲博爱，孔子讲仁爱，也是相通的。我到了加拿大，入乡随俗，信了上帝，跟在祖国信孔子，本质一样，都是回归传统，扬弃马列斯。"

毛："你信了教，跟给你平反没有什么矛盾啊！"

张："我忏悔有罪，不是说某一段的错过，比如说是长征红军毁灭那一段，而是整个人生从信马列，创共党开始，到我逃离延安，整整 20 年这一半辈子，我所走过的路，都是违背孔子，耶稣的，我已完全否定。你现在来给我平反，说我又正确了，就与我自己已完全否定，发生矛盾。"

毛："你既然把自己走过的共产道路，完全否定了，那你认为中国该怎么走才是呢？"

张："中国之路错在当初，其实大清帝国，并不是那样坏，非要推倒不可。慈禧执政四十八年，亲自批准杀人才三、四十个，她一生二大错，一是支持义和团，惹来八国联军之祸；二是害死光绪，光绪死了，第二天她也死了，清朝无主，不然袁世凯不敢逼宫。清朝垮了，袁不如清。内战不断，孙中山又不喜合作共事，到广州另起炉灶，北伐打赢了，但蒋介石不如段祺瑞。中共在斯大林支持下，夺蒋权，又打了二十年，多大牺牲夺了权，全国满怀希望，从此和平建国，可是更大灾祸三十年，直到邓小平上台，才开始解决吃饱饭。折腾百年，死人几千万，乃始于推倒大清。"

毛："你说整个路子错了，你说现在该怎么办呢？"

张："现在只有共产党掌权，别的政治力量都没了，无可代替，只好一点一点改革，走邓小平改革开放之路，希望再有几十年，完全脱开斯大林的模子，回到中国传统，与现代文明结合。"

毛："你和你的家庭，真的不求平反了吗？"

张："我和子孙整个家庭，都信奉了基督，他们跟我一样，已完全否定了我的前半生，他们也再没什么平反的要求。他们已完全告别过去，融入加拿大社会，家庭幸福，他们仍然想念祖国，但在中国公众中消失了，你再也找不到他们，他们在耶稣，孔子的传统中获得新生。所以平反已没什么意义。至于我在天之灵，我忏悔已得赦免，非常快活。"

毛："你这一说，我明白了。但你前面跟我谈会师，又发生分歧那许多，还有什么意义呢？"

张："那不过是叙旧而已，实际上，你说你对，我错，我也不争辩，无所谓了。只当茶余饭后，故事聊天，时间消遣。百姓子民，如果从故事中，得出什么教训，那是他们的事。"

张国焘感到已谈得差不多了，就起身道别告辞。

46、李文林（1900 年－1932 年）与 AB 团

李文林是 1920 年代江西地方红军创始人，1932 年被毛以 AB 团总头罪名杀害。

李文林死后八十多年，始终觉得沉冤未消，不得安息。他打听到毛住处，一天夜晚，闯到毛那里。与他同行的，还有被打成 AB 团被杀的红一方面军科长何笃才，被杀害的'富田事变'首领刘敌。

毛："你很面熟，是李文林吗？"

李："不错。是我！"

毛："记得。那时我在井冈山，你在东面东固。"

李："你初到井冈山，远道而来，疲惫不堪，我在东固有几千队伍，人比你多，兵强马壮。记得你来到东固，看到我的红军不一样，

十分高兴，还给我送一首诗：东固山势高，峰峦如屏障，此是东井冈，会师天下壮。"

毛："我当时很羡慕你啊，所以给你一首诗。"

李："我们那时也没什么分歧，大家合作不错。有点小分歧，也不重要，比如分田地，你主张按人口分，我主张按劳动力分。后来你就上纲了，说我是富农路线，机会主义。打 AB 团，开始我也同意，也打。后来你越来越左，

越打越凶，说我'斗争不力'，重用李韶九，去乱抓 AB 团。"

一提到李韶九，何笃才就插过来说："毛泽东你可能对我还有印象吧？我跟朱总上井冈山，在你和朱德争论中，我站在朱总一边，从此不被你重用。只当个小科长。"

毛："有印象，那时你是红三师的宣传科长吧？"

何："是的。那时黄克诚是红三师政委，我跟他无所不谈，我对黄说：毛泽东了不起，论本事，无人能超过，但他的组织路线不对头，他只信用顺从自己的人，对不同意见的人就排斥，不及朱老总宽厚坦诚。我举例说，一些品质很坏的人，因为顺从你，你就重用，给他很大权力，干了坏事，也不追究，李韶九就是这样一个。不久，我被扣上 AB 团帽子，被你杀害。"

毛："李韶九名声实在太坏，不过他对我忠心，我就是用对我死忠的，不管他坏不坏。我后来迫于形势，也不得不把他调走了。"

刘敌提起李韶九，就恨得咬牙切齿说："富田事变时，我领兵起事，那时你派李韶九，来抓人杀人，我起事是被逼出来的。李韶九来到富田，短短几天，抓了一百二十多干部，处决了四十多个。逼着我带领一个独立营去抓了李韶九，古柏、曾山逃走了，我们释放了红二十军政治部主任谢汉昌，和全部被捕干部，被释放的省委领导段良弼，指责你老毛是密谋，致信朱德，彭德怀，要求逮捕你，段良弼还被派去上海，找中央裁决，在上海失踪。陈毅后来调解，我们释放了李韶九，富田事变我们没杀人。红二十军兵变干部，按约前往谈判时，全部被骗，被捕处决。1937 年 7 月，红二十军被你们部队包围缴械，军长肖大鹏，政委曾炳春以下，副排长以上，七百多干部全部被处决，红二十军残部，被并入红七军。这就是'富田事变'的最后结果。"

毛："富田事变，中央三次派人来处理，最后决定是中央定的啊。无人敢反对我。"

李："中央是先后派项英，周恩来，任弼时，来处理富田事变，项英最温和，周恩来折中，任弼时最左，但他们都维护你，因你那时势力已强大，不敢得罪你，顶多把罪名推到王明身上，什么肃反扩大

184

化，最后任弼时定性为'反革命暴动'，你得理了。"

李："富田事变后，你指挥各地打 AB 团掀起高潮，变本加厉，审讯逼供更厉害，刑法有一百多种，捆双手吊起，人身悬空打，香火洋油烧身，竹片插入指甲，洋钉将手钉在桌上，整个苏区，人人自危，许多机构八九成干部，被打成 AB 团，全省有名有姓统计，七万多人被杀。我被打成 AB 团总头，证据无非说我父亲是地主。我被杀前高呼：共产党万岁！"

毛："我在七大，八大都说过，肃反有错，走了弯路，承认有问题。"

李："你只是轻描淡写，敷衍应付，并没否定肃反，只说扩大化，更没提到 AB 团，承认错是虚的。实际上打 AB 团你一直没否认，说富田事变是反革命，更是铁案。而 AB 团根本不存在。你是借 AB 团之名，消灭异己，大开杀戒，在你骨子里，是要吃掉我，消灭我。"

毛："我当然只能敷衍应付，实际上坚持不改。我去世后，中央给你们平反了吧？"

李："1980 年在萧克呼吁下，胡耀邦指示重新调查。1987 年胡耀邦下台了，调查无声无息。1988 年杨尚昆再提起，批示继续调查。1989 年调查报告出来了，要求平反，但 64 天安门事件发生，又停下无下文。直到现在，中央无决定，无文件，无下文。"

毛："那么说，舆论还是对你们有利，不过中央没表态。"

李："现在出的党史，承认 AB 团不存在，受害者无辜，但罪过推给王明，为你掩盖，你实际上是罪魁祸首。我们感到真相不白，冤屈未伸，虽早已归天，冤魂不散，不得安息。故今夜特来找你算账。"

毛敷衍说："我明白你们的苦衷了。我的问题玉皇大帝自会裁决。我也会促使我的继承者，处理遗留问题。"

47、吴晗（1909 年－1969 年）

吴晗，浙江义乌人，著名历史学家，以写《朱元璋传》著名。吴晗是胡适的学生，不肯跟胡适去台湾。胡适大声感叹，"吴晗可惜，走错了路"。吴听闻颇不以为然，公然说这位过去的老师脑子进水了。可仅仅 20 年后，吴晗就跟着妻子死于非命，死前头发都被拔光。再10 年后，他的爱女吴小彦也跟着自杀。吴晗的命运悲剧，实是中国知识分子集体缺钙导致后遗症的集中表现。

吴晗 20 岁时写下的《西汉的经济状况》一文，是学术圈励志的典范。1949 年起，他就是北京市副市长。所谓学而优则仕，入朝为官。吴晗在整风反右运动中是个反右英雄，是个急先锋。失去了文人的骨气，做了政治的应声虫。不仅身败名裂，阖家惨死，还留下了一个欺师、灭祖、媚势、篡史的恶名。毛曾与吴晗长谈，要他把朱元璋写好点，因为毛与朱同为农民造反领袖。

1965 年，毛指示江青在上海找人写文章，批判吴晗写的《海瑞罢官》，是为文化大革命的序幕，吴晗一家从此被迫害，一家三人死于文革。毛离世四十多年，每想起吴晗，心中常感愧疚，最近他想见吴晗，当面道歉，以便赢得吴晗对他的宽恕，在玉皇大帝公审裁判时给自己加分。

毛的阴魂与吴晗见面。毛开门见山说："文革让你受罪了，你本来无罪，我发动文革，拿你作突破口，是我的政治需要，害你一家家破人亡，事过五十年，特来向你道歉。你写《朱元璋传》，听我指示，迎合我意，对提高我的形象，大有帮助，我感谢你。"

吴："还记得 1948 年 11 月，我到西柏坡见你，你请我吃狗肉餐，吃得很开心，江青也在坐。我跟你谈历史，谈朱元璋传，江青不懂历史，又爱插嘴，我直爽说她不对，可能冒犯了她，小气记恨。你要我把朱元璋写得好点，我明白你的意思，你和他同为农民造反领袖，你很推崇他，写好点对提高你形象有帮助，因此我把朱元璋搞文字狱的内容删去了，你后来看了高兴。"

毛："我看你《朱元璋传》写得好，高兴起来给你题字，亲送我的《毛选》。"

吴："感谢你的抬举，北京解放就叫我当副市长。"

毛："1950 年代，你一直很听我话，你对北京建设的意见，也很合我意。"

吴："当时我知道你不喜欢城墙，我就也主张拆城墙，与梁思成对立。因为我是搞历史的，说起这话来比别人有份量。结果北京差不多所有城墙都拆了。我还提过意见，要改造故宫，也是迎合你意，不过后来没搞成。"

毛："1957 年反右，你也很积极，很合我意。"

吴："我明白反右是你的部署，我必须紧跟，因此批斗储安平，罗隆基，都是我主持的。我反右有功，同年公开入党。"

毛："1959 年我叫你写海瑞，借以批评各级干部虚报成绩的浮夸风，提倡海瑞'刚直不阿，直言敢谏'精神。你听我的，照写了。"

吴："我紧跟你的指示，写了《海瑞骂皇帝》《论海瑞》《海瑞罢官》几篇文章，你对我的文章大加赞许，亲笔题名送我《毛选》。可惜到 1965 年你就翻脸变卦了，晴天霹雳，完全出乎我意料之外，你出尔反尔，谁也想不到，连周恩来都不理解。"

毛："我从批你入手，打开突破口，抓彭真，破北京市委，发动文革，是我的整个部署，你首当其冲，算是倒霉了，连周恩来我都不告诉，是我秘密指示江青搞的。你那时也不像 1960 年前那样跟我了，你跟邓拓搞三家村，写杂文批评大跃进，思想矛头对着我来。你就开始倒霉了。"

吴："我跟邓拓，廖沫沙搞三家村写杂文，反思大跃进，隐晦批评大跃进各种怪现象，还没有直接对着你，但你很敏感。"

毛："文革起来让你全家都遭殃了吧？"

吴："从批判三家村开始，我家就吃不住了。我两个孩子是养子

187

女，女孩十二岁，男孩七岁，小学也搞批三家村，孩子奉老师命写批判稿，不知怎么写，我和妻子代他们起草，他俩抄好拿回学校。红卫兵翻围墙，破门而入，在院子里贴满'砸烂'，'绞死'的大标语。不久，我就被押进劳改队，身上旧伤未好，新伤又起。1968年，我妻子也被押进劳改队，双腿瘫痪。家里就剩两个孩子自己胡乱生活。"

毛："两个年幼孩子是很可怜。"

吴："我妻子在监狱一年就撑不住了，1969年死在监狱，临终提二个要求，喝碗稀饭，见我一面，都没有实现。过了半年，我也在狱中死亡，头发被拔光，大量出血，骨灰下落不明。"

毛："你两都死得惨，大家都差不多。"

吴："我的养女吴小彦，成黑帮子女，生活熬煎，精神摧残，1973年得了精神分裂症，公安拘留，非人折磨，精神病加重，身心俱残，走投无路，1975年在精神病院自杀。"

毛："就这样你家破人亡了，真是很惨。回顾起来，你得到什么教训呢？"

吴："说来话长，追根追到我妻子袁震，她比我大三岁。抗战时在云南清华大学同学，她患病，我照料，慢慢生情。那时我是胡适学生，很受他关照。袁震是董必武学生，早年入党，是她影响我，超过胡适的影响，使我走上共产党之路，我们1939年在云南结婚。如果不是她，我很可能走胡适之路，整个人生道路就完全不同了。"

毛："我记得在西柏坡，还叫你做胡适的工作，发挥点作用，让他留在北大继续当校长。"

吴："1948年底，我在北京见胡适，我是按你的指示，做他的工作，劝他留下来，他不听我的，反说我走错路了，说我很可惜。我跟他不欢而散，从此各走各路，再没机会见他。"

毛："后来给你平反了吧？"

吴："1979年给我平反了，恢复党籍，恢复名誉。1984年清华大学还给我立了个'晗亭'，立了塑像，邓小平题字。"

毛："你还有什么遗憾吗？"

吴："我遗憾没有活到你死后，不能像周扬那样，从监狱出来，向胡风道歉。我欠储安平，罗隆基的债，该向他们忏悔道歉。我也没有机会，再见到我的老师胡适，向他悔过。我一生追随你，得此下场，怨我走错了路。你是野心大丈夫，要成就你的霸业，对谁都是想丢就丢，对我也不例外，跟你谁也没好下场。我正总结人生经验教训，留后人参考。"

毛敷衍说："我也正在忏悔，继续反省，求得玉皇大帝的宽恕。你宽怀大度，我很感谢。你搞历史，给后人留下些历史教训。"

吴："我的一生所作所为，总括一句话：报应！是咎由自取！中共党内绝大多数人也跟我一样，是历史、是苍天的报应！跟随一个忽视人性、逆历史潮流、文明大势的政党走，对人民对国家对历史犯下滔天大罪。活该惨淡收场。如果说对后人有什么教训的话，就是：所谓马列共产主义就是人类文明最邪恶的魔鬼，而毛泽东你是集古今恶魔之大成的魔头！"

吴言罢，愤然离去。

48、冯雪峰（1903 年－1976 年）

冯雪峰是中共文艺权威，1933 年从上海进入江西苏区，任党校副校长，参加长征，是中共与鲁迅的联系人。建国后任作协副主席。1954 年因红楼梦批判问题被批，1955 年因胡风事件被批，1957 年被打成右派，1966 年文革被批斗，1967 年打成叛徒，下放湖北劳动。1971 年回到北京，主编《鲁迅日记》。1976 年 1 月病故。1979 年平反，恢复党籍。

按照玉皇大帝的"最高指示"，见什么亡灵都可以。毛离世四十多年，每想起冯多年多次被整，含冤去世，想再见他，让他去玉皇大帝那里疏通几句好话。

毛开门见山说："建国后几次反复整你，文革又批斗，把你打成叛徒，下放劳动，让你含冤去世。"

冯："我多次被整，虽然你没直接出面，我明白归根到底，是你的旨意。其中原因，有观点看法不同，也有出于猜疑。"

毛："你1933年奉命进入江西工作，我们经常一起散步，无所不谈，你是鲁迅联系人，常谈到鲁迅，我对鲁迅很佩服。鲁迅观察敏锐，他说我有山大王气概，看得真准。"

冯："鲁迅对共产党观察也很敏锐，很敏感，他说：共产党当权，你会看见我穿着红背心，在上海扫街。还说：共产党掌权，我会第一个逃走。"

毛："鲁迅在1930年代，就预感到二十年后的事，真是了不起。不过，他扫街可能，逃是逃不掉的，我不会让任何人在我手里逃走。鲁迅也跑不掉。"

冯："1946年我在上海出版了杂文集《跨的日子》，我给在张家口的丁玲写信，请她把书转你。你看了告诉丁玲，说书有些教条，里面有三篇，特别引起你的注意，那三篇是：《新的骄傲》《帝王思想》《封建意识与封建装潢》。我不明白你为何特别注意此三篇？"

毛："你那三篇，无意中击中了我的某种隐蔽心理，我下意识地感到隐隐作痛，很不舒服，因此我批你教条。教条是我批王明的用语，丁玲很敏感，那是要命的。"

冯："真是'写者无意，读者有心'，我如果是有意攻击你，怎会送你看，我希望你嘉奖呢？"

毛："你说鲁迅嗅觉灵敏，我的嗅觉也不差的。我善于观察，嗅觉敏感。建国后，江青翻出你1945年在重庆发表的诗和寓言，特别指出几篇：《火》《火狱》《三月五日晨》《曾为反对派而后为宣传家的鸭》《猴子医生和重病的驴子》，我看了也吃惊，特别批给刘少奇，周恩来看，又嘱咐陈伯达，胡乔木，胡绳，田家英看。我在批件中特别有一句：'如无时间，看《火狱》即可。"

冯："江青为了批我，到处挖我过去的东西，断章取义，张冠李戴，到处乱套。我 1945 年在重庆发表的《火》《火狱》，本意是欢呼苏军的胜利，《火狱》是一篇杂感文，苏军攻入柏林后，全城大火，成为恐怖之城。"

毛："江青和我特别注意到你写的《火狱》，其中有：'为了我们现在也拿出了真的恐怖，而历史的胜利就从恐怖的火光里，照明了出来。''全世界人民围绕在优秀民族及其伟大领袖周围，却只为了反抗流氓恶棍率领被恶化的民族，所首先肆行的横暴。'我感到你是在敲打我，暗中敲击我的要害，使我心里隐隐作痛。这就是鲁迅式杂文的威力。因此我心中就怀恨你。"

冯："你自我对号入座，还诬我故意敲打你。其实，我 1945 年哪里会知道你会成为红太阳呢？江青是心里有鬼，疑神疑鬼。牵强附会，歪批正着。'皇帝的新衣'，怎么看怎么是。欲批之，何患无辞？"

毛："鲁迅是杂文祖师爷，姜是老的辣，他的杂文最厉害，胡风和你是他的学生，写《野百合花》的王实味，写《三八节有感》的丁玲，都是你们一伙，我的嗅觉灵敏，闻得出来。总之，跟我不是一条心，我要的是歌颂，正能量。丁玲虽是我所爱，建国后我不得不抛弃她。你的情况类似。"

毛又敷衍说："我离世四十多年反思，你是对的，我错了。我还要继续反省思过，彻底忏悔。"

冯："稀罕啊，你这种人还懂得忏悔二字！"

49、彭真（1902 年－1997 年）

彭真是北京市第一书记，主管中央书记处日常工作，权力很大。彭真思想路线与刘少奇接近，文革毛要打倒刘少奇，首先拿彭真开刀。1966 年彭真被控'反党'，一直监禁，1975 年流放陕西，1978 年才回北京，1979 年平反。毛离世四十多年，每想起彭真，从延安到北京，一直追随，并无过错，主管北京又很有成绩，只因要打倒刘少奇，就拿彭祭旗，使彭冤屈十二年。心中尤有愧疚，他想见彭，当面道歉。

毛对名字一向很感兴趣，就开口问："听说你本不姓彭，你本姓什么呢？"

彭："我本姓傅，叫傅懋恭。1937 年我才改叫彭真，我祖母姓彭，她很喜欢我，我也喜欢奶奶。真是表示'坚持真理，存真求实'"

毛："名字改得很有意义，尊老求真。文革开始就把你打倒抓起来，让你蒙冤十二年，我实际是要打倒刘少奇，但不先把你一大帮挖掉，我弄不倒他。你先当了替罪羊，折腾你这么长时间。"

彭："我知道早在延安，你就成了共产党皇帝，不能碰的。我是傻真，1962 年七千人大会，我直率发言就讲：'我们的错误，首先是中央书记处负责，包括不包括毛主席、少奇和中央常委的同志？该包括就包括，有多少错误就是多少错误。毛主席也不是什么错误都没有，三五年过渡，办食堂，都是毛主席批的。现在党内有一种倾向，不敢提意见，不敢检讨错误，好像一检讨就会垮台。如果毛主席的错误不检讨，将给我们党留下恶劣影响。从毛主席直到支部书记，各有各的错。'我后来体会到，我的发言与刘少奇'三分天灾，七分人祸'，基本呼应，种下祸根。"

毛："你们发言基调的确不同，林彪捧我，周恩来保我，陈云沉默不讲，就你最直接了当，跟你名字一样。"

彭："大跃进，带来大饥荒，七千人大会，你打了败仗不甘心，江青说你'憋了一肚子气'。1962 年夏天，你就开始反击，北戴河会议，本来大家都商定研究经济问题，你一人发起突然袭击，提出以阶级斗争为纲，一下扭转航向，康生打头阵，批北京廖沫沙。"

毛："1956 年'八大'，彭德怀就提出删掉毛泽东思想，刘，邓赞成，1959 年庐山会议，彭德怀再写长篇意见书，1962 年七千人大会，对我总攻，我就担心把我搞掉。"

彭："其实你提阶级斗争为纲，我已经维护你。陈云打过几次电话，促我开放自由市场，我没同意，担心助长资本主义，助长单干。"

毛："1964 年我要成立文化革命小组，就是要在文化方面搞阶级斗争，我叫你当组长，让你下水，考验你。"

彭："1965 年你指示江青找姚文元批《海瑞罢官》，你说要害是'罢官'，指向彭德怀。我调查吴晗没问题，跟彭德怀没联系，直率跟你说了，你还抓住不放。其实彭德怀已意识到大祸临头了。1966 年 3 月，我去成都参加三线建设会议，大家合照，彭德怀走一边去，说什么都不照，免连累别人。"

毛："1966 年 3 月，你给我写报告，建议参加苏共 23 大，我批你企图搞政变，里通外国。1964 年周恩来去参加苏联十月革命节，苏联国防部长马林诺夫斯基，居然要周联合搞掉我，周当面抗议，后来勃列日涅夫道歉说，是马氏酒后失言，但我从此起戒心。"

彭："我建议参加二十三大，是出于交流借鉴，你不喜欢赫鲁晓夫，那时苏联已把赫鲁晓夫搞掉，部分恢复斯大林，你不是喜欢斯大林吗？所以我建议去看个究竟。"

毛："国内我不担心，谁反也反不了我这个皇帝。里应外合我最怕，苏联坦克开过来拦不住。所以我下令在通外蒙的平原上，修筑人造山，钢筋水泥工事，像新的万里长城。但是后来美国国防部长也说，说根本拦不住，工程不了了之。"

彭："1966 年 2 月，我主持文化革命小组，搞了二月提纲，去武汉给你汇报，你没表不同意见，我就写批语发全党了。二月提纲是反对把学术问题，上升到政治整人的。但你不久就指令康生，江青起草'5.16 通知'，你八次修改，撤消二月提纲，撤我职，另立中央文革小组，我在中央会议多次被批判，造反派把我抓起来监禁。直到 1975年流放陕西，1978 年底才回到北京。1979 年才给我平反了。之前我暂住前门饭店，很多人来看我，包括年轻人，批斗过我的，排队来看，连续半个月，我拥抱年轻人，说不怪他们。"

毛："你大度，宽恕，乐观，性格好，所以能活到我死后。"

彭："大家喜欢我讲'法律面前人人平等'，但 1957 年反右后，就说这是'资产阶级法律观点'，后来修宪取消了，到 1983 年我主持法制，重新写入。当然，我明白只能约束下面，约束不了皇帝的。"

毛："你讲'实事求是，是则是，非则非，一视同仁'，又讲'坚持真理，随时修正错误'，非常好！"

彭："我在延安也跟你整过人，我为此内疚，建国后见到他们都道歉，有的一再道歉。我到晚年，思想趋保守，八十五岁了，批胡耀邦，轰他下台了，做得过分，是我过错。"

毛："你晚年还算圆满，身后对你纪念也不错。"

两个阴魂见面，彼此感到该谈的都谈得差不多了，各自魂魄散去。

50、罗瑞卿（1906 年－1978 年）

有一个人跟着毛多年，在毛左右保卫毛，却在文革开始被毛拿来祭旗。这个人就是罗瑞卿。

毛得到玉皇大帝的指令拜见各路亡灵，始终想着罗瑞卿。想起 1965 年迁就林彪，编造罪名，罢了他的官。后来，他跳楼自杀，留下重伤，成了瘸子。1978 年罗去西德治伤，却客死异乡，心里甚感内疚。

想罗子，罗子到。罗子挂着拐杖走进来，他的左小腿早在1969年就截除。老首长与老部下40年后又相见。

罗："你到了阴间还记着我这个罗长子？"

毛："忘不掉，忘不掉。你这人就是想不开，还没把你怎样，怎么一下就跳楼了。看你现在这个样子，一条腿没了，挂着拐杖，又客死异乡，真作孽啊！"

罗："1965年12月上海会议，你对我突然袭击，从此罢官关起来。1966年3月京西会议，公开批我篡军反党。我受此重击，哪里吃得住，一想从此完了，不如早死舒服。可恨宾馆楼不够高，跳下不死重伤，从此折磨我十年。"

毛："林彪1971年逃跑，1973年我就说，整你整错了。"

罗："承你开恩，我从此日子就比较好过了。1977年邓小平还给我复职军委秘书长，1978年又让我去西德做假腿，谁知在西德心脏病发作，一命呜呼。"

毛："说来话长，你是我发动文革第一个牺牲品。你知道，我发动文革，非要林彪出来不可，可是林彪一定要先把你整掉，他才肯出来。他派叶群来告你状，一讲几个小时，编了许多罪名，我心里明白，你不是那样坏，但我不好僵持，只好迁就他。你就算为文革作出贡献了。"

罗："我跟随你从江西，长征，一直到进城几十年，一生对你忠心耿耿，毕恭毕敬，我没想到你，对我说丢就丢掉。"

毛："你要站在我的位子想，我是权位第一，任何手下人，不管如何忠心，都只是我的一颗棋子，为权位计，必要时只能弃仕保帅。林彪与你有矛盾，搞文革又少不了他，为文革计，只好牺牲你了。"

罗："你不要我，可以放我一边，不能给我扣大帽子，往死里打。"

毛："你几十年也知道，党内斗争，就是那么一套，一否定了就往死里整。其实也不是非把你整死不可，如果你不跳楼，委屈忍受，我还想过，把你放到江西省里工作呢。"

罗："这是你的虚话。彭德怀你不是把他放去四川工作吗，他活下来，文革还不是照样批斗死了。"

毛："文革也批斗你了吗？"

罗："到文革，你在意的是刘少奇大头，我算是小人物，又是死狗，不在你话下了。你知道红卫兵，把我放在箩筐里，抬出来游斗吗？因为我一条腿坏了，站不起来。"

毛："后来我看到照片了，是太不人道了。但我说的一句话是'没出息'。想不到你连这点小事都扛不住。"

罗："跟你跟了一辈子，得到的是这个下场。我以死明志，我跟林彪势不两立。现在你还认为林彪捧你四个伟大，给你编小语录，发行几亿本，搞'四个第一'那一套中用吗？"

毛："当时中用，我因此成红太阳。四十年后回看，是不中用了，但是文革没有林彪那一套，搞不了那么轰轰烈烈，我的红太阳也升不了那么高啊。"

罗："林彪那一套，都是虚的。他诡计多端，就知道迎合你管用。我对你是实的。1962年七千人大会，林彪发言，不顾饿死几千万人，捧你大天才，你听了飘飘然，要我学他发言，我说学不来，你还要我学马列。"

毛："就因为有林彪七千人大会发言，我就看中他，去取代刘少奇。他果然一路虚下去，在部队发明学毛著，小语录，四个第一。到1965年发动文革前夕，我就认定，非林彪出来不可了。"

罗："林彪多疑，他认为我有野心，要取代他。我跟你几十年，你看我是有野心的人吗？你也是多疑，怀疑林彪要'抢班夺权'，放风要整他，让他起戒心，仓促逃跑。你们两个，都是多疑，害人害己，最后大家都完蛋了。你似乎没败，其实是人亡政息，你一死，邓小平就停止你阶级斗争那一套，行改革开放。"

毛："现在回想起来，还是我当初说的对，我说天塌下来，有罗长子顶住，有你在旁边一站，我就放心了。"

罗："你能回头反思，也算得到经验，为后人留下教训。"

罗又说："今晚得与你重逢，大家都坦然说了心里话，我个人感到宽慰。不过我看今日国家，政治上还搞你那一套，习近平搞个人崇拜，学你要当世界领袖，不顾百姓困苦，向非洲大撒钱，你当年饿死几千万人，还为你掩盖，你也从来没有认罪，我看你必须彻底反省。"

毛敷衍说："你说的对，我正在忏悔，不久会由玉皇大帝公审。"

罗："忏悔好，我看你怎兑现？"

毛无言以对。罗不再说什么，说着就站起来，挂起拐杖，与毛道别。毛扶他走出去，罗随即远去无踪。

51、杨尚昆（1907年－1998年）

杨尚昆当了二十年中央办公厅主任，是毛一直信赖的亲信。1966年文革开始被无端打为'彭罗陆杨反党集团'，先被贬去广东，后被隔离批斗，1978年始平反。1980年代曾任国家主席。毛离世四十多年，每想起杨，内心有愧，想向杨当面道歉。两个阴魂随即见面。

毛开门见山说："文革让你委屈了十二年。你知道，打倒刘少奇，原来的班子都要换下来，你也必须打倒。你安不上什么罪名，就只好戴个'反党'帽子，把你调出去。"

杨："我明白，临走前我求见你，你还给我说风凉话，说什么'广东那么热，去干什么？好，那就去珠江流域干两三年，再到黄河流域干两三年。"

毛："把你轰去广东当书记，才半年又再贬到肇庆地委当副书记，是吧？"

杨："是的。广东气候我不大适应，我要求去山西，结果又调我去了临汾，等文革爆发就隔离审查批斗了，一直熬到1978年回北京。"

毛："文革批斗你什么呢？"

杨："罪名就是'给毛主席安窃听器'，搞特务行为。"

毛："我也知道，你无意窃听我，那都是给你无限上纲，其实是你正常工作范围，不过我生性不喜欢录音，不喜欢留底，我是经常变的，说变就变，我不喜欢人家挖我根底，所以我不喜欢留档存底。"

杨："这跟我工作就有矛盾，我的职责就是要存档备查。录音是怕有时把你的话漏掉了，因为你的话，一句顶一万句，漏掉一句就不得了。我根据录音整理出来的文件，一定要你过目。从来没有不经过你，外发录音稿，何来窃听？"

毛："你自己还喜欢写日记吧？听说你还出版了日记呢。"

杨："是的，我喜欢写日记备查，也留下些事作思考。中央文献出版社选编了我一些日记出版，不过涉高层人事敏感的都没选入，不泄露高层人事关系。"

毛："喜欢写日记的，多是有点书呆子气，老实，说话有根据。我是不喜欢写的，我是不让别人抓小辫子。"

杨："我日记中，有1962年夏天，去四川搞点小调查，问廖伯康四川饥荒饿死人的情况。廖说：涪陵地区各县加在一起，死了三百五十万人；雅安地区荥经县委书记说，他那个县人口死了一半，有的一个村死得一个人不剩，死人都没有人埋，只得派另外一个村的人去埋人，这些埋人的没有吃的，又要挖坑，是重体力劳动，结果埋人的人也死了，只好再从其他村调人来，埋这些埋人的人。廖伯康对我说：'四川饿死的人，起码比我推算的还要多出两百五十万！但我正式反映，只说死了一千万。"

毛："这样看来，全国说饿死三千七百万，是有根据的。"

杨："所以说，不调查不知道，一调查吓了一大跳。"

毛："你家庭怎样，老伴没事吧？"

扬："老伴文革也被迫害，不过身体还好，我们1929年结婚，相守一辈子，我觉得还算幸福。我身体也还好，不像彭德怀，被折磨死了。"

毛："你是老实人，两口子风风雨雨一生，也无绯闻，不像我……"

杨："我还不忘故人，1996年，我八十九岁了，还带着王若飞、秦邦宪等烈士遗属一百多人，去延安扫墓，缅怀先烈。"

毛："你很有人情味啊！"

杨："1989年天安门事件，我是反对出兵镇压的。邓小平最后还是决定出兵了。不过他没惩罚我，我照常当国家主席。事件过后，我主张平反，不过到现在，也没平反呢。"

毛敷衍说："不过我看也该平反了，差不多三十年过去了。"

毛与杨一席谈，大家谈得坦率，该谈的差不多都谈了，就起身告辞，各自离去。

52、乌兰夫（1906年－1988年）

乌兰夫是内蒙古第一书记，国务院副总理，自1947年领导成立内蒙古自治区政府，一直是'蒙古王'。1966年按毛旨意，开华北会议批判他，给他宣布五大罪状，留在北京软禁起来，化名'王自力'。直到1972年解放。

内蒙古在文革期间，按毛旨意，大搞揪斗'内人党'（内蒙古人民革命党），迫害致死近十万人，关押七十、八十万人。乌兰夫被批是'内人党'总头目。

毛离世四十多年，每想起错整乌兰夫和揪斗内人党，害得十万人惨死，心中尤有愧疚，想见乌兰夫。毛随即得到玉皇大帝准许，来见乌兰夫。

毛开口先问乌的名字："听说你本不姓乌，你本性什么呢？"

乌："我本名云泽，'乌兰夫'是蒙语，意为'红色之子'。现在叫开了，你就直呼我'乌兰夫'吧。"

毛："哦，原来你是地道的'红色之子'。1966年整错你了，一百多人开会二个月，什么反毛，反党，反社，地方民族主义，修正主义，一贯右倾，定时炸弹，都是按我授意给你戴的帽子。我是怀疑你有二心，接近苏修，蒙修。我命刘邓找你谈话，给你指出不搞阶级斗争，搞地方民族主义等错误，以后你就消失了。"

乌："我个人事小，内蒙人民命运事大，江青，康生按你旨意，在内蒙连年大揪'内人党'，导致内蒙近十万人被迫害致死，七十一八十万人被关押批斗，到处是牢房，刑讯逼供，惨不忍闻，内蒙上下被整的奄奄一息。"

毛："我中途就发现扩大化了，打击面太大了。"

乌："不是扩大化的问题，根本上就是完全错的，什么与苏修，蒙修串通，都是子虚乌有，敌人都是你制造出来的。在牧民中不划阶级，不搞阶级斗争，是我一贯主张的。一划一斗就乱了。牧区一直和平稳定，就是到文革被江青，康生搞乱了。"

毛敷衍说："我晚年对你也怀疑起来。现在想起来是毫无根据的。我猜疑起来，大家就按我旨意批判你，给你戴帽子。"

乌："我自1925年入党，一贯忠于革命忠于党，对你一贯尊崇，经得起任何检验。"

毛："1973年给你恢复了中央委员，以后你也恢复名誉了。"

乌："你能正视整我和揪'内人党'之严重错误，还算有改过之心。我还特别感谢周恩来给我软禁藏起来的安排，使我免回内蒙被批

200

斗之苦。"

毛又敷衍说:"整个文革的错误,我正在继续反省思过,将来还要公开忏悔。"

乌兰夫得毛此承诺,不再说什么,就起身告辞道别。

53、贺龙 (1896年-1969年)

贺龙是元帅,资格很老,曾任四川地方警备旅旅长。1925年任湖南澧州镇守使,1926年任北伐第二十军军长,1927年南昌起义任总指挥,毛对10个元帅,只对朱德,贺龙,彭德怀,称老总。贺总被林彪,康生诬控企图'二月兵变'刺杀毛,文革初期就被隔离立案审查,贺被折磨于1969年重病致死。1971年林彪事件后,毛于1973年说贺案搞错了,1975年贺骨灰安葬仪式,周恩来七鞠躬,1982年中央文件彻底平反。

毛离世四十多年,每想起贺龙枉死,心中尤有愧疚,想当面向贺道歉。两个阴魂在玉皇大帝安排下,在阴间不期而遇。

毛开门见山说:"文革冤枉你了,你本来没什么问题,却把你隔离起来立案审查,把你折磨致死,死时只用化名,家属都不能见,责任在我,今天特来向你道歉。"

贺:"我是烈性子,受不了冤屈,一隔离折磨,我病加重,又得不到正常治疗,我的健壮身板,也扛不住,不久就一命呜呼了。"

毛:"文革之初,林彪说你企图搞'二月兵变'针对我,我就不大相信,我看出林对你有意见,就叫你去找他谈谈,希望化解。"

贺:"我去找林谈了,征求他的意见。林说:你的问题可大可小,

201

主要是，支持谁，反对谁。话不投机，再无话可说。"

毛："你们没谈好，我要倚重林，我一半要听他的，他说你是罗瑞卿后台。当然决定是我，我就跟周恩来说，把你隔离起来吧，从此你就去西山了。没想到你死得那么快，比刘少奇还早。不过那时我用不着你了，你就算归天早休息吧。"

贺："你不喜欢我，早在文革之初，八届十一中全会上，你问我发言没有？我说没有。你又问怎么不讲一讲？我说：报告主席，我上不了纲。你听了一定不高兴，认为我不支持文革。我的确想不通，怎么一下出那么多反革命？"

毛："老实说，自从 1964 年，你和周恩来去莫斯科参加苏联十月革命节活动，苏联国防部长当你们面说：为何不联手搞掉毛泽东？我就对你们有了戒心，怕你们里通外国。我跟周说不保你了，他不敢说个不字，怕连累他。"

贺："我算对你忠心了，我当面就顶了那个国防部长。但你始终怀着戒心，我也没办法。"

毛："你出身底子是地方军阀势力，蒋介石属下军队，南昌起义才到共产党这边来，长期给人留下土匪胡子、地方军阀的印象，不如我中央红军嫡系。这种情况，对你影响很大。"

贺："加上我对你的个人崇拜言词，远不如林彪的高调门，也会使你感到沉闷不舒服，甚至认为我对你不敬。"

毛敷衍说："总之一句话，你没有错，冤枉你了。"

贺："我是被迫害死的，死得冤枉，你今天说要反省思过，看你的行动如何？等待玉皇大帝的公正审判。"

话毕，遁去。

54、江青（1914 年－1991 年）

江青原名李云鹤，山东人，艺名蓝蘋，初到延安时，改名江青，意青出于蓝，胜于蓝。毛的第四任妻子。

毛很怀念江青这条狗。午夜，江青的阴魂居然出现在毛身旁。毛大喜过望，忙起来迎接，江青亦忙搀扶毛坐下，急不可待向毛倾诉怨

言说："您走后才一个月，尸骨未寒，他们就把我抓起来了，说我搞文革是利用你干坏事。我说我不过是执行你的旨意，通俗说，我是你一条狗，你说咬谁，我咬谁而己，我不平，但我争辩没用。"

毛："把我和你分割开来，保我名位，罪过都归你，是邓小平的策略，因为他还要利用我作旗帜，好统治。你明白了这一点，就不觉得委屈了。"

江青："那我等于做替死鬼，我心有不甘。"

毛："我本来要培养你接班啊，我没有儿子了，别人都信不过，唯有你跟我快 30 年，你忠于我，我还信得过。所以文革就放你出来领头，周恩来都心领神会，喊口号向你学习，向你致敬，这不是很明显了吗。我说你要当后台老板，少露面，少说话，让别人去冲，但你习惯了当演员，不表演忍不住，就多招怨，你当不了老夫子，我树你，你站不住，邓小平又不肯当周恩来，辅佐你正位。所以临到最后，只能扶华国锋顶上。没想到华国锋也迫于形势，联手抓你。"

江青："张春桥，王洪文他们都是窝囊废，没兵没卒，你一走，全散架了，我再硬也把不住，只有等着被抓的命了。"

毛关心地问："把你送进秦城，没虐待你吧？"

江青："还过得去吧，生活，医疗都还行，也能看能写，我还写了回忆录呢。不过最后我得了喉癌，经常喉痛，医生要我做手术保命，我怕做了手术就不能说话唱歌，我想即使到了天国，我还要给你唱《打渔杀家》"。

毛："你在延安唱《打渔杀家》，我最喜欢了，那时你 20 多岁，

唱得真有味道。"

江青："唱了《打渔杀家》，你就把我调到身边了，所以我想保住喉咙，到天国也要给你唱。"

毛问："你最后癌治得怎样呢？治好了吗？"

江青："我知道治不好的，多熬些时间而已。到最后熬得痛苦难耐，所以到1991年，我就选择上吊了事。我已77岁了，算高寿啦。"

毛："你的回忆录怎样处理呢？"

江青："上交了。我知道他们不会给我出版的，不合他们口味。也不会允许拿到国外去出。我留下记录，以后作证历史，公道自有后人评。你说对吧？"

毛："好。你自己有悔过吗？"

江青："没有。我还有气呢。我跟你走，有什么过？"

毛："你跟我走，当然罪过主要在我，我是主谋，你是从犯。有我，你飞黄腾达十几年，结局不好，全世界搞共产，都没好结果，你也一样。从犯也有自己之过，也要反省认罪的。你不认罪，中国人饶不了你。"

江青："那好吧，我看你悔罪到那里，我就跟到那里。"

毛又问："你过去的婚恋史，对你有什么影响？"

江青："他们办我的案子，看在你的面子上，不涉我的婚恋绯闻。你知道，我的那个前夫唐纳，痴情为我2次自杀未遂，解放后怕我整他，从香港去了美国，又转去巴黎，在那里埋名开餐馆，被记者发现了，连餐馆都关闭了。等你死了，1985年他竟然回中国了，国安部接待他，叶剑英接见他，原来他是中调部的人，还说要写回忆录，一写岂不把我的艳事绯闻抖出来，你我都没面子了。好在他1988年病故了，让我心上放下一块大石头。"

毛："你的绯闻艳事，连国际都感兴趣。你长得美艳动人，谁都喜欢，国外有部歌剧《毛夫人》，就是以你为主角。美国有歌剧《尼克松在中国》，有我和你出场，欧美演三十年不衰，还有你专门唱的一大段，可见国际舞台还少不了你。"

204

江青听了格外兴奋，表演欲又发作起来说："太好了，我在舞台还有用武之地。我要永远唱给你听。"

毛："好啊！以后还听你唱。"

江青听到国际舞台有她出场，眉飞色舞，跟毛相见一席话，心满意足，就起身道别告辞。

55、陈伯达（1904 年－1989 年）

陈伯达文革中曾是中共第四号人物，排在毛，林，周之后，1970 年因与江青发生冲突，庐山会议又附和林彪，被毛抛弃，打入监狱，死得很孤独。得年85 岁，也算善终。毛离世四十多年，再思陈伯达。

陈当自己秘书三十年，出力不小，很多文章都是出自陈伯达之手，自己挂名而已。陈一生不但无大过，在西柏坡还救过自己一命。陈如此下场，毛感到愧疚，想见见陈伯达。玉皇大帝遂安排陈的阴魂与毛阴魂见面。

毛开门见山说："你死得很凄苦啊，中央无人理睬，默默消失，不公平啊！"

陈："我大罪在身，中央不睬，我不抱怨。所幸我儿孙在场，家庭和乐，老有所终。"

毛："你何来大罪？你那些罪名罪帽，都是我心血来潮说的，所谓'欲加之罪，何患无辞'，你就不必挂怀了。你跟我三十年，也熟悉我的习惯，对人我用得上就用，用不上了，说抛就抛，下狱处决，我没什么感觉的。"

陈："1970 年之后，我始终自我谴责，不断批评自己，文革中我很愚蠢，时常发疯，负罪很多，我的人生是个悲剧。"

毛："想当初，你写《人民公敌蒋介石》《中国四大家族》《评〈中国之命运〉》，立了大功。新中国后，你又写《论毛泽东思想》《斯大林和中国革命》，参与起草《共同纲领》《宪法》《农业合作化决议》、四清运动的《二十三条》、文化大革命的《十六条》，都靠你主持，你是我离不开的笔杆子。"

陈："那些都是根据你的主意写的，我没有什么发明。"

毛："中央文革小组，要你当组长，你一直退缩，弄得周恩来很为难。"

陈："我跟周恩来说，我当组长不合适，应该江青当。他说，你是不是共产党员？共产党员要不要服从？我只好上阵，但我有难处。"

毛："江青资历不行，你是常委，怎能叫你当副组长？"

陈："江青是你的夫人，她说话口气，很难分辨是你的意见，还是她个人的？我只好都当作是你的意见来执行，因此开会要先看她的脸色行事。我实际上是代表她来主持开会。"

毛："你是排名第四的常委啊！"

陈："我给你一再提过，我不能排这样前面，你最后把陶铸提到第四，我变成第五。但是等陶铸一倒，我还是变成第四。当然排名也要看实质，实质是我该听江青的。周恩来排第三，他也常常不得不听江青的。"

毛："问题是你后来跟林彪了，九大起草政治报告，你听林彪的。庐山会议你附和林彪意见。"

陈："九大起草政治报告，我是同意以发展生产为主，你批是'唯生产力论'。庐山会议林彪坚持要你当主席，我觉得是党内的意见，没什么不妥。天才论是颂扬，早就讲过。我没想到不合你的心意，就把我抛出来了，批陈成了批林前奏。"

毛："把你投进监狱，你做何想？"

陈："1971年九一三事件，林彪跑了，我立即被架往秦城监狱，自感身陷绝境，我大呼求救。我说1948年在河北阜平曾救过你。当时我听到国民党飞机来轰炸，立即跑到你处，要你快跑，待你刚离开，飞机炸弹准确炸中你住处。我这样说，几天后，我的狱中生活待遇明显改善，还有医生每天检查。"

毛："此事我还记得，你是救了我一命。不过那是过去了，我一向过去就过去，过期作废。"

陈："你去世后，抓了'四人帮'，我也正式被捕，狱中待遇就差了。1980年审判，我干脆表示，如果'不能平民愤，杀掉也可。'结果1981年判了十八年。"

毛："就是这样，你就一直蹲监狱了吗？"

陈："不是。我要感谢王力，他有良心，王力在秦城监狱中，1981年给邓力群、胡耀邦、邓小平写信，说我陈伯达曾为党建功，且已被关押十多年，建议假释。十天后，中央决定保外就医，把我调入北京友谊医院干部病房。接着又安排我儿子陈晓农进京，照顾我的生活。几个月后，北京又安排我去郊区一处平房住下来，我在那里一直保外就医，直到1988年刑满释放，恢复公民权。"

毛："这样说，你保外可与家人一起生活，家庭还过得去吧？"

陈："我算满足了，虽然没有自由，我已经不在乎了，能够与家人团聚生活，我知足了，可说享天伦之乐，还可依兴趣看书，写点东西，享受了八年啊！"

毛："你还写了些什么呢？发表了吗？"

陈："我写的笔记，都是文化方面的，政治不沾边了。也没想发表。没想到1982年，周扬主动来接触我。叙谈中我将写作草稿交给他，他居然将我写的《求知难》，化名发表在1982年第10期《读书》杂志。我十分感动，可惜第二年，周扬因"异化论"和"人道主义"言论，被卷入"清除精神污染"被批判，我们无缘再会。后来胡乔木又举荐我写的《认识的渐变与突变——从〈坛经〉看中国佛学的顿渐两派》，1983年7月化名在《理论与实践》出刊"。

毛："好，你还搞点学问。还写些回忆录吗？"

陈："涉政治方面的回忆录我没写。但我接受过访谈，上海作家叶永烈来北京多次，找我谈文革的事，我想给后人留下一些我的经验教训也好。他写成了要我看，我说眼睛不好，我也不想再看，我如实说了，他喜欢怎样写就怎样写。我一辈子教训多，不想再涉政治。"

毛："你去世后，叶永烈给你出版《陈伯达传》。文革的事，你说的都是实话。你对自己十分严苛，反省思过，在政治局内，无人能及，给后人留下经验教训，可说是典范。"

陈："谢你抬举，小人不敢。我反复说过，我不过是'小小老百姓'，我愿意永远批评自己，弥补我的罪过。"

毛敷衍说："我也要向你学习，继续反省思过，以求玉皇大帝宽恕。今日与你一席谈，得益匪浅。"

说着起身告辞。望着毛离去，陈默然回想自己一生，感叹道：当奴才当狗的下场就是如此，咎由自取。

56、陈云（1905年－1995年）

毛翻开昔日的照片，看到一张1966年在天安门城楼上与陈云的合影。想起陈云当时还支持文化大革命，红卫兵检阅，他也上天安门。可是中央文革还是纵容红卫兵去抄陈云家，而且抄了两次。虽然没抄出什么东西，还是引起陈云不安，不过他有修养，也没大喊大叫。

文革中陈云靠边了，后来还下放到江西一个工厂，夫人下放到另一个地方劳动。也没什么罪名，最大罪名就是老右倾。毛觉得有愧陈云，应该找机会向他道歉。玉皇大帝遂把两个阴魂叫在一起。

毛："我一直想见见你这个老保守，想着你，你就来了。"

陈云："主席可好？"

毛："我在阴间，原想可以有个滴水洞，谁料被发配到十八层地狱，又湿又热，难受极了。"

陈云："听说玉皇大帝要公审，给你另做安置？"

毛："正是。我不像你，什么事都看得开，不生气，有病就静养。有什么争论你也不争，能躲就躲。我看你开会也不好发言，你的法子是'闭目养神'，无辫子可抓。"

陈云："你说人贵有自知之明。我自知势单力薄，鸡蛋碰不过石头，明知争也无用，不如养口气，暖暖肚子。何况很多时候，并不知道真理在何方呢。"

毛："七千人大会那么大的事，我专门让你发言，你不发，拖着躲过去了。"

陈云："1962年1月那次七千人大会，大家对大跃进严重不满与困惑，对大跃进已经提了许多尖锐批评，我还说什么好呢？我再提批评意见，也是多余了。像林彪那样为你辩护解围？非我所愿。像周总理那样为你护航？我觉得有点偏颇，最后我感到，不说最好。"

毛："但是才过了不到一个月，你就在中南海西楼会议作《目前财政经济的情况和克服困难的若干办法》报告，提出增加农业生产，解决吃穿问题，保证市场供应，制止通货膨胀，是目前第一位问题。可见你是实干的，是只干不说。"

陈云："在七千人大会，再多说无用。还是做点实事，慢慢来补救。"

毛："后来你又向我建议在农村包产到户。1962年8月，我在北戴河会议，就讲党内有黑暗风、单干风、翻案风，不点名批评你。9月，我又在八届十中全会上，批判单干风、翻案风，并说你是'老右倾'。"

陈云："那次会我因病没参加，我听到你点名我老右倾，我明白以后不要再说话了，刚好有病，就养病吧。"

毛："我也明白你有自知之明，风头不对，就往后缩了。以后几年，你在南方疗养听评弹，实际上靠边不管事了。"

陈云："我靠边养病听评弹，比做事操心舒服多了。"

毛："文革来了，你既是老右倾，烧一下免不了啦，但你不是危险人物，对我没什么威胁，所以放在后面，把你下放江西先放着。你知道，延安整风时，你反对康生过左整人，又反对江青和我结婚，这些他们都对你不满，纵容红卫兵抄你家，我也管不了那么多啦。"

陈云："延安反对江青和你结婚，不只我一人啊。康生整人过火，也不单是我一人意见。"

毛："其实，在组织工作方面，你是正派门面，康生善于整人，我所倚重，没他不行，特别是文革来了，更要重用他。在江青问题上，有一点要特别感谢你，我离世后，抓了江青，邓小平力主杀了她，你坚决反对，甚至说到一票也要记录在案，让江青好好又活了十多年，直到她患癌不行了自我了断。在党内斗争方面，你一向冷静稳重，我信得过。"

陈云："对江青四人帮采取抓法，其实我最初并不同意，那不是跟搞政变一样吗？我本来主张正常开会解决，不过衡量开会复杂多变，没有轻轻抓起来简单化，我才不得不默认了，但我说下不为例，这不是一个严肃党的正常之道。"

毛："你是正派的老保守，我一向信得过。你的'两不'我也欣赏。"

陈云："你是说我的'不唯上，不唯书，只唯实'？"

毛："是啊！就是。"

陈云："关键是'不唯上'，你在世时，我那里敢说，只是在肚子里罢了。我要是说出来了，岂不是等于反党反你。这9个字我完整说出来，那是你离世以后的事。1980年代，我确实写成条幅，送过给江泽民和朱镕基。"

毛："你说的'不唯上，不唯书'六个字，对当领导来说，也说得非常好，我看你是最善于冷静思考的。"

陈云："这六个字，是我几十年工作经验的结晶，我也写成条幅，送过给江泽民，朱镕基等。可避免犯错误。"

毛："你管经济，也很老成持重，为老百姓民生着想，这可能与你从小出身贫苦家庭，连小学都读不完，就去当学徒有关。你从当学

徒工起，就用心研究民生经济，留心公司经营，你的经济学，不是从书本学来的，是从实际生活学来的，所以很扎实，不虚浮。1950年代，你站在周恩来一边反冒进，是从实际出发的。1980年代，你又发明'鸟笼经济'一词，说得很形象，计划经济是个大鸟笼，私营民营在鸟笼里飞，你掌握节制有度，发展有序，不会乱套，有陈云，大家放心。"

陈云："讲大气魄，我不如小平，他能打开局面。"

毛："小平激进些，你保守些，互相补充，从激进与保守，求出中庸之道，发展就稳当了。我三十年失败教训，说明一味激进是灾难。小平加你，发展才完美。"

陈云："感谢你四十年后，重新肯定我。问题是现在我从阴间看，神州大地还很不理想，贫富分化太严重，共产官僚很多成了新资产阶级，红二代巨富，横行国内外。新继承人习近平，打击贪腐高官，不过是打政敌，最高层暗地腐败，也是彼此彼此，百姓敢怒不敢言。他下禁令堵嘴，不许妄议中央。他学你搞个人崇拜，树立他的绝对权威，有个女青年，不满他太过独裁，向他的巨幅画像泼墨，就被抓起来，你那时是关进监狱，现在他设精神病院，手段更毒，强迫喂药，让她慢性死亡。

邓小平改革开放，经济大发展，成了世界第二，但国富民穷，民众缺医少药，上不起学，钱哪里去了？习近平学你，他一上台就不但要独裁中国，而且急着要当世界领袖，大量金援亚非拉一些小兄弟，

211

壮大自己声势，对抗老美争霸。他不顾国内还有大量同胞，穷得叮当响，向外大撒钱，跟你昔时不顾国内大饥荒，给阿尔巴尼亚无比慷慨一样。

习近平打肿脸充胖子，照着抄袭你的什么道路自信，制度自信，理论自信，继续忽悠民众。百姓说：他头痛不医头，脚痛不医脚，他头痛医脸，顾他世界领袖面子，脚痛堵嘴，不许出声，谁敢说个不字，就抓起来，跟你那时一样。你看你的流毒不清，危害多大。"

毛："你说的全是事实，我从未公开悔罪，习近平以为我那一套还吃香，照学照搬不误。根子在我，我罪重教训大，我从你所讲，学到很多，我回去还要给玉皇大帝报告。你对我一生如何评价呢？"

陈云："原来我说你'建党有份、建国有功、治国无能、文革有罪'，现在我说你'建党沾边，建国有过，治国有灾，文革有罪。'"

毛："你何以说我建国有过呢？"

陈云："如果你建国后太平建设，就是建国有功。可是你建国后大灾大难，所建之国不如蒋，因此我说你建国有过。"

毛："你如此说，也对。"

陈云看谈得差不多了，就起身向毛告辞，随之退后，渐渐远去。毛回味陈云的话，久久不成眠。

57、蔡铁根（1911 年－1970 年）

老红军蔡铁根，1911 年生，比毛小 18 岁，1936 年参加工农红军，1939 年加入共产党。抗日战争期间，参加了平型关战斗。1955 年授予大校军衔，1956 年任南京军事学院战史教授会主任。

1958 年 5 月至 7 月，在北京召开的军委扩大会上，批判刘伯承、肖克的"教条主义"。不少主管军队训练和教育工作的军官，受到批判，蔡铁根也受到围攻。

1958 年 10 月他被开除党籍、军籍，剥夺军衔，降为十四级，下放到常州一家公司工作。1970 年 3 月，以反革命罪在常州被抢决。

1979 年 9 月宣布平反，空骨灰盒安放北京八宝山。

蔡铁根死后冤魂不得安宁，一直感到冤屈未伸，愤愤不平，时常在阴间大吼大叫。一个夜间，他的冤魂在游荡，撞到毛的阴魂。

毛："你是谁？为何穿着老红军的军装在阴间咆哮？"

蔡："我叫蔡铁根。我被打成反革命枪毙了。你是谁？"

毛："我是毛泽东的阴魂，按照玉皇大帝的要求，寻找在我执政时期的冤情。求得他们的宽恕，以获玉皇大帝轻判。请告我你有什么冤情？"

蔡："起因是 1958 年军委批教条主义，你说教条主义是什么罪？无非是军队要搞正规化，要树规章制度，你说军队还要保持游击队习气吗？"

毛："那时实际上，是以批军事学院教条主义为名，整刘伯承，连带整了你们一大片。整了就整了，你还想怎么样呢？"

蔡："我被批得很恐怖，骂我'反革命，枪毙他！'我问军事学院政委钟期光：'政委，你说还有没有真理？'钟期光苦笑着对我说：'难道你不知道，真理也要服从组织吗？'他说的组织，就是中央，中央就是你。真理也要服从你。批斗完了，有人冲上台来，七手八脚扯掉了我的肩章领章，把我连推带搡地拉下台来。"

毛："钟期光说出了党的真理，服从组织是第一真理。你参加革命二十多年，还不知道组织力量之大吗？组织是一层一层，一级一级的，归根到底是我，我就是组织。后来把你怎么样啦？"

蔡："开除了党籍军籍，把我下放到常州一家公司，1970 年以反革命罪名，把我枪毙了，连骨灰都不留。"

毛："是对你太过分了。把你整下去了，但那些年被整的不止你一个人。为何你要在阴间咆哮？"

蔡："1960 年大饥荒，引起我深刻反思，我认识到，社会主义革命，使一切人丧失了私有财产，丧失了个人自由。人只能依靠党，依靠集体才能生活，否则寸步难行。户口和粮票这些小玩艺，使八亿人民失掉自由。党什么都管，原因据说是防止资本主义，其实是害怕人民丰衣足食！"

毛："这就是宁要社会主义草，不要资本主义苗，我看对啊！"

蔡："私有财产是个人自由的经济基础，私有财产丧失了，个人自由也就随之丧失了；私有制度废除了，个人自由也就完全消灭了。个人自由和社会公有制是不相容的。私有财产和个人自由是分不开的。"

毛："你说得对。我搞革命。就是要一个领袖，一个意志，消灭个人自由，不允许私有财产，只能集体分配，这就是共产主义。"

蔡："你的革命是违反人性的，倒退到奴隶社会，奴隶就是没有个人自由。你搞倒退，违反世界潮流，所以最后失败了。但是我还是佩服你的权谋，你真称得起是'亘古一人'，你能够干出古今中外统治者，都办不到的事，统治人民思想。拿你的思想，操控一切，八亿人民都不能发声。"

毛："这很大程度，要归功于林彪鼓吹，没有他发明四个第一，小语录，四个伟大，一句顶一万句，恐怕我的最高指示，不能如此横扫一切。"

蔡："林彪为你吹喇叭，是立了大功。经过大饥荒，我还认识到，所谓党内斗争，不过是领导人争领导权的斗争，争名夺利。可惜一些有思想，有正义感的人，成了牺牲品，而一些卑鄙，恶浊，不择手段阴谋害人的人，却成了正确的马列主义者。你今天斗这个，明天斗那个，据说只有你才是正确的，要求人们喊你万岁！"

毛："你说得对，我就是要求大家喊我万岁，才能一元化，一个号令，一个意志，我是绝对权威。"

蔡："你还想当世界共产领袖，要求全党都成你的'驯服工具'，把一切不同意见的人，都加上'右派分子'、'右倾机会主义分子'、'反党分子'、'反党集团'帽子。把党章践踏得狗屁不值，把党内民主消灭得干干净净，还要消灭党内外一切不同意见者。只有你一个人是永远正确的，其实一切错误的罪魁祸首，就是你。可是没有人敢说你不对。因为你有比上帝还大的无限权威，你就是真理。"

毛："你能看得如此深刻，不愧是少有的醒悟老红军。许多人即使想到，也不敢说出来。哈哈，这就是我的本质。"

蔡："是的，我遗憾的是，我离开人间快五十年了，现在主政者，还不敢公开你的罪行，我在天国往下看，神州大地还为你遮遮掩掩。"

毛："我的确是阴魂不散，我也常常在神州大地游荡。"

蔡："历史，时间，是最好的裁判官，我深信玉皇大帝会检验一切。我的冤屈也最终会伸冤。"

毛敷衍他说："你说的在理。我们等待玉皇大帝的判决吧！"

蔡铁根一番控诉后，愤然离去。

58、赵健民（1912年－2012年）

赵健民当过山东省长，云南省委书记，两度被整，在山东被整后，下放去当副厂长。在云南被整，冤狱八年，出来还当三机部副部长，中顾委委员，活到一百岁去世。告别式江泽民、胡锦涛、习近平等历届领导人参加，近六百人全部到齐，赵不过是中补委，中顾委，可见格外隆重。毛生前没个别见过赵。

毛得知他2012年已到天国，对赵生命力如此之强，感到惊讶，很想见见赵。玉皇大帝乐于促成毛的悔罪之旅，便安排赵与毛的阴魂会面。

毛问赵："我知道你两次挨整，第二次文革冤狱八年，整得死去活来，你居然还活着出来，出来还做了不少事，活到一百岁，在我党稀有，你是怎样做到的呢？"

赵："我也没有什么特别的，在山东整我时，我老婆和秘书就怕我自杀，把我多年保存的宝贝手枪缴械了。我不自杀自残，就是坚守信念，狱中三次绝食，三次血书，问心无愧，相信总有清白的一天，因此我能熬过来，没有其他特别的。"

毛："原来领导干部去世，开追悼大会，到你去世时，已经不兴开追悼大会了，改为较简单的遗体告别。你去世的告别式，竟然所有三代领导人，六百人出席，空前少有，按头衔，你只不过是个中补委，中顾委而已，说明你很受尊敬。"

赵："回顾我一生，青年时追求正义、探索救国救民道理，1932年入党、投身革命，1933年山东党组织遭受严重破坏，与中央失去联系，我挺身而出，独立工作，1936年被捕，受尽酷刑，坚贞不屈，1937年出狱，沉至社会下层，组织抗日武装，开展游击战；解放战争，挺进大西南；建国不久，呕心沥血，参与领导修筑第一条成渝铁路；1958年抵制左倾冒进错误，被贬到钢铁厂当副厂长，锐气不减；文革蒙冤入狱8年，斗争不息；出狱继续工作，任劳任怨，晚年关注党的建设，反对腐败，倾心倾力于传统文化传播。生活简单朴素，一生无愧。"

毛："1958年大跃进整你，是怎么整起来的呢？"

赵："1956年开'八大'，我就说阶级矛盾变次要了，经济建设不可求大求快，急躁冒进。1958年，你提出大跃进，总路线，说'人民公社好'，大炼钢铁，大修水利，一哄而起，高产卫星，一个接一个。山东寿张县，放出亩产玉米五万斤的卫星，范县提出三年建成共产主义，你批示要陈伯达，张春桥去看，我也亲自去看了，全是假的。谭震林1958年3月到济南，当面批评我说：'你对农民的看法有问题'。对省委几个领导说：'帮你们把火点起来了，你们为什么不斗争？'矛头直指我。'八大'二次会议，他又当面批评我：'大是大非问题，你站在非的方面。你有情况不给我讲，而给邓小平，安子文，李先念讲。'1958年6月，火烧我的斗争，省委开会整我二十八天，所谓'整风补课'，批我地方主义，反冒进，我写了三次书面检查，舒同还说：'你个人野心，还没拿出来，'我说：'我没有'，舒同说：'你不老实，你的党籍危险。'

1958年8月，你来济南视察，谭启龙对你说，赵健民讲阶级斗争

216

熄灭，讲敌我矛盾退出历史舞台，你紧接着说：'他自己还没有退出历史舞台。'你的话千斤重，10月省委就给中央写出报告，给我罗列罪名。1959年1月，省委又开了二十天会，专门揭发，批判我地方主义，右倾机会主义。好在邓小平讲：'适当检讨，保住党籍。'2月批判结束，对我决定说：'打地方主义旗帜，走资本主义道路'，撤销职务，下放基层，去当副厂长。"

毛："省委就打你一个人吗？"

赵："何止打我一个，我是头，打了一大片，打省委委员十几个，厅局级干部打了21%。持我观点看法的，还有好多。"

毛："1962年七千人大会，你一定参加了，以后给你甄别了吗？"

赵："七千人大会我参加了。那时山东严重饥荒，曾希圣取代了舒同。我在会上说，山东一年半，就饿死六十五万人，发生几十起人吃人事件。益都县洋河公社，1960年春，就饿死一千多人，全县上半年，饿死二万多人。山东荒芜农地五六千万亩，无人耕种。舒同每一次斗争整人，都说是根据你的指示，符合毛泽东思想。山东这几年斗了这么多干部，中央为什么不管？你为什么不管？1962年10月，中央给我甄别取消处分，恢复原级别，调出山东。"

毛："你在山东的问题，总算解决了。下面那一大片呢？"

赵："一大片也解决了，到1962年底，全省1958年以来，被整的二十九万多党员干部，甄别了98%，连同党外，工人，农民，共整五十三万多人，甄别了99.9%。"

毛："你调到云南又怎样呢？"

赵："我调任云南省委书记。1967年3月1日，我向老领导康生建议：中央召开类似1962年的七千人大会，或者召开九大，以发扬民主的方式，解决文化大革命各种问题。我建议以党代会小民主，取代群众运动大民主。康生没有表态，我知道事后，他密告你，说赵健民反对文化大革命，说我提议开党代会，是要让刘少奇、彭真、罗瑞卿、陆定一、杨尚昆用合法手段，夺取中央领导权。"

毛："你建议开类似1962年七千人大会，或者开'九大'，主观

217

上是善意，但我那时岂能接受？我知道一开会，刘少奇他们就占优势，我成少数了。我只能靠煽动群众红卫兵造反，来打倒他们。你的主意，帮了刘少奇，害了我。"

赵："你煽动群众造反有一套。1968年云南很乱，谭甫仁一到云南，就支一派，打一派，还凭空编造出滇西挺进纵队，定性为执行国民党云南特务组计划。滇挺和国民党特务组两顶大帽子满天飞，到处抓人。谭甫仁公开宣称：有一千抓一千，有一万抓一万，有十万抓十万，有一百万抓一百万，绝对不能手软。还说：我在个旧市讲过一次话，一夜间就抓出九百九十多个坏人！。"

毛："国民党特务组，是子虚乌有，藉口把你们一帮打下去，我看也打得冤。怎么把你牵进去了呢？"

赵："1968年1月，我和云南省委、昆明军区几位负责人，一起飞往北京，向中央汇报工作。21日凌晨两点，我们接到临时通知，立即赶往京西宾馆，参加中央解决云南问题会议。康生在谢富治陪同下主持，康生直接点名问我：'你支持炮派，出了许多坏点子，是不是？'我说，我没有支持炮派，现在云南很乱，停课、停产，武斗成风。康生厉声道：'你放毒！刘少奇才骗我们，叛徒、特务才骗我们。我问你，你在白区是哪一年被捕的？''你在国民党监狱，是怎么自首的？'康生又说：凭我革命四十年经验，我一眼就看出你是叛徒。你疯狂得狠，你混进我们党里来，想乘文化大革命之机，把边疆搞乱。我看到了国民党云南特务组织，搞的一个计划，你们的行动，就是执行他们的计划。康生、谢富治当着昆明军区领导说：滇西挺进纵队，是造无产阶级的反，是破坏文化大革命，赵健民是他们的黑后台。康生还说：你要知道，我审过干，搞过情报，同特务作过斗争，我一眼就看出，你不是善类，你对我们有刻骨仇恨！当夜，你的亲信康生就宣布对我实行监护审查，从此我就进了牢狱，长达八年。"

毛："国民党特务组案，结果怎样呢？"

赵："围绕着追查赵健民执行国民党云南特务组计划的假案，云南全省制造了大量冤假错案。全省被抓受审一百三十八万七千人，不包括受株连的直系亲属，被打死逼死一万七千二百多人。打残六万多人。云南此案，邓小平1980年会见意大利女记者时，特别举例提到。"

毛："是邓小平把你从监狱放出来的吧？"

赵："是的。1975年邓小平复出，主持中央工作，我从监狱走出来了，多亏他的过问。当我得知云南为了特务案，死人一万多时，我哭了。"

毛："你出来又继续工作吧？"

赵："1978年让我当三机部副部长，后来又当中顾委委员，我不断思考，总结历史教训。写过改革政治制度，发展民主的建议。"

毛："有何具体想法？"

赵："大跃进、大饥荒、文革大灾难，主谋、罪魁就是你。你主政三十年，几千万同胞死去如蚂蚁，数不清，无记录。这些冤魂，在天国也无名无姓，我常看到他们在天国游荡，不得安息。因为你从来没有认过罪，玉皇大帝说了，主谋不认罪，冤鬼不能安息。你应彻底忏悔，同时促使你的继承者，处理你罪过造成的遗留问题，彻底改过。"

毛敷衍赵说："你说的在理，我正在忏悔，继续反省思过，争取得到玉皇大帝从宽判决。"

59、李达（1890年－1966年）

李达是中共创始人之一，哲学家，马克思理论权威，名列陈独秀，张国焘之后。1920年代曾脱党，但始终不离马列理论。1949年刘少奇介绍重新入党，建国后一直从事教育，任武汉大学校长，1966年文革初期，遭批斗迫害，摧残致死。

毛离世四十多年，每想起李达，思他早期对己有恩，文革初期却见死不救，心中常感愧疚，想当面向李达陈述。玉皇大帝发出短讯通知李达，瞬间李达的阴魂飞到毛身边。

毛见李达，开门见山说："文革想不到一下把你整死了，实感愧疚，你一生为革命，专研马列理论，贡献很大，没犯过什么错误，我没能救你一命，我有私心。"

李："1966年文革刚开始，就批斗我两个月，把我折腾胃大出血，不成样子。7月我听说你到了武汉游泳，就叫我妻子给你送信救我，她说整天有人跟着，哪里也去不了。后来我叫秘书给你带信求救，没有下文。8月再十万人大会批斗，我摔倒在地，口吐鲜血，不省人事，送到医院，两天就一命呜呼了。我临终前还对妻子说：'等运动结束，我们去北京，向毛告状。'"

毛："对你迫害致死，我负罪责。运动之初，王任重三次请示我对你怎么办？我最后说，在校内批判一下，但不要点名，也不登报，我特别对王任重说：'不要把李达整死，要照顾一下。'没想到一批开了，就控制不住了。1980年中央给你平反了。1996年又批准骨灰由武汉迁入北京八宝山。"

李："我一生对你维护，没说过你什么不是。但党史研究者访问我，我说过建党初期的情况，说你当时还不是党员，不是正式一大代表，只是列席，可能对你威望有影响，大跃进又说过些批评意见，什么顶峰论，我也讲过不同看法，可能使你不愉快。"

毛："文革初期，我已经是红太阳了，成了党的创始人，缔造者。你说建党初期的情况，也是事实，没有扭曲，但你没有'为尊者讳'，太老实了。其实你说的是实话，但在我们这个体制老实人总是该吃亏的。"

李："我是太老实书呆子了。我说了历史过程，1913年我去日本留学，学采矿，1917年又去日本学文，跟日本马克思理论权威河上肇学马列，1920年回国，住在陈独秀家里，跟他一起筹备成立共产主义小组。1921年国际共产马林来了，也带来钱，由我向各地发开会通知，同时每人寄路费100银元，开完会回去再发50元。记得当时我见了你，问你是CP还是CY?你说是CY（共青团）我说你来了，就参加CP吧，等回去湖南就组织CP(共产党)，那时湖南还没有组织共产党小组。你自称是中共创始人，我说了实情，让你没有面子。"

毛："你说的是实际历史情况。我记得在上海开会中间，被密探发觉，被迫立即转移，你夫人王会悟提议到嘉兴去，那里是她家乡熟悉，她负责租了船，扮作舞女望风，一发现有异常我们就假装打麻将。最后选陈独秀当总书记，张国焘主持会议，他管组织，你管宣传。陈独秀因去了广州，缺席，会议实际是张国焘和你主持，还有李汉俊。"

李："你记性真好。1922年我与张国焘顶撞，离开中央。我有傲气，不似张闻天随和。你邀我去长沙，当自修大学校长。1923年又与陈独秀吵架，离开了党组织，不过我一直不离马列理论。"

毛："你在长沙也住清水塘，我经常去敲你门，向你求教。"

李："1927年你在武汉办农民讲习所，还请我任教呢。"

毛："我长征成功到陕北，你还托人送我三本著作，你写的哲学，经济学，社会学。社会学我读了十遍，得益不浅，我赞您是理论界的鲁迅。我几次邀你来延安，但你还是在国统区当教授。这些到我建国成红太阳后，我早忘得干干净净了。"

李："建国后你留我在北京工作，我坚持回湖南教育界，当了湖南大学校长，后来又调我去武汉大学当校长。我很满意继续搞理论教育。"

毛："建国后你虽然没在北京，你没权欲，但历次运动都支持我，就是大跃进不支持了，所以我恨你。"

李："对大跃进，我公开保持沉默，私下批评你发烧到40度，要你头脑冷静。你还记得1958年在武汉吗？那时你忙得不得了，我插了个空见你，不到10分钟，我见面就说：润之，人有多大胆，地有多高产，这句话不通。人的主观能动性，不是无限大的。现在人的胆子太大了。润之，你不要火上加油，否则可能是一场灾难。我还说，润之，你现在脑子发热，达到 39 度，下面会发烧到 40 度，41 度。这样中国人民就要遭大灾大难。"

毛："我那时是头脑发昏了。林彪吹我是马列顶峰，你就不同意，你头脑冷静。但还是林彪对我有用，你对我没用。"

李："我是从哲学出发，说某某顶峰，是违反辩证法的，人类发展，没有谁是顶峰，发展是不断的，是无穷的。"

李最后说："润之，你要从根上彻底反省思过，清理你的全部罪行，向人民忏悔。"

毛敷衍李说："你说的是，我要彻底忏悔，反省思过，争取玉皇大帝宽恕，脱离十八层地狱。"

毛与李达一席谈，大家坦率，该谈的差不多都谈了。李起身告辞，各自离去。

60、潘汉年（1906 年－1977 年）

潘汉年是中共高级情报负责人，抗战期间专门负责日本，汪政府方面情报联络。1949 年后任上海副市长。1955 年向党说出曾见汪精卫，被毛关进监牢，冤狱二十二年至死。毛死了四十多年，在地狱煎熬时，每想起可能与处置潘汉年太重有关。他想，无论如何非见潘一面不可。玉皇大帝随即招潘汉年。

毛见到潘汉年。

毛说："1955 年你说出最高级机密，我心里一怔，马上吩咐把你关起来，委屈你了，让你在监牢过半生，到死为止。你就算为革命作了贡献吧。"

潘："1955年，我是听你说，有什么历史问题，交代了就行。我就向陈毅说出1943年见汪精卫的事，没想到一说就砸锅，马上把我禁闭起来。"

毛："你说的哪里是什么历史问题？那是党的最高级机密，那是你工作范围的事，非你什么历史问题。你这一说，我很不安，人家一听，潘汉年哪敢胆大包天，准是最高层有交代，那不就是我吗？你的交待传开了，说我指示你通汉奸，我的面子往哪里放？我只好让你与世隔绝，永远闭嘴。"

潘："陈毅那时还安抚我，说你知道了，说一句话就没事了。不料，第二天一批公安人员便来到北京饭店，把我秘密逮捕了。"

毛："你是书生，做贼心虚，其实你不是贼，你是肩负最高使命。为何心虚？其实你不说没事，十多年过去了，神不知鬼不觉，我也轻松。你一虚不要紧，我更虚了。我要是让你逍遥在外，我心里不踏实，唯一只好把你关起来，让你永远闭嘴。"

潘："我从此受尽牢狱苦难，不见天日，长达二十二年，直至1977年在湖南劳改农场被折磨死去；连不沾边的我的夫人董慧，也被分开长期监禁受尽虐待。我的冤案同时株连几十人。"

毛："那是没有办法的事情，为革命总要有点牺牲了，你就算替我去死了。我死后给你平反了吧？"

潘："直到1982年给我平反了，不过也不说是谁的责任，没有人承担错误。"

毛："我的继承者，为了维护大局，维护我的威望，不好把责任说穿了，你应该理解，你就是我的替罪羊。"

潘："我是为你屈死。我死后，灵魂始终不安，我问玉皇大帝为什么？玉皇大帝说，你的冤主还没认罪，冤魂不能安息，要等害你的罪主认罪了，你才能安息。老毛，你必须忏悔认罪。"

毛敷衍潘说："我明白这个道理，我正在反省；你也帮我在玉皇大帝那里说情，说我彻底认罪了，让我早日脱离十八层地狱。如何？"

潘听毛这样说，明白毛又想利用他。便不再说什么，起身告辞。

223

61、黄炎培（1878年－1965年）

黄炎培是晚清举人，民初教育家，实业家，政治活动家，早期以倡职业教育称著，抗日期间发起建立民盟，并担第一任主席。1945年访延安，与毛有著名"周期律"对谈。1949年后当国务院副总理，反对统购统销等政策，毛称他为"资本家代言人"。黄与毛来往密切，1950－1960年代书信来往有数十封。黄子女家属多人被打成右派，文革被迫害。毛离世四十多年，每想起黄妻等被迫害自杀，担心他们到玉皇大帝哪里告状，便决定见黄炎培。玉皇大帝随即用微信通知毛。

毛见黄炎培来到，便说："您夫人在文革被迫害自杀，一个儿子夫妻也被迫害自杀，孙女失踪，家属遭此不幸，连我都觉得太惨。"

黄："我夫人文革不堪批斗凌辱，含冤自尽。儿子黄必信被迫害批斗，上吊自杀，他的妻子也在关押中自杀，小女儿十四岁失踪。我在天国，十分悲痛。还有几个子女，被打成右派，处境悲苦。我请求玉皇大帝严惩你这个首恶。"

毛："你家破人亡，责任不全在我。建国初期，您团结工商界，繁荣经济有功。您在经济政策方面，有许多建言，关心民众福祉，可惜不少与我的社会主义改造抵触，我没有采纳。如果你顺着我，就不会有这种结果。"

黄："我怎么能顺着你了？1957年反右前，你召我和陈叔通去中南海谈话。你对民盟在整风中的表现反感，对其领导不满，要我回民盟工作。我意识到，你是要我去主持反右，我不忍落井下石，当即婉拒，影响了你的反右部署，我拒绝你拉我下水，令你不快。"

毛："你不识抬举，我只好整你。反右前整风座谈，你和广西黄

224

绍竑，都发表了不少尖锐批评意见，那个黄被划为大右派，文革中被整死。您在边缘上了。"

黄："我明白处境危急，好在得李维汉保护，他让我赶快闭嘴。我夫人怕我激动，把几个子女亲属被打成右派的事，瞒下来不告诉我。我只知大儿子黄万里和黄大能被打成右派，我不理解，去问你，你回答说风凉话：'你家也分左、中、右啊！'"

毛："1957 年不像 1949 年了，我要完成社会主义改造，要当国际共产王，不需要你们了。文革你们自然被清理掉了。"

黄："1945 年，我们访问延安。我和你夜谈'周期律'。那时我就讲，我几十年亲眼所见，很多人没能跳出'周期律'支配，开始时艰难困苦，万死一生，等环境好转了，精神就放松了，久而久之，惰性发作，控制力薄弱了，无法扭转了，政怠宦成也有，人亡政息也有，求荣取辱也有，总之没能跳出'周期律'。你当时回答：'民为政本，新路在握，民主立国，人人尽责，为政察于百姓，为党尽心敬事，秉政施德，不会蹈前车之覆，可免人亡政息之祸。'你那时说得冠冕堂皇。"

毛："是的，我当时说，我们已找到新路，能跳出这周期律。这条新路，就是民主，让人们起来，监督政府，政府就不敢松懈，人人起来负责，不会人亡政息。"

黄："可是你主政三十年，几年就变了，晚年到了顶峰，变成随心所欲，主宰万民的独夫民贼，你公然说自己是'和尚打伞，无法无天'，什么人民民主，早抛云霄之外。你说你能跳出'周期律'吗？好在你人亡政息，邓小平出来收拾烂摊子，改了你的路子，带领国人从死胡同走出来。"

毛："你说的对，我没能跳出周期律。历史证明，您在延安给我敲警钟是对的。我没有警戒，继续走俄国斯大林之路，最后像斯大林一样，人亡政息。赫鲁晓夫出来修正斯大林，俄国才走上民主之路。我死后，邓小平出来，跳出我的死路，救了国家。"

黄："俄罗斯自 1990 年代以来，已经走上民主路。可惜中国还没有，还在挣扎没有摆脱你的错误影响，甚至还有走回头路的苗头。"

毛敷衍说："我正在继续反省思过，总结经验教训，希望我的反思，能影响我的继承者，加速走上民主之路，彻底跳出你说的'周期律'"

毛又说："我想起你早年倡职业教育，说过几句话：劳工神圣，双手万能，敬业乐群，无产者有业，有产者乐业。您做人，大量容人，小心处事，远处着眼，近处着手，正身率物，屈己为群，可为人楷模。"

黄："你过奖，不敢当。"继而寻思：综观中共历史，助纣为虐者有几个有好下场？"黄说毕，扬长而去，把毛丢下，愣了半天才悻悻离去。

62、章伯钧（1895 年－1969 年）

1957 年反右运动，整了五十五万个右派，把中国所有有良知、骨气、敢说真话的知识分子整得死去活来。其中第一号大右派就是章伯钧。章曾是老共产党，后来脱党了，走第三条路线，但还一直亲共，一直是共产党的同盟，新中国建立，又一直很合作，1957 年名为发动帮助党整风，实是"引蛇出洞"，抓小辫子，制造罪名，把有独立思考能力的人整怕整死。邓小平后来虽然给百万右派都平反了，但还保留五个大右派不改正，其中第一个，就是章伯钧。

2017 年 3 月，有学者根据各省地方调查资料来估算，全国被整的右派分子，应在一百二十万到三百一十万之间，未改正的右派，连地方的在内，是九十六人。据说最近有人披露中央文件，右派是三百一十七万人。

当天夜晚躺在床上，毛一直想着章伯钧，睡到半夜，迷迷糊糊之间，章伯钧竟然出现在床前，毛一惊，真是幽魂入梦来！

毛忙问："你就是伯钧？"

伯钧："我就是章伯钧。"

毛："你也是老革命了，我们差不多是同时参加革命的。1922年你得公费赴德国留学，与朱德同船。1923年朱德就介绍你加入中国共产党。1926年你回国，在中山大学当教授。那时你月薪两百八十块大洋，将两百块大洋每月缴了党费，八十块自己用。那时这两百块大洋的党费，可管用啦！第一次国共合作，你我一样，在广州以共产党员身份，参加国民党，接着参加北伐，朱老总是第九军军长，你是第九军党代表，又当总司令部宣传科科长。1927年8月你参加南昌起义，担任总指挥部政治部副主任。南昌起义失败后，你到达香港，从此脱离中共。追随邓演达创建第三党。"

伯钧："你说的不错，以后我就一直跟邓演达搞第三党。你还记得吧，1927年大革命失败，斯大林还曾提议，让邓演达当共产党总书记呢。"

毛："记得，当时邓演达和宋庆龄秘密到达莫斯科，我知道斯大林曾会见对邓演达说：'中国革命因为指导路线错误而失败。我们要陈独秀休息，不再参与工作。苏联和共产国际支持你加入共产党，成为共产党的新领导者。'邓演达委婉拒绝说：'我不是共产党，我是国民党。但是，我希望中国走社会主义道路，不是资本主义道路。'"

伯钧："邓演达曾公开表示：中国革命者应该同苏联保持亲密的同盟关系，而不是从属关系；中华民族要自求解放，共产国际只能提供友谊上的赞助，断不能完全听由共产国际摆布。国际共产干预只会破坏中国革命，延长中国的痛苦。"

毛："邓演达曾任黄埔军校教育长，在黄埔军校中，实力仅次于蒋介石。"

毛又说："在大革命时代，邓演达对我十分器重。在武昌创办农民运动讲习所，他自任所长，特聘我为副所长。"

章伯钧："1931 年 8 月 17 日，邓演达准备启程去江西，准备与共产党合作，发动反蒋停止内战，行前不幸在上海被捕了。蒋介石将邓演达秘密杀害。邓演达其时仅 36 岁。"

毛："邓演达死得可惜，他很有可能是代替蒋介石的领袖。"

伯钧又说："我和李健生得知邓演达被杀害的消息后，十分悲痛。我收到他辗转送出给我的遗物，一副对联：'人生自当忙不息，天地原来未晌留'。我将邓演达生前赠我常戴的一只金表，作为最珍贵的礼物，赠给了自己的妻子，我曾发誓：'要像寡妇守节那样，守住邓先生的精神。'"

毛："邓演达的主张，其实与我共产党并无多大不同，最大不同就是他要独立，不受苏联斯大林指挥，不受指挥，人家当然就不给援助。他不要苏联，结果失败了。就说北伐，没有苏联援助，能胜利吗？我要斯大林，我胜利了。"

章伯钧："这是实际情况，也是中国的悲剧。跟斯大林走，你夺得了政权。但当政后搞得一塌糊涂，路子错了，斯大林的路子，成也斯大林，败也斯大林。江山是你打下的，我们民主党派，陪衬而已。"

毛："不能全说是我打下的，公平说，也有你们民主党派一份功。设想没有你们在蒋区搞民主运动，造成强大反蒋声势，影响民心军心，打老蒋会那么顺利吗？那么多青年奔延安，也有你们的功劳。"

伯钧："再说到 1957 年你发动的反右派运动，你批我提的'政治设计院'，'两院制'，罗隆基提的'平反委员会'，储安平提的'党天下'，说作是'反党纲领'是反社会主义反革命。其实我们帮助你党整风，是好心，无恶意，语气也比批蒋婉转温和得多，你却一跳三丈，一下打了三百多万右派，国中精英尽墨，全国一遍哀嚎，国家元气大伤。"

毛："那时我要独裁，要准备跑步进入共产主义，在国际上当共产王，国内不能再有杂音，要搞清一色，民主党派过时了。其实搞掉你们这些资产阶级知识分子，我早有思想准备，甚至在建国之前，1945

年我对党高级干部就提过，1947 年又讲过，你们要先被我利用一下，过几年得机会就搞下去。我是忘了你，也忘了邓演达。反右让你靠边站了，文革又整你了吧？"

伯钧："反右让我赋闲九年，在家无所事事，连朋友都不好见了。你撤了我部长，不过待遇还基本保留，生活影响不大。文革就糟了，反复抄家批斗，大量书画，贵重物品被抄走，房子也被红卫兵占了，把我推到警卫住的小屋住，只发我生活费每月 15 元，我已经麻木了，学着给妻子补裤子，悲愤忧郁成癌，1969 年就过世了。"

毛问："后来给你平反了吧？"

伯钧："1980 年邓小平给百万右派一律平反了，但保留了五个大右派，其中有我，罗隆基，储安平，我想党意可能是表示'反右有理'，不过扩大化而已。而我们提的几方面意见，党现时并无意接受去改。可是到 1982 年，又允许我的骨灰进八宝山，说明又给我进一步恢复，尽管右派没说取消。我觉得保留帽子也没什么，事实上我就是右派，只要不论左，中，右，都能存在，不要整人，平心静气，平等讨论就好。"

毛："你说得好。到胡锦涛时代，他提出'和谐'，就是你说的意思了，不过具体执行，恐怕还有待努力。"

章伯钧听毛的口气，还算坦率，感到今夜谈得不错，时间不早了，就起身道别告辞。

63、罗隆基（1896 年－1965 年）

罗隆基，江西人，1921 年留美政治学博士，1928 年归国在上海光华大学任教。1930 年代天津南开大学政治学教授。曾因反对国民党一党专政被捕，抗日胜利后从事民主运动，参与创建民盟，为民盟副主席。1949 年出席北京政协会议，任森林工业部部长。1957 年提议成立委员会，检查三反五反肃反之失误偏差，被毛打为三大右派之一。森林部长被撤职，工资降 5 级，从此无声无息。1965 年心脏病逝世。骨

229

灰只存火葬场。1966年文革发作，红卫兵把罗隆基挫骨扬灰。以后再无安葬墓。罗无妻无儿无女，身后颇为寂寞，冤魂不得安息。

毛见过章伯钧后，一直查看着罗隆基的著作和资料，越看越入神，夜不成眠，到午夜时分，罗隆基居然出现在毛面前。

毛开门见山说："反右冤枉你了，让你蒙冤去世，你无妻无子女，孤凄一人。"

罗："我本来有个同居女友浦熙修，同居10年了，感情很好。但在你共产党的高压下，她不得不按你旨意批我'披着羊皮的狼'，从此我就孤独一人了。"

毛："1957年你要为三反五反肃反平反，实际上就是否定三反五反肃反，整个否定我的政策，我当然要把你打下去。"

罗："你说我整个否定你的政策，是夸大其词。我是要你矫正运动的偏差。当然整体来说，我是不同意你如此搞运动的。你搞运动的目的，无非是打击你不喜欢的人，什么反官僚主义？共产党谁没官僚主义？都是找你不喜欢的人来打。五反明显就是反资本家，你不喜欢资本主义。肃反更明显就是整反对派，不同意见的人。哪里有那么多反革命？"

毛："你说对了，我就是要打资本主义，不然怎么搞我的社会主义？不打掉资本主义，你们就还有社会基础，兴风作浪。"

罗："你忘记了你发表的新民主主义，新中国不是要发展资本主义吗？"

毛："我发表的新民主主义论，论联合政府，是对付蒋介石的，是门面话，也是争取你们民主党派的。"

罗："哦，你心里本来就没准备执行？"

230

毛："那是我的策略，先让你们上钩。"

罗："我们被你骗了，都被你骗到北京来，捧你为王，然后你把我们都打下去？"

毛："请君入瓮，谁让你们那么天真好骗呢？"

罗："入了你的铁桶，谁也再跑不掉，你把我们一网打尽？"

毛："就是要一网打尽，反右整了超过 300 万，你们几个是大头。我死后给你平反了吗？"

罗："1986 年中共统战部长阎明复宣布，我是爱国民主人士，有革命贡献。就算平反吧。敷衍了事。现在右派还抬不起头来，没有纪念，不了了之。"

毛："玉皇大帝要我悔罪，我正在写悔罪书，反右派是其中一大罪。"

罗："我等着看你的悔罪书，看你如何悔罪？"说完就扭头转身离去。

64、张东荪（1886 年－1973 年）

张东荪是著名哲学家，政治活动家，曾是立宪派，追随梁启超，走中间路线，力图调和国共。抗日时期被日本逮捕入狱，拒绝日本请他出任北平市长和教育部长，狱中自杀反抗未遂。1948 年他代表傅作义与中共和谈，促成北平和平解决有功，建国后任政府委员，不久以"叛国罪"被冷冻，文革被抄家批斗，1968 年八十二岁入狱，1973 年死在狱中，时年八十七岁。

毛离世四十多年，每想起张，促成北京和平解放有大功，建国初期给他戴上'叛国'帽子，冷冻起来，文革又入狱致死，自觉这个人在玉皇大帝大审判时对自己不利，想再见张，当面谈谈。玉皇大帝批准并安排他们会面。

毛见到张东荪开门见山说："您促成北京和平解放有大功，建国后却给你按上私通外国之罪，从此消失，在家里当寓公。文革又把你揪出来，投入监牢，让你老死狱中，今天特来向您道歉。"

张："那时你给我按上'叛国'罪名，如果真叛国，应把我抓起来判刑，何必等到二十年过去了文革才抓我入狱？朝鲜战争期间，我怕美国打到中国来，通过私人关系，与司徒雷登联系，要美国勿打中国。我不知道你当权后的规矩，以为像过去一样，可发挥点私人作用，变成私通外国当汉奸了。我回顾可能与 1949 年政协开会选主席，我没投你票有关。"

毛："1949 年政协五百多人开会选主席，我只差一票，没得全票。清查起来，就怀疑是你没投我票。今天你坦率承认了，我也想知道，您为什么不投我票呢？"

张："我也明知我一票不起什么作用，也理解你当主席是板上钉钉子，但我有点独立书生气，想测试一下，选举是否真有自由？"

毛："我也坦白对您说，您不投我票，伤了我的自尊心。您要明白，共产党不像西方民主国家的自由选举，您对领袖不恭，就是大问题，我就把你当异心异己分子对待，就借故把您冷起来了。"

张："我一票不投你，付出的代价，没想到那么大。从此教书也不行了，写东西也不能发表了，最后竟惨死狱中。"

毛："所以今天我来向您道歉。回想 1949 年 1 月，我请您领头和费孝通等到西柏坡会面，我赞赏您促成北京和平解放立了大功，但我说'中间路线'不能走。"

张："我不同意你一边倒，我认为应在美苏之间保持距离，留有回转余地。后来我明白难使你回心转意，但我还是坚持，不要与美国交恶。"

毛："西柏坡那次见面，我就感到我与你谈不到一块去了，可能

232

就造成您后来不投我的票了。"

张："我无法像费孝通他们那样转变，与你完全站在一起，造成我在文革的下场。"

毛："文革是冤枉您了。"

张："我死不足惜，但你的政策株连家人，与皇权社会没有差别。我大儿子是美国生物博士，回国在北大当教授，文革与我同时被捕，狱中精神错乱。二子是英国数学博士，中科院学部委员，1969年被迫害自杀。三子是日本化学博士，回国在天津一家公司工作，1966年被批斗，与妻子一起自杀。还有二个孙子，文革被劳改十多年。"

毛："三个被迫害自杀了，确实家庭惨祸，人间惨祸。"

张："我生前留下最后一句话是：'还是我对。'我到生命结束，还念念不忘我一生的哲学操守。"

毛："您可能是指我跟您关于'一边倒'的争论吧？"

张："我想是的。你一边倒向斯大林，错了。我坚守中间路线，还是我对。"

毛："是的，历史说明你对，您经得起时间检验，不随风倒，你可安息了。我却不得安息，玉皇大帝将要公审，让我反省悔罪。"

张："还记得1952年，翦伯赞遵从你的意旨批我，找出1931年我写的《道德哲学》，上面说：'资本主义不会灭亡。共产主义如实现，劳动者会饿死。'。我还指出'如把马列主义列为指导方针，将给国家带来大祸。'他批我诬蔑。"

毛："不幸都被您言中了。批你八年之后，果然饿死三千七百万人。"

张："翦老还从我1946年写的《思想与社会》，挑出我说的'无产阶级专政，必变成少数人专政'来批我，说我诬蔑。"

毛："这也不幸被你言中了，无产阶级专政，真的变成少数人专政，最后变成我一人专政。史学家唐德刚写中国三十年，书名就直白：《毛泽东专政三十年》。"

张："润之，为了没投你一票，二十年你把我弄到家破人亡，对我个人来说，还算小事，你给国家带来大灾大祸，死人数千万，是天大的大事，你必须彻底忏悔，反省思过，公开向人民认罪！这样才能得到玉皇大帝的宽恕，人民的宽恕。否则，你将遗臭万年。"

毛面色由青转黑，尴尬地说："你说的对，听了你的谈话，更要加倍思过，在中国肃清遗毒。"

65、鲁迅（1881年－1936年）

鲁迅是近代中国的伟大文学家，思想家，被尊为近代文坛一号人物，死时虽无国葬，但被民主派以"民族魂"盖棺，得到普遍认同。毛其后曾以"六个最"极力推崇鲁迅，但毛生前未得机会见他。毛离世四十多年，玉皇大帝将要公审他，公审前允许他与他想见的阴魂会面。毛很想见鲁迅，于是向玉皇大帝提出申请，玉皇大帝照例准允。

毛见到鲁迅说："您是中国文坛一号泰斗，新文化旗手，鄙人一向仰慕，一生拜读您的大作。您的思想甚合我意，但您没入党，我叫您党外布尔什维克，我与你是一路人。今日得机会拜见，当面请教，十分荣幸。"

鲁："我一贯坚守独立为民为国，不加入任何党派，但我与马克思革命批判精神有呼应，因此与你党有往来，其实我与你不是一路人。"

毛："1930年代冯雪峰与您经常联系。冯来江西苏区，一次我们见面，我说这次不谈红米南瓜，也不谈地主恶霸，只谈鲁迅。冯谈到一位日本朋友说，中国有两个半人最了解中国，一个是蒋介石，一个是鲁迅，那半个是毛泽东。我听了哈哈大笑。您与老蒋并列，国际上推崇您。"

鲁："老蒋搞一党专政，我极力反对，你也反蒋，因此我们在这点上同路。"

毛："曾经有人提议，请你来江西苏区主持文化教育，不过我看您在上海发挥作用大，来江西揭露批判谁呢？"

鲁："我不会接受任何党派邀请，我只能坚守自由独立，我揭露批判都是为国为民，非为一党之私。"

毛："您对共产党感觉怎样呢？"

鲁："据我观察，你党兴趣不在为民众谋利益，醉翁之意不在酒，你们只在乎推翻蒋政府，自己做王，取而代之。我怀疑你党当政了，不可能比蒋好多少，你们是抓权第一，当政了会是保权第一，不会是百姓第一。冯雪峰一次从江县回来，带来你写的《西江月井冈山》，我听到'山下旌旗在望，山上鼓角相闻'就哈哈大笑，你有山大王的气概。"

毛："1945 年在重庆谈判，我就承认是山大王，绿林大学，不过不是土匪，我是洋匪，有共产国际，头戴五角星帽。您认为共产党当政了，会跟老蒋一样行独裁专政吗？"

鲁："据我观察，你党专政，会比蒋更独裁。讲自由民主，蒋是有多少的问题。你党是有无的问题。因此我说过，共产党掌权了，我第一个逃走。胡风给我提过，说萧军想入党，问我好不好？我说不好，共产党能进不能出，入了就没自由了。"

毛："共产党当政了，你留下来会发挥大作用。"

鲁："非也！险哉！解放初期，有知识分子给中央写信，问鲁迅若活到建国后，会怎样？中央可能不好回答，递给郭沫若，郭老聪明会意，答复说'鲁迅一样要改造，看情况适当分配他工作。'我在天国得知，'改造'临头，如何是好？我不能按你专政的路子走，因此我也说过，共产党当权了，你会看到我穿着红背心，拿着扫把在街上扫街。"

毛："您不会这样的，您的革命精神，在新社会还会发挥很大力量。我一再推崇你到最高位，我说你是'骨头最硬，最正确，最勇敢，最坚决，最忠实，最热忱的民族英雄。"

鲁："哈哈，我在天国知道你极力推崇我，给我贴金。你知道有二万人自动自发给我送葬，你把我当旗帜，摇旗呐喊，为你所用，想把一大帮知识分子，拉到你这边来，壮大你的声势，这点你比老蒋聪明，蒋不会利用我，甚至通缉我。"

毛："我高举你的旗帜，从延安到北京，的确好使，知识分子都只好听我话。"

鲁："你吹捧我，是为了利用我，正如林彪吹捧你四个伟大，是要把你作旗帜，抓在他手里，增加他的资本，为他所用。林彪是学你吹捧我六个最，他发明四个伟大。"

毛："我在延安就成立鲁迅艺术学院，以你名字作旗号啊。"

鲁："其实我只有一个最，就是骨头最硬。你把我当旗号，其实我的揭露批判精神，在延安已经死了，你的文艺座谈会讲话，明言文艺为政治服务，只能歌颂，不能再揭露黑暗，批判精神被消灭了。"

毛："在南京，上海揭露蒋政府黑暗，到延安揭露谁呢？"

鲁："你容不得揭露一点阴暗面，王实味稍微揭露沾点边，批评一下延安某些不平等的等级现象，就被关进监牢。其实像《野百合花》这样的小杂文，实在是小儿科，在南京，上海发表，都算不了什么，不会被抓起来。后来你还把王实味杀了，太不人道。"

毛："杀王实味是关了几年之后，1947年国民党进攻，我们撤出延安，带着王实味去山西，成了累赘，为减少负担，就把他杀了推下井去了。"

鲁："你不要他，不能把他放了吗？非得把他弄死，佛教还有放生啊。"

毛："共产党不是佛，不讲仁慈，讲仁慈就是斗争性不强。你也知道，共产党是铁桶子，能进不能出，谁想逃就抓回来枪毙，怎能放生呢？"

鲁："王实味死了，也不通知家属。他的妻子寻夫十多年，找到

236

组织部，也不告诉，太无人道了。"

毛："保守秘密是怕影响不好，舆论对我不利。"

鲁："欺骗愚弄，总有一天会暴露，你生前掩盖，死后也会有人揭露。"

毛："您老德高望重，你若活到建国后，我会把你当一号人物重用。"

鲁："你若邀请我北上，我会犹疑不定，很可能不去，改去香港，如胡适，他去了美国，但我不会去美国。进了北京，就是进了酱缸铁桶，想逃都逃不掉了。"

毛："你看郭沫若不是很好吗？他当副总理，科学院院长，一直跟我走，文革我也保他，他活到八十六岁，全身而终。"

鲁："我不是郭，我若参加新中国，不会像郭，揭露批评不会丢掉，文章还会继续写，你能容吗？"

毛："你如果还写那些冷嘲热讽的杂文，不像郭老那样写颂诗，那就不行了。1957年反右时，有个老朋友就对我说，如果鲁迅活到现在，会怎样？我说要么他识大体，闭嘴停笔，要么进监牢。"

鲁："哈哈，我预料你会这样，好在我早早离世了。我在天国常往下看，胡风最早被你关进监牢，他是追随我的路子的，送葬抬棺有他一个，二十年监牢他几乎精神崩溃了。只有个别死心跟你走的有活路，其余像老舍，巴金，曹禺都遭殃，即使不死，也再写不出心里东西来了。"

毛："我预料你不会接受给你出题目，让你写文章的。"

鲁："我若接受你的指令，我就是御用文人了，不是原来的鲁迅了。"

毛："我有个问题弄不太明白，你为什么反对周扬代表党的'国防文学'口号呢？"

鲁："我是怕以抗日为名，以统一战线抗日为名，不顾民众利益，损害工农利益，所以提出'大众文学'，来代替'国防文学'，怕以拥护政府抗日为名，行一党专政。大众文学，就是以民众利益第一，直截了当。"

毛："我临到 1975 年快死了，我说鲁迅是圣人，我是圣人的学生，我始终尊崇您啊！"

鲁："你始终把我当旗帜捏在手里，随你化妆，贴金，随你操控，我离世了再不会说话。我的著作和人格，留后世评。我只希望当政者，还原我的真相。我希望我的遗产，为全民族全民所用，不希望为一党一私所用。"

鲁迅最后说："你当政三十年，神州腥风血雨，大灾大难，死人几千万，还未看到你悔罪，你的继承人，还执行你那一套，习近平还搞个人崇拜，要当世界领袖，都是你的流毒的结果。玉皇大帝要公审你，你要彻底认罪，给数千万冤魂一个交代。"

毛敷衍说："是，你说的对，我正在忏悔。今天得您坦率一席谈，促使我进一步反省思过。以取得玉皇大帝的轻判。"

鲁："你的表态好。我会继续观察，看你行动如何。"

毛听了鲁迅坦率一席谈，该谈的都谈到了，就起身告辞，向鲁迅致谢道别。

66、傅作义（1895 年－1974 年）

傅作义率领数十万大军，1949 年与毛达成和平协议，和平解放北京有大功，建国后一直当水利部长，他的堂弟 1960 年，在右派劳改农场饿死，女儿晚年也死得孤凄。毛离世四十多年，在地狱每想起傅，心中略有恐惧。恐怕他在玉皇大帝那里说他的坏话，让他逃不出十八层地狱。便要玉皇大帝招傅作义与他见面。

见到傅作义，毛开门见山说："1949年你毅然签订和平协议，和平解决北京交接。避免双方重大伤亡，立了大功。但你弟弟1960年饿死在劳改农场，你女儿对和平解决也立了功，但终老孤凄，我良心有愧。"说着假惺惺抹了一把眼睛。

傅："我弟弟傅作恭饿死，我确实十分悲伤。想当初，我不该三番五次动员他回国，甘肃参加水利建设。1957年言论不合上意，被划右派，开除公职，劳动教养，发配去夹边沟劳改农场。1960年饿死在那里。

1960年底，我特意参加监察部长钱瑛的检查团，去兰州检查饿死右派事件。从兰州又到了夹边沟农场。在场部听取汇报时，我插问：'这里有个傅作恭没有？'

一位姓吕的教育股长说：'可能已经死了。'我再问：'请问埋在哪里？'场长刘振宁又改口推脱说：'听说他可能跑了。'我当时就忍不住说：'你这哪是像共产党做事？国民党死了人，也要交代清楚。你说他跑了，为什么跑？跑到哪里去了？'后来我得知，其实是尸体集体乱埋了，找不出来，没法交代。"

毛："这样的事很多，但发生在你亲属中，太不应该了。"

傅："此事我难过了许久，手足之情，我悔不当初，深负愧疚。想当初不该叫他去甘肃，追悔莫及。我没想到他一心为公，会被打成敌人看待，开除公职，发配劳改，饿死荒滩。"

毛："是的，教训深刻。你女儿傅冬菊曾经为和平解放做出重大贡献，她的情况怎样？"

傅："她三个女儿都去了美国定居，丈夫先去世了，她一人孤独在北京，生活过得去，就是没什么人关心了，临终孤凄。五十年前和平解放北京之功，大家都忘记了。"

毛："我还记得，你女儿帮助中共，促成你下决心，签和平协议，有大功劳，应该纪念。"

毛与傅还回顾了1960-1970年代，搭线联系台湾，商谈和平统一大计的往事，尽管大家都尽了力，但没什么结果。

傅最后说："我个人亲属，还算小事。你统治三十年，搞得国家大灾大难，死人几千万，你该彻底忏悔，向人民悔罪。"

毛说："是的，我正在做着这件事。求你在玉皇大帝面前美言，叫他饶恕我。我在十八层地狱，实在苦啊！"说着又当着傅作义的面抹了一把眼睛。老眼挤了半天也挤不出一滴眼泪。

67、傅连璋（1894 年－1968 年）

傅连璋是红军第一医生，40 年来医治过无数高官军人，包括救治过毛主席三次。建国后当卫生部副部长，中将，1968 年文革惨死在狱中，是年七十四岁。

傅连璋死前多次求见毛，毛都置之不理。让他在狱中自生自灭。听说玉皇大帝要他忏悔，傅连璋要向毛泽东讨一个说法。他拖着沉重的脚步，艰难地向毛走过来。

毛定睛一看，这不是傅连璋吗？傅比毛小一岁，1927 年在江西就认识了，他们太熟了。

毛开口问："傅连璋？你怎么弄成这个样子，看上去有八九十岁了。"

傅说："文革我入狱，把我折腾得不成人样，半个月我就熬不住，死在监狱了。"

毛说："文革之初，你给我写信，请求救你，我不是批了保护你吗？"

傅说："是的，1966 年文革开始，抄我家，批斗我，你批示保护，让我搬去西山静养，还不错。可是 1968 年第二次抄家，抓我入狱，你就不保护了，我七十四岁坐牢，只给凉窝窝头和萝卜白菜，我有胃病，不能吃窝窝头，要求吃稀饭都不给，我只能喝几口菜汤。审讯批斗我，打断了我三根肋骨。最后一天我躺在床上，不停地喘着粗气呻吟着，从床上想爬起来，即倒在地板上，翻来覆去在地上打滚，在房间里四处乱爬，钻进了床下。3月29日清晨，我躺在冰冷的水泥地上，就这样死了。"

毛说："你死得好惨，才半个月就完了，我还不知道呢，那时我没得到报告啊，因为你已经不是什么重要人物。"

傅说："我不明白你为什么第二次不保护我了。我猜可能与林彪有关。你记得吧？1950年林彪称病，拒绝带兵入朝，你叫我组织专家为林彪检查身体。会诊检查结果，林彪没有什么大病，但染上扎吗啡毒品的毛病。叶群要求我保密，我答应对别人保密，但对你无论如何不能隐瞒。可能林彪因此怀恨我，埋下祸根。而文革你已经把林彪安排做接班人了，你们就一致对付我了，我头上3顶帽子，走资派，三反分子，天主教间谍，什么都来了。"

毛说："其实你一直搞医务，又没什么权力，走什么资？"

傅说："你还记得吧？1933年你患恶性痢疾找我求治，我救治你活命。1934年长征前夕，你两次患恶性虐疾高烧昏迷，又由我抢救活命。你当时说我三次救你性命。"

毛说："当然记得，是你三次救了我命。"

傅又说："我女儿傅维莲和女婿陈炳辉，当年在江西奉命给一个重伤员治疗，但因伤势过重，没有救活这位队长。就立即把他们两人当作反革命抓起来，就地枪毙。我忍着悲愤，更加积极表现对党忠心，尽心竭力为红军服务。除了救你，从江西长征到陕北，我还救过无数高干和战士。我有什么罪?救人有罪？"

毛说："你给朱德，周恩来，刘少奇，林彪，陈云，邓小平，都治过病，大家都记得你。长征路上，那么艰难，你给贺子珍接生，我都没忘。"

傅说："既然如此，我现在还不明白为什么叫我死？而且这样死法。"

毛说："过去的事,一言难尽啊!到文革,你已经过气了,用不着你了。后来给你平反了吧?"

傅说："1975 年你批示了:'傅已入土,呜呼哀哉,应予昭雪。'给我恢复名誉。但无人承担罪责,我不得安息。其实我并非要具体执行人认罪,下面听上面的,最上面是你,你承认总罪祸首,所有冤案一人担,就够了,大家就解放安息了。但你至今从未说过一句话,你的继承人也从未代表你,说过一句话,我们这些受害者,成了无头冤魂,至今不得安息。不只我是这样,许多冤魂比我更惨。你死后四十年,中国继续不断,年年有大量冤案,北京上访不断,申冤者继续受到打压。"

毛不得不说："你说的我明白了,这也是玉皇大帝的意思,我正在忏悔,反省思过,也要促使我的继承人,反省思过。如有机会,请把我的这番话告诉玉皇大帝。"

傅连璋得到毛如此表态,也就暂时不再说什么,起身道别告辞,渐渐退后远去。

68、邓拓 (1912 年－1966 年)

邓拓当了 10 年《人民日报》总编,曾经是中共意识形态的看门人。他十八岁入党,三十二岁主编第一本《毛泽东选集》,是文革之初自杀的第一人,那时他就职北京市委。1966 年文革信号"5.16 通知"刚过 2 天,5 月 18 日清晨,邓拓写下六千言绝笔书,服安眠药自杀死亡,是年五十四岁。

因为毛的罪行始终没有清算,邓拓死后,阴魂不得安宁,一直想着向玉皇大帝讨公道。他听闻毛四处寻找旧部忏悔,便自己找上门来。

半夜,邓拓斯文地慢慢走到毛身边。毛以为是一个无常要索他的头,吓了一跳。定睛一看,这不是邓拓吗?因为 1957 年他穿着睡衣,在卧房召见过邓拓等数人,训了邓拓四小时,印象很深。

毛开口问道:"你不就是文革初期自杀的邓拓吗?"

邓拓说："正是。今晚想来找你讨个明白。"

毛说："文革还刚开始，还没抓你呢，你怎么就自杀了？"

邓拓说："我不想等抓我入狱，受辱受罪再死，吃安眠药平安超度，比较温和点。"

毛说："那时你怎么就感到轮到你了呢？"

邓拓说："1966年5月初，我就被《解放军报》点名了，那篇《向反党反社会主义的黑线开火》，点明我邓拓'为资产阶级复辟鸣锣开道'。接着姚文元、戚本禹又针对我，写批判文章，揭发'邓拓是反党反社会主义头目'，并且声言：'邓拓是什么人？现在已经查明，他是一个叛徒。'你看，我邓拓还能跑掉吗？我的警卫员也换了，奉中央文革小组之命，新派的警卫员，实际上是监视员了，我更跑不掉了。我聪明点，早自我了断，免得受罪。"

毛说："你是才子，从老解放区，到1949年进京，又是10年《人民日报》社长兼总编，贡献很大。"

邓拓说："我在《人民日报》主持，宣传报导主旨，是想改善党内外关系，党群关系，创造和谐的社会氛围，这不合你的口味，你是要斗，1957年反右运动前，你把我们报社几个主管人，召到你那里，给我们训话。"

毛说："我那时很有气呀！"

邓拓说："1957年4月10日下午，我刚吃完饭，就接到通知：你要召见全体编委。我和胡绩伟等六名编委，乘车直奔中南海。我们被领进你的卧室，你穿着睡衣，盖着毛巾被，靠在床上，半躺半坐，不停抽着烟，卧室里装满了书，床上有一半空间也堆着书。我开始汇报工作，一开口就屡次被打断。你说：'你们按兵不动，反而让非党的报纸，拿了我们的旗帜整我们。过去我说你是书生办报，不对，应当说是死人办报。你不要占着茅坑不拉屎。中央开了很多会，你参加了，不写，只使板凳增加了折旧费。如果继续这样，你就不必来开会了。谁写文章叫谁来开会。你养尊处优，只知道汽车进汽车出。我看你很像汉元帝，优柔寡断。你当了皇帝非亡国不可！'我几次想解释，都被顶回，最后我说：'我不知道自己像不像汉元帝，不过我实在是感到能力不够，难以胜任，希望你撤掉我的职务。'我几次诚心诚意提出这个请求。而你说我是'假辞职'，并批评在场几个副总编是'不敢革邓拓的命'，鼓励他们和我'拍桌子'，'只要不到马路上去闹，什么意见都可以提。''为什么一点风都不透，没有一个人向中央写信报告情况？'你整整批了我们四个多小时。"

毛说："是呀，我当时说你书生办报，死人办报，不温不火，要你加温再加温。"

邓拓说："我回到报社稳住情绪，一五一十把你对我的批评传达下去。报社同志听说你批评我'养尊处优'，都难以接受，认为这点跟我邓拓根本沾不上边，也没有任何人响应号召，打小报告'革邓拓的命'。两个月后，你派亲信吴冷西到《人民日报》任总编，我事实上被架空。人们说我单纯正直，不善于察言观色，不会按照领导意图行事。不过我有二十多年党龄，作为总编辑，七年来列席中央工作会议，我的政治敏感度，非常人可比。但我觉得批评文章过火，有损党的形象，要删改再发。我更多考虑的是保护作者。你说百家者两家也，我就更相信你讲的双百方针是假的，《人民日报》不能学人家那样鸣放，学了要出乱子。后来你更说了引蛇出洞。我这时就明白，登了谁的鸣放文章，会害了人家。直到反右拉开大幕，那些被我压了稿子、删改过词句的作者，才明白我的苦衷。可见当时我按兵不动，是有苦难言。"

毛说："共产党就是要斗啊，斗得越大越好，不然要共产党做什么？"

邓拓说："1958年1月，我接到通知，参加南宁中央工作会议。会上你公开批评周恩来'反冒进'，大跃进蓄势待发。你又点名批评

《人民日报》，提到那篇被我改小字号发表的反冒进社论，恰在此时我走进会场，你当着全体说：'一说曹操，曹操就到。《人民日报》，革命党不革命。我给他们讲，你们又不执行，为什么又不辞职？邓拓就是无能，我说过他是教授办报，书生办报，又说过死人办报。'我在底下默默做记录。你说的那样火，我想我还能活吗？我曾去郊区潭柘寺散步，真想在那个深山名寺，落发为僧，读一点书，写一点东西，可是作为党员，连当和尚的自由也没有。"

毛说："后来好了，彭真把你弄到北京市委当书记，你离开《人民日报》，算是解放了吧？你写那么多燕山夜话，三家村扎记，无非是批我吧。"

邓拓说："我写一点小东西，1961 年，全国刚刚遭受 3 年大饥荒，一点活泼的短小杂文，人们认为是难得一见的精神食粮，上至官员、学者，下至学生、市民，几乎无人不读。老舍说是大手笔，写小文章，各地报刊都学燕山夜话，办知识杂文专栏，国内掀起了一股杂文热。但我无意直接批评你。"

毛说："我明白你是影射批评我，我搞三面红旗，大跃进有错。"

邓拓说："说影射也无不可，都是一些值得反思的问题，我是引人思考，但无煽动之意，文风是十分温和的，如果这点从侧面来提醒反思的小东西，都容不得，还能讲什么如你说的创造生动活泼的政治局面呢？1962 年 9 月，北戴河会议，你提出阶级斗争年年讲，月月讲，天天讲，一点略见活跃的社会空气急转直下。我很快就被迫停笔了，即使还写点什么，笔调也不得不更加温和了。"

毛说："刘少奇批评我，我怕他的威信高过我，影响我的权力，我必须提出阶级斗争，把他压下去，像你这样的才子，实际上是跟他的路子走的，所以你就不好过了。"

邓拓说："从《人民日报》到北京市委，你知道十年来，我的压力有多大？到文革之初，我的上级彭真倒了，党报公开点我名了，我明白我的时候到了，所以我只好自动退场。我走了不说，你知道我的妻子，孩子，压力有多大？我连累了他们。"

毛问："你妻子丁一岚，不是第一个广播台长吗？她怎样呢？"

邓拓说："我给妻子的遗书写道：'你们永远不要想起我，永远忘掉我吧。我害得你们够苦了，今后你们永远解除了我所给予你们的创伤。'5月18日清晨，我妻子发现我死后，首先想到的不是悲痛，而是恐惧。她当时也不敢失声痛哭，家里还住着警卫员呢。我临死之前，放在桌上一个信封，里面装的好像稿纸，上面写着让她立即销毁。她想不出该怎么办，又怕惊动了警卫员。那时，我姐姐在我们家里，就急急忙忙把她叫起来。说有这么个东西，要马上销毁，她们俩就喊哩喀喳地连剪带撕地弄碎，扔到厕所和澡盆里，放水冲掉了。当时不敢烧，怕出火光，怕有味，她们也没看看销毁的是什么，看都来不及看了，只想着，在警卫员醒来之前，得处理完了。你看，就紧张到这个程度，压力有多大。我死后，市委又来人抄家，我的书信、照片、作品都要拿走。我的死也被要求绝对保密，我妻子甚至只能告诉子女，父亲因病住院了。两年后，我的子女们才从社会上得知父亲已死的消息，他们找母亲证实，丁一岚在请示北京市委后，才敢向子女们说出真相。"

毛说："看来你是受了冤屈。我不管你冤不冤，我用不着你了就抛掉。后来给你平反了吧？"

邓拓说："直到1979年，才给我平反了，恢复名誉，胡耀邦主持追悼会，给我很高评价，我的著作，也陆续出版了。1994年，我在家乡福州市的故居，也辟为纪念馆了。"

毛说："人虽死了，最后倍极哀荣，那还有什么冤屈呢？"

邓拓说："问题是，不论我，还是其他人的枉死，主谋都是你，文革是你发动的。玉皇大帝说了，主谋还没认罪，案子还没了结，你们这些枉死的，灵魂还不能安息，所以今晚还要来找你算账。"

毛说："我明白了。我也得着玉皇大帝的允诺，遍访冤魂，求得把我从十八层地狱解脱出来。"

邓拓得到毛的承诺，态度缓和而坚定地说："你若食言，就罪上加罪了。期待不久就看到你的忏悔书。否则我还要来缠你，我不会罢休的。现在中国依然只能听你的继承人一个声音，官员不能讲一点不同意见，一讲点不同意见，就保不住官位，就是你的流毒未清，继承人继承你的专制独裁。现在你的继承人，还要学你当世界领袖，不顾国内人民穷困，缺医少药，上不起学，向外国大撒人民的血汗钱，去享受世界领袖虚荣。你必须自己悔罪，同时促使你的继承人也反省悔过。"邓毕竟是有才华有思想的知识分子，自揣自己也是建立邪恶政权的帮凶之一，也曾助纣为虐，因果报应也不是天道自然吗？想到这里也就不再说什么，遂起身告辞。

69、郭沫若（1892 年－1978 年）

郭沫若是现代中国的文化名人之一。郭一生在文字学、考古学、历史学、戏剧、新诗等方面颇有声名，但薄有成就。当过新中国副总理、科学院院长，是文化领域一号人物。他是毛的老朋友，诗友。毛时代三十年，郭帮了大忙，文革期间郭是毛钦定的保护对象，直到去世，郭对毛感恩不尽，遗嘱家人跟毛走。毛离世四十年，始终没忘记这个文痞，想到郭老在文革也有委屈，两个儿子在文革惨死，舆论对他也有风言风语。毛想再见郭，玉皇大帝安排他们会面。

郭见到毛依然秉性不改一脸谄笑。

毛："你 1927 年入党，一直跟党走，新中国三十年，你一直跟我走，从大跃进到文革，你出了很大力，我永远忘不了你，文革你两个儿子不明不白死了，我很难过，特向你致歉。舆论对你一些风言风语，请你不要介意。"

郭："我为党工作，跟你走，是应该的，群众有些不理解，我也明白。两个儿子没了，是我最痛，但为了保住我的荣华富贵，也只能做出牺牲了。今天你我都已离世，可以开诚布公，坦率交谈。"

毛："舆论说你是风派，跟风快，随风倒，你感觉这样说，对你公平吗？"

郭："我天生敏感，感觉灵敏，可能比别人快一些。1965年11月你批准发表《海瑞罢官》，我就感到一场暴风雨就要到来，惶惶不安。1966年1月，我就写了请辞信，请求辞去院长等所有职务。1966年4月，我在人大会议上，就向自己放一把火，提出我写的所有东西，没有一点价值，统统烧掉。"

毛："你有壮士断臂的气概，全面否定自己，震惊全国，为我即将发动的文化大革命，破四旧，批倒一切反对学术权威，提供了榜样。你看，郭老几百万字都全部自我否定了，你还能保留什么，一下打掉了知识分子的自尊心防，你大大帮了我的忙，所以我批准全文发表你的讲话，作为即将正式启动文化大革命的信号弹。"

郭："既然你亲自批准发表，就说明你同意我全面否定自己，我感到大难即将临头，在红卫兵横扫一切的恐怖风暴下，1966年12月，我偷偷秘密躲进六所，观望了一个月，才敢回家。"

毛："红卫兵要批斗你，我把你列入特别保护名单，所以你逃过去了。"

郭："感谢你保护。1967年6月，我在亚非作家会议上，发表了《一辈子做毛主席好学生》的讲话，向你表忠心。我还特意即席朗诵了一首诗：《献给在座的江青同志》赞颂你夫人，是学习好榜样，活学活用你的思想，冲锋陷阵。"

毛："你在国际场合，给江青颂诗，大大提升了她的形象，非常感谢你的帮忙，江青从此更加得意洋洋了。"

郭："1971年，我发表诗论《李白与杜甫》，扬李抑杜，我知道你喜欢李白，投你所好，你看了一定高兴。"

毛："你跟得紧，是你最可爱之处，我最用得上。"

郭："文革十周年，我又根据形势需要，发表新诗《四海'通知'

248

遍》，颂扬你十年文革伟大功绩，打倒刘和林，邓小平复辟，主席挥巨手，团结大进军。"

毛："你跟得紧，跟得快，随风倒，使你永不倒。"

郭："你驾崩了，太阳落山了，《诗刊》向我约稿，我又写了两首诗。《诗刊》见第二首太肉麻，只发表了第一首。'革命风云蒸海岳，光芒四射永生时。工农热泪如潮涌，中外唁章逐电飞。悲痛化作新力量，继承竞作大驱驰。天安门上音容在，强劲东风日夕吹。'我又把第二首送给《人民文学》。他们将第一句'伟哉领袖比爷亲'，改为'伟哉领袖万民亲'才发表出来。"

毛："是很肉麻。你以前把斯大林比作爷爷，今天又把我比作爷爷。你到底有几个爷爷？不过，叫我爷爷，我喜欢。"毛又说："你的最后一首诗，可能是最受群众欢迎的好诗了。可惜在我已离世。"

郭："江青被抓了，我马上写了一首《水调歌头》：'大快人心事，揪出四人帮，政治流氓文痞，狗头军师张，还有精生白骨，自比则天武后，铁帚扫而光，篡党夺权者，一枕梦黄粱。野心大，阴谋毒，诡计狂，真是罪该万死，迫害红太阳，接班人是俊杰，遗志继承果断，功绩何辉煌，拥护华主席，拥护党中央。'我的三首文革诗，从献给江青，到颂扬文革，最后到打倒四人帮，被认为是我的经典。我是根据形势需要，什么风向写什么，这样既满足党需要了，我也自保下来了。社会只流行下来的，是'大快人心事'这一首。"

毛："你是怎样能这样做到公私两利呢？"

郭："人生不论处世或创作，一是自然流露，一是逢场作戏。我写《女神》，是自然流露。参政以来，是逢场作戏。人生如戏，我和周恩来最谈得来，他跟我一样，最会做戏，他从中学就男扮女装，上台演戏。从政不作戏，很容易倒霉，很快被毁掉。中国士的传统，'士可杀不可辱'，我当不了'士'，不像老舍，早早死掉了。我只能跟风，说我风派，帽子合适。"

毛："鲁迅跟你论战时，说你是才子加流氓，远看是狗，近看是郭，太过分了吧。"

郭："说我是狗，也不过分。文人从政，无兵无权，像狗一样，必须依赖主人，做走狗。新中国主人，就是你了。你也说过，知识分子是毛，党是皮，毛必须附在皮上，而党是你作主的，实际上等于附在你身上。江青说过，她是你的一条狗。她是内宫的大狼狗，谁都怕。我是你边缘温顺的哈巴狗，如此而已。做戏必须按狗和主人的关系去做，这点周恩来体会最深了。"

毛："林语堂在世时，还说你是'集天下肉麻之大成'呢。"

郭："我观察了几十年，共产党不是肉麻，就是见血，我是宁可肉麻，不希望见血。我肉麻，才活到八十六岁。老舍当'士'，只活到六十七岁。康生是靠拿棍子打人活的，我是靠手拿香雾喷器，脚穿溜冰鞋活的，一武一文，角色不同。不同的是，我有难言之隐，要生存下来，无可奈何。"

毛："你的生存哲学，有一套。我记得你在大跃进，写过许多有趣的诗，什么《钢铁定 1070 万吨》《咒麻雀》《四害余生四海逃》《领袖颂》等。对大跃进鼓劲，起了很大推动作用。你还为我一张在飞机上的照片题诗，说'机内机外有两个太阳'，我看了很高兴，你是最早说我是太阳的。"

郭："那些都是应时诗，马屁诗。大跃进过后，我私下也给朋友说，大跃进，放卫星，发喜报，一哄而起，一哄而散，上有好者，下必更甚，可笑可厌。说你是太阳，赞颂你啊，你是主人嘛，不赞主人赞谁呢？不赞能活下去吗？"

毛："你真聪明，所以能在我手心活下来。你的两个儿子在文革死了，怎么回事呢？"

郭："一个忧郁自杀了，一个被造反派整得坠楼死了，不明不白，都在文革中。我很心痛，也无可奈何。要自保嘛，只能六亲不认，冷血到底。我的家庭也不得善终。检讨起来，我的浪漫气质，使我处理婚姻有过错。我二十岁奉母命结婚，五天就离家，妻子一直与我母守家。1939 年我还乡探亲，我向她鞠躬表歉意，她一直寡守，到九十岁终老。我的第二任妻子，是日本护士安娜，十多年在日本生了五个子

250

女。1937 年，我只身不告而别，返回中国后就不跟她联系，让她生活困难，他们甚至骂我是家庭罪人。还是建国后，得周恩来好心安排，让她在大连与五个子女生活。我的第三任妻子于立群 1938 年跟我在一起，直到终老。不过我对不起她姐姐于立忱。我先跟她姐姐同居怀孕，后来我变卦让她流产，结果她自杀了。我背离修身，齐家，治国之道，身不修，家不齐，何以治国？家是国之基。我远不如巴金，他从一而终。"

毛："你抛弃日本妻子回国，跟我早年弃杨开慧和子女差不多，我到了江西几个月，就跟贺子珍结婚了。她为我死在狱中，年仅二十九岁。我这样做也是无奈。"

毛："你身后事怎么处理呢？"

郭："我遗嘱骨灰撒大寨农田作肥料，可是大寨还为我立纪念碑。我把骨灰撒大寨，也有否定自己的悔意。"

毛："你对自己的学术成就，难道也否定吗？"

郭："我死后在阴间重新审视我的一生，学术成绩毁誉参半，我正在总结我的经验教训，给后人借鉴。我常面对群众给我编的顺口溜苦笑：'郭老郭老，适应性高，转得快，顺风倒，有人保，永不倒。'我拿顺口溜，来娱乐自己。"

郭最后说："我的一生，在你淫威下，委屈求全，我个人不足道。我痛心国家四十年后，还重覆你的老套，习近平学你，又搞个人崇拜，还要当世界领袖，年轻人问：道德多少钱一斤？你从来没认过错，没悔罪，所以流毒未清。你必须彻底忏悔，反省思过。"

毛敷衍郭说："好，你说的是，我正在忏悔、反省。希望再有机会向你讨教。今天与你一席谈，得益不浅。"

毛说着起身告辞，各自离去。

70、丁玲（1904 年－1986 年）

丁玲是中国现代著名女作家，1920 年代就以《莎菲女士日记》闻名，1930年代丁玲奔赴延安，成为毛的红颜知己，毛亲笔写诗送她，无所不谈。1951年毛推荐她写农村土改的长篇小说《太阳照在桑乾河上》，获斯大林奖。1956年毛出于政治需要，把丁玲打成反党，右派，使她冤狱流放二十年。毛离世后每想起丁玲，犹有愧疚，想见她当面道歉。玉皇大帝批准并安排他们见面。两人见面，握手问候。

毛对丁玲说："1956年把你打成反党，右派，让你蒙冤下狱，流放二十年，吃了很大苦头，想起来十分内疚。出头整你是周扬，上面是我指示。"

丁："我很理解你，我看透你了，情况变了，我不再是你延安时期的我，那时你把我封为'贵妃'、视为知己。我已五十出头，你有政治需要，要把我早期留在读者的自由独立形象全毁掉，把我搞臭，不惜打我反党下狱，我只能默默忍受折磨，我的后半生就此完了。我热情参加革命，人家评论说：革命吃掉了自己的儿女，我就这样被吃掉了。"

毛："我推荐你写的《太阳照在桑乾河上》得斯大林奖，是给你最高荣誉，最大回报了。"

丁："这当然要感谢你。我写《太阳照在桑乾河上》，也是顺应你的指示，是奉命之作，走你的文艺路线，歌颂农村革命，作品虽然得斯大林奖，但无法与富感染力的《莎菲女士的日记》比，无法给读者留下深刻影响。"

毛："是啊，那是奉命之作。想当年你初到延安，我请你吃饭，为你的革命热情和文采风采感染，使我深深感动。我亲笔给你写诗，你是我建国前婚姻外唯一献诗的女性。"

丁："我当然感谢，你写的诗，用电报发给我，我没收到，回到延安，你又重写给我。你的诗至今流传。"

毛："那时你常到我窑洞来，我们无所不谈。"

丁："是的，我记得经常到你住处去。每次去你都给我用毛笔抄写自己写的诗词，或是你喜欢的别人的诗词。有一次，你突然问我：'丁玲，你看现在咱们的延安，像不像一个偏安的小朝廷？'我知道你是开玩笑，就回答：'我看不像，没有文武百官嘛！'你说，'这还不简单吗！'你马上把毛笔和纸推到我面前，说：'来，你先开个名单，再由我来封文武百官就是了。'我没有开名单，只是报人名。反正是开玩笑嘛。你一边写名字，一边在这些人的名字下面写官职，这个是御史大夫，那个是吏部尚书、兵部尚书，还有丞相、太傅，等等。弄完了这个，你突然又对我说：'丁玲，现在文武百官有了，既然是个朝廷，那就无论大小，都得有三宫六院呀！来来，你再报些名字，我来封赐就是了。'我一听这个，心里马上明白，你心里想的是什么了。我知道你是党的领袖，但你同时也是个男人。就马上站起来说：'这我可不敢！要是让贺子珍大姐知道，她肯定会打我的。'"

毛："延安窑洞说三宫六院，确实太土。到了北京，就成真了，虽然没有成形的三宫六院，但所有文工团，随叫随到，更加自由灵活。江青分居放一边，免她吃醋。这就叫'家里红旗不倒，海里彩旗飘飘'。"

丁："是啊，到了北京，你就有活的三宫六院了。我到延安见到你这个老乡，格外兴奋，你赏识我，使我感动。"

毛："我喜欢你这个老乡，延安也需要你增加名声。你喜欢当红军，我就给你高位军职。"

丁："当红军是我的革命激情，浪漫情怀，我骨子里还是要写作。"

毛："我知道你本来可以在上海，北京继续写作，舒适生活，来延安苦了你。我非常尊崇你，1938年跟江青结婚，我也特别发请帖让你出席酒宴。"

丁："可惜我没收到。外人说我抵制江青，其实尊重你的决定。"

毛："我知道你尊重我。建国后我还去颐和园看过你，你那时在颐和园写作，我还与你泛舟昆明湖上。"

丁："我知道你还想着我，我很感动。"

毛："可是到1956年，在收拾胡风之后，为了进一步打击自由独立知识分子，我决定再收拾你，因为你的影响大，《莎菲女士的日记》《三八节有感》断不了根，遗患无穷。我知道你骨子里，不能做驯服工具，不合我的政治需要，只好把你赶出去，把你搞臭。这样知识分子就服我了。"

丁："本来我已经向你投降了，也答应再检讨，但你还是不饶我。"

毛："我看人看历史，看根子，你在延安时期，建国初期，只能暂时为我所用，过期作废，我还要向前走，不能再恋旧，只好抛弃你了。"

丁："直到你死后，1977年我出来了，回到北京。你在我心目中，虎威犹存，我只能说，不管你对我怎样，我对你一往情深。你蜻蜓点水，拔出来就把我忘了，可我还拔不出来。我至今还记着你写给我的《临江仙》：'壁上红旗飘落照，西风漫卷孤城。保安人物一时新。洞中开宴会，招待出牢人。纤笔一枝谁与似，三千毛瑟精兵。阵图开向陇山东，昨天文小姐，今日武将军。'"

毛："这是我写给作家唯一的一首诗。难得你还记在心里。"说着靠前，想重温旧情。见丁玲没有反应，又说，"你再出来已经七十多岁了，还写作吗？"

丁："我被折磨了二十年，幸亏没像胡风那样，几近精神崩溃，但已经失去锐气，少了思想光彩，虽然零碎还写过一点，已经没有影响力，我已经被你改造得没有昔日丁玲的味道了。我不能再让人感动，给读者新的兴奋，昔日的莎菲，已经死了。"

毛："我就是要让莎菲彻底死掉，消灭自由独立个性，莎菲与共产主义不相容。你写《三八节有感》，感叹年轻漂亮革命女性，成为首长的花瓶，也与我的帝王专制不相容，必须彻底清掉。"

254

丁："我被你整垮了，我为你的帝王梦作了牺牲，不过我还是大丈夫气概，无怨无悔。"

毛："你觉得现在还有什么遗憾吗？"

丁："我遗憾你现在还没公开忏悔，你的继承人，也还学你那一套。不过我高兴你死后，中国正在变，个人正在向自由独立变化，我写的《莎菲女士的日记》《三八节有感》，还不失历史意义。"

毛敷衍说："我也正在继续反省思过，希望不久未来，我会得到玉皇大帝宽恕。今天向你道歉，也将是我未来忏悔的一部分。希望你不要记仇，更不要在玉皇大帝的审判席上说我的坏话。"

丁："我要看你行动，看你怎样公开忏悔？"

毛觉得今天与丁玲叙旧，大家谈得坦率，该谈的都谈了，就起身告辞，与丁玲道别。

71、萧子升（1894年－1976年）

萧子升，又名萧瑜，是毛泽东青年时代的第一挚友，与毛共同发起成立"新民学会"，任总干事，毛任干事。又在长沙发起赴法勤工俭学，毛主革命，萧主改良，1927年国共分裂后，毛、萧不再来往。萧去法国，1952年又去乌拉圭，办图书馆，办教育，1976年在乌拉圭去世。

毛离世四十多年，经常想起萧，谈天论地，遗憾分手五十年，未得机会再见面。想到玉皇大帝准许他在大审判前向直接或间接因他而被杀的各路亡魂忏悔，根据忏悔效果决定判决。毛便想再见老朋友萧子升。两位老朋友见面格外亲切兴奋，热情握手问候。两人热泪盈眶。

萧："润之兄，没想到分手九十年后，你还想见我。"

毛："自然自然。旭东弟，其实我只大你八个月，而读书时你比我高两级，你是学长。你父亲是我的老师。你弟萧三曾借我《世界英杰传》，这本书影响我的人生轨迹。"

　　萧："还记得我们彻夜长谈，讨论国家前途吧？你主革命，我主改良；你要走俄国路，我反对。我们争辩了几年，谁也没能说服谁。"

　　毛："尽管我们争得难分难舍，甚至争到流泪。你性情温和，菩萨心肠，我给你起外号'萧菩萨'。"

　　萧："还记得1917年暑假吧，我们乞丐打扮，手拿一把雨伞，背一个小包袱，身上不带分文，一路靠行乞旅行一个月，走过几个县，克服种种困难，遇见好多人，有过许多有趣谈话，增长不少见识，收获丰富。"

　　毛："现在重温旧梦，难忘我们两个在一起，自由游荡的日日夜夜。"

　　萧："叫化三年，有官不做，叫化最自由，无官一身轻，我们一个月分文不带，还不是活得好好的回来了，而且有那么多有趣的遭遇。"

　　毛："旧社会可以行乞活着，到我治下的新社会，就不行了。大饥荒那三年，我不许'盲流'，饿死也只能困在村里，所以外界不知饿死人，此是后话。"

　　萧："还记得我们关于自由羊群和政府当牧人的讨论吧？"

　　毛："当然记得。我认为政府要当牧人，强有力的牧人，人民才可组织起来。"

　　萧："我则认为政府过于强大，就会损害人民自由。人民是羊群，但人民应是主人，政府是仆人。假定人民要政府来照管，人民就失去自由了。路上我们看到有几只牛在安详地吃草，一个手拿长鞭的牧牛人突然出现，牛很快四散，秩序大乱，害怕得无法吃草了。"

　　毛："我认为牛必须管制，必须用鞭子打，牧人不能软弱。政府一定要强有力。"

　　萧："但是政府如果太过作威作福，牛羊也会起来反抗的呀！"

毛："反抗就镇压，不讲客气。你还记得那个美丽的少妇，旅舍女主人吗？她很有趣，还给我们看相呢。"

萧："当然记得，她诗书世家出身，爷爷是诗人，父亲是大学者，怪不得她会测字，看相，知凶吉，她给你我看相真有趣。"

毛："她问我尊姓，我说姓毛，她就叫起来说：你的姓不大妙啊！洪秀全叫长毛，袁世凯叫毛猴子（袁猿同音），你也姓毛，糟糕！糟糕！说得我一阵沮丧，我说：我的姓跟我的长相，有什么关系呢?赶紧给我看相吧！你记得她给我说什么吗？"

萧："记得，我特别仔细听。她说：从你的脸相来看，你可能做大官，做国务总理，或者做山大王。"

毛："她说得我真动心，但接着你记得她说什么吗？她说：但从你的姓来说，你可能成为长毛或毛猴子那样的人，你自视甚高，野心勃勃，但你没有半点温情！你可以不动声色，杀一万人或十万人！不过你很能沉得住气。如果在三十五岁以前，不给敌人杀死，那你就逃过了一个大关，而一过五十岁，你的日子更是一天比一天好起来了。在五十五岁左右，简直是逢凶化吉，万事亨通。你最少有六个老婆，但儿女不多。可以看得出来，你跟家庭之间不太合得来，你不会一直住在乡下，你也不会有一个固定的家庭。"

萧："哈哈！说得真有几分灵呢，她把你的人生轨迹，都画出来了。"

毛："她说的真有趣，后来我的人生，真差不多呢。我对她说：好了，现在请你给萧先生看看吧！她看了看你之后说：萧先生，你的长相跟你的朋友完全不同。你让我想到道家，你有一种隐者的气质。看来你不属于俗世中人，真像仙人下凡一样呢！你是很有情感的人，和毛先生比起来，他像一杯烈酒，你却完全像一杯清水，我看得出来，你一生一定在流浪中度过，而你走得愈远，就愈会……"

萧："当时我打断她的话说：你看我也会有六个太太吗？她说：不，但你将结婚两次，却只有一个螟蛉子，因为隐士是既不需要家庭，也不需要儿子的……"

毛："真有点谱啊！你不是真结过两次婚吗？我们觉得她很有意思，就问她的姓名，她叫胡茹英。"

萧："接着我说：假如有一天，毛先生做了国务总理，或者山大王，说不定他会写信给你，邀您做他的顾问呢！"

毛："她听了开心得大笑起来，接着说：但他是没有温情的人呀，到那时他会完全把我忘记，连我的影子也忘得一干二净了。她对我的性格，看得真有点谱呢！"

萧："是呀，她看你真有八分准啊。我真的一直保留着她的地址，但从未给她写过信，因为我一直没发迹，没什么好消息告诉她。不过我始终记着她颇有意思的话。"

毛："我们末了遇到沅江洪水，不得不终止行乞旅行，坐船返回长沙。到西门时，你还想起我们第一天出门坐船，欠船主四个铜板，要找他付钱，我认为不必了。"

萧："是的，我们现在有了钱嘛，欠他多少，便该陪他多少，不然觉得对不起他。"

毛："我认为什么都过去了，一了百了，不要再惹事。"

萧："我当时觉得，你是不知感恩的人。说着你自管自走，我只好尾随你进城去。就这样结束了一个月有趣的旅行。第二年我们组织留法勤工俭学，长沙去了几百人，我也去了，但你选择留下。我明白你作留下的决定，一是路费要 100 大洋，而你一文不名；二是语言，你学英文都发音不清，更别说法语了；三是你留下可继续读书，征求新会员；四你是行动派人物，最要紧是纠集一大群忠心群众，组织政党。如果跑到国外，你就离开了让你壮大的肥沃土地了。"

毛："你说的对。你和蔡和森找到蔡元培校长，给我在北平找到北大图书馆工作，我很感激，但我只做了 6 个月，就回长沙，因为长沙才有我施展用武之地。"

萧："1921 年春，我从巴黎回到长沙，我发觉'新民学会'大部分活动，是秘密指挥 CY（共产主义青年团），我回来是给原来的'新民学会'送殡了。而且，你觉得我的存在，不利于 CY 组织，急于请我尽快离开。"

毛："是的，我觉得唯俄国马首是瞻，再没有改造中国的其他途径了，有俄国榜样模仿，又能获得金援和其他帮助，要闹革命，师法俄国是唯一道路。"

萧："我预感到师法俄国，必使中华民族生灵涂炭，很多民众将为革命牺牲。共产党若成功统治中国，将像俄国那样，完全控制人民的日常生活，自由将与物质一样，依赖国家配给。"

毛："为了改造国家，人民一定要听从领袖，并需要牺牲一部分人群。你的人道主义改良，太重感情，你那种自由社会改革，我佩服你有一百年的耐心，但我认为你一千年也达不到。我则十年也不能等了，我要明天就行动，达到我的目标。"

萧："我坚持己见：使用暴力革命，必然导致暴政。用教育，改良，和平改革，虽然缓慢，但有永恒后果，不能只顾眼前，不计将来后果。俄式共产主义，必是哀鸿遍野，不会是有价值的成就。"

毛："我喜欢立竿见影，坦白说，你的意见完全说不动我。要成功，必须立刻行动。"

萧："我们讨论了三个月，还是各说各话，我觉得革命要作这样大的牺牲，我宁可不干了。1921年7月，临到要去上海出席中共成立大会，你还用力拉我去。如果我赴会，我便成为中共缔造人之一，我便要受中国人民审判一百年，要向人道主义负责一千年。"

毛："当时我说，如果我们全力以赴，共产党在三、五十年内，便能统治中国。"

萧："我说，这有可能，但对中国人没好处，共产党统治也不会长久。你这样殚精竭虑，准备去破坏同胞的自由，将中国变成第二个俄国？"

毛："是的，我决定必须将中国造成第二个俄国，组织起来，奋斗到底！我们要取得经济援助，一定要归属第三国际。"

萧："我说，第三国际就是俄国，你们为什么不组成第四国际呢？"

毛："我问，第四国际是什么东西？"

萧："我说，第四国际是共产主义理想，马克思与普鲁东理想结合，是自由共产主义。如果你同意，沿着第四国际路线，去组织运动，我将为之贡献一生。"

毛："我说，你的第四国际是空的，什么也没有，没钱，没俄国帮助，一千年后你再谈它吧。"

萧："就这样，我们各说各话，谈了很长时间，还是言不及义。中共一大开完，我们就在上海分手，你回长沙，我去北京了，不久我又去了法国。"

毛："你在法国勤工俭学，还做了许多工作呀。"

萧："是的，留法勤工俭学有一千多人，要给他们找工作，要解决他们的问题，我又编《华工杂志》，还要挑选发展'新民学会'新会员。蔡和森同你一样，积极推动共产主义，说必须以俄为师，俄国供给金钱武器，要无条件跟从俄国。还说我太空想，太感情用事，太散漫了。我说，我不能埋没良心，我要良心清白，我绝不参与使中国变成俄国奴隶的党派。"

毛："你们即管意见分歧，还是心平气和，一起做了许多工作，你和我也通了许多信件。"

萧："是的，我们留法一帮人，实际上作了中共的萌芽、胚胎。蔡畅，李维汉，周恩来，李立三，李富春，陈毅，饶漱石，以及其他许多人，都在秘密发展的名册之中。"

毛："以后你从巴黎回国，还做了许多事啊。"

萧："1924年我回到北京，当过中法大学校长，华北大学校长，北大农学院院长，历史博物馆馆长，国民政府农矿部次长。1927年国共分裂，局势险峻，你与我就没书信来往了。1930年杨开慧被捕，我曾设法营救未果。"

毛："抗日期间，你又几次去法国吧？"

萧："是的。李石曾在法国办中国国际图书馆，邀我当馆长。1949年我去台湾，后来到法国、瑞士。1951年国际图书馆搬去南美洲乌拉圭，我随着去乌拉圭，继续主理图书馆，从事教育。"

毛："你是在乌拉圭终老吧？"

萧："是的。1976 年 11 月，我在乌拉圭去世，比你晚二个多月。"

毛："你在乌拉圭安葬？"

萧："我的骨灰与夫人在当地同放。我遗嘱，如可能，运回湘乡祖坟处，与原配夫人遗骨同葬。"

毛："你我一样，都没能如愿，归葬故乡。"

萧："但愿今后有日如愿。"

毛："我还想问你，我夺得政权，成立新中国，你为何不回国找我呢？"

萧："我想，我们已二十多年没联系了，你忙于国家大事，也未必想起我。另外，我对俄国，也不那么热心向往，即使我找到渠道与你联系，你也未必欢迎我。"

毛："怎能不欢迎呢？许多不认识的专家学者，那时都纷纷回归祖国，要干一番事业呢！"

萧："我知道这种情况，但后来这些归国人的遭遇，令我十分寒心难过。"

毛："你是说这些人在反右运动和文革的遭遇吧？"

萧："是的，他们大多数都很悲惨，可惜了，进去就出不来。我想，我若回去，遭遇也差不多。"

毛辩解说："我也控制不住自己啊！走上斯大林路，就惯性一直走到底了。"

萧："我们都离世四十多年了，你有回过头来反思吗？有没有重新思考过，我们两个走过的人生不同道路呢？"

毛言不由衷说："我当然有反思，总的来说，我认识到，走了俄国路，祸国殃民，给中国带来大灾难，死人七千万，毁祖宗文明。你提倡的路子，看来是对的。"

萧："你去世后，邓小平实际上，把你的俄国路推翻了，不过他没明说，隐晦些，我感到安慰，改革开放，是改良之路，中华民族正在复苏。你刚才说，你有反思，你必须彻底忏悔，你还没有公开认罪，你的流毒还流到当今你的继承人身上，为害国家。"

毛再次敷衍说："你说的对，我要忏悔，求得玉皇大帝宽恕、赦免我的罪。"

萧："但愿你兑现你的承诺，不是说说而已。"

毛萧一席谈，叙旧忆往，畅所欲言，毛感到萧依然是'萧菩萨'，两位老友谈了许久，意犹未尽。但最后不得不分手。

72、周扬（1908 年－1989 年）

周扬一直跟毛走，主管全国文艺，有"文艺沙皇"之称。1966 年，毛发动文革，毛要更左，周扬被毛抛弃，九年冤狱。文革后恢复工作，周反思过去错误，向胡风等被整者道歉。1983 年更公开提出"马克思主义异化"和人道主义，被胡乔木批判，被迫检讨。1984 年抑郁成疾，1985 年成为植物人，1989 年去世。

周扬死后一直愤愤不平，郁郁寡欢。他听说玉皇大帝准备公审毛后，毛很想跟他谈谈，求得他的宽恕，以获得玉皇大帝的轻判。一天夜晚，游荡到毛那里。

毛："你是周扬，老伙计。我正想找你呢。看你郁郁寡欢，死后多年，心结还未解开？"

周："我一生跟你走，你要怎干，我就怎干，你要整谁我就整谁，从没说二话。可是文革一开始，你就抛弃我，我有什么错过？我九年冤狱出来，反思你变质了，把马克思主义也搞变质了，人道主义彻底抛弃了，大家对我报告叫好，可是胡乔木出来批判我，他还死心忠于你。胡说我'资产阶级精神污染'，邓小平附和他，我被迫检讨，抑郁难解，去广州散心，不慎摔倒，回到北京，成了植物人，熬煎 4 年去世。你说我能安息吗？"

毛："你从延安就跟我文艺路线走，建国后你一直听我话，做我的打手。我记得 1952 年批评过你，我说你政治上展不开，就是说你不够狠，撤了你的文化部副部长。后来你还不错，迈大步紧跟，1954 年打胡风，你发表《我们必须战斗》，整了胡风之下几十个胡风分子。整丁玲，你也干得很好。"

周："1950 年代，有一次，我去见你，你问起江青的工作。我很老实地说：江青说的意见，不知哪些是你的，哪些是她个人的。是你的指示，我们坚决执行。如果是她个人的意见，大家可以讨论。那时江青是电影处处长。"

毛："你这样讲，倒是很实在。"

周："我什么都按你指点办。1957 年抓右派之前，你给我个名单，名单上的人，都要一一戴帽子，而且要我天天报战果。我说，有的人鸣放期间不讲话，没有材料，怎么办？你说，翻延安老帐。我明白了，我后来对外面说：'在劫难逃'，许多人听不懂。"

毛："我不指点，你不开窍，因此给你个名单。"

周："我后来就是按你指点的路子，冯雪峰在《人民日报》，先宣布他为右派分子，先点名，后宣布决定，再凑材料。冯雪峰的材料，是四个月后补报的。另外，当时我想保护华君武，我怕华君武搞掉了，没人画画了，大家没漫画看；而且，他出身贫苦，到过延安，言论有错，还不是右派。你当场斥责我说：'华君武不是右派，你周扬就是右派！'吓得我立即从命。"

毛："你们中宣部的任务，首要就是抓右派。"

周："我明白了，无非就是整人，今天整这个，明天整那个。凑指标，按百分比抓右派，凑不够，就翻老帐。1958 年 1 月，《文艺报》找出了延安时期，许多作家的文章，重新发表，写按语点出要害，你亲自修改按语，还添加了许多按语，点出王实味，丁玲，萧军，罗烽，艾青，陈企霞，林默涵，张光年等一大批名字，说他们是反党反人民，是毒草，要把毒草变肥料。"

毛："你们就是要我亲自把着手教，我还要亲自动笔，简直是不拨不动。"

周："1957年反右派，还不是你亲自写社论：《事情正在起变化》，发出反右运动进军令，批判知识分子'翘尾巴'，大家都知道，只有狗有此尾巴，知识分子是狗，要大家夹起尾巴做人，改邪归正。就是做狗。"

毛："你们在我指点下，还是跟上了，反右这场斗争，你干得不错。"

周："反右之后，我一直跟你路子走，1964年给国庆15周年献礼，我在周恩来指示下，大力完成了歌颂你的音乐舞蹈史诗《东方红》。但是到1965年，你准备搞文革了，要搞得更左，你拉了上海一帮人马，帮你搞极左，你就开始把我抛弃了。"

毛："你怎么那样敏感呢？"

周："1965年，康生、江青整材料，称'四条汉子'，即我周扬、夏衍、田汉、阳翰笙，专横把持文艺界，要公开批判后面三个人。江青则宣称：'我恨死周扬了！'在批判田汉、夏衍、阳翰笙时，你对我说：恐怕你下不了手吧。批三条汉子，让我兔死狐悲，我预感到，下一个就是自己了。你在两次批示以后，召见了我周扬。这一次，也是我与你最后一次会面。你针对我"政治上不开展"，毫不客气地指出：你和文化界的老人，有千丝万缕的联系，你不能再温情了。我一听你这样说，我明白我完了。"

毛："你还算聪明，看出你不适合我了，尽管你还想跟我走，但我不需要你了，我要抛弃你了。"

周："1967年1月，姚文元在《红旗》杂志发表长篇《评反革命两面派周扬》，对我大肆诬蔑和攻击，冯雪峰、丁玲、艾青、田汉、夏衍、阳翰笙等人，也被列入文艺黑线。前后卷入周扬一案的，有八十多人，包括林默涵、刘白羽、齐燕铭、吕骥等。紧接着对他们进行游街、批斗、隔离审查，我很快进了秦城监狱。失去九年多人身自由，与家人断绝音信。人们都以为我已不在了，连我北京的户口，也被注销了。"

毛："记得1975年年头，我批全国人大决议：对全部在押战争罪犯，实行特赦释放。批这个文件时，想起你，一问你还在，我就批示：周扬一案，似可从宽处理，分配工作，有病养起来治病。"

周："得到你的批示，1975年，我从秦城监狱出来，在北京西城中央组织部招待所养病。第二年，根据你的指示，到社会科学院当顾问。九年牢狱，使我反思过去错误，思想有巨大转变，对过去整人，深感懊悔，我陆续抓住机会，对胡风等人士道歉。1981年我听到一位作家说，艺术家是讲良心的，政治家就不然。我意识到不少作家，是把我看作政治家，是'不讲良心'整人的。而党内某些政治家，又把我当作艺术家的保护伞，搞'自由化'。我感到两方面人，都冤枉我了。我在一次大会讲话中，提到这种情形，我情绪很激动，半天说不出话来，人们看出我流出了眼泪。"

毛："我知道你是很有激情的，你是胡耀邦式的领导。"

周："晚年我清醒了，努力想为党新生做点事，但最终没有逃出厄运。"

毛："发生了什么事呢？"

周："1983年3月7日，在中央党校纪念马克思去世100周年，我受中央委托做报告，题为《马克思主义几个理论问题探讨》，报告是和王若水、顾骧，王元化共同起草的，报告中提到'人道主义和异化问题'，得到多数人叫好，但也引起党内争议。胡乔木要我修改，我没有修改，并在3月16日《人民日报》全文刊发。胡乔木等极为不满，以违纪为名，要我检讨。十二届二中全会，由胡乔木起草的报告，猛烈批评人道主义和异化问题，此后持续二十八天的清除精神污染运动，我成为批判对象，要我公开检讨。"

毛："你讲'异化''是怎回事呢？怎么引起这么大风波？"

周；"我说社会主义比资本主义，是有极大优越性。但这并不是说，社会主义就没有任何异化了。在经济建设中，我们过去干了不少蠢事，到头来自食恶果，这是经济领域的异化。由于民主和法制不健全，人民公仆滥用权力，转过来做人民的主人，这是政治领域的异化，或者叫权力的异化。"

毛："现在这样讲是对的，胡乔木拿起老棍子打你。"

周："胡乔木抓住不放，1984 年 1 月 3 日，胡乔木选择了中央党校礼堂，也就是十个月前，我作学术报告的同一地点，宣讲了他批判我的重头文章：《关于人道主义和异化问题》。后来，胡乔木对龚育之承认，批判'过份地政治化'了。最后胡耀邦出面，将批判风波平息。但对人道主义的批判并未结束。我晚年一个'异化'，一个'人道主义'，要了我的命。这一年冬天，特别寒冷。人家来看我，我神情抑郁，说话很少。"

毛："胡乔木一棍，把你打回家里去了，还是我的老秘书厉害啊。他没像你反思思过，还是跟我老左。"

周："胡乔木没挨过整，文革他 1966 年－1969 年养病，也没撤职，还是一帆风顺，没挨过整，没蹲过牢狱，不会反思，还是老一套。他的长子涉贪，胡耀邦当总书记时，开展反腐败。1985 年，胡耀邦批准对其'抄家'，带走他的长子胡石英。当时，中央办公厅趁胡乔木到中央开会，安排公安人员去他家，从他儿子房间床底下，搜出十五万人民币现金，在当时是天文数字。事隔一天，政治局开会，胡乔木提前来到会场，大发脾气质问：'为什么抄我的家？为什么逮捕我的儿子？'胡耀邦解释：'三个部门要求立案审查，我们不能干涉司法程序，等案子结论出来了，再说吧。'胡耀邦惹事了，以后轰他下台，胡乔木是干将。此是后话，与我无关。我在北京呆不住，1984 年去南方散散心，在广州不慎摔倒，回京住院治疗。1985 年脑软化病危，成为植物人，躺在医院 4 年，1989 年 7 月去世。"

毛："你写的东西有出版吗？"

周："出了《周扬文集》共五卷，自 1984 年开始出，至 1994 年出齐。"

毛："你上面讲到异化和人道主义问题，这是新的理论探讨，你能否再具体说说呢？"

周："我作报告时，王震就问我，异化有没有别的词代替，我说没有，就是异化。我意识到他的敏感，异化确是文绉绉的抽象之词，说直白了，就是变质。但在当时思想解放不久，像胡乔木，邓力群的左棍势力还很强，我要是说得太白了，会说我攻击社会主义，给我文革式批判，所以我只讲异化二字，不说别的。"

毛："说直白了就是变质，你认为怎么个变质呢？"

周："说马克思主义异化，其实马克思没有变，变的是自称掌握马克思主义的领袖，直白说，就是你。你从延安自称搞新民主主义，到文革，公开讲'我就是和尚打伞，无法无天'。自古以来，中国没有一个帝王，如此肆无忌惮，成了天上的红太阳。我年轻时就知道，希特勒是杀人魔王，到了天国，我查他的历史资料，看他怎个魔王？我发现他杀犹太人六百万。再看你的资料，天国记录，整杀饿亡七千万。希特勒只及你十分之一，小巫见大巫。再看斯大林的资料，死人三千万，也不及你。说世界杀人魔王，你是老大。"

毛敷衍说："你查出的历史资料，使我震惊。"

周："我从切身体验想起，我蹲监牢九年，上面不通知我家人，家里不知我生死何处。世界各国，资本主义国家，最坏的，也准许家人探监，可以见面，这就是人道主义。枪毙了，允许领回遗体。可是在你领导下，变质变到连起码的人道主义，也丢弃了，连土匪不如，土匪还讲点义气。我侥幸从监牢出来了，像刘少奇呢，整死了，连家人都不通知，好几年后，家人才知道，别说他是国家主席，就说是普通人吧，也没有起码的人道人性。这类事，其实延安时期就有，王实味大刀砍死丢枯井，几十年不通知家人，家人找到组织部，也不告知。你说还有起码的人道吗？"

毛再次敷衍说："你说的都是事实，这么说，我连起码的人性都没有了，我要好好忏悔，反省思过。今夜得你一席谈，大开我的脑筋。"

73、李锐（1917年－2019年）

李锐是中共体制内的良心，著名开明派。他1958年当水利部副部长，兼毛泽东的工业秘书。1959年被定为彭德怀反党集团成员，开除党籍，流放北大荒劳改。1967年文革又进秦城监狱八年。1979年平反，后任中组部副部长。1988年编著《庐山会议实录》，还原毛整彭德怀真相。1992年中顾委解散，李锐从此无职务，1993年最后一次访美，从此被禁出国，饱受压制，他一直呼吁宪政民主，晚年对毛泽东有深刻批判。2019年初去世，终年一百零二岁。遗言不进八宝山，表明与中共体制决裂。李锐生前日记不断，留下大量在共产党内几十年的经历记录，生前交美国史丹福大学胡佛研究所保存，将由研究所向外公开，为研究毛泽东与中共历史的珍贵资料。

李锐后半生以揭露毛罪恶为己任，他对毛祸国殃民恨透了。李锐死后，玉皇大帝随即通知他公审毛泽东的事情。毛听说李锐去世，也想听听他对自己的评价。在玉皇大帝的安排下，两个阴魂迅速会面。

毛见到李锐，脱口说道："你是李锐？"、李锐说："正是。你的罪恶太大了，今晚特来找你算账"。

毛惊恐万分。李锐开门见山说："庐山会议你打彭德怀，把我也打在内，开除我党籍，发配我去北大荒劳改，大饥荒我饿得挺不住，要老婆寄点饼干救命。后来老婆也饱受压力，跟我离婚了。文革又抓我进监狱，一关八年。我的命是捡回来的。你心够狠啊！"

毛："对你是搞错了。但你们几人在背后议论我，显然是一大伙，我当然要一网打尽啊。"

李："你打了彭德怀，整了我们一大帮，还算是小事，你在全国又刮起打击所谓右倾机会主义，名誉上打成右派五十五万，实际上打了三百多万人，三年大饥荒又继续扩大饿死人，从百万到千万，你对死人毫不在乎，你毫无人性！"

毛："你说对了，我就是没有你说的人性，我只在乎我的权力威望，彭德怀反对大跃进，反到威胁我的权位，我就要打下去，不管再死多少人，死人一堆一堆，我看无非跟死蚂蚁一样，只要不威胁我的

268

权力，一切都无所谓。"

李："中国人在你铁腕统治下，死了几千万，剩下没死的，被你整得脑残，不像精神健康的人，从所谓延安整风起，你就把人整得七零八落，整到人不像人。"

毛："你说对了，我就是要把所有人，都整得唯一对我效忠，都成我的驯服工具，为我所用。不听我话的，一律消灭掉。"

李："所以你发明要知识分子脱裤子，割尾巴，要大家光屁股，随你侮辱，一切人都要丧失人格，当你的奴隶，服服贴贴，为你所用，你就是拿着枪杆子，逼着去延安天真参加革命的青年，跪倒在你脚下，作你的驯服工具，为你野心夺权当皇帝所用。"

毛："你的眼睛很厉害啊，看透了我的意图。刘少奇那时跟我走，他那时出《论共产党员的修养》，就说党员要做党的驯服工具，但他没说到底，说到底是做我的驯服工具，谁是党？我就是党！"

李："共产党所有权力，都被你一人篡夺了，你做了党皇帝，一切为所欲为。你是政治流氓加生活流氓。"

毛："你说我是政治流氓加生活流氓，这二顶帽子是你发明的吗？"

李："是你的发妻杨开慧发明的。"

毛："你怎会知道呢？"

李："她死前写下遗书，六十年后才被发现暴露出来了，她极度悲愤直指你是无耻的生活流氓、政治流氓，这是她的肺腑之言。"

毛："杨开慧直言，我无法再辨。"

李："你做了共产党皇帝后，还假惺惺写诗《蝶恋花》悼念杨开慧呢！"

毛："我写诗是为我脸上贴金，杨开慧成了我的道具，我利用她罢了。"

李："杨开慧说你生活流氓，在她死前就有事实为证。她死后你几十年的流氓记录，也充分印证了她的断言。你一生除了搞了十几个有名有姓的女人，无名无姓的女人，你搞了多少？"

269

毛："我怎能数得清，记得住？况且我一向不许留记录。"

李："你老实说，一千个有没有？"

毛："我也数不清，按我每星期有一、二个舞会，每周搞一、二个，二十年算起来，一千个只多不少。"

李："说你政治流氓，你认为冤枉吗？"

毛："也不冤枉，我从上井冈山为匪，就是流氓，所施展的都是流氓手段，无论是对袁文才，还是打 AB 团，打刘敌富田事变，都是流氓行为。"

李："你明明心里视王明，蒋介石为敌人，可是你能当众高呼王明万岁！蒋委员长万岁！你在政治上无处不耍流氓手段。是个不折不扣的政治骗子。"

毛："说我是政治骗子，也被你看透了。共产党不骗人，怎能壮大夺权？美国人都被我骗呢！"

李："你第一个骗的美国人是斯诺。"

毛："你说对了。斯诺是我的第一个精神俘虏。他被我骗得美美的，为我在全世界宣传，没他的宣传怎能壮大我的声势再骗人呢？"

李："被你骗的美国人多了，斯特朗，史沫特莱，李敦白，一个个被骗得舒舒服服。直到基辛格，尼克松，被骗得甜甜蜜蜜的。"

毛："你又说对了。尼克松救了我。没有尼克松 1969 年给我放风，让我防范苏联，我早完了，林彪，周恩来就上台代替我了。"

李："是啊，那时哪怕尼克松持中立态度，假如对苏联说，你们共产党内部狗打狗，我不管。苏联就放心放开打过来，他的坦克从蒙古开过来，你挡得住吗？几天你就完了。"

毛："是啊，所以我叫赶紧修挡坦克的山堆，但连美国国防部长都说，坦克是根本无法挡的。"

李："共产党都会骗老美，二战斯大林骗了罗斯福，结果罗斯福给斯大林输血，壮大了红色阵营，为祸全世界。尼克松又被你骗，救了你，让你继续为祸中国。"

毛："我死后，邓小平白猫黑猫，包产到户，让大家吃饱，老美高兴，支持他。邓小平也保护我，四个坚持，不许评毛。江泽民继承他，闷声发大财，胡锦涛只能当媳妇，不折腾，无能为力。到习近平，已经被老美纵容养肥了，他不忘初心，初心就是我的心，我的心就是消灭美帝，取而代之。习近平心领神会，才有今天与美帝对抗。"

李："你说对了，习近平继承你，也是流氓，政治流氓生活流氓一个样。他现在与北朝鲜金三火热，两个流氓勾结骗美帝。习近平高呼朝鲜无核化，暗里秘密派部队去朝鲜搞核试验，部署洲际导弹对准美国。拿中国人血汗给金三输血，比你那时给霍查社会主义明灯还要多得多，中国人民恨透了。两个流氓给美帝演双簧戏。"

毛："这么说，习近平与金正日勾结，比我和金日成勾结还厉害。"

李："是的。习近平还大把拿人民的血汗积累，去收买全世界两百个国家和地区的留学生，每人每年最高给二十万元，培植红色帝国代理人，让他们回去成为操控国家的力量，是习近平红色帝国战略的一部分。他示意派三个女大学生，陪一个黑大哥留学生，引起民愤。"

毛："我听明白了。习近平收买留学生手段，比我还厉害。习近平也是生活流氓。《习近平与他的情人们》，几年前就要在香港出版被揭露，他急得不顾破坏一国两制，派公安非法去香港绑架抓人回大陆秘密审讯迫害。但是今年还是挡不住，在美国出版了。你认为习近平能扛得过去吗？"

李："关键在看美国硬不硬，美国老鹰惊醒起来了，习近平顶多能熬到任期满下台，他的终身皇帝梦绝对做不成。不管像基辛格这样的老鸽子，还有一些糊涂鸽派，对美国政策还有影响力，现任总统川普是个生意人，并无政治战略眼光，给习近平留有施展骗术的空间。"

毛："我明白了，我的接班人不忘我的初心，使我感到一丝安慰。"

李："你现在还不悔罪吗？"

毛："我被迫不得不悔罪了。玉皇大帝叫我写悔罪书，我不得不开始去写一生的罪恶，不久还要公审我，我无法再顽抗了。"

李："你的家乡湖南，现在还为你造更大的塑像呢，你不感到安慰吗？"

毛："没用的。那是封闭下愚民听命所为，长不了的。历史账是终于要算的。两千年前孔子就作春秋，历史是非总要算清，过得了初一，过不了十五，骗得一代、二代，骗不了三代。不像美国，美国历史短，他们没有孔子的执着。他们是过了就过了，过了就忘了。中国传统可不是，我是不能胡混过关的。"

李："好，听你离世四十多年，总被训得有点清醒了。"

毛："我已经有思想准备，玉皇大帝如不判我下油锅，蹈火山，过火海，判我跪一辈子，把我绑在罪恶耻辱柱子上，我也甘心认了。"

李："好，看你还有点悔意，今晚总算谈得不错，我要回去了。"说着就离毛而去。

74、袁文才（1898 年－1930 年）

毛很想回井冈山一趟，看看故居，再见见袁文才。一夜，毛梦到乘火车，直奔井冈山去，当天下午抵达井冈山市，随即乘汽车直上井冈山，不到半小时，就到了山上茨坪，到大井白屋故居参观怀旧。白

屋有四十四间房子，以外表全是白色得名，毛曾在此住过，成了他的白宫。白屋原来住着五户农民，还有王佐的武装，后来就成了毛的司令部。毛参观回顾了一番，又到"井冈山革命纪念馆"参观，看到袁文才和王佐的展示文物，引起毛一阵回忆。

毛想跟袁叙旧，得到玉皇大帝许可。袁见到毛，怒气未消："想不到你有脸来看我！"

毛嬉笑道："你是创建井冈山根据地的山大王，没有你，哪有我。我是后到的，实际是来投奔你了。"

袁："你说得客气，不过实际也是如此。我遗憾的是，不过两年多，你们就杀了我，忘恩负义，让我死不瞑目。"

毛："我也没有办法，党要听莫斯科指示，斯大林说土匪开始可以利用，用完了就要杀掉。杀你是革命需要。"

袁："斯大林也是匪，他是洋匪，你们听洋匪杀自己同胞，还没有我们土匪讲义气。"

毛："我们党拿他的钱，拿他的武器，不听他的不行。而且，你的利用价值，对我来说，已经完了，送你上西天休息，是最好结果。"

袁："早知你这样忘恩负义，我当初就先杀了你，把你的烂队伍消化掉，我保持井冈山富富有余。那时我想杀你，就像杀个小鸡那么容易。你说你是过路，要南去找朱德队伍，我就让你住下，叫人杀猪款待，粮油我来暂时供应。你的队伍休整后，就去周围几个县打家劫舍，筹粮筹款。"

毛："你给了我生存之地，我感恩戴德。不过那已是过去时，过期作废。"

袁："你很有办法，不到四个月，你就反客为主，把我和王佐手下五百多人，变成你手下一个团，封我当团长，给我戴上红五角星帽。让我们也参加攻打宁冈县城，记得俘虏了县长张开阳，你开万人大会，叫大家用梭镖捅死他，刀上加刀，我和王佐看了都心惊不已，我们从来不会如此残忍杀人。"

毛："制造红色恐怖，是革命造反的需要，我就是用这个办法，来煽动群众，建立我的权威，不听我的，就是这个下场。"

袁："你的洋匪办法，比我们土匪厉害，当时你在全国大报纸出了名，以'毛匪'著称。井冈山当地人都恨你们。你可能还记得，有一次你们出动四十多武装打土豪，搜刮粮食，被几百村民冲过来包围，把你们关押在祠堂里捆打，说你们比土匪还坏。"

毛："部队总要吃饭啊，我们不打土豪有什么办法呢。共产党就是这样吃饭的。"

袁："你来之前，我占山为王，是靠收租征税维持，农民商家合理分担，大家都支持，安居乐业，天下太平，日出而作，日落而息。你们来了，只知搜刮，无底洞，农村几乎全部破产，说你们比国民党还坏得多。民众仇恨你们，比仇恨国民党还深。"

毛："共产党暴力造反搞革命，伤害到老百姓，也是无可奈何啊。老百姓就算为革命作贡献吧。"

袁："1930年3月，我已经当了两年红军指挥官了，你封我参谋长，可是你们执行莫斯科指示，把我和王佐，还有副排长以上干部四十多人，全部杀掉。剩下的士兵，大部分逃回井冈山，反水再当山大王，民众还是欢迎，井冈山你们再上不去了。"

毛："你可说为革命作了贡献。1950年代给你们平反了，封你为烈士，还照顾你的家属。就算不错了。"

袁："我已听说。还知道你1965年重上井冈山，特别接见过我的妻子。但你和共产党从来没有认罪，我仍然冤屈难伸。你必须从根子上悔罪。"

毛敷衍说："我正在反思，再等我一些时间吧。"

75、马寅初（1882年－1982年）

一日，毛的阴魂想到1950年代被他整倒的几元老，梁漱溟，马寅初，胡适。梁漱溟是当代大儒，新农村运动践行者，1950年代当面为农民叫苦，顶撞毛而被从此冷落。马寅初是中国首席经济学家，为新中国描述经

274

济发展蓝图，坚持新人口论，而被批评冷落。胡适是新文化运动的旗手，1950年代被毛缺席全国批判。几老在中国政治文化界影响重大。毛心想，这几位大师对我了解很深，要跟他们沟通，以免他们在公审时说我的坏话。毛有意把他们找来，劝说他们跟玉皇大帝说些好话。

几位大师的阴魂接到玉皇大帝通知，与毛泽东的阴魂会面。

毛对马寅初说："马老，批你人口论冤枉了。你的坚持是正确的。我搞大跃进，文革，中国人口大增，生产却大退，搞得民穷国困。"

梁漱溟插过来说："胡耀邦主持平反，在审阅马寅初的材料后说：'当年你要是肯听马寅初一句话，中国今天的人口何至于會突破十亿大关啊！批错一个人，增加几亿人。我們再也不要犯这样的错误了。共产党应该起誓：再也不准整科学家和知识分子了！'"

毛："胡耀邦说得好！教训非常深刻。说老实话，我在人口问题上，是摇摆不定的，也不是一直反对计划生育的。记得1957年2月，在最高国务会议第11次会议上，你再一次就控制人口问题，发表了自己的主张说：'我们的社会主义是计划经济，如果不把人口列入计划之内，不能控制人口，不能实行计划生育，那就不成其为计划经济。'你的发言当即受到我的赞赏。1957年上半年，中央是准备搞计划生育的。有一件事使我开始动摇起来，那是1957年9月，我去莫斯科参加共产国际大会，我有个发言，大谈核战争，准备死几亿人，一半人，我感到人多是革命的本钱，回国我就把计划生育压下来了。起决定性的是1958年大跃进，1958年7月9日，邵力子抓住时间向我进言，希望我支持节育，我说：'人口问题，目前还不严重，可以达到八亿时，再讲人口过多。'直到大跃进开始，粮食卫星飞上天，我的思想才确定下来，我说：'现在看来，搞十几亿人口也不要紧。我发出指示：人口观念要改变。'"

马老："1959年，庐山会议后，全国再次掀起批右高潮。周恩来特意约我谈了一次话，劝我不要过于固执，从大局着眼，还是写个检讨好。别人劝我，我还可以不放在心上，周恩来劝我，我就不得不认真对待了。这次谈话后，我仔细地对《新人口论》进行了梳理，看看是否真有什么错误。但梳理的结果，证明并没有错。我仔细阅读了报刊上的批判文章，对这些文章的主要观点，一一进行反驳，又写成5万多字的《我的哲学思想和经济理论》一文。但陈伯达在北大60年校庆大会上，指名道姓说'马老要为《新人口论》做检查'，康生更召集报刊负责人开会，部署对我批判，更有人揭发我反对土改，同情大右派章伯钧，罗隆基，章乃器，批判浪潮高，我血压升到190，入院治疗，请辞北大校长。校长不当了，但政治和生活待遇没变，我仍挂名人大常委，1962年1月，我到浙江嵊县视察，患肺炎，元气大伤，双腿行动不便。1965年，我一条腿瘫痪。1972年，患直肠癌，经周恩来总理批示，特给我这个'反动学术权威'做直肠癌切除手术。手术后，我下半身全部瘫痪。"

毛又问："文革我特意关照，您没受到冲击吧？"

马老："托你的福，把我列为几十个保护名单之一，没受到实际冲击。当时住在同一条胡同里的张治中、邵力子等，都被纷纷抄了家。我觉得这件事早晚会来，等着一场暴风雨来袭。一天晚上，进来了二十几个红卫兵，说来抄马思聪的家，名字搞错了，听后就走了，一场虚惊，让我紧张很久。从那之后，我就整理东西，一些往来信件，字画都烧掉了。我那份百万字的《农书》手稿，也烧掉了。烧书过后一段时间，派出所来人说：'周总理有指示，你家是保护对象，不准任何人闯入，我们负责保护。'因此，'文革'中我没有受到冲击，生活没有受到太多干扰。"

毛又问："什么时候给你平反的呢？还遗留什么问题吗？"

马老："1979年就给我平反了。7月中旬一天，统战部副部长李贵亲自来到北京东总布胡同32号我家，说'今天我受党的委托通知马老：1958年以前和1959年底以后，两次对您的批判都是错误的。实践证明，您的节制生育的新人口论是正确的，组织上为你彻底平反，恢复名誉。希望马老精神愉快地度过晚年，健康长寿。'我当时说：'我很高兴。二十多年前，中国人口并不多，现在太多了。要尽快发展生产才行啊！'此次会见，新华社，《人民日报》都报导了。1979年9

月，我被任命为北京大学名誉校长。1981年中国人口学会成立，我又被推举为名誉会长。"

毛："这算是功德圆满了，那时您已经九十岁，最后活到一百岁。听说您1914年就在美国获得经济学、哲学双博士学位。毕业论文《纽约市的财政》获得学术界好评，被采用为哥伦比亚大学本科一年级学生的教材，从此一生著述不断。最后让我抄送你一副对联：在旧社会不畏强暴，敢怒敢言，爱国一片赤子之心，深受同仁敬重；为新中国严谨治学，实事求是，坚持真理不屈不饶，堪为晚辈楷模。"

马老听了很高兴，其他三老也鼓掌点头称赞。毛心想，对马寅初的统战，看来是成功的。

76、梁漱溟（1893年－1988年）

巴结完马寅初，毛转过头来巴结梁漱溟。他对梁漱溟说："寿兄，六十年不见了。自从1953年那次你为农民抱不平，我不接受，反批评你，你不服，我们争起来，我把你压下去，从此你就消失了。历史证明，你是对的，我错了。"想求得梁的谅解，毛又说，"请你原谅。"

梁漱溟有些吃惊，怎么毛今天说话的口气跟原来大不相同？梁还是那个脾气没改，他直接对毛说："你气量太小！我原本是想试试你们共产党有无雅量。想不到你一到北京成帝王了，我没适应环境气候变化，以为还是在延安呢，那时在延安我们曾六次彻夜长谈。"

毛："我记得那六次长谈，那时你的《中国文化至上论》对我很有启发。你重视现实功利，你说宁要乡村建设，不搞上层表面的宪政运动。我的'马列主义中国化'就是受到你的启示，后来发明的。这一中国化，使我主动掌握了话语权，使我从理论到实际，立于不败之地。我应该大大感谢你。"

梁公："可是到了北京，我忘记环境变了，你我身份变了。1950年，你已经自写'毛主席万岁'，加在五一节游行口号上去，与在延安时讲民主反蒋，完全变了。你已经是万岁皇上，而我忘了清朝时，与皇上说话，是要一直低头跪着的。新中国以来，从无一人敢与你说个不字，只有我傻气。你教训了我，大会小会批我半年，从此我在公众消失，只能在家里吃饭，我也从此收敛了。1957年什么鸣放帮助党整风，我都按兵不动，所以反右没我份。"

毛："您是大儒，虽然没进过大学，却以研究印度文明闻名，24岁就被蔡元培聘为北大教授。1930年代，你又执着为农村建设实践，弃教授不当，全家搬去山东农村，全力为农村建设7年，影响整个山东农村。解放后你继续为农民说话，你是对的，我从农民那里取之过多，又强行集体化，绑住农民手脚，生产发展不利，农民生活受影响，我还一直执意搞人民公社，大跃进，越搞越坏了。1957年反右没整你，文革你没事吧？"

梁公："按理我没有新罪，就是顶撞过你一次嘛，但是也算'反动学术权威'，文革抄家不只一次，把我扫地出门，搬到小破房去，右派帽子也给我戴上，批斗也把我拉去陪阵，叫我扫街，挖防空洞，我都顺着干，当作锻炼身体，所以文革十年，我的身体也没坏。"

毛："批林批孔你参加了吧？政协组织的。"

梁公："批林批孔我也参加，只听不发言。1974年9月23日，批判会告一段落，主持人硬要问我的感想，我躲不过去，只好直说：'三军可夺帅也，匹夫不可夺志！'主持人要求我解释，我说：'我认为，孔子本身不是宗教，也不要人信仰他，他只是要人相信自己的理性，而不轻易去相信别的什么。别人可能对我有启发，但也还只是启发我的理性。归根究柢，我还是按我的理性而言而动。因为你一定要我说话，再三问我，我才说了'三军可以夺帅也，匹夫不可夺志'

的老话。这话吐出来，是受压力人说的话，不是得势人说的话。'匹夫'就是独人一个，无权无势。他的最后一着，只是坚信自己的'志'。什么都可以夺掉，但这个'志'没法夺掉，就是把他消灭掉，也无法夺掉志。'就是因为这段话，把我批了好久，说我对抗运动。"

毛："后来给你平反了吗？"

梁公："到 1979 年，我无声无息随着形势自由了，对我没有什么了，后来书也可以出了，但是没有像马老那样，有副部长登门专门宣布平反恢复名誉，全国发新闻，我没得这个待遇，没得个什么人来放个什么屁，无声无息，自生自灭。死了，也没个什么追悼会告别式，只有批林批孔时，出面批我的老朋友冯友兰，给我个挽联写着：'一代直声，为农夫执言。'可能就算是代表你，为我平反吧。"

毛："好在寿兄您肚量大，不介意。"

梁公："肚量大也有点不舒服，批时声势浩大，一批半年，文革又抄家又扫地出门，又扫街又挖洞，解除了，不哼不哈，顺势随大流。共产党就是这样，错了没人认错，无声无息，让人忘掉。不像孔子，'君子之过也，如日月之食。过也，人皆见之；更也，人皆仰之。'其实，你也说过：'有了错误，定要改正，向人民负责。'可惜，说说而已。更让人不解的是，后来出你的毛选5卷，原封不动把你批我的讥讽话，原封不动收进去，并无指出你说得不对，这不是给我留下个大尾巴吗？"

毛："您的批评很对，毛选应改动。我看你晚年自由之后，对我的批评反而软了，对马列共产也没大批评，你变得圆融了，是跟你信佛有关系吗？"

梁："你说得对，是跟我信佛有关。我说我信'前世，今世，来世'，还说前世我是和尚，来世还是和尚。我年轻时就很想出家，不婚，也研究佛学很长时间。到我自由的最后十年，我把政治看淡了，加上邓小平放开，农民好过了，我很高兴，再提不出什么意见，我最后出的《人心与人生》，都重在修养，不沾政治了。你去世了，我反而感到少了个说话对象，有点寂寞感。"

毛："好，今天我正式给你赔礼道歉。"

梁公听了感到满意，大家也点头称是。毛心想，看来梁漱溟也被他统战了。今天收获挺大。

77、胡适（1891年－1962年）

毛转过头来，向胡适说："胡老师，您好！好久不见了，九十年前您是我的老师，今天更是了。"

胡适笑而不语。胡适原名嗣穈，行名洪骍，因崇拜达尔文《进化论》'适者生存'，改名'适之'，从此叫胡适。胡适是1910－1920年代新文化运动的旗手，在文学、哲学、史学、教育学、伦理学等诸多领域，都有杰出贡献。1962年去世。

毛："你在北大当老师时，对我的影响非常大，还记得我依据您在1920年的'一个自修大学'的讲演，在北京拟成'湖南第一自修大学章程'，拿到您家来，请您审定改正。我说准备回长沙去，用船山学社作为'自修大学'的地址。过了几天，我到您家取了章程改稿。不久就南去长沙了。自修大学这个名字，是您起的。1936年在延安，我还亲口告诉斯诺，我是陈独秀、胡适的忠实读者和崇拜者。我一直没有忘记您啊！"

胡："当年你给我写信、写明信片、乃至登门拜访，对师长非常尊敬和谦卑。可是，到1945年抗战胜利时，情况就变了。当时我在美国，给你发了一份电报，我跟一些政治生手们同样天真，竟天真到给你一封长的电报，发到重庆，转交给你。我在电文里用严肃而诚恳的态度，央求你说，日本既已投降，中共就再没有必要，继续保持一支庞大的私人军队，中共现在应该学英国工党的榜样。这个劳工党没有一兵一卒，但在最近的选举中，得到压倒优势的胜利，获取今后5年的执政权。重庆的朋友打电报告诉我，说我的电报已经交给你本人。当然，我一直没有得到你的回音。我明白，你早已不是五四时代北大的旁听生、图书馆助理管理员，而是手握重兵的一党之魁，当然不会把我这位手无寸铁的书生，放在眼里。"

胡又说："1938年到1942年，我是驻美大使，1945年是在美国学术界，1946年回到北大当校长。1948年老蒋认实权在内阁，总统是虚位，请公正人士担任较佳，叫我出马竞选第一任总统，再任命老蒋为行政院长，我也同意了，但后来因国民党中执会，还是支持蒋选总统而变卦。1948年11月，解放军兵临北平城下，用电台广播，呼吁我留下，继续担任北京大学校长，我知道那是你的意思。12月，华北总司令傅作义，是战是和？日夜思考，下不了决心，把我接到中南海怀仁堂密谈，我送他八个字，'和比战难，坚持待变'。老蒋要派专机接我到南京。我本来坚持，不肯丢下北京大学不管，但终于在南京方面的劝说下，勉强同意离开，12月15日，傅作义派部队，护送我到南苑机场，上了飞机。"

毛："我一生最佩服您能逃出我的如来佛手心，好多学者名人，都被我的花言巧语迷惑，北上北京，入了我的铁桶，后悔莫及，唯有您却从北京逃出我的魔掌。我不明白您何来如此神奇功力？"

胡："我哪里有什么神奇功力。不过我在五四时期，就看透了什么共产主义，所以我大声直呼：少谈主义，多研究问题。我早看出俄国共产是灾祸。"

毛："我佩服您的洞察力。您逃出北京，去上海了吧？"

胡："是的，到了上海。1949年3月9日，老蒋派蒋经国来上海见我，要我去美国当說客，为和平解决國共内戰问题，寻求美國介入，我坐船4月21日抵舊金山，得知4月19日，老蒋拒絕中共24项要求，解放军已渡江，局势已定，我在美国，已無力回天。6月19日，新任阁揆阎锡山，要我当外交部長，我拒絕了。"

毛："以后你就留在美国了吧？"

胡："是的。人在美国，天天要吃饭，总要找个吃饭的地方。1950年应聘为普林斯顿大学东亚图书馆馆长。6月23日，主管亚太事务的美国助理国务卿约见我，想说服我出面，领导流亡海外及台湾的反共亲美人士，取代蒋政权，我表示无兴趣。当时美国对蒋丧失信心，希望建立第三势力，以对抗共产党扩张，因我无兴趣，不了了之。以后几年，我一直当馆长吃闲饭，中间花了不少时间，跟唐德刚谈过去的事，他来写回忆录。1954年，中国批判我的运动达到高潮，唐每周都拿一迭中国报纸给我看，我跟他一面吃饭，一面玩笑。"

毛："对你批判是批思想，不是批你人，我尊重你的人格，但批思想是不得已。不批的话，你的思想在知识界泛滥不得了，我的局面不好维持了。你主张独立自由，做学问怀疑为先，五四时代又以发表：多研究问题，少谈主义闻名，这都是和我对立的。我是大谈主义，而且只谈马克思，不许谈别的。我要知识分子都听我的，就非把你的独立自由批臭不可。事实上批你思想，1951年就陆续开始了，1954年是高潮，直到1958年。"

胡："你发动全国运动，真是声势浩大，连我儿子也要上阵。他毕业被分配去唐山铁道学院教书，他也要发表《对我父亲胡适的批判》，文章提到阶级敌人的高度，说'胡适是人民的敌人，也是我的敌人'，公开声明断绝父子关系。但即使如此，他到1957年还是划为右派，逼得他绝望自杀。1949年，他没跟我离开北京，结果如此下场。你那时公开请我留在北大，用让我当校长做诱饵。我说：美国是又有面包，又有自由；苏联是只有面包，没有自由；共产党是既没有面包，也没有自由。如果留下了，我也跑不了啦，下场可想而知。好在我跑到美国逍遥，还可以跟朋友吃饭喝酒。"

毛："名为批你，缺席批判，实质上是整知识分子思想，等于整风，要大家自我检讨，改造思想，马列武装，跟党走，听我话。我把一切杂音扫除，一统局面就牢固了。实际跟你个人无关，不过你儿子死了，我有罪。"

胡："经历了你规模宏大的批判运动，知识分子为生存，没法不服贴了。只有个别老硬骨头，例如陈寅恪还敢说，批判是奉命，是应声虫，一犬吠影，百犬吠声。"

毛："我的目标，就是要形成一呼百应的局面，奉命应声，结果到1958年实现了。我一声高呼大跃进，三面红旗，没人敢不跟进，几千万人不分日夜大干。但是我失败了，大跃进造成大饥荒，死人几千万，至今还掩盖着，不许公开报道，这都是我的罪过。共产党是从来不认错的，对你思想的批判，实际上是错了，国内也发行你的著作了，赞扬你的文章，也时常发表了，你的一篇小文《我的母亲》，还收进了初中语文课本，全国孩子都学你了。"

毛又说："在1950年代，我也曾说，要在二十一世纪，给胡适恢复名誉。现在我在这里宣布，正式恢复胡适名誉，过去给胡老师加的罪名，都是我的过错。"

毛以为，这样给他的老师抬轿子，可以挽回胡适对他的成见和改变看法，在玉皇大帝公审时替他说几句好话。

胡适听了毛的肉麻的吹捧，哈哈大笑。

78、胡风（1902年－1985年）

胡风是在监狱时间最长的一老。他是提倡主观战斗精神的文艺旗手，不为毛所容，被打为反革命，1955年就被捕入狱，直到1979年才出狱，20多年无声无息，几乎已被公众遗忘，以为他已经不存在了。

毛转过头来向胡风说："胡老，你是受罪最大的一老，蹲监狱最早，我在位实际二十七年，你蹲了二十四年，侥幸你命大，还能从监狱走出来，走出来还活了几年。"

胡风："我1955年在北京入狱。1966年，把我遣送四川，押到芦山县劳改农场。1967年又收监入狱；1970年又污蔑我在毛主席像上写反动诗词，判我无期徒刑，我被折磨得患精神分裂症，多次自杀未果。1973 年，我妻子梅志已近六十岁，她自愿入监狱护理我，我已年过七十了，病情日重，精神失常，已近精神崩溃。好在得她耐心安

抚照料，我病情逐渐稳定，不再恶化。如果没有她在监狱最后陪我六年，我肯定死在牢里，走不出来了。可以说，我的命，是她捡回来的。梅志很坚强，出来还写了许多东西，花了九年写我的传记。我是 1985 年去世的，而她直到 2004 年去世，活到九十岁，很不容易啊！"

毛："在四老中，你的案子是最大的，受株连面最广，时间也最长，我花的时间也最多。你 1954 年给中央的三十万言书，提倡主观战斗精神，呼吁个性解放，和我延安文艺座谈精神对立，我给周扬严厉批示：应对胡风的资产阶级唯心论，反党反人民的文艺思想，进行彻底批判，不要让他逃到'小资产阶级观点'里躲藏起来。我又在《按语》首先指明：'胡风和他所领导的反党反人民的文艺集团，是怎样老早就敌对、仇视和痛恨中国共产党和非党进步作家'。我已经把胡风文艺思想定性为"反党反人民"。接着我又发出指示，"通报各地党委及中央各部门和国家机关各党组，要他们注意所属机关、学校、人民团（体）和部队中调查和研究有无胡风分子，并按情况作适当处理"。据 1980 年公安部、最高人民检察院、最高法院《关于"胡风反革命集团"案件复查报告》，清查胡风分子运动，共触及二千一百人，逮捕九十二人，隔离六十二人，停职反省七十三人。到 1956 年底正式定为'胡风反革命集团'分子的七十八人。"

胡风："你坑害了一大批知识分子。这些都是被强加帽子，编造资料，冤枉被整，没有一个是反革命。"

毛："我的目的是把知识分子都整得服服贴贴，什么独立自由创

作，离开我的路线，不允许存在。经过这场整肃运动，剥夺了知识分子独立思考的思想自由、言论自由，以至人身自由，实行"舆论一律"的思想、文化、文艺体制和秩序。"

胡风："我是这一体制和秩序的第一位殉难者，我的被捕入狱，标志着一个知识分子受难时代的开始。当年执行你的指示，主持批我的周扬，文革前夕又被你打为修正主义，靠边站，文革中也被监禁，文革后才平反恢复工作。我赞赏他出来后反思整我之过，不断给被整的人道歉。1983年还提倡人道主义，人性论的报告，却被你的第一笔胡乔木，视为资产阶级精神污染。"

毛："打周扬，也是我的过错。他反思给你们道歉，应该肯定。胡乔木是老保守，我信任的。他晚年思想也有些松动，不过没来得及作什么反思，就离世了。"

毛和四老相会，听他们畅所欲言，看上去毕恭毕敬，目的只有一个，让他们跟玉皇大帝说好话，以减少自己的罪责。

79、老舍（1899年－1966年）

老舍是解放后还出过两部大作的唯一老作家，其他像巴金，茅盾等老作家，解放后都出不来什么，老舍又是唯一有'人民艺术家'称呼的大作家。就是这样一个国宝，文革初期就批斗得他受不了，绝望投湖自杀了。毛离世后反思40年，又看了一些老舍的著作资料，他向玉皇大帝申请见老舍，玉皇大帝批准并安排他与老舍会面。

毛见到老舍说："你是新中国

从美国回来的大作家，1968年你该得诺贝尔奖，可惜1966年你自杀了。"

老舍："1966年8月23日，北京女八中来了一帮红卫兵，把我带到文联，我和三十多个作家挂上'牛鬼蛇神'，'反动文人'牌子，押到孔庙前，向着正在焚烧的京剧服装，道具大火下跪，侮辱毒打，我血流满面，又押回文联继续殴打，最后送我去派出所。直到24日凌晨，才放我回家。红卫兵宣布要我24日上午去文联报到，继续批斗。我一夜未眠，熬到天亮，独自走去太平湖游荡。我想来想去，没有出路，与其被斗死，不如自我了断，也有起码的尊严，遂投湖自尽，了此一生。"

老舍："我假定不是你亲下令对我下手，但我知道红卫兵是你煽动放出来的。我知道你是要打倒刘少奇，但我不明白你什么要煽动红卫兵，来打我们这些作家，我们又没有犯过什么罪过，又没有反对过你。"

毛："你要知道，刘少奇不只是他一个人，我开会打不倒他，必须煽动年轻无知学生造反，在乱中打倒他。刘少奇还有社会基础，你们作家也是属于他的社会基础，'破四旧'就是要搞掉他的社会基础，江青八个样板戏，才好占领舞台。"

老舍："我1946年就去美国讲学，1949年你登基，要制造群贤毕至，四海归心的假象，来壮门面。在我犹豫不决留美国，去台湾，去北京之际，收到周恩来热情邀请信，还附上我曾同居女士的问候信，增加磁性吸引力，我色令智昏。1950年就从美国回到北京，如果再拖一个多月，朝鲜战争爆发，我就逃过回大陆的劫难了。"

毛："你回北京，为我营造众星伴月气围，我很感谢，你表现也非常出色。"

老舍："我1949年从美国回北京，1950年就创作歌颂新中国的《龙须沟》，写臭水沟变清水沟，疯子变艺人，大杂院几户人家悲欢离合，发生天翻地覆变化。有人说我是'歌德派'，太直白了。周恩来说，党正需要，帮了大忙，光社论不行，要周扬表扬我，周扬就给我'人民艺术家'称号，彭真说由北京给。我是地道的'歌德派'啊，从来没什么右派言论，就是这样也容不了我，也要逼我自杀。"

毛："你死了，且是自杀，我也管不了那么多。但你真是一心向党向我，成了我宠爱的红色贵族。我批谁，你都跟进，包括批胡风，批吴祖光，很难得，他们都是你的老朋友了。"

老舍："我回国后写的，都是根据上意，就是你的圣旨，非我创作了，我成了你的传声筒，扩音器。难怪我死后，有历史学家把我列为你毛时代四大无耻文人之一（郭沫若，老舍，臧克家，冯友兰）我自我了断，也悔过我的无耻。我处理家庭，婚姻，感情问题，也有道德缺陷，对不起妻子，子女，我自尽，也一起悔过了。"

毛："后来你还写过《茶馆》吧？茶馆很出名啊！"

老舍："《茶馆》是我 1956 年写的，可说是我最后一部大作了。以后你反右派，大跃进，大饥荒，又大抓阶级斗争，我就什么都写不成了。1962 年我的《正红旗下》被迫停写。1965 年我领作家团访日，回来写访日见闻，都不准发表。我总不能闲着，以后写点竹板快书，相声，宣传计划生育，科学种田，也未获准发表。1966 年春，我去顺义县跟养猪农民一起生活，写了一篇科学养猪快板书《陈各庄养猪多》，是我公开发表的最后之作了。"

毛："世界有名大作家，无可奈何以写养猪快板封笔，让人哭笑不得啊！但是共产党就是这样，你无用武之地，就休息休息吧。"

老舍："好在我总算在新中国写了《茶馆》，以茶馆作舞台，写从清末维新变法失败，到北洋军阀时期，国民党崩溃，三个时代的历史，寻找出路到新中国。《茶馆》成为中国话剧经典，也赢得国际认同。"

毛："你一生写了许多出名作品，留给后代，你的《骆驼祥子》《茶馆》，被列入中学语文必读，大学中文必读，马来亚，新加坡的华文学校，也列为必读。"

老舍："我写了八百万字，四十二部戏剧，小说，旧诗，大部分是回国前写的，如果我继续在国外，可能活得长些，还能多写许多。

1949年我诚心回国，为你壮大声势，没想到你们后来不要我们，横扫一切牛鬼蛇神，我就呜呼哀哉了。"

毛："是啊，把你们都横扫了，是我的罪过，但也没办法，我要搞我的革命，就是要把你们扫掉。我去世后，给你平反了吧？"

老舍："1978年平反了，恢复了人民艺术家称号，还给我做了浮雕铜像，墓上刻着我说过的一句话：'文艺界尽责的小卒，睡在这里。'"

毛："你一生酸甜苦辣，历尽世态人情，所写雅俗共赏，生活气息浓郁，语言幽默，我很欣赏。可惜文革一开始，就冤屈了你，让你早早就赴黄泉。"

老："我只受了两天罪，自动谢幕，离开舞台，比后来其他人受尽折磨，幸福多了。"

毛："现在国内以你的《茶馆》，视为中国话剧百年经典，可慰你在天之灵了。"

老："我个人冤死事小，全国在你残酷治下，饿死几千万人，杀死整死无数，你的罪行，至今掩盖着，欺骗百姓，你的继承人，还继续你那一套，我看了痛心。你必须忏悔，反省思过，你的继承人，也必须悔过自新。"

毛敷衍说："你说的是，我正在反省思过，不久要公开悔过谢罪。"

老舍："我自揣也是报应啊！"

毛看似真的道歉认罪，老舍暂时没再说什么，毛就起身告辞，各自离去。

80、翦伯赞（1898年－1968年）

翦伯赞是中共有名的马克思主义历史学家，北京大学副校长，文革开始就被批斗，年老患病吃不住，又逼他为刘少奇叛徒案作伪证，使他走投无路，夫妇一起自杀，惊动毛，毛把北大军宣队调走了。毛

离世四十多年，每想起这对老年夫妻一齐自杀，心有愧疚，想找翦老当面认错道歉，就向玉皇大帝提出申请。玉皇大帝批准并安排他们会面。

毛开门见山说："文革大大委屈您老了，连续给您大小批斗，使您身心大受摧残，又强迫您给刘少奇作伪证，使您两老走投无路，双双一起自杀，我至今犹有愧疚，特向您道歉。"

伯赞："文革批斗，天天不断，拳打脚踢，坐飞机，三个月被斗了一百多次。聂元梓开万人大会斗我，我卧床走不动，就用平板车拖我到会场，让我双手扶着竖起的长板凳站着，一斗几个小时。把我关在小黑屋，街道上的中学生天天来斗我，我晕倒在地还打斗不止。有一次我被从厕所拉出来，将厕所纸篓扣我头上，几乎被打得死过去。"

毛："小孩子不懂事，太无人道了，但小孩是听我的，我叫他们造反。你的家也被抄了吧？"

伯赞："学生是你煽动起来的，你惨无人道。我被抄家，几千图书被搬走，珍贵衣物所剩无几，家具几乎全被砸烂，全部钥匙被收缴，我被赶出家门，关到小黑屋。"

毛："后来又强迫你交代刘少奇？要你写材料。我要打倒刘少奇啊，你该帮我忙。"

伯赞："1968年军宣队一直缠着我不放，要我检举交代刘少奇叛徒，我明白军宣队是江青授命的。我1949年前未见过刘少奇，怎知道他是不是叛徒？军宣队甚至拿出手枪对着我威吓，不交代死路一条，我实在被折磨得受不了，失眠要安眠药。我俩老商量不如一齐舒服死了算，比一个一个死少痛苦，就把安眠药积起来，穿好新衣服，

289

盖上新被子，一起吃下去，"

毛："你的死，惊动了我，虽然你对我已经没什么用，死了就死了，但我训了谢富治一顿，把军宣队调走了，以平民愤。"

伯赞："我明白军宣队也是按上面指令行事的，那时正要给刘少奇开会定罪，全力找罪证人证，可是我不能撒谎作证。所以我吃安眠药前，写下两个纸条：我没什么交代的，字条是：毛主席万岁！"

毛："新中国成立以来，你一直紧跟我，1952 年批张东荪，1955 年批胡风。1957 年批雷海宗，你都是马列阶级斗争腔。"

伯赞："1961 年我在《论中国古代的农民战争》说：'在经历了一次大的农民战争以后，封建统治阶级为了恢复封建秩序，对农民作出一定程度的让步，让步政策的意义为，每次农民革命战争，推翻地主阶级统治，改朝换代之后，新王朝为了缓和阶级矛盾，恢复生产力，会吸取前朝的教训，对农民作些让步，正是让步政策，有力推动历史发展。'我的让步政策言论，可能不合你的心意。"

毛："你的让步政策之论，封建地主阶级变仁慈了，阶级斗争没劲了，还有必要发动群众去斗地主吗？我搞阶级斗争，只能说地主坏，不能说地主有时不错。"

伯赞："但历史事实，确实存在让步政策。"

毛："虽然存在，我可以忽略不计，不去讲。你看 1965 年戚本禹的文章《为革命而研究历史》，对你的历史观进行批判，批你的让步政策是超阶级、纯客观的资产阶级观点。我说：'戚本禹的文章很好，我看了三遍，缺点是没有点名。' 1966 年戚本禹等三人的文章，就点名了：《翦伯赞的历史观点应当批判》，给你戴上'资产阶级史学代表人物'的帽子，说你的文章是'反马克思主义的史学纲领'。你看符合吗？"

伯赞："你既然说了，还有什么不符合的呢？你的嘴巴天大，一句顶一万句，我只能检讨，不能抵抗。"

毛："你主要是让步政策惹的祸，帝王将相让步，我还革什么命呢？所以我主张像你这样的马列史学家，就是要打倒，但是打倒了，关着就是，军宣队过火了，今天向你道歉。"

伯赞听得出来，毛道歉是敷衍的，说："我说过，史料是地上一堆散乱的大钱，要用一根绳串起来，我是用马克思主义这根绳的。让步政策历史存在，你视之若无，我没办法。你是强调历史为我所用，符合我就强调，不符合就弃之。"

毛："这才叫革命，不然还革什么？"

伯赞："你是强词夺理。历史不能扭曲，不能曲解。现在最急需是还原历史真相。"

毛："我去世后给您平反了吧？"

伯赞："1979年才给我平反，开了追悼会。"

毛敷衍检讨说："五十年过去了，历史证明我革命革错了。你坚守历史真相是对的，你有良心。我正在继续反省思过，来日有机会再向您请教吧。"

伯赞："你必须公开悔过认罪。全国要肃清你的流毒，不能再危害中国。不过平心而论，我等助纣为虐，也是死有余辜！"

毛默然。

81、巴金（1904年－2005年）

巴金是二十世纪文学大师，闻名中外，文革照样无端批斗他，下放劳动。六年一直写检查交代，妻子被折磨病逝。巴金活到一百岁，最后几年实际上已是植物人，他求安乐死不得。

毛离世四十多年，每想起被称为"中国的良心"巴金，文革后写出《随想录》这样的著作，还提出要建文革博物馆。他想见这位老者，究竟是怎么看待他发动文革。就向玉皇大帝提出申请，玉皇大帝批准并安排他两见面。

毛一向对名字好奇，知道巴金之名有典故，就直接问道："您老是姓巴，听说是因为崇拜无政府主义者巴枯宁，取他的姓的第一个字作为笔名的姓。"

巴："这个说法不对。1920年代我留法期间，有个要好同学叫巴恩波，他很有才华，又有理想，可是忧郁自杀了。此时我正在翻译克鲁泡特金的著作，我把他俩的名字，合成巴金。后来就叫开了。我的孩子认祖归宗，还姓李。既然叫开了，叫我巴金，无所谓。"

毛："原来如此。你说克鲁泡特金，我还有印象，我年青时办《湘江评论》，就曾经提出应当学克鲁泡特金的办法，不主张大动乱，搞那没效果的炸弹革命，有血革命。"

巴："克鲁泡特金创'无政府共产主义'，主张互助合作，取消私人财产，取消不平等，按需分配，我很崇拜他。当然现在看，都是乌托邦。你信奉克鲁泡特金的无政府主义，在我看来文革就是你曾经信仰的无政府主义加列宁主义的杰作。"

毛："你的分析很特别，我第一次听说。不管怎么说，文革让你委屈受罪了。文革一直批斗你几年，又下去劳动，又隔离审查，没完没了的检查交待，你夫人折磨病逝了，让你孤凄终了，留下很大遗憾。"

巴："文革使我受到非人对待，抄我家，把我关到地下室煤气灶间，拉我上台批斗，文汇报发表长文《彻底揭露巴金反革命真面目》《批倒斗臭反动权威巴金》。《解放日报》发表《彻底斗倒批臭无产阶级专政的死敌巴金》，几年干校劳动改造，不能回家。"

毛："这对你身心是很大摧残。"

巴："我的妻子萧珊被罚每天打扫街道，一天到晚精疲力尽，还被骂'巴金臭婆娘'，身心受到极大摧残，得了癌症，我写信求情申请一百元医疗费，1972年她孤凄去世，仅五十五岁。我与她相恋相依三十年，她走了是对我最大打击。我一直把她的骨灰盒安放卧室。我在《随想录》里写到，我死后骨灰要和她的骨灰放在一个盒子里。她翻译的几本书，一直放在我的床头。"

毛："你几十年写了许多著作，家春秋，雾雨电，长篇，中篇，短篇无数，见证百年沧桑，刻画历史巨变，点燃多少人的心灵灯塔，可是解放后几十年，似乎没见你有大作，写了一些短篇，也不大显眼。"

巴："你说的是事实，我写的一些短篇，也多是应时之作，没大意思。解放后政治气氛，使人谨慎害怕，不敢写。1962 年我在文代会发言，就说缺乏言论自由，使大家成为闲人，避免错误，害怕拿棍子的人，宁可说别人说过多次的话，尽可能笼统地说，胆小怕事，少了作家的勇气和责任感。那次发言，我结束时还吹捧了你，说你的文艺思想照耀了整个会场，因为大家都这样说的，我也不得不重覆。"

毛："你在批林批孔中发表过文章吧？"

巴："是的，我写过《孔老二罪恶的一生》违心之作，使我一直内疚不已。我的确三十年来，没写过什么有价值的东西。1972 年，我妻子去世后不久，对我说：'按人民内部矛盾处理，不戴反革命帽子，发生活费，可搞点翻译。'我就开始继续翻译屠格涅夫《处女地》。"

毛："后来你开始写《随想录》吧。"

巴："是的。我觉得有责任，去揭露那一场惊心动魄的大骗局，不让子孙后代再遭灾受难。我反复熬煎了十年的一身骨头，不能把骨头全吞到肚子里化掉，我要把一肚皮的话写出来。从 1979 年我就开始写，到 1986 年写完五集，有五十万字吧。没想到立即引起许多作家和读者共鸣，引起反思浪潮，带出不少作家写'随想录'。"

毛："这是你晚年留下的最有价值的贡献。你不愧为'知识分子的良心'。"

巴："遗憾的是，三十年过去了，我提议'建立文革博物馆'，一直无消息，写文革真相的书，也还不能出版。杨继绳写的文革史《天地翻覆》，2016 年只能在香港出版。"

毛："原原本本公开文革真相，恐怕会引起国内地震般的震动，影响中南海稳定，我的继承者有难言之隐。"

巴："你看德国人建立了希特勒大屠杀博物馆，并没出什么乱子。文革灾难，比希特勒大屠杀严重得多，一定要留下历史，一定要公开批判。遗憾的是，你统治三十年大灾大难，到现在还掩盖着，揭露文革的书不能出，你从来没认罪，你的继承人，还学你样，搞个人崇拜，封大家的嘴巴，不许议论中央。你必须彻底反省思过，公开认罪，肃清流毒。"

毛说："是的，你说的对。我正在求玉皇大帝赦免，让我脱离十八层地狱，我好托梦给当政者，叫他不要再搞文革了。"

巴金："你说得好听。我听你言，观你行。"说着起身告辞。

82、曹禺（1910年－1996年）

曹禺是中国现代戏剧大师，现代话剧奠基人，中外著名，有"东方莎士比亚"之称。曹禺一生爱国，拥护共产党，但他在文革依然被批判，下放劳动，精神受到极大摧残。

毛死后40年，玉皇大帝要开审。毛泽东便想起曹禺这个人。觉得他或许会在玉皇大帝面前给他说好话。就想见他一面。玉皇大帝自然同意。

名字是一个人最重要的标签。毛跟人谈话，喜欢从人的名字开始。见到曹禺，他就直爽地问道："应该怎么称呼您老呢，曹先生还是万先生？"

曹："我本姓万，叫万家宝。曹禺是我的笔名，'曹禺'是繁体字'万'拆开上下两部分，万字草字头谐音'曹'，下面是'禺'，变成'曹禺'，叫开了，许多人以为我就是姓曹。我的孩子认祖归宗，还是姓万。"

毛："原来如此。文革让你受罪了，给你精神极大摧残，从此你再无创作，我感到十分愧疚。"毛开口就道歉，给曹禺套近乎。

曹："其实解放后就没有什么好的创作了。我的创作高潮在1930年代，新中国后还有一点，文革后再没有了。"

毛："你在1930年代，为什么有那么大的热情呢？"

曹："中国1910年代推翻清朝，以后内争内战不断，1920－1930年代，民众普遍压抑，渴望自由，我所创作的《雷雨》《日出》《原野》《北京人》等，都是反映这一主题。那时我感情充沛，因为说出了社会的呼声，得到广泛共鸣。"

毛："你的第一部《雷雨》，就轰动上海三年，从此奠定你的戏剧历史地位，对中国现代文化贡献很大。新中国成立，你热情北上，主持戏剧事业。解放后你还创作过一些戏剧吧？"

曹："1954年我还写过《明朗的天》现实剧，1960年《胆剑篇》和1978年《王昭君》两部历史剧。《明朗的天》被社会评为失败之作，我也有点泄气。这部反映知识分子改造之作，实是出于领导指示，非如写《雷雨》发自我内心。民众评我的创作萎缩了。《明朗的天》纯是给共产党歌功颂德，没有得到什么社会共鸣，没什么价值，我也几乎把它忘了。因为创作要根据党指示，主题先行。我充满热忱迎接新社会，1949年开国大典，我当秧歌队指挥。我总是调整自己去适应新社会。我曾经接到任务，要我写售货员，我就跑到小店去体验生活，给人打酱油卖醋。领导又让我写抗洪，都没有结果。"

毛："看来奉命写作，是写不出好东西的，我明白了，创作要发自作家内心灵感，才能写出为民众喜欢，有生命力的作品。"

曹："我还要奉命改造自己，使我无所适从，我的创作灵感，确实萎缩了。"

毛："文革怎么会给你那么大精神摧残呢？"

曹："文革给我帽子'反动学术权威'，'反动文人'扣在我头上，大标语贴到家门，关牛棚，扫大街，被小孩石子砸，骂'反动文人曹禺'。我最受不了的是，反反复复要我写'认罪检查'，一次一次通不过打回来，我不知道该怎么骂自己才行，我痛苦得曾给我妻子下跪，求她帮我死掉。后来幸得一位好心同事，偷偷帮我上纲上线，写一份检查，我重新抄好，送上去好过关。检查之外，还要你下去劳动。劳动我无所谓，但我身体不好，劳动生病，后来让我到传达室看大门，扫院子，分送信件，我乐意去做，比成天要我写检查好。"

毛："你的性情纯真，你的检查认真，很好嘛。"

曹："我纯真到曾一度近乎失常，我曾在你的彩色像前痛哭忏悔：'毛主席啊，我怎么没写出歌颂你的东西来啊，我写《日出》，为什么不写共产党诞生，共产党才是真正的日出啊。我也没写红太阳。'我见了谁，不管大人小孩，总是 90 度鞠躬，嘴里唸叨'我是反动文人曹禺'。"

毛："把你摧残得颠三倒四了。给你平反后，你还想写东西吗？"

曹："我非常想，甚至写了不少小纸条，对话，构思写孙悟空，孙悟空头戴紧箍咒，紧箍咒一唸他就无法说真话，孙悟空苦苦挣扎，也逃不出如来佛的手心，孙大圣最后被招安，被封为'斗战胜佛'，慈眉善目坐在那里，不再像原来的猴身。后来我住院了，巴金还对我说：'家宝，你心里是有宝贝的，把你心里的宝贝掏出来啊！'可是我断断续续，总是没有力气，集中不起来，最后收场结局也没想好。"

毛："你要写如来佛，可能是写我吧？"

曹："是的，你就像如来佛，不但孙悟空，谁也逃不出你的手心，林彪也逃不掉。"

毛："最后结局是什么呢？"

曹："我就卡在这个问题上，我不如巴金理性坚强，我被折磨得精神集中不起来，不能作智慧思考，我的思维实际上残缺不全了，我是感性人，在压抑中只能再冒点烟，再也燃烧不起来，写不出东西来了，留下终身遗憾。"

毛："你过去的作品，仍然很有生命力啊，还不断被改成电影呢。"

曹："是的。其中《原野》，1981年就被叶剑英的女儿，拍成电影，我看了说，比我写的还好，沉睡多年，《原野》又复活了。可惜一直到1987年，才批准上映，可能有'人性论'的争议吧。"

毛："你的后世纪念相当多啊！特别是你家乡湖北潜江，又是祖居纪念馆，又是曹禺戏院，曹禺公园，天津也有你的故居纪念地。还建立了曹禺戏剧文学奖，曹禺教育奖，你可宽慰了。"

曹："我到天国三十年，感到自由了，但我还感到头上有个紧箍咒，我问玉皇大帝为什么？玉皇大帝说，因为遥控你，给你唸咒的如来佛，还未认罪，因此你的灵魂，还不能彻底解放。这是我唯一感到遗憾的。"

曹最后说："建国三十年，在你统治下，腥风血雨，大灾大难，一个接一个，死人几千万，你从来没悔罪，你的继承人，也没悔过，还为你掩盖罪行，我看了很痛心。你必须忏悔，向人民认罪。这样才能得到玉皇大帝的赦免。"

毛敷衍说："我正在继续反省思过，等待判决。"

曹："你说得不错，我看你行动。"

83、聂绀弩（1903年－1986年）

聂绀弩1924年黄埔军校第二期生，1926年入莫斯科中山大学，1934年加入共产党，1936年护送丁玲去延安。1938年周恩来派他去新四军，与陈毅同住司令部，1945年重庆西南大学教授，1949年到北京参加开国大典。1955年胡风事件被隔离审查3个月，1957年划右派，开除党籍。1967年以'诬蔑无产阶级司令部现行反革命'罪被捕入狱9年8个月，1976年9月出狱，1979年平反无罪，1986年病逝，享年八十三岁。

毛在阴间翻看聂绀弩的作品，对聂绀弩极为敬佩。觉得二人性格上有某些暗合，便想拉拢聂绀弩，让他去游说玉皇大帝，给自己轻判。

毛知道文人喜欢被吹捧，一见到聂，便拍起聂的马屁："新中国我统治下委屈你了，你是活鲁迅，鲁迅之后杂文第一人，与鲁迅神似，你的旧体诗古怪又美妙，堪称文坛一绝。你论武略可为将，论文才可为相。"

聂："过誉，不敢当。我是既不能令，也不受命。我行我素，不拘小节而已。周恩来就说我是大自由主义者，作事作文，随意为之。"

毛："你是鲁迅风格，乐则大笑，悲则大叫，愤则大骂，人格境界，文采风流，神州一绝。人家说你：怜君地狱都游遍，成就人间一鬼才。"

聂："我是出于真性情，无法约束自己。"

毛："听说你的书斋叫三红金水之斋，是什么意思呢？"

聂："那是黄苗子为我所题写，就是三国红楼梦金瓶梅水浒之意。因为我喜欢研究古典文学。"

毛："很有味道啊！文革你被炒家了吗？红卫兵为难你了？"

聂："红卫兵一看到我书斋的匾牌，就质问我是什么意思？我一下慌了，急中生智说：思想红，路线红，生活红，谓之三红，金是红宝书烫金字，水是旗手江青之偏旁。"

毛："你真会编啊，把红卫兵骗过去了？"

聂："红卫兵说我没资格这样说话，还是把匾牌砸了。"

毛："听说你跟胡风走得很近。你出狱后见过胡风吗？"

聂："见过一次。1980年萧军弄来车子，把我拉到胡风那里，我们得见面合影。我是比胡风还胡风的狂人。胡风八十大寿我送他：无端狂笑无端哭，三十万言三十年。他出狱后有时精神失常，哭笑无常。"

298

毛："你们被害惨了，三十年还有后遗症。"

聂："被害的还有家人。我女儿海燕 1976 年 8 月先于你一个月自杀了。那时我还在狱中，如果她有信心我会回来，她一定会等我，不会自杀的。女婿也是熬不住，在我女儿死后一星期，也自杀了。"

毛："那么你真无后了。"

聂："我留下大量文稿，后人给我出了十卷全集，就算有后了。"

毛："你作过一首诗《我若为王》，说：我若为王，将成暴君，将臣民一齐杀死，我将没有一个臣民了，我将引为最大耻辱。你是否影射我呢？"

聂："你自己对号入座而己。我写那首诗在 1930 年代，我没有那么大远见，能预知你二十年后成为帝王。"

毛："你有一首诗说：晚熏马列翻天地，早乳豺狼噬祖先。是不是说我呢？"

聂："你又对号入座了。"

毛："你最后几年是怎样过的呢？"

聂："我在狱中得了严重肺气肿，1980 年后，就只能卧床，不过我还勉力写点东西。到后来，连吃东西的力气都没有了。我最后一句话是：我口很苦，想吃一个蜜橘。老伴给我剥皮送上，我全吃了，说：很甜很甜。就睡着了，再没醒。"

毛："你算善终。你对我有什么赠言呢？"

聂伸出五指说："我送你五句话：谎话说尽，坏事做绝，恶贯满盈，断子绝孙，遗臭万年。你再不悔过，玉皇大帝将把你打入十九层地狱都不为过。"

聂说完就转身而去。毛羞愧万分，像个木头立在那里看着聂扬长而去。

84、丰子恺（1898 年－1975 年)

丰子恺是深受民众喜欢的漫画家，是现代著名高僧弘一法师的得意门生。他多才多艺，也是散文家，翻译家，音乐教育家，被誉为文艺大师。丰子恺的画，很多是画儿童，画底层穷人，他一生不问政治，但政治问他，文革被抄家，被批斗，下乡劳动，折磨得病，文革没完就折磨死了。

毛在世时没见过他，毛觉得他尽画小孩，离文艺为政治服务太远，不值得见。毛离世后四十多年反思，在地狱也找些漫画来看，现在觉得丰画有意思。毛反思这样一个慈善老者，文革中被折磨死，心中不禁生起歉意，又好奇丰的漫画创作，就向玉皇大帝申请见丰。

毛关心地问："文革使你遭很大罪吧？"

丰："文革几乎谁也逃不掉，我也是，工作组把我定为'反动学术权威''反革命黑画家''反共老手''漏网大右派''上海十大批斗对象'，几次抄家，电视机，字画书籍，相册，运走几大箱，仅有的七八千元存款，也被抄走，工资被扣发。"

毛："他们怎么批斗你？"

丰："造反派强迫我爬上梯子，贴批自己的大字报。把我按倒在地，在我身上浇上浆糊，贴上大字报，皮鞭落在我身上，把我蓄了几十年的胡须，强迫剪掉。还半夜闯入我家，把我带走去游斗。"

毛："半夜游斗，比起我当年在湖南发动地痞流氓游斗地主都更残酷。"

丰："1969年把我赶去乡下劳动，我已七十二岁了，睡在铺稻草的潮湿泥地上，和衣而睡，染上风寒，高烧不退，被送回上海。1972年，我幸运获'解放'，发生活费。可是好景不长，1974年批林批孔，批黑画，诬我讽刺新中国，又开批判会。1975年我肺癌不治，一命呜呼。"

毛："就这样把你折磨死了。文革让你全荒废了光阴，创作不成了，还受批斗摧残终了，很惋惜啊！至少我替你惋惜。如果你见到玉皇大帝，告诉他我为你的死感到痛心和惋惜。"随后，毛把话题转到丰子恺的漫画上，"你是中国漫画的泰斗，开始中国的漫画创作。你当初是怎样搞起漫画创作的呢？"

　　丰："说来话长。原来我在上海当美术教师，1921年我筹借了学费，去日本学画，因为我的恩师弘一大师就是留学日本的。我深受日本漫画家竹久梦二影响，归国后就画起漫画来。中国原来没有'漫画'一词，是1925年，起自郑振铎在《文学周报》，把我的画以'漫画'作题头，从此才有漫画的说法。我的漫画，结合中国画的萧疏淡远，西洋画的活泼醋姿，一时兴到，随意挥洒。"

　　毛："这样说，你是中国漫画的创始大师，漫画从你开始。你的漫画都包括什么题材呢？"

　　丰："我的漫画，大多反映儿童生活，社会底层观感，还有抒写古诗意境，反映人性，有人情味。我的画，简笔，造型简约，朴实富童趣，配以简练画题，画龙点睛，使画富有诗意。"

　　毛："我好讲党性，你讲人性，因此在世时，我与你合不来。"

　　丰："人求'真，善，美'，真是知识求真，善是道德，美要靠美术音乐。我画画，写散文，教音乐，都是为善与美。对党我没研究，不问政治。"

　　毛："你不问政治，你还写了许多散文随笔吧？"

　　丰："我所写的，大部分是取材人间辛酸事，为劳苦大众鸣不平，我以温柔悲悯心，看待人间事物，提倡人道，祈望唤回人类苏醒觉性。与你说的'无产阶级觉悟'不同。"

　　毛："你在建国后依然保持这种看法，殊不容易。"

　　丰："人生难如愿，大多是无可奈何，在专制之下，无处可逃，无处可躲，不如傻乐。没有净土，不如静心。结有道之友，闭是非之口。不乱于心，不困于情。潜心观天下之理，定心应天下之变。"

　　毛："你是肯定人性。你对我在世治国施政，有什么看法呢？"

丰："我一生多是画小孩画，在无数画中，可能只有一幅涉政治，那幅画题'统一思想'，你看了一定不舒服，我觉得思想都统一了，就没有艺术了，因此我画剪去人头。"

毛："哈哈，我统一思想，就是把人们脑袋割断，只剩我。现在我明白了，多样化，才有艺术。我在世时，什么都要统一，一元化，结果什么都弄干净了，艺术也没有了。"

丰："另外我希望你也看看漫画，增加童趣，心情放松点，压缩你一天总琢磨整人的时间，让大家少受折磨。"

毛："我明白你的意思了。我离世后，也看一些领袖名人传记，我看到美国总统雷根，他演员出身，从当州长到当总统，他每天开始工作之前，要看当天各大报刊的漫画二十分钟，工作人员把各报刊漫画收集给他，这是他每天例行的'开始曲'，其中也包括看讽刺他的漫画。"

丰笑说："看漫画能让你会心发笑，放松你绷紧的神经，让你放轻松处理国事，减少失误。"

毛："你说的对，如果我也先看你的漫画，增加点童心童趣，放松心情，不整天算计整谁整谁，或许会免去许多灾难。"

毛又问："给你平反了吧，你的后事怎样呢？"

丰："1978 年平反了，在我家乡成立了漫画馆，除了我的画，还有其他著名漫画家的画，我很满意。唯一不大满意的是，我的上海故居，一楼被造反派占了，二三楼本来开放给外界参观，但前几年被迫关闭了，因为一楼嫌参观人多打扰。我明白国内名人故居，保留多出问题，非只我一个。当然不能跟你二十座行宫，保护好好的相比。"

毛："建二十座行宫是玉皇大帝将要裁判的罪行之一。故居不重要。最重要的是，你的作品留世，精神留后，让国人继承传咏。今天得见你，解我数十年心愿，特别向你致歉兼致谢。"

丰："我个人事小，我痛心的是，你三十年整人杀人无数，饿死人几千万，冤魂冤鬼无数，至今你的继承人，还为你掩盖，不许人揭露评论。你必须忏悔，反省思过，向人民认罪。"

毛说："你说的是，我正在忏悔，反省思过，不久就会接受玉皇大帝裁判。希望你在玉皇大帝面前为我说几句好话。"

丰："那要看千千万万受害的冤魂答不答应。"

言毕萧然离去。

85、侯宝林（1917年－1993年）

侯宝林是新中国成立前后著名的相声大师，一生表演深受民众欢迎，毛也十分喜欢他到中南海演出，毛多次看他的相声，晚年要他专门录像给毛看。但这样一位绝无政治异见的笑星，文革也遭批斗，下去劳动，不能再正常出演。

毛在世时喜欢听侯宝林的相声。到了地狱，听不到侯宝林的相声了，便想利用玉皇大帝准许他见其他阴魂的机会，见侯宝林一面。

毛见到侯宝林，说："文革让你受罪了，你也没犯什么错误，罪行谈不上，但还是让你上台批斗了，赶下去劳动了，今天想起来，真是错误啊！"

侯："你煽动的文革就是这样，谁有点名气，起码就是'反对学术权威'，带个高帽游斗一下，家常便饭了。我也没太在意，顺着吧！"

毛："听说你自动戴高帽，拚命说自己罪大恶极，自动打倒自己。"

侯："我是顺造反派而动。怕你的红卫兵临时找不到，我先自制好高帽，而且有伸缩性，可高可低，随造反派喜欢。他们喊口号'打倒侯宝林'，我立刻趴倒在地，不推自倒。游街批斗，我小跑前进，积极跑在前面，顺着点，你的造反小将就高兴了。"

毛："你真会来事啊！不愧幽默大师！这样就少遭皮肉之苦了。"

侯："工宣队也叫我尽量上纲上线，多说罪大恶极。我就找最高的词，我说'朝鲜战争是我发动的，邢台地震是我搞的'。造反派没词再批斗了，有一次批斗会，我老早就去等候，但头头没来，我白等了。批不下去了，就只好叫我去打扫厕所。就这样折腾了几年，一直到1974年'五一'节，才宣布我不是'黑帮'。"

毛："你聪明，罪过尽往身上揽没错，起码说明你态度好。文革期间还让你演出吗，你还能创作吗？"

侯："没有了，叫我去干校劳动，八个样板戏，占领舞台，我的小玩意儿，只能逗逗笑，不符合你的文艺路线。创作搞了一点，有个段子叫《种子迷》，我改了十一次，政审都通不过，只好坐吃闲饭。"

毛："文革后期我又想起你，1974年我在湖南养病休息，看到就要开的人大会代表名单没有你，我问为什么没有侯宝林？下面就马上加上。我又想看你的相声，就叫人去搞录像。"

侯："承你开恩想起我。一天我正在干校劳动，军代表叫我马上回去洗洗脚，换双鞋准备一下。到了北京革委会报到，大家冲我笑，称呼也改了，叫同志。后来费了好大劲，搞了十二段录像，包括你最喜欢的《关公战秦琼》，献给你。"

毛："我看了你的录像很开心。以后你还搞了什么创作活动吗？"

侯："创作搞不成了，不合上面胃口，见不了世面。我只好利用文革后补发的工资，潜心文物收藏。1979年我干脆宣布退出舞台，潜心著作。不过1982年还去香港演出十天，极为轰动。1984年又去美国演出九场。1989年最后一次国庆中南海演出。此后身体越来越不行了，1991年得胃癌，胃全切掉。1993年在医院最后一次访谈'毛主席听我说相声'，不久就一命呜呼了。"

毛："我从1949年起，看你的相声，看得最开心，只有你能让我如此高兴，你真是国宝。记得有一次听你作的一首诗：'胆大包天不可欺，张飞喝断当阳桥，虽然不是好买卖，一日夫妻百日恩。'引得我哈哈大笑。"

侯："我给你说相声，三十年来，数得出大约有一百五十次，我个人适应性强，接受新事物快，学习你的延安文艺讲话很认真，跟你的路线走，把旧相声胡来的东西去掉了，让你看了不厌烦。"

毛："你总是严肃认真，说起来亲切自然，朴实大方，意高味浓，节奏明快，酣畅含蓄，轻松讽刺，寓庄于谐，大家喜欢。难怪北大聘你当语言文学教授。可惜你死得太快了，你留下什么话吗？"

侯："我留下《最后的话》说：'观众是我的恩人，衣食父母，我再说几十年相声，也报答不了。我是观众的仆人，让笑走进千家万户。'"

毛："你对观众感恩，你是贫苦出身，一直勤奋挣扎，谦逊朴实，我如果也有你这种态度，会少犯许多错误啊！"

侯："你我不同，我顶多是个大笑星，你应该是大救星。可惜你无法无天，没救几个人，却害死几千万，实际上，是大灾星。"

毛言不由衷说："我离世四十多年反思，我承认我这个大灾星万万不如你这个大笑星。"

侯："我按你钦点，当了人民代表。人家问我：'你代表谁？'我说：'我代表毛主席。说代表人民是虚的，人民没权撤了我，毛主席才有权。你看，百元大钞人民币，人民看不见，毛主席堂堂在上。什么人民政府，人民银行，都是装饰词。"

毛："你眼睛厉害，看问题看本质，不看现象。"

侯："我给人说，读政治名词，不能按西方从左到右，要按中国从右到左，才好理解。比如'人民代表'，从右到左去读：'表代民人'，就是说，表面上代表民众，实际上，代表毛主席。再说'选举'，从右到左去读，就是'举选'，就是说，我举好了你来选，你投票就是了。"

毛："你这一读法，说到点子上来了，解释非常透切。"

侯："还有，西方讲民主，自由，人权三大权利，也要按中式从右到左去读，才说得通。'民主'，中式读法是'主民'，我来为民作主。'自由'，中式读法是'由自'，就是由我，我给你多少自由，就是多少。'人权'，中式读法是'权人'，我有权处理你。权与拳相通，不听话，我就有权给你一拳。"

毛听到最后一句，哈哈大笑说："你把民主，自由，人权，都说活了，说到我心里去了，我心里就是这样想的，你不愧为相声大师。"

侯："不过现在开放了，不像你在世时，什么都闭门听'最高指示'，民众也会看看世界外面，究竟是怎样的。完全按我这样帮你解释，恐怕也不太灵了。"

毛："我看到国内，现在出了电视小品，演出你和我同台说相声，真有趣，感谢你收我作徒弟，跟你同台表演。"

侯："此是后人的主意，如果大家赞成，我当然乐意，一起把笑声带给人间，代替昔日的哭声，将功补过。"

毛假意附和说："好，我也发挥点余热，像你说的，将功补过。"

侯："但最重要的是你要先彻底反省思过，三十年统治，你给国家带来大灾大难，死人几千万，民愤极大，你的继承人，至今为你掩盖罪行，不许揭露，习近平还学你那一套，搞个人崇拜，不顾百姓穷苦，学你当世界领袖，向外国大撒钱，你的流毒不清，继续为害国家。"

毛敷衍说："你说的是，要向人民公开认错，争取玉皇大帝赦免。"

侯："你说得好听，但要兑现难。"

毛无言以对，该谈的都谈了，就起身告辞，各自离去。

86、马思聪（1912年－1987年）

马思聪是闻名中外的音乐家，他一生热爱祖国，拥护社会主义，始终跟共产党站在一起，当了二十六年中央音乐学院院长，在文革却遭到批斗，他不堪凌辱，出走美国，被定为'投敌叛国'，死在海外，亲属被牵连迫害。因他是文革后第一个出逃的高级干部，毛觉得这位

音乐家在玉皇大帝审判席上有举足轻重的影响，遂向玉皇大帝申请与马会面。

毛开门见山说："文革是我发动。群众运动在所难免，你没有像罗大个字跳楼，落得个终身残废，你却出逃中国。二十年始终不能回国，客死异邦，亲属也被牵连！文革开始，你是怎样被批斗的呢？"

马："文革开始，我就被戴上'反动学术权威'，'大吸血鬼'帽子，抄我家，赶去集训班，每天早晚集体唱《牛鬼蛇神歌》，歌词是'我是牛鬼蛇神，我有罪，我该死……'唱不好，皮带就抽上来。音乐界说，'这是人类音乐史最黑暗的一串音符。'我被拉去游斗，戴高帽，拿着破盘敲'丧钟'，边敲边走。又要我在地上爬行，用带钉子的鞋打，拿尖刀面对嚎叫，隔离劳动，每天打扫街道，不许回家。"

毛："红卫兵太可恶。"

马："不过我也明白，学生年幼无知，他们是奉命造反，编剧兼总导是你，江青是执行导演，不怪红卫兵，这样安慰自己，但还是难忍。"

毛："后来你怎么决定出走呢？"

马："我小女儿知我受不了，潜回北京，要我去香港养病，我开始拒绝，跟她争论二小时，后来她改为先回广州养病，再看形势，我勉强同意了。这时我妻子已经逃去南京，红卫兵追去南京，她又逃去广州。"

毛："后来你们怎么逃去香港呢？"

马："我在乡间躲了三个月，我女儿找到偷渡蛇头，夜间电船偷渡去香港，花二万元，到香港后借亲戚钱付给。"

毛："你们能找到蛇头，偷渡去香港，是最幸运了，不少人游泳过去，淹死海上呢。"

马："是的。陈独秀女儿身上绑二个大酱油桶，漂泊十小时到香港，也是幸运。她在广州妇产科，因父亲文革被批斗，不堪折磨，去深圳偷渡。到了香港，还怕被人认出遣返，又流亡美国，直到2004年去世，在太平间一个多月无人认领。我比她幸运多了。"

毛："你全家偷渡去了香港，抓不到你了，国内对你怎么办呢？"

马："我逃了，亲属倒霉了。中央立专案抓人，几十个亲属被抓，二哥跳楼自杀，岳母，侄女，厨师被迫害致死，多人被判刑。"

毛："你的亲属遭殃了。你到了香港，你们又怎能去美国呢？"

马："我们感到香港离中国近，还是不安全，就找美国领事馆。他们很协助，办了手续，还派一个领事陪同飞去美国，因为中美无外交关系，我也无护照，领事馆怕文件不全，海关有麻烦。有人说我喜欢美国，不喜欢中国，那不是事实。事实上，1948年司徒雷登就邀我全家去美国，可是我拒绝了，我改去北京，后悔莫及。"

毛："你在祖国服务二十多年，贡献很大，搞了许多创作，演出，培养了许多人才。我看你是一直爱国的。"

马："多谢你的称赞，我1949年就创作《工人组曲》，1950年创作《10月礼赞》《鸭绿江大合唱》，后来创作《少先队歌》《亚非拉人民反帝进行曲》《祖国大合唱》，直到1966年最后创作《焦裕禄悼歌》，都是跟你的文艺路线走，为政治服务。我的《思乡曲》《摇篮曲》，多是以前写的，很受海外欢迎。《思乡曲》一直是对台对海外广播的开始曲，1966年后，才改为《东方红》曲了，这样听的人就少了。我写的《西藏音诗》《内蒙组曲》，都很受欢迎。"

毛："我记得你是中南海的常客，你是中国第一小提琴手，有时即兴就要你表演。我还记得跟你讨论过音乐文艺。周恩来就跟你更熟了。"

马："周恩来很随便，有一次把陈毅，我，三人拉在一起，对陈毅说：'我们三人都是留法，只有他学到东西，我和你没学到。'1957年受到周保护，没划我右派。但1958年拔白旗，还是被批判了。这样虐待音乐家的国家，举世无双。"

毛："到了美国，你怎样生存下来呢？"

马："我投靠已在美国定居的弟弟，然后还是靠音乐创作和教育维生。"

毛："你在美国长期客居，生活还过得好吗？"

马："我在美国深居简出，除了音乐创作，春夏割草，秋天扫叶，冬天除雪。但我思乡难耐。房子住久了，可调换一间，祖国只有一个。有一次我和妻子同听贝多芬《命运交响乐》，不禁失声痛哭。我给音院校报题词：'诚心诚意做一条孺子好牛'，也是我自己的心愿。"

毛："你在美国还创作了有关中国的东西吗？"

马："我为李白诗谱曲六首，唐诗八首，解我乡愁哀怨，记得其中一首是李商隐的'相见时难别亦难，东风无力百花残，春蚕到死丝方尽，蜡炬成灰泪始干。'叙述我有家难归之衷情。最后，我根据《聊斋志异》中《晚霞》的动人故事，谱写了《晚霞》舞曲，寄回国内，下落不知。"

毛："你的思乡，情怀感人。

马："1985年我收到文化部平反通知，正是春节除夕前夜，全家悲喜交集，放鞭炮庆贺。我写下；'春天回来了，祖国走近了。'我感概说：苏武牧羊19年啊！同年我收到当年红卫兵动粗的忏悔信，少先队员给马爷爷的信，使我很感动。早先我还收到胡耀邦，邓小平的信息，欢迎我回去。我有心脏病，一向靠保守疗法，维持尚可。到1987年心急，想彻底治好，好方便回国旅行。没想到上了手术台，麻醉药还没打完，就不行了。我与夫人的骨灰，2007年儿子护返广州，魂归故里，归葬白云山麓，如生前所愿。"

毛："你跟你创办的音乐学院还有联系吧？"

马："1985年建校三十五周年，我给音院题词：'礼能节众，乐能和众'。2012年，我诞辰一百周年，家乡海丰，汕尾市举行大型系列活动。美国新泽西州普林斯顿也举办'从东方到西方的音乐大师'纪念音乐会，宾州 West Cherster 市也举办纪念音乐会，市长并宣布我的生日为'马思聪日'。后人把我的著作，编成一本《居高声自远》，2000 年出版。2004 年文联出版社出版《马思聪年谱》。2006 年叶永烈出版《马思聪传》。"

毛："你可说是，民族留音，冬夏常青，百世芳芬，千秋永恒，无所遗憾了。你觉得还有什么问题吗？"

马："我个人事小，最遗憾的是，你至今没认罪，好像都是红卫兵胡来。其实他们是小卒小演员，编剧、总导是你。现在他们成了替罪羊，你反而逍遥，不公平啊！天理难容。你必须彻底忏悔，反省思过，公开向人民悔罪。"

毛说着起身告辞，与马思聪道别离去。

87、颜福庆（1882 年－1970 年）

颜福庆是中国第一个留美医学博士，他创办长沙湘雅医学院，上海医学院等，是中华医学会第一任会长。早年在长沙曾救治过毛妻杨开慧，文革被迫害批斗摧残致死。

一日，毛想起颜福庆，想亲见道歉，求得他的谅解，以便在玉皇大帝跟前清除一笔罪责。就向玉皇大帝提出申请。玉皇大帝批准并安排他们会面。

毛开门见山说："文革把你害惨了，把你摧残不堪，我很难过，特来向您道歉。"

颜："文革给我戴高帽，汉奸，洋武训，反动医学祖师爷，强迫唱牛鬼蛇神歌，游街批斗，肉体摧残，精神凌辱，拳脚之外，往我头上倒墨水，我本来身体硬朗，长期被折磨得骨瘦如柴，面目全非，卧床不起，要孙子扶着去被批斗，引发严重肺气肿呼吸困难，家人抬我去当年我创办的中山医院，不给入院，最后被上帝召去了。"

毛："你死得好惨。我死后给您平反了吧？"

颜："1978年上海复旦大学为我平反，开了追悼大会，为我立塑像。"

毛："文革你被残酷批斗，我一点不知道，若是知道，我一定制止。"

颜："你高高在上，顾不上小百姓。我也不怪年轻人，他们是听你的，不懂事。"

毛："您是我特别恩人，救治过我妻子急病，我一生不忘。"

颜："我记得建国初期，你宴请知名人士，特别点我名字，要我坐你身旁，你提起当年背着夫人来找我求医的往事，我一时都想不起来了。"

毛："您那时是名医，找您治病的人很多，很多是义诊，我又不是名人，怎会记得。那次逢大雨，我背着杨开慧去找您治疟疾，病治好了还不收费，我万分感谢。"

颜："您记性好，1956年你来上海视察，你再次接见我。"

毛："文革让你遭罪，您却宽容大度，怪我晚年失去理智，为了打倒刘少奇，当皇帝，什么都不顾了，也连累了您。"

颜："我不大明白，您为何非要打倒刘少奇不可呢？"

毛："我怕他在我身后鞭我尸啊。"

颜："你有什么把柄被他抓住呢？"

毛："1962年七千人大会，他就公开讲了，大饥荒七分人祸，就是说我。"

颜："人祸是客观存在，大饥荒是你造成，历史变不了，你想掩盖，能掩盖一时，无法永远掩盖。你熟读中国历史，你看5000年帝王史，有哪一个暴君的罪行，至今不为人知？现在你的继承人，为你掩

311

盖四十多年了，但我不相信能掩盖一百年。"

毛："那么您说怎么办呢？"

颜："错误造成了，你唯有认罪忏悔。掩盖或嫁祸别人，就罪上加罪。文革之罪，就是你大跃进大饥荒，不认错，发展起来的。现在你必须加紧悔罪，公开向全国认罪，也促使你的继承人悔过自新。"

毛敷衍说："您这样讲，我明白了。我正在继续反省思过，准备面对玉皇大帝的公审。"

毛颜一席谈，毛感到颜十分在理。随即起身告辞道别。

88、何家栋（1923年－2006年）

毛在世时知道何家栋涉及小说《刘志丹》案，但不知其详。最近他看到《何家栋文集》，文章所论不凡，颇令他惊讶，毛很想见他，当面解释。毛的请求得到玉皇大帝批准。

毛开门见山说："你就是那个反党小说的编辑？你怎么会牵进去呢？"

何："我只是个不显眼的编辑，不过写《把一切献给党》出了点名，他们写小说就找上我来了。我那个时候，也不明白什么是反党。"

毛："你知道，1962年是什么形势？林彪正在树我，大学毛著，举毛旗。小说《刘志丹》树谁？不树我树他，不是反党是什么？"

何："你说的，我后来才明白，原来是得罪了你，树刘志丹不树你，就是反党。不过一本小说而已，我觉得没那么大能量。"

毛："闹大了也难说，小说之力不可轻视，事情就是要消灭在萌芽，没等他出来就杀死。你在参与《刘志丹》之前，就被整过了吧？"

何："之前就被整过两次。第一次是1952年'三反''五反'

312

打老虎，我因主持工人出版社工作，赚了钱，盖了大楼，被打成老虎。澄清经济问题后，历史问题又扯上来了，说我国民党特务，我是被国民党、日本人逮捕过几次，历史被揪住再搞，开除党籍，下放去当校对。第二年特务案澄清，但党籍没恢复。"

毛："你是何时入党的呢？"

何："我十五岁参加革命，十七岁第一次申请入党，没批准。"

毛："为什么不批准呢，年龄不够？"

何："不是年龄问题，是因我给人说过'统战不道德'，说我怀疑党的政策。"

毛："你怎么认为统战不道德呢？"

何："我说'统战统战，借窝下蛋，明统暗战'俏皮话而已。"

毛哈哈大笑："你十七岁就看穿了我设计'统战'的用意，真天才也。而且说得押韵顺口，借喻巧妙，极富文采，把我要说而没说的话，都点出来了。你说不道德，是站在孔子伦理道德说话，共产党要按孔子那一套，还能夺取政权吗？那么你后来何时入党呢？"

何："到我二十二岁，1945 年到了北平搞报纸，才接受我为地下党员，直到 1949 年到《工人日报》。"

毛："你后来又怎么成了右派？"

何："是因为我当编辑，出刊刘宾雁的《本报内部消息》，被株连成为右派。"

毛："刘宾雁当右派，是他写的不为我喜欢。你当编辑，例行公事，应该没你份。你自己不是一直写自己的东西吗？"

何："虽然开除党籍，划为右派，我一直坚守信念写。1954 年写《把一切献给党》，1957 年写《我的一家》《赵一曼》，1958 年写《方志敏》《胸中自有雄兵百万－毛主席在陕北》。"

毛："那个年代，你的书最畅销，青年作为共产党的圣经来读，你引导青年进入共产主义理想，功不可没。"

何："1960 年，我摘掉右派帽子，参与编辑《刘志丹》，没想到又惹事了。1965 年，康生说《工人日报》不纯，又是右派，又是反党分子，把我下放山东成武县改造。文革开始，把我揪回北京批斗，进牛棚，打扫厕所。我大儿子被打成内伤，死在医院。二儿子绝望自杀，老母亲在文革中摔死。直到 1979 年，刘志丹案平反，右派改正，我才恢复党籍，回到工人出版社。"

毛："你很坎坷，两个儿子文革死了，母亲死了。1980－1990 年代，你做了许多事吧？"

何："这可说是我的黄金时期，在邓小平，胡耀邦解放思想感召下，我一方面反思过去，一方面和李慎之，陈子明等合作，做了一些事，与陈子明合作，办了行政函授大学，有 15 万学生，办了社会经济研究所，又办了《经济学周报》，胡耀邦也支持，赞扬这个周报。期间，我跟李慎之合写了《中国的道路》。我自己还写了《中国新道统－从梁启超到李慎之》"

毛："还遇到什么曲折吗？"

何："1984 年因为发表刘宾雁的《第二个忠诚》，又不合上面口味了，我受到很大压力，1985 年不得不离休了，此后就是独立自主，自己维持，我的行踪，有人跟踪，电话被监听，直到我去世，我的文集刚印出来，就被毁掉，编辑被抄家。"

毛："你写的什么呢？有那么严重吗？"

何："我写的白纸黑字，文集上你都看到了，无非是真诚反思，希望改革，特别是体制改革，并没有煽动造反，反政府。至于改革步子，我们一帮老人，并不祈求大步向前，只求碎步走，就是你过去说的，小脚女人步子，你看我们是老保守，还是激进造反？就是这样，也容不了。我们这些人，被称为'两头真'。1950 年代，真诚鼓吹共产主义理想。1980 年代，真诚反思，重新启蒙，宣导民主宪政。2000年与李慎之合写《中国的道路》，2001 年与陈子明合写《21 世纪的世界与中国》，都是鼓吹民主宪政。根据中国孔子老道统，提出近代新道统，代表人物是梁启超－胡适－顾准－李慎之。对比孙中山——袁世凯——蒋介石——毛泽东的政统。我提出，道统比政统更重要。"

毛："道统确实比政统重要，政治人物遵守道统，国有道，天下治。不遵守，国无道，天下乱。我就是不守道统，自己胡来，搞得国家大乱。你一生坎坷磨难，从共产主义理想幻灭，到民主宪政重新启蒙，思维穿透几代人，既总结经验教训，又为未来道路指出方向，加上人格魅力，无愧为党的圣人。何老对我有什么指教呢？"

何："林彪捧你四个伟大，是虚的。我送你四个伟大，是实的。你是伟大军事家，伟大谋略家，伟大诗人，伟大书法家。你最欠人格，无普通人感情，无敬畏心，对天都不尊敬。"

毛："我相比其他几位领导人呢？"

何："刘少奇以身作则。周恩来双重人格，不足为训。朱德，陈云，洁身自爱，不同流合污，可为人师表。"

毛："我跟曹操比怎么样？"

何："你喜谈曹操，曹是乱世奸雄，治世能臣。你使治世变乱世，是奸雄中之奸雄。你所理想的'大治'，不过'闲时吃稀，忙时吃干'。"

毛："我是属于马克思啊！"

何："你的思想，不属于马克思体系，而是从苏联列宁斯大林那里移植过来，是经过驯化的共产党主义。"

毛："你说我是最伟大军事家？"

何："是的。你是兵家思想集大成者，军事无人能比。你以军事方法玩政治，以一方吃掉一方来推理，满眼是敌人，一切同盟者，都是暂时的，迟早变敌人。一切政策，党章，宪法，都是'阳谋'，无任何约束力。"

毛："我说过我平生做了两件事，还算有点成绩吧？"

何："你生前是有此两件事：倒蒋，倒刘。但蒋倒再起，台湾崛起；刘死复活，政策复活。你只剩僵尸，空壳。不过你缺德的思维和行为方式，影响几代人，现在你的继承者，继承你的思维，主流没变。"

毛："你对人对事都有洞察力，我想此是你几十年磨难练就的。"

何："受尽折磨，却无怨无悔，我主张做人豁达大度，思维前卫，对人宽恕，提倡妥协。我的名言是：妥协是金色的。"

315

毛："共产党最反对讲妥协,讲妥协起码就是右倾错误。共产党字典,无妥协一词。"

何："是的。共产党只有造反一词,无妥协一词。但几十年惨痛教训,我找回妥协一词,并且放第一位。事实上,历史是由各种合力发展而成的,合力是由妥协而来的。暴力造反,只有破坏,无推动历史之功。你几十年革命,革命吃掉了你的妻子,孩子,最后家破人亡,害人害国害家。所以我得出信条:道义是白色的,理论是灰色的,暴力是黑色的,妥协是金色的。"

毛："上面你讲了中国之路,就是民主宪政,具体路子该怎样呢?"

何："具体就是学蒋经国。经国在老蒋卒后十年,就厉行改革,改造革新国民党,从半俄式革命党,改造为现代式民主政党,开放报禁,党禁,民主选举,大家看他革新有功,选他总统。共产党也要行此道,使党新生,苏联已经成功改造,进入现代体制,你要促使你的继承者。胡耀邦本来最有希望像蒋经国,可惜他不善与人妥协,抄胡乔木家,整其子,怒乔木,惊元老,促使元老群起而攻之,美其名曰:清除资产阶级精神污染,耀邦夭折了。"

毛敷衍说:"你的看法都非常独特。与您老一席谈,胜读十年书。我将继续反省思过,并促使我的继承者学蒋经国,将功补过。"

何:"好啊!反省共产主义,回归孔子道德伦理,实现民主宪政。你要彻底忏悔三十年罪过,也促使你的继承人悔过自新。"

毛再次敷衍说:"你说的是,我正在忏悔,不久玉皇大帝会公审。如果你有机会,向玉皇大帝说句好话,让我脱离十八层地狱。"

说完,起身告辞,与何老道别,各自离去。

89、董时进（1900年－1984年）

董时进,农业学家,四川人,1924年获美国农业经济学博士,1925年回国,任北平大学,四川大学教授,院长,主编《现代农业》,创

316

办大新农场。1940 年代发起成立民盟，创建中国农民党。1949 年 12 月上书毛泽东，劝毛停止土改，遭毛发动批判，1950 年逃去香港，1957 年去美国，毛去世后，1979 年后 3 次回国探望亲友，1984 年病逝美国。

董时进是新中国后唯一的一个敢反对土改的学者，梁漱溟为农民喊苦，但他不反对土改。毛见过梁漱溟，还想见董时进，追问他为何反对土改。

想董董到，董时进居然出现在毛面前。

毛忙上前迎候，问："你是谁？"

董："我就是你想见的董时进。"

毛："当年你为何有那么大胆量，叫我停止土改？"

董："我是出于公心，把我 20 多年对中国农业和土地的研究，向你陈言土改之弊，要你为国着想，立即停止土改。"

毛："我要土改，是说地主剥削而来，是封建残余。"

董："农地是地主辛勤积蓄买来，三轮车夫，女佣都有积蓄买地的，并非剥削而来。"

毛："我是故意制造剥削论，仇恨地主，好打倒他们，我就是要消灭乡绅，好让最穷的农民掌权，流氓瘪三都无所谓，听我话就行。这样我才好统治。"

董："我那时还看不出你的阴谋，我是书呆子给你好心说话，说明那样土改分田，对提高生产，搞好农业，没有好处。"

毛："我是从政治出发，先给那些穷农民分田，不久再集体化收回，搞人民公社管制，搞我的共产主义。"

董："我那时也是感到给你上书是很大冒险。你知道，1949 年你们邀我去北京，我 5 月去到，向周恩来提出我的农民党参加新政协，

317

周不理我，叫李维汉批评我反共反土改，诬蔑农民党是地主党，行地主路线，要我解散，我被迫发表宣言，停止农民党活动。"

毛："在此情况下，你还大胆给我上书，反对土改？"

董："是，我心中无鬼，我还印了几百份，同时寄给你的中央领导要员，各党派领袖，学术教育机构。"

毛："你寄几百份也没用，我一人说了算。那时我去了莫斯科见斯大林，谈论大事，无暇看你的信。"

董："我明白，但我想他们帮腔说动你。但等你回来，1950年2－3月，就公开批判我了。我感到莫大威胁，赶紧逃吧，很快就去香港了。幸好走得快。晚走一步，你就封关了，关门打狗。"

毛："是，幸亏你逃得快。你还有亲属在国内吗？"

董："有，我弟弟董时光，没逃出来，1957年打成右派，1961年折腾死了。我不逃出来，命运跟我弟一样。"

毛："是，你幸运了。去了美国好吗？"

董："好，我还当农业教授，也还关怀祖国。"

毛："你后来还回国吗？"

董："你死后，1979年我回国探望亲友，那时我80岁了，看到旧友陆定一，胡子昂。1981年，1983年又再回来，回到四川家乡，看望农场工人。"

毛："你的祖国家乡情怀不减。你看今日中国农村农业如何？"

董："最大问题，是农民依然耕者无地，大地主还是共产党，农民只是承包，党官有土地决定权，地方土地财政，还是党说了算。说土地公有，依然骗农民。"

毛："是，共产党体制不改，农民还是奴隶，奴隶主是共产党。你是中国第一个三农专家，什么都看透了。"

董："你是共产党第一个大罪人，农民被你害惨了，死去上千万上亿，你悔罪了吗？"

毛："我正在悔过，有没有罪，等待玉皇大帝的裁决。"

董："我等看你公开悔罪。"说完就扭头转身而去。

90、班禅（1938年－1989年）

一日，毛想到，还有一个人的亡魂没有见到，这个人就是班禅。

毛念1950年代，班禅十分亲善，但后来自己竟错批他反动，反革命，害他十年牢狱，十五年蒙冤。班禅1989年逝世后，遗体安放在日客则灵塔。

在玉皇大帝安排下，两个亡灵见面。

毛趋前问好："感谢你应约前来。你死得太早，很可惜！"

班禅："我个人事小，西藏事大，藏胞事大，西藏问题解决不圆满，我死不瞑目。回忆1950年代，我一直信任你和共产党，多年来亲善北京，呼你万岁。你说我也是领袖，是民族领袖。在西藏，还要喊'达赖喇嘛万岁！''班禅喇嘛万岁！'。我得到你的鼓励，开始学习汉语，三年后已掌握两三千个汉字，可以阅读汉文文件和书报了。我还学习了中国历史，中共党史等。但1955年开始，您强行搞社会主义改造，藏区就发生民变，你称为叛乱，大量摧毁寺院，强迫僧人还俗，许多普通民众也被打成叛匪。我是积极主张改革封建农奴制度的，我父亲顺应时势，主动向民众道歉，还表示要自我改造。但是在你发动的群众斗争中，我父亲依然遭到殴打。1956年11月，我与达赖喇嘛一同去印度朝拜和参观访问。达赖向印度总理尼赫鲁求助，寻求政治庇护，周恩来去印度挽留，我表示不受影响，强调遵守《十七条协议》。我就先行回国了。"

毛："你一直没有动摇。"

班禅又说："1959年3月10日，拉萨人民发动反抗运动，与解放军激战。达赖率领人马撤出拉萨，出走印度。周恩来任命我代理主任委员。4月我去北京，支持平乱民主改革，还提出'宪法进庙'，对寺庙民主管理，只保留半数喇嘛。

1961年1月23日，我与你会面，你说'反右必出左，抄了你父母的家，是不对的'，并对我说：'过去有十一万喇嘛，现在留下几千人，十万人从事生产，对发展经济有很大好处。''你有什么不满，有什么意见，把你的牢骚发出来。'你说西藏现在要纠左。

1961年9月，我去北京参加国庆，随后半年，我到西藏，四川，青海，云南诸省藏区访问考查，发现人民公社，执行民族、宗教、统战政策的问题，我质问四川干部'共产党为人民服务，你们为什么不为老百姓说话？为什么在人民苦难面前闭上眼睛？'我在四川视察时，打断当地负责人汇报说：'甘孜、阿坝是开展平叛、改革最早的地区，平叛五六年还平息不下去，你们平叛扩大化非常严重，匪民不分，把大批劳动人民打成叛匪。大批寺院被毁坏，喇嘛被强迫还俗，许多老百姓吃不饱，甚至饿死人。你们为什么不为老百姓说话？'

我认为有必要向中央反映问题，把此想法告诉了身边的人，但遭到他们的反对。我的经师恩久活佛更极力劝阻，他特意提醒我，1957年反右和1959年庐山会议反右倾，记忆犹新，不可轻举妄动。他还说：'达赖已经走了，现在只剩下你，要是你有不祥，不只是你，整个藏区的政教事务都会受到影响，几百万藏民会感到没有依靠。'但我认为自己目的是为了搞好西藏，没有私心，我说：'只要民族振兴，人民幸福、佛法宏扬，我个人受一点冤屈，也不后悔。'我力排众议，开始用藏文起草《七万言书》，花了五个月。

1962年5月在北京民族工作会议上，佛教协会会长在会上尖锐说：'我今天要说句真心话，你们的做法太失人心，蒋介石，马步芳没有做的事，你们做了，你们爱搞数字游戏，我也向你们学习，用几个数字：一说假话，二不认错，三乱整人，四无佛心，不讲人道。'

1962年夏天，我请人翻译我的《七万言书》成汉文，递交国务院。我提出平叛和民主改革错误极其严重：是要消灭藏族，是要消灭宗教。我指出佛教遭受巨大衰败，濒于灭亡，我们藏人于心不忍。共产党对藏人实行专政，斗争一开始，就大喊、怒吼，拔发揪须，拳打脚踢，拧肉捐肩，还用大钥匙和棍棒毒打，被斗者七窍流血，失去知觉昏倒，四肢断折，甚至当场丧命，很多在押犯悲惨地死去了，几年来，藏族人口减少，平叛扩大化时，除老幼妇女外，青壮男子大部分被逮捕关押了。这些错误若不纠正，藏族将面临灭族灭教的危机。"

毛："你提出的问题，后来我认识到，问题确实存在，责任在我。"

班禅继续说："那时中央对《七万言书》提出的问题很重视。依照周恩来的指示，李维汉与张经武，一同与我研究解决办法，形成了四个重要文件，《改进合作共事关系》《继续贯彻宗教信仰自由的几项规定》《继续贯彻处理反、叛分子规定的意见》《培养教育干部的具体办法》。周恩来又与我再次会面，回答了《七万言书》提出的问题，说问题摆出来了，就必须解决。

1962 年 8 月初，我回到西藏。但形势突变，9 月北戴河会议，你提出'千万不要忘记阶级斗争''阶级斗争要年年讲、月月讲、天天讲'，批评了李维汉，说李维汉不抓阶级斗争，搞投降主义。你看到《七万言书》后，马上定性为'无产阶级敌人的反攻倒算'。9 月底，张经武飞到拉萨，传达北戴河会议，说李维汉向班禅投降，说我向党猖狂进攻。我非常震惊，还批判我的《七万言书》是为'农奴主夺无产阶级专政的权''反党反社会主义的反动纲领'，与彭德怀'八万言书'呼应，'一个在党内，一个在党外，共同向党进攻'。我无法忍受，我看到老百姓吃苦受难，感到气愤，根本坐不住。要我不讲话，或者闭上眼睛，我根本办不到，这就叫'江山易改，本性难移'吧！"

毛："是的。你的七万言，和彭德怀的八万言，内容基本一样。你俩都是为民请命，你更为藏胞呼号，我四十年后才认识我错了。"

班禅继续追述说："1963 年全年到 1964 年初，我被禁锢在一栋小楼内，十分痛苦。我想见你和周总理，但得不到回应。我只好求助神佛，请占卜师卜卦。我忍无可忍，1964 年年初，我在拉萨有一万藏人参加大法会上讲话，提出西藏有权独立，号召西藏独立，赞扬达赖，称达赖才是西藏真正领袖。我当场遭到拘禁，连续 7 天对我秘密审讯，长期失去自由。1964 年 9 月至 11 月，在拉萨开扩大会议，我被指控

"反人民、反社会主义、蓄谋叛乱"。我据理力争，毫不妥协，甚至大吵大闹，拍桌子摔茶杯，发言被多次打断，更获罪'态度恶劣'、'抗拒改造'。我的家被抄，查出大批卦辞，被认定是'向党进攻'的罪证。我成了西藏阶级斗争的主要对象，是西藏人民'最危险的敌人'。幸亏得周恩来安排，让我举家搬到北京居住，保持副委员长待遇，被安排去工厂劳动改造。"

毛："这对你确实是冤枉了。"

班禅继续追诉说："文革开始，1966 年 8 月末，红卫兵强行闯入我的住处，把我押到中央民族学院，开大批斗会，成立揪斗班禅联络站、批判班禅指挥部，争相批斗我。我被监禁起来。1968 年 2 月，我被带走，把我囚禁在秦城监狱，狱中受尽折磨，我不能忍受发怒，经常猛烈敲打铁门呼唤：'把我拉出去，交给群众批斗。''你们为什么不批判我，不提审我，我要见人，我要说话！'放风时我故意用脚踹警卫，以激怒他们和他们吵架。因为我不懂汉语，我要了一本《新华字典》，从头到尾，反复背诵。又主动和监狱管理人员说话，来学习汉语，我艰难地看你的《毛主席语录》、毛诗词，和中文报刊，将一本《新华字典》翻烂。这本小字典，是我的老师，我要把它作为文物保存。通过数年狱中刻苦自学，出狱时，我已能流利说汉语，汉文与社会知识进步很大。我的牢房与北京副市长万里较近，两人关系因此较为亲密。"

毛听了很佩服班禅的学习精神，称赞他说："你十年监牢，把一本新华字典翻烂了，把我的语录书也读透了，十分感谢你！"

班禅继续追述他出狱的生活说："1977 年 10 月，你去世第二年，我获释了，但还被监护着。出狱后，我过普通人生活，每天很早起床，念完晨经，就外出跑步，与市民一同作体操，与见面的陌生人问声好。"

毛听了高兴地说："十年监牢，出来难得呼吸新鲜空气，重新过上人的生活。"

班禅接着说："过了两年，跟李洁结婚，过上普通的家庭生活，后来又有了个女儿，就更有幸福感了。这要感谢邓小平。1980 年，我重新被选为人大副委员长，以后参加出国访问，去地方考察，回西藏工作，恢复正常了。"

毛关心地问："你觉得现在藏胞生活好吗？还有什么问题？"

班禅："生活比过去好多了，最大问题是达赖还流亡着，藏人的心还吊着，缺少安全团圆感。我希望达赖早日归来，西藏最大问题就解决了。"

谈到此，两人感到该谈的都谈到了，相互道别。

91、田汉（1898 年－1968 年）

田汉长沙人，现代戏剧奠基人之一，1932 年瞿秋白介绍加入共产党。一生创作话剧歌剧 60 多部，电影剧本 20 多部，戏曲剧本 20 多部，歌词诗歌近 2000 首。1935 年为电影《风云儿女》作主题歌《义勇军进行曲》歌词，写在香烟盒子上，交聂耳谱曲。1949 年毛泽东拿来作国歌。田汉当了文化部艺术局局长。1966 年文革起，批田汉《谢瑶环》为大毒草，1967 年入监狱，1968 年禁闭中病亡。骨灰化名李恒，以后下落不明。可谓死无葬身之地。

毛想到中华人民共和国国歌的作者，不能遗漏。便请求玉皇大帝联络田汉的阴魂一叙。

见到田汉，毛开门见山说："文革冤枉你了，让你屈死狱中。"

田汉："文革批斗，让我受尽凌辱。我一生写戏剧，却在故宫慈禧看戏的戏台

田汉、安娥 1940 年代在桂林

上批斗我。1967年2月17日，把我关进秦城监狱，成立田汉专案组，归中央专案组直接领导。监狱中逼我趴在地上喝尿。1967年7月，我因冠心病和糖尿病被化名李伍送进301医院，一边接受治疗，一边接受审讯，于1968年12月10日我心脏病，尿毒症并发死亡。死时才70岁。临终前我想念母亲，想喊母亲万岁，求一见不许。我也想念妻子，儿子，和艺术上的好朋友聂耳，洪深等，还有我的右派弟弟田洪。说起我母亲易克勤，早在1919年你就认识她并有求于她。当时我正在日本留学，你托我母亲找我帮你买书。1933年，江青——那时还叫李云鹤，投靠著名戏剧家赵太侔、俞珊夫妇，在青岛大学图书馆当了一名小职员，后来与俞珊的弟弟、中共地下党员俞启威同居。俞启威神秘失踪后，李云鹤经俞珊介绍，来上海投靠我，我母亲亲手做湖南菜招待她。你们夫妻两人，都是过河拆桥、忘恩负义的种。我母亲百年寿诞，远在湖南的右派儿子田洪，经多方争取才被组织上批准到北京给母亲拜寿。她临死都不知道我已经死在狱中。"

毛："你说的这些都已经过去了。说起来我确实对不起她老太太，也对不住你。但我们不要纠缠历史不放。应该看到你对历史的贡献。你的一生贡献非常大，特别是你写的《义勇军进行曲》，成为国歌。全国都唱，全世界都知道。"

田："我写的《义勇军进行曲》，实际上你没资格拿来作你立的国家的国歌。义勇军进行曲是激励民众打日本的。抗战8年你打日本了吗？你躲在延安逍遥，关门整党整风，整人杀人，树立你的独裁权位，又勾结汪伪，私通日军，给日军提供情报打蒋介石军队。你还厚脸皮对日本人说：感谢你们，帮我打败蒋介石。你拿《义勇军进行曲》作你的国歌，侮辱了抗战军民。"

毛："我打蒋介石，实在是师出无名，他坚持苦战8年抗战胜利，接着我就打他夺权，阴差阳错，我打胜了，把蒋介石赶去了台湾。建国后，一时找不到人创作国歌，你的《义勇军进行曲》，就给我拿来装饰门面。"

田："你统治的新中国，30年变成腥中国，死在你手下同胞数千万。你死后，你的继承人习近平继续你的暴政，现在连立法保证 50 年一国两制的香港，习近平也要吃掉成一制，统统独裁专制，香港人面临失去自由，起来抗争。年轻人代表黄之峰最近跑去纽约求助，被中共收买的留学生唱国歌抗议。国歌余毒不浅。我的歌被用作国歌，我深感愧疚。这是我最大的遗憾。"

第三部

冤魂索债　血泪斑斑

92、张志新（1930－1975）

玉皇大帝决定公审毛泽东，允许那些在毛泽东统治中国时期被迫害致死的各类人的阴魂向他陈述毛泽东的罪状。第一个声讨毛泽东的是张志新。

张志新 1975 年被割喉后枪决，1979 年被平反追认为烈士，闻名全国。

玉皇大帝见到张志新血流满面，极为惊讶。"你怎么是这样形状？"

张说："六年囚狱，在监狱受尽凌辱，他们用铁丝钳住我的舌头和嘴巴，把拖布往里面塞，背上背着十八斤重的铁锤，脚上带着脚镣，多次殴打，将我头发几乎拔光，还多次派男犯人对我强奸、轮奸，临刑前割喉咙，我已被你们这帮共匪折磨得面目全非、惨不忍睹。"

玉皇大帝很想知道她的来龙去脉，问道："怎么会把你弄成这个样子？"

张志新说："好，从头说起，1930 年我出生在天津一个大学音乐教师家庭，父亲曾参加过辛亥革命，母亲是大学生，我有三个哥哥，三个妹妹。1950年，我在天津中学毕业，到天津师范学院教育系学习。朝鲜战争爆发，我响应抗美援朝，号召，参加志愿军，进入军事干部学校。1951年，部队急需俄语翻译，我被保送到中国人民大学学俄语。1952年，我提前毕业留校，在俄语系资料室工作。那时，曾真当人大哲学系团委书记。1955年国庆，我和他结婚。1955年我加入共产党。1957年，我们夫妻被调去沈阳工作，是辽宁省委机关干部。

文革爆发，1968年，我随省委宣传部，下放到盘锦干校学习改造，我开始被专案组以反对文化大革命罪名，特别提审。

1969年，批斗会要我承认错误，我回答：'强迫我把真理说成错误，是不行的，让我投降办不到。人活着，就要光明正大，理直气壮，不能奴颜婢膝。我不想奴役别人，也不许别人奴役我。我是共产党员，不管出现什么情况，都要坚持正义，坚持真理，大公无私，光明磊落。'9月18日，我以现行反革命罪名被捕，一直羁押6年。我在狱中写下《一个共产党员的宣言》，我说：对关系党和国家前途命运的问题，发表意见，提出看法，这是忠于党的表现，是一个普通党员应尽的义务和权利。监狱对我反复折磨，我几乎被逼疯了，我写下遗书，准备自杀。被发现后，对我严加监视，开批斗会，批我'以死向党示威，对抗运动'。

1970年5月，我被辽宁当局以'反对毛主席、反对江青，为刘少奇翻案'罪名要判我死刑，辽宁高级法院把刑期改为15年。但我在监狱不服罪，喊出'打倒毛泽东'的口号。惊动了陈锡联，陈司令说：'留个活口，当反面教员，不杀为好。'改判我无期徒刑，强迫劳动改造。

1973年11月16日，犯人在监狱参加批林批孔大会，报告人批林彪推行极右路线时，我站起来喊：'极右路线的总根子是毛泽东。'因此被批'顽固坚持反动立场，构成重新犯罪'，判处死刑。

1975年2月26日，辽宁省委审批我的案件，毛的侄子毛远新说：'判了无期徒刑，还一直反动，死心塌地；还那么疯狂，还犯罪，让她多活一天，多搞一天反革命，杀了算了。'经省委批准，判我死刑，立即执行。行刑前把我关进小号熬了几天，一种只能坐，不能躺卧的特小牢笼，我已经被逼疯，用馒头沾着经血吃，坐在小号大小便，不像人了。"

玉皇大帝仔细听了说："我从头到尾听下来，你是根正苗正，一个忠心正直的人，反对毛，也只是说说而已，没有组织活动，更无什么行动，要说犯，也只是思想犯，不至处死。"

张志新说："我的所谓反毛言论，举例来说，我说毛在共产党夺权历史中的功劳是不容否定的。但我认为，在社会主义革命和社会主义建设阶段中，毛也有错误。集中表现在大跃进，不能遵照客观规律，超越了客观条件，只强调不断革命论，而忽视了革命发展阶段论，使得革命和建设出现了问题、集中反映在三年困难时期，三面红旗的问题上。"

另外，对"三忠于"、跳"忠字舞"，我说："过去封建社会讲忠，现在搞这玩意干什么！再过几十年，人们看我们现在和党领袖的关系，就像我们现在看前人信神信鬼一样，不可理解。""无论谁都不能例外，不能把个人凌驾于党之上。""对谁也不能搞个人崇拜。"

玉皇大帝听了说："这些反毛言论，实在是小儿科，怎够判死刑呢？你如此惨死，看来是冤枉了。你的犯案，也连累了你的家庭吧？"

张志新说："我生于音乐世家，姐妹从小就会弹奏乐器，一个妹妹是音乐教师，一个是中央乐团首席提琴手，姐妹感情非常好，1968年我到北京，住在妹妹家里，三姐妹挤在一张双人床上，从晚上11点聊到早上5点，这是我们最后一次团聚。1969年我就被捕入狱，此后与家庭完全隔绝无音信。我妹妹曾把父亲给她拉了20多年的小提琴卖掉，凑得路费给三哥，去沈阳监狱探监，却被拒绝进去见我。我儿子报考沈阳音乐学院少年班，成绩第一，但不被录取，就因我反革命入狱。直到1976年，家人正准备再次去沈阳探监，沈阳来人找我妹妹，说我已被枪决了，找我母亲处理遗物，我母亲知道后，卧床3天起不来。"

玉皇大帝听后说："后来给你平反了吗？"

328

张志新说："毛去世后，1978 年营口法院就撤销原判，宣告我无罪。1979 年沈阳法院宣布，为我彻底平反昭雪。任仲夷说：'张志新是好党员，坚持真理，坚持党性，坚持斗争，宁死不屈。我赞成定为烈士。'辽宁省委追认我为革命烈士。在全国人大会议上，任仲夷还说：'从张志新被害事件，人们深刻理解到，没有健全的民主和法制，无产阶级专政，就会变成法西斯专政。'辽宁日报发表长篇《为真理而斗争》，《人民日报》要转载，胡乔木不同意，后来胡耀邦批示：'张志新是刘胡兰式的英雄人物，应该刊登。'也给我开了追悼会，灵堂上放的是空骨灰盒，骨灰没了，给我在沈阳回龙岗革命公墓立了个墓，墓碑题词'探求真理，贵在实践，忠骨毁灭，浩气长存'。"

玉皇大帝问，"既然已平反了结，还有什么问题呢？"

张志新说："1979 年平反后，北京光明日报记者，很快乘火车去沈阳采访。记者看了我的材料后，吃不下饭，睡不着觉，立即采访我的丈夫和女儿，又到我曾蹲过的监狱，现场勘察我住过的小号，和被割断喉管的刑讯室。4 天 4 夜以继日的采访，晚上流着热泪，写下了万字长篇《一份血写的报告》，拿去省委送审，任仲夷书记批准。报告发表几个月来，引起全国关心，又发表了近百篇报道和讨论，有怀念文字，也有理论文章。一个个义正辞严的追问，终于使采访记者，明确说明了几个大汉，把我按倒在地，在颈背垫上一块砖头，就用普通刀子割断我喉管的细节，引起读者怒不可遏的'娘杀孩子'讨论，引出了'谁之罪'的全民'天问'：割喉管人是无罪的，押打我的人是无罪的，公安局、法院、省委宣传部那些揭发我的人，都是无罪的，在当时那种专政下，谁都是在执行上级指示，中央精神，执行毛主席革命路线，到底谁有罪呢？但也有支持毛派的，他们不相信割喉，说我罪有应得。我的案子不好再深入讨论了，就到此奉命停止。"

玉皇大帝说："这样说虽然平反了，还有争论。"

张志新说："是的。我被宣告无罪了，但没有人承担罪责，我的灵魂还不得安息。我曾问过你，应该怎样解决？你说：'我的案子还未了结，直到主谋认罪服罪才了结。你的冤魂要得安息，要等到主谋认罪。'现在关键在毛，毛是顶级主谋，毛从来没说过'我有罪'，毛的继承人，也没有代表毛认过罪。40 年过去了，一切冤案都还悬着。"

玉皇大帝说："我明白了，等我判决。判决了，各方就解脱了。毛也正在跟他的旧部会面。都在等待我的正式判决。我不会让你失望。"

张志新听了玉皇大帝的承诺，说："我等着你的公审，等着你对毛的判决。"

93、林昭（1932 年－1968 年）

第二个向玉皇大帝陈述冤情的是林昭。林昭披着一袭血衣来见玉皇大帝。

玉皇大帝问："你就是林昭？"女子应声道："我正是，不过我本姓彭，只因与我那个国民党县长父亲划清界限，我改姓林。"

玉皇大帝又问："你现在披的血衣，是你在监狱写的血书？"

林昭："正是。我在监狱没有笔纸，笔纸都被没收了，说是不让我再作'反动宣传'。共产党监狱比国民党法西斯十倍，国民党监狱还可以看书写东西。我只好撕下床布，咬破手指，用血来写，可是我体弱，血不多，一天写不了多少，只好第二天再写。"

玉皇大帝定睛看她的血衣，上面写着："历史法庭的判决，即将昭告后世：极权统治者，窃国盗，殃民贼，是罪人。公义必胜！"都是针对毛泽东而写的。玉皇大帝问："你是哪一年怎么死的呢？"

林昭简单说："我是 1962 年，被关押在上海提篮桥监狱，1968 年被枪决的。"

玉皇大帝又问："你的来龙去脉怎么回事呢？"

林昭说："说来话长，我 1932 年生，原名彭令昭，苏州人，父亲早年英国留学，主修政治经济，1928 年，在国民党政府举办的县长考试中，获第一名，被任命为苏州吴县县长。母亲任苏州《大华报》当总经理，支持中共，秘密为中共捐款，建立地下电台，曾被日本人逮捕。1946 年，国民党举行国大代表竞选，我母亲当选国大代表。我父母时常为了该给我教授哪一种政治价值观而争吵。我大舅是中共江苏省委青年部长，1927.4.12 事件中，被国民党处决沉尸长江。

我中学时代，受母亲影响，对共产党革命怀抱很大热情，高中毕业后，我不顾父亲反对，1949 年考进'革命摇篮'苏南新闻专科学校，决心'与家庭生不来往，死不弔孝'，投身革命，甚至曾无中生有，揭发过自己的父亲，我一直对此感到很不安，他们要我井里死也好，河里死也好，逼得我没办法，写了些自己也不知道的东西。

新闻学校毕业后，我参加苏南农村土改。1952 年开始在《常州民报》，常州文联工作。在土改队我看到，为了让农民看到党的权威和力量，冬天将地主放在水缸裡，冻得彻夜嚎叫，称为'冷酷的痛快'，只有这样斗争，才能显示斗争决心，灭掉地主威风。我为了与国民党父亲划清界线，抛弃父姓，改名为林昭。"

玉皇大帝听了有所感说："看来你的革命决心很大，连父姓都私自改了。后来怎样呢？"

林昭继续说："1954 年，我以江苏省第一名的成绩，考进了北大中文系新闻专业，立志作毛泽东时代最好的记者。我在北大疯狂地阅读许多书，同学常看到我从图书馆，抱出许多线装书。但我观察到，现实并非如我想像的美好，我陷入'爱与恨的一盆浆糊'。在北大自由的学风中，我开始成长，开始思考。在想到自己曾揭发父母的'罪行'时，我痛苦得哭出来，写信给母亲发誓说：'今后宁可到河裡、井裡去死，绝不再说违心话！'

由于我勤学多思，受到教授讚赏，我成了校刊编辑，负责副刊《未名湖》。1955 年又任《北大诗刊》编辑。1956 年我成为《红楼》编委，被人称为'红楼裡的林姑娘'。1957 年 5 月 19 日，张元勋等响应中央鸣放号召，贴出大字报《是时候了！》，学生互相辩论，有人认为是右倾言论，是反革命煽动，我反对上纲上线。6 月 8 日，《人民日报》发表社论《这是为什麼？》，将提意见的言论，说成是右派分子乘机向党进攻。"

玉皇大帝说："那时毛怕右派反对党的领导，故意出了个'阳谋'，引蛇出洞，以便一网打尽。全国公开说是抓了五十五万，实际上远不只此数，至少三百万。"

林昭："1957 年秋，张元勋和我等人，被打成右派分子，我吞服大量安眠药自杀，但被抢救过来。我被认定为对抗组织、'态度恶劣'，遭到加重处分：劳动教养三年。我不服，跑到团中央质问：'当年蔡元培在北大任校长，曾慨然向北洋政府去保释五四被捕学生。现在北大领导，他们却把学生送进监狱，良知何在？'"

1957 年 12 月 25 日，张元勋被秘密逮捕，判处有期徒刑 8 年。北大当时八千学子，有一千五百名师生被打成右派，许多人被开除公职学籍，发配到边疆荒野农场，二十多年才平反。那时毛说是'引蛇出洞'，北大有那么多蛇吗？一千五百条？够吓人的。"

林昭继续说："1958 年北大新闻专业，併到人大新闻系，我也从北大到了人大。我是北大第一批右派分子。领导怜我体弱多病，冒险说情，使我能留在资料室，接受'监督改造'。期间我与同在资料室'劳动考察'的'右派分子'甘粹，产生爱情，我们提出结婚申请，但被批评谈情说爱，抗拒改造，不准结婚。

1959 年，甘粹被发配新疆劳改。我病情加重，咳血加剧，请假要求回上海休养。1960 年校长吴玉章批示准假，我由母亲接回上海。通过调养，我病情渐有好转，在上海，认识了兰州大学几个同学，准备筹办针砭时弊的《星火》杂志，我的长诗《海鸥之歌》和《普鲁米修斯受难之日》，在《星火》第一期上发表。但很快《星火》的人员，都被抓捕。1960年10月，我被逮捕入狱。

1962年初，我得保外就医。我母亲和我在1960年代初期入基督教，1962年12月，我又被捕入狱。狱中我多次绝食、自杀，两次给上海市长柯庆施，《《人民日报》》写信，反映案情，表达政治见解，都没有回音。我在狱中，没有笔纸，只好用血在白被单上写。由于我拒绝违心地服从，被视为表现恶劣，遭受虐待，光是镣铐花样就很多，一副反铐，两副反铐；时而平行，时而交叉，臂肘上至今创痕犹在，最惨无人道的是，不论在我绝食中，在我胃炎痛得死去活来，乃至月经期间，从未解除过镣铐，从未有所减轻。"

玉皇大帝听了后惋惜说："我听了半天，也没听出什么反动言论。可惜了你这个才女，确实是大大冤枉了。"

林昭继续说："1965年3月，我开始写《告人类》。5月，开庭审判，判我徒刑二十年。我随后写了血书《判决后的申明》。我说，这是一个可耻的判决，但我骄傲地听了它！这是对我斗争行为的估价，我由衷感到自豪！我应该作得更多，以符合你们的估价！此外判决对我毫无意义！我蔑视它！历史法庭的正式判决，很快即将昭告于世！你们这些极权统治者，窃国盗，殃民贼，是真正的被告，更是罪人！公义必胜！自由万岁！

"1968年4月29日，我接到死刑判决书，我写下绝命诗：

青磷光不灭，夜夜照灵台。留得心魂在，残躯付劫灰。

他日红花发，认取血痕斑。媲学嫣红花，从知渲染难。

随即在上海龙华机场被枪决。5月1日，公安人员来到我母亲家，索取五分钱子弹费。随后，我父亲服药自杀；我母亲精神失常，医院又拒绝医治。1975年她在上海外滩自杀。"

玉皇大帝说："你一家就这样家破人亡，你才活了三十五岁，也没结过婚。像你家这样的全国很多。后来给你平反了吗？"

林昭说："1980年，上海高级法院宣布，以精神病为由，平反我为无罪，是冤杀无辜；1981年上海高院，又认为1980年的判决，宣告无罪的理由为精神病不妥，说对我不应以反革命罪论处，不构成犯罪。2004 年 4 月 22 日，由苏南新闻专科学校与北大集资，给我在苏州安息公墓立碑，我的尸体下落不明，墓里只有我的一件衣服和一缕头发。墓碑刻着我 1964 年写的诗句：'自由无价，生命有涯，宁为玉碎，以殉中华。'"

玉皇大帝听了说："真是痛心疾首。"

林昭说："平反并非就万事大吉。谁之罪？毛是主谋，毛认罪了吗？直到现在，反右问题还是捂着盖着，不让学者研究不让国人明白。政府暗地里还有争议，还留着尾巴。1980 年 5 月 8 日，平反右派的工作告一段落，曾经被划为右派的 55 萬人几乎全部平反，但是仍有极少的一部分人'只摘帽子，维持右派原案，不予改正'，其中包括中央认定的五名大右派章伯鈞、羅隆基、彭文應、储安平、陳仁炳以及由各地方认定的 90 余名右派分子，总计还有近百人。我从玉皇大帝信息部那里得到信息，2012 年 12 月 16 日，各地网友在苏州灵岩山我的墓前聚集，纪念我 80 冥诞。据现场照片显示，有 10 多个国安便衣，在网友纪念过程中，监视并录影。2013 年 4 月 29 日，我遇难四十五周年，有人前来拜祭，还遇到政府人员阻挠。"

玉皇大帝说："主谋是毛没有错。我一定要替你伸冤。"

94、李九莲（1946 年－1977 年）

李九莲是文革红卫兵头头，江西赣州"卫东彪"兵团副团长，因反思文革，反思武斗，反对林彪，怀疑毛泽东与刘少奇是宗派斗争，被判入狱数年，1977 年被枪决。

李九莲的冤魂向玉皇大帝申诉。玉皇大帝看到一个美丽温雅的青年女学生，向他走过来，开口问道："你是谁？叫什么？有何冤情？"

李九莲说："我是冤鬼，叫李九莲。"

玉皇大帝不解说："你这么年轻，有什么冤情呢？"

九莲说："这我原来的模样，你再看看我现在是什么样？"

李九连摇身一变，变成一个身穿黑色囚衣，脚戴镣铐，五花大绑，背上插着长牌"现行反革命李九莲"，嘴巴里塞着一块竹筒，下颚，舌头被一根竹签穿成一体，浑身带血，已不像人样的死刑犯，站在玉皇大帝面前。

玉皇大帝惊问："为什么把你弄成这样子？为什么这样把你嘴巴封起来？"

九莲说："怕我再呼喊，怕我再喊口号。"

玉皇大帝说："为什么要抢毙你？"

九莲说："我在中学是团委宣传部长，学生会学习部长，文革开始，我是'卫东彪兵团'副团长，就是保卫毛和林彪。1967年6月赣州大武斗，全国最早的大规模武斗，工厂停工，商店关门，公交车停开，死了200多人，重伤800多人，我去收尸，有223具尸体，太惨了，我一边流泪，一边思考。大家喊'生为毛主席红卫兵，死为毛主席红小兵！'我开始觉醒。武斗是毛暗暗鼓吹的，毛要天下大乱，越乱越好。文革初期，毛泽东作了一个《关于发生打人事件的指示》：'打就打嘛，好人打好人误会，不打不相识；好人打坏人活该；坏人打好人，好人光荣。'正是毛泽东的'活该'二字，使法纪无存，暴力加剧，很快波及全国。毛泽东又说：'有可能要冤枉一部分好人，搞错了将来平反。'至于毛的'造反有理'，'革命不是请客吃饭'，'矫枉必须过正'，'舍得一身剐，敢把皇帝拉下马'，'痞子运动好得很'等等煽动性语录，更是教唆红卫兵施暴。当打死老师校长的暴行发生后，毛还亲自接见了杀人凶手，教唆她不要文质彬彬，要改名要武。后来江青更直接说：'文攻武卫'。这不是煽动武斗吗？"

玉皇大帝说："看来毛知道文革要死许多人的，为了权位，死多少人对他都无所谓。"

九莲说："毛为了自己的权位，就那样发动人斗人，不把我们的生命当回事。赣州大武斗死人两百多，重庆大武斗更大，死人一千多，毛不心痛，我们父母心痛，挑动群众斗群众，中央文革是祸首，而中央文革是毛组织的。毛才是罪魁祸首。武斗成为全国风潮，大小武斗无数，死人无数，毛在上面高兴喊乱得好，全国大乱，就是要乱。毛完全不把人民生命当回事。"

玉皇大帝说："你说的不错，毛是那样说，也是那样想的。对毛来说，你们只是一堆小蚂蚁。"

玉皇大帝又问道："那后来怎么把你抓起来呢？"

九莲说："1969 年 2 月，我给当兵的男友信中，讲了我对政治形势的一些越轨看法，我写道：'我不明白无产阶级文化大革命到底是什么性质的斗争，是宗派斗争还是阶级斗争？我感到中央的斗争是宗派分裂，因此对文化大革命产生反感，我认为刘少奇有很多观点是符合客观实际的，我感到对刘少奇的批判牵强附会。现时中国到底属于哪个主义？我发生怀疑。'我的这位男友也曾当过赣州'卫东彪兵团'副团长。结果他把我这封信，交给了部队领导。可能想表现一下自己对毛和林副主席的忠诚，借此得到提拔和重用吧。部队领导马上把信转到了赣州地区保卫部处理。我这位出卖女友的家伙，打错了算盘，也没捞到个官当，还很快就退伍了。1969 年 5 月，我以现行反革命罪被捕。日记被抄走，发现有批判林彪的内容。军代表带着我的日记，专程向江西省革委会主任程世清汇报。程世清说：象李九莲这样反林副主席的，全国不多见，属敌我矛盾，从严处理。"

玉皇大帝说："你就是因为一封私信，就被抓起来了，后来呢？"

九莲说："我在监狱 2 年，一直到 1972 年 7 月，程世清成了林彪死党，倒台了，我才获得释放。给我结论是：现行反革命性质，按人民内部矛盾处理，发配到兴国县钨矿当徒工。我被开除团籍，禁止加入工会，有病也不能看，必须通过矿长批准。周围人把我当成危险人物，见面躲着走。有人给我介绍对象，是个技术员，地主家庭出身，我同意了，但他嫌我是敌我矛盾，不过帽子暂时拿在别人手里，和我沾上边，运动来了，还活不活？我不服这样结论，一次又一次到南昌，

336

北京上访，申诉，只因一封信，就坐了两年牢，变成了五类分子！"

玉皇大帝痛心地说："连对象都不好找了，那后来又怎样呢？"

九莲说："到1974年3月，批林批孔期间，我在遭到地委，地区法院，公安处，妇联等单位对我来访一一训斥之后，忍无可忍，在赣州公园贴出了'反林彪无罪！'，'驳反林彪是逆潮流而动'等六份大字报。我把1969年写给男友那封信贴在大字报最前面。这批大字报贴出后，立刻轰动全赣州市，获得当地父老群众广泛支持。人们纷纷写大字报，支持同情我。在我的大字报上写满了各式各样的批语：

向反林彪的女英雄学习！反林彪无罪！人民支持你，李九莲！强烈要求为李九莲平反！我们支持你，人民的大海永远与你同在！

批林批孔运动，声势浩大，当局困惑不解，不敢贸然镇压，但赣州地委极为恐慌，认为我的行动是反革命翻案，经请示省委，1974年4月19日深夜，又秘密将我逮捕，押往兴国县看守所。

赣州二十万父老兄弟姐妹再也忍不住了。4月24日夜，当地两百五十多个单位，几千人举行集会，发表声明：'李九莲对林彪及时洞察，表明她是酷爱真理，关心祖国前途，无私无畏的好青年！''立即释放李九莲！'的大标语，贴满了赣州市街头。

会后，数千名群众自发涌向地委办公楼，要求释放我，交涉了一夜，毫无结果。凌晨，几百名群众分乘四十多卡车，奔赴兴国县，请求县委和公安局释放我。这就是所谓的'4·25冲击监狱'事件。

一时间，连许多当地党政领导，如地委常委陈万兆，兴国县公安局长等都表示：同情群众要求，希望上面妥善处理。我贴在赣州公园的大字报前，更是人山人海，围得水泄不通。夜深了，还有人打着手电看。"

玉皇大帝说："人民群众如此大规模替你说话，在中国实属罕见。但是人多也抵不过他们军队多。"

九莲接着说："群众行动惊动了江西省委。陈昌奉当时是省军区司令，当过毛泽东的警卫员，和程世清一丘之貉。他立即向赣州地委发出五点指示：一、李九莲是地地道道的现行反革命分子；二、赣州某些人争论此案，实际上是为现行反革命翻案；三、冲击兴国县监狱是严重政治事件，必须立即制止；四、某些干部，公安干警在李九莲问题上严重丧失立场，是向反革命投降；五、对在李九莲问题上立场坚定，坚持原则的同志，应于表彰。这五点指示，马上在赣州几十万干部群众中传达，形成一股可怕魔力。

形势虽严峻，但赣州人民没有被吓慌了神。当晚，一些热心人士自发聚在赣州公园，成立'李九莲问题调查委员会'，继续为我反林彪伸张正义，他们利用批林批孔的缝隙，坚持斗争下去。

素不相识的人给调委会送来了一块钱、二块钱、三块钱……有人送来了自己做的一锅肉炒米粉；有人送来了茶水；还有人捐墨汁，浆糊，纸；不少学生义务帮助，贴大字报，发传单，连很少出门的老太太，也颤巍巍地柱着拐杖走来捐送邮票和信封，让调委会用来寄材料。一位女干部，送来五十元生活费，给买张火车票去上访。赣南是个穷地方，一些工人家里连个收音机都没有，赣州人此刻却为调委会捐出大批钱物，使这个没有一分钱经费的民办组织，生存了7个月之久！

赣州公园设立了广播站，日夜广播，公园阅览室用来写材料，抄大字报，印传单。默默无闻的赣州老百姓，没有被省委四次五点指示吓倒；也没有被地委停发工资恐吓屈服。我反林彪的大无畏勇气，激励了赣州人民不顾一切地拯救自己女儿的生命。赣州人民表现的勇敢，仗义，坚强，令中国人自豪！他们6次上访北京，在长安街，前门张贴大字报，请求中央出面，解决我的问题；他们在南昌八一大道上，更贴出了数以万计的大字报，要求'立即释放李九莲'。其中甚至还出现了为此献出生命的另一个悲壮女子，钟海源。

江西省委又怕又恨，忙向中央汇报，求赐上方宝剑。当时中央副主席王洪文，及张春桥发了指示后，江西省立即开始镇压。调委会被宣布为非法，予以取缔。"

玉皇大帝说："几万人参加的的调委会，终敌不过无产阶级专政。这才是你的问题的根源。"

九莲说："是的。他们的政权手中有权有枪，调委会手无寸铁。

338

1975 年 5 月，我以现行反革命罪，判刑十五年。调委会为我说情四十多人也被判刑，还有六百多人，受刑事，行政，党纪处分，全市九个中学，有二个副校长被开除公职，三个中学的团委书记被撤职。原在赣州市公安局工作的梁某，当年第一个审判我的案子，九年后也因支持我翻案，而被开除党籍。调委会主要负责人朱毅，被判刑二十年。临被捕前几小时，他在赣州公园贴出最后一张大字报，说'李九莲已先我们而去了。我们也将告别赣州人民，我并不遗憾。'为了一个素不相识的女子，赣州人民付出了巨大代价。有的自杀，有的入狱，有的流落街头，有的离婚，有的精神失常，有的被打致残，有的几年不给工作，负债累累，强大的无产阶级专政，再次显示空前的残暴无情。

我再次入狱后，宁死不屈，受尽折磨。我曾绝食抗议七十二天，处在昏迷状态，监狱强行注射葡萄糖，我稍有知觉，就将针头拔下，我被捆住双手了。监狱没能使我屈服，我在一篇交代材料说：我不理解毛泽东主席为什么不能抵制林彪的三忠于，我痛惜他视而不见，或者昏昏然陶醉。"

玉皇大帝说："几百人为了支持你一个小蚂蚁而牵连受这么重处分，真是少见。最后怎么把你处决了呢？"

九莲说："1976 年 10 月，四人帮下台，华国锋继承毛的路线，不给我平反，我迁怒于他，我说他大权独揽，继续反动路线，1977 年 1 月，监狱管教干部喝道'你这个反革命，明明是一条毒蛇，要装成个美女！'我气得全身颤抖，说我犯下了'恶毒攻击英明领袖华主席'的杀头罪，'丧心病狂继续进行反革命活动'，报请判死刑。江西省委通过。我拒绝在死刑判决书上签字，也不上诉。

1977 年 12 月 14 日，在赣州市体育场召开三万人公判大会。我身穿黑色囚衣，脚戴镣铐，五花大绑，背上插着'现行反革命李九莲'的牌子，被按跪在主席台上，嘴巴里塞着一块竹筒，以防我喊口号。游街后，我被押到西郊通天岩刑场，让我跪下，我死活不跪，一枪击中我的腿，把我打成跪姿，再把我枪杀。我家不敢来收尸，让我曝尸几天。我就这样升天了，是年我三十一岁。"

玉皇大帝问："那后来给你平反了吗？"

九莲说："经过胡耀邦亲自批示，冲破了江西省重重阻力，终于在 1981 年 4 月，正式为我平反昭雪。'调委会'其他人也以干扰党、政、公安、司法机关正常工作，扰乱社会秩序，错误极其严重，但未构成反革命罪，陆续释放。他们虽然释放了，还留着'错误严重'的大尾巴。"

玉皇大帝说："这个尾巴确实很大啊！你没罪了，他们还有错，不公平呀！但是共产党不讲什么公平，党讲权，权在手，说什么，你就得听。"

九莲说："这条大尾巴，影响可大了。我过后还得知，几年之后，赣州人仍在偷偷给上面写信，为我的案子鸣冤。新华社记者专程来赣州调查，噙泪写了一篇内参，指出：'李九莲两次被无辜囚禁，判刑申诉无效，自然对不给她平反的华国锋主席强烈反感，加之与世隔绝 7 年，对社会很多真实情况不了解，有一些错误观点是可理解的，何况对华国锋的批评，也并非一无是处。'

1986 年春，当记者来调查时，受株连的人仍抬不起头来。向记者告状，他们仍要冒着风险，偷偷找记者。执行杀我的那帮干部不认错，有的还在台上，有的虽已退休，势力犹在。赣州人为我作出的牺牲太重了，不得不变得谨小慎微。参与了调委会的，他们工作，调级，评职称，总受到刁难。为了不给人抓住把柄，他们象贼一样，夜深人静时，蹑手蹑脚来找记者。"

玉皇大帝说："这样看来，你的案子的确没有彻底平反，平了一半，或者说顶多平了 7 成，尾巴还很大，这样的案子多得很，我看只能从源头上解决。只有判决毛泽东的罪行，才能替天下的冤魂伸冤。"

九莲说："下面是执行人，上面是主谋，不怪下面，他们是听上面的，上面最高是谁？是毛泽东。毛是总根子。但毛从来没认过错，更没说过有罪。毛的继承人，也没有代表毛，承认过任何罪过，所以下面遗留问题很大很多。今晚我来找你，就是要你在公审毛泽东的时候，替我伸冤，让天下所有的冤魂安息。" 九莲说完即告辞。

340

95、钟海源（？—1978年）

李九莲离开不一会儿，钟海源就跟着上来，走到玉皇大帝跟前，向玉皇大帝申诉冤情。

玉皇大帝问道："你是谁？"

钟海源说："我就是李九莲说的锺海源，我为了支持她翻案，也被捕入狱，最后被处决，还活取我的肾。"

玉皇大帝问："你怎么会弄到如此地步，从头来给我说说吧。"

钟海源说："我是小学教师，跟无数赣州人一样，为李九莲鸣不平，人家说我真正为李九莲两肋插刀。事实上，我也不认识李九莲。我在李九莲的大字报上写道：'您是我们女性的骄傲。'我自动找到调委会，请求为李九莲平反干点事。调委会的人问我：'你知道不？陈司令员下了五点指示，后果你不害怕吗？'我说：'赣州那么多人为李九莲讲话，别人不怕，我为什么要怕？'我原来是地区广播站的播音员，后来不要我干了，才调到景凤山小学当老师。在我坚决要求下，调委会同意我来做广播员。每天从早上一直干到晚上十点半。除了播音，一有余暇，我还帮着刻钢板，抄大字报。

当地委指示：'凡在调委会工作的人，本单位一律停发工资'，很多人被迫离开了调委会。可我依旧天天来，带着自己的两岁女儿。1975年5月，公安部批复：'赣州李九莲问题调查委员会'是反革命性质组织。调委会主要成员一一被捕。全赣州市笼罩着一片恐怖气氛。调委会消失了，所有老百姓被迫沉默。唯有我在自己家里，起草了《最紧急呼吁》、《强烈抗议》、《紧急告全市人民书》等传单，自己刻，自己印，自己到赣南剧院散发。当局念我是个女人，又带着个两岁小孩，没抓我，只把我收进了学习班，检查交代。

我态度死硬，坚持李九莲无罪，拒绝检查。于是被捕。1976年四.五事件后，我在监狱公开说：'华国锋不如邓小平。'结果被判12年有期徒刑。在监狱里，我继续宣传李九莲无罪，调委会无罪！数十次与审问的公安干警辩论。每次都遭受严刑拷打，嘴巴被打出血，头发被揪掉一大把，我还是不改口。负责办案的公安说：'这个女人厉害！赣

341

州女犯里，没见过这样的。'最后，我被打断小腿骨，但我居然站了起来，拖着沉重的镣铐，在监狱墙上写下'打倒华国锋!'公安部帮江西省委镇压了为李九莲奔走呼号的赣州人民，我本能地对当过公安部长的华国锋痛恨，即使他当了主席，国务院总理。于是在李九莲被杀4个月后，1978年4月30日，我也被判处死刑，立即执行，罪名是'恶毒攻击华主席'。"

玉皇大帝说："你唯一罪名就是支持李九莲？没有别的？如果是这样，是太过份了。但共产党是一把抓，所以你们被认为是同伙。"

钟海源说："是的，唯一理由就是我死硬支持李九莲。不同的是，我听完死刑判决后，毫不犹豫签了名，把笔一甩，扭头就走。法院的人喝住我问：有什么后事要交代？我平静地说：'跟你们讲话白费劲，我们信仰不同。'昂首离去。

1978年4月30日早晨，我在死囚小号里，从容吃完最后一顿饭：四个小馒头，一碗粥，一碟小菜。我坐在地上，慢慢吃着馒头，细细咀嚼，边吃小菜，边喝粥，把所有饭都吃的干干净净。我拿出梳子，梳好了长发，在脑后盘成一疙瘩，穿上一件挺新的花格呢短大衣，安详站起来。

又是五花大绑，又是监狱里批斗，揪头发，弯腰低头，又是挂大牌子游街，背后插一个斩牌，用绳子勒住喉咙，又是一长串威风凛凛的车队，那场面比日本鬼子杀人还排场!

南昌部队医院有个高干子弟军官，急需移植肾，必须从活体上取。对我不能一枪打死，要留活体取肾。游街时，押解人员按住我，从后面给我左右肋下打了又长又粗一针，直扎进我的肾脏，我嘴被堵住，全身剧烈地颤抖。

到了刑场，先朝我右背打了一枪，然后把我抬进一辆篷布军车，在车上活着剖取我的肾，鲜血溢满了车厢。然后打死我，遗体被部队医院拉走，作解剖用。"

玉皇大帝说："你就是这样被活取肾吗？太残忍了。这就是共产党。"

钟海源说："残忍手法执行在下面，根子在上面，总根子在最高层尖上，就是毛泽东。毛泽东是主谋祸首。我反对华国锋不给李九莲平反，把我枪决，华国锋是毛的继承人，他继续执行毛的错误路线，总根子在毛泽东。我跟李九莲一样，死了灵魂也不得安息。因为罪主毛泽东还未彻底认罪，我的案子也不能结。案子一天不结，我就一天不能安息。所以我今夜跟在李九莲后面，也来找你伸冤。"

玉皇大帝说："我明白了，根子在毛，毛是最顶上的主谋，也影响他的继承人。你等着我对他的裁判吧！"

钟海源得到玉皇大帝的承诺，暂时不再说什么，就起身告辞徐徐退后远去。

96、遇罗克（1942年－1970年）

钟海源退去后，过了不多久，玉皇大帝看到一个年轻文弱书生徐徐向他走过来，

玉皇大帝不认识，开口问他："你是谁？"

年轻人说："我是遇罗克。"

玉皇大帝又问："你是不是也有什么冤情呢？"

遇罗克说："说冤也行，说不冤也行。说冤是，说我要谋害毛，这是冤枉了，说我私藏手榴弹，那是真的。手榴弹何处来？文革我去长春，在车站遇到造反派发手榴弹，准备武斗，也发我一个，心想我手无寸铁，遇到情况也可拿来吓人自卫，就收下了，带回北京不好处理，想去西山埋了，还未来得及，我就被捕抄家了。手榴弹是真的，说谋害毛是加上去的。这是冤枉。说不冤，是因为我写了《出身论》，戚本禹批是'大毒草'。另外我写

过 3 篇批驳姚文元的文章,《论清官》《需不需要海瑞—与姚文元商榷》《从海瑞罢官谈到历史继承》,构成'反动言论',这两条是真的,不冤。"

玉皇大帝听了,觉得遇罗克是个可爱的人。又问他:"是否就这样把你处决了?你很年轻,又有才华。"

遇罗克说:"我从小学到中学毕业,一直是品学兼优,我写的《我的童年》,是全校的范文。我是北京少年象棋第二名,我能不看棋盘,同时下两盘棋,我是小学毕业讲话的学生代表。高考我成绩优秀,但因为我爸妈都是右派,不录取我,我第二年再考,更优秀,还是不录取。我只好去郊区当农民。不论在那里,我夜夜苦读,读大量书,什么书都看,黑格尔,卢梭,马克思,我当过小学代课教师,半年把一个很差的班,带成纪律和学习都优秀,但因为我父母是右派,不给我转正,又分配我去当学徒工,我就这样在社会上折腾。

文革来了,我写了《出身论》《谈纯》《论鸿沟》等,成了反动言论犯,在监狱审我八十次,要我检查认罪,我从未承认有错,我被枪毙了,我不喊冤,也不后悔。临刑前夜,我在监狱与难友联欢道别,唱了一夜歌,第二天在北京体育场,开十万人宣判大会,有这么多人送别,还有大会后游街,两旁更多人观看,我觉得死得其所,我给难友说,何谓不朽?你写的东西后人还看,就是不朽。我活了二十八岁,值得。"

玉皇大帝觉得他相当坚强,问他:"是什么促使你有那么大的劲头,去写去坚持呢?最后连命都不要了。"

遇罗克说:"你知道'血统论'有多大危害吗?文革开始,在'老子英雄儿好汉,老子反动儿滚蛋'反动'血统论'驱使下,多少人冤死惨死?红五类制造恐怖,使黑五类惊惶失措、风声鹤唳、人人自危。大兴县有组织地对黑五类集体杀戮,宣布凡是黑五类分子,都要杀光斩绝,一个不留。1966 年 8 月底开始,北京市属大兴县十几个公社大开杀戒,大辛庄公社一个贫协主席,亲自用铡刀铡杀了十六人,自己也瘫倒了,被他铡死的都塞进一口深井里,直到井快塞满了。黎明大队把杀死的人，埋在苇塘里；后来，干脆用绳子套在黑五类的脖子上，连勒带拖，到了苇塘，人也就断气了。几天内杀害黑五类三百多人，有二十多户被杀光。"

玉皇大帝说："毛泽东为了制造红色恐怖，通过运动，发动群众杀人。运动过后，对杀人者网开一面，采取宽恕政策。"

遇罗克说："在毛泽东'宽容'的纵容下，更大的屠杀一个接一个，红色恐怖蔓延到湖南，道县到处张贴着"斩尽杀绝黑五类，永保江山万代红"的口号，到处是"贫下中农最高法院"的杀人布告。从1967年8月始，两个月，全县枪杀、棍打、刀杀、炸死、活埋、沉水、丢岩洞、绳勒、火烧、摔死，活活杀死黑五类分子及子女四千多人，被迫自杀的三百多人，大杀戮涉及三十六个公社、两千七百多户。"

玉皇大帝说："毛泽东把群众煽动起来了，就希望有过火行为，火头上来了，他就叫好。"

遇罗克又说："这是天大的杀人罪恶。滥杀无辜不仅在道县，湖南宁远县共杀掉黑五类分子一千多人，一个大队干部要求将黑五类分子杀光杀绝，斩草除根。把地富大小六十多人集中起来，统统推入地窖活埋，成为零陵地区的杀人冠军。零陵地区其余各县市也杀了几千人，被杀的人，最大的七十多岁，最小的十天，其中未成年八百多人。

集体杀害黑五类的腥风血雨，也在湖南省各地蔓延：江华县杀害了近九百人，江永县杀了三百多人，双牌县杀害了三百多人，祁阳县杀害了两百多人，永州市杀掉一百六十多人，南山县杀害了一百四十多人，新田县杀掉六百多人。"

玉皇大帝说："湖南杀人，很可能是受到毛泽东《湖南农民运动调查报告》'好得很'影响，煽动起来的。"

遇罗克说："我想是的，始作俑者，是毛泽东。不但湖南、广西更厉害，湖南这股集体杀人风，很快就刮到广西全州县。一个公社民兵营长半夜带着民兵，把地富分子及家人捆起来，押去万丈无底洞坑口，被杀气腾腾的民兵推下无底洞，集体杀害七十六人，其中地富分子二十一人，子女五十五人；另有一个被迫上吊，一个投河自杀。

广西灵山县竟然提出要建立一个'没有地富阶级的社会',文革期间共打死、逼死三千多人,其中地富及子女两千多人。全家被杀绝的有五百多户。听到这些悲惨信息,任何一个善良人,都会在心灵深处受到强烈震撼,其疯狂和血腥,远超过希特勒杀犹太人。在疯狂杀黑五类的腥风血雨面前,毛无动于衷。正是在'血统论'狂刮黑风时,促使我提笔批判。我明白动武杀人的总根子是毛泽东,但我不明白毛泽东为什么要这样做?"

玉皇大帝说:"毛泽东不提倡乱,不杀人,行吗?不乱怎能把刘少奇弄倒?刘少奇又不光是他一个人,他上下有一大帮,他煽动造反乱起来,才好夺刘少奇的权啊!"毛开会赢不了刘少奇,他的人多,毛成少数。毛必须靠军队枪杆子,把群众哄起来,所以毛穿上军装上天安门,一次一次的煽动红卫兵起来造反,抓他们,斗他们,抄他们家,整他们,让他们下台,让造反派上台,毛靠红斗黑,黑五类遭殃,毛视小民生命如粪土,根本不在乎。"

遇罗克说:"毛把群众轰起来,不但人斗人,斗死人,还有吃人呢!"

玉皇大帝问:"哪里发生吃人?"

遇罗克说:"广西就有吃人,而且是生吃。我举个实例,广西一个叫邓记芳的农民,他唯一的罪名是地主的儿子。他在滩江水畔,被五、六个人用松枝压住手脚,一人用大菜刀把胸膛剖开,掏出心肝来,切开来由众人分吃。开膛的凶手,在 1980 年代记者访问他时,已八十多岁了,他依然豪气十足地说:'是我杀的,我不怕冤鬼报仇,干革命,心红红的!毛主席不是说:不是我们杀他们,就是他们来杀我们。阶级斗争,你死我活。'广西还组织'杀人样板会',教人怎么出手,有些地方政法干部亲自示范。广西吃人成风,有名的武宣县,官方 1980 年代调查,就登记在案有七十六个牺牲品。吃人往往在批斗大会后,被斗者立即处死,身体上那些好吃的部分,如心、肝、生殖器,在人还没完全死去时,割下来当场烹调,摆'人肉宴席'。"

玉皇大帝说:"手法残忍,令人发指。"

遇罗克说："但是毛认为吃人这种事是意中事？毛比希特勒还希特勒！全国发生类似大兴县，湖南，广西那样的屠杀地富反坏右黑五类事件，被害的人数，数也数不清。还有后来的'清理阶级队伍'，把二三十年前的'反革命'，都挖出来整，毛遭到一个不大不小的报复。云南新当权谭甫仁将军，1970 年 12 月被人枪杀，是毛统治下被刺杀的高官。刺杀在毛统治下极其罕见。刺客叫王自正，是军区保卫部保密军官。他跟谭将军无冤无仇，恨的是'清理阶级队伍'最高指示。早在 1947 年，他在河南家乡参加过国民党武装，那支武装枪杀过一名共产党村干部。时隔二十多年，在清理阶级队伍中，他家乡写信检举他，尽管他早已是我军军官，1970 年 4 月还是被查出来，隔离审查。他知道等待他的，不是死刑，就是劳改终身。老婆孩子也得受牵连。他决心杀掉大人物谭甫仁，要的是影响更大，发泄心头之恨。一天夜间，他逃出关押地，先溜回家向妻子告别，再潜入军区大院保密室，用他知道的密码开了保险柜，偷了两支手枪，二十发子弹，翻墙进入谭将军住处行刺成功，他对闻枪声赶来抓他的卫兵，开枪打伤两人，举枪自杀。此案轰动全国，中央不敢公布是刺杀，只含糊说原因不明。"

玉皇大帝说："毛认为发生这样的事情是清理阶级队伍不彻底。一定要清到水中无鱼，红色江山才好保住。"

遇罗克说："清理了又清理，清了刘少奇，又清林彪，30 年一批又一批，运动一个接一个，毛清了多少人？数也数不清。根源在于阶级斗争理论？共产党，先共了别人的产，再杀被共产的受害者人和后代。现在毛共的红二代，利用共产建立的政权，来掠夺财富，成了新的大财主，毛共的血统论，不就是黑色血统论吗？今天中国还无言论自由，毛的遗毒未得清理，毛的继承人，还继续他那一套，不许下面说话，下禁令不许妄议中央，还是像毛那样，无法无天，无法可循，毛的罪行不被清算，中国永无宁日。"

玉皇大帝："毛的罪行一定会清算。"

遇罗克得到玉皇大帝的承诺，就起身告辞，消失无踪。

97、王申酉（1945年－1977年）

王申酉是上海师范大学毕业生，因为"思想反动"，一直监督劳动，没分配工作。1977年4月，因思想言论反动被枪决，是年三十二岁。

王申酉在灵界听说玉皇大帝要公审毛泽东，正在收集毛的罪证材料，就急匆匆来向玉皇大帝告状。

玉皇大帝问道："你是谁？因何告毛泽东？"

书生道："我叫王申酉，因'思想反动'被抢决，是个冤案。"

玉皇大帝问："你是纯属思想犯吗？还有什么别的，有什么反革命宣传，小团体地下活动吗？"

王申酉说："都没有，没什么跟别人宣传，也无一个同伙，纯是根据我在监狱中写的言论，定罪的。"

玉皇大帝说："因此枪毙你，毛泽东治下的中国，真是无法无天。你从头到尾给我细说说好吗？我想看你究竟反动到什么程度？"

王申酉说："我家是从河南农村逃荒来上海的，从小爱党爱国，我最爱看书，写日记，看到深夜，写得端正，什么都写，都是心里话。1962年，我十八岁考上师大物理系，因吃不饱饭，萌发我对国家现实的思考，1965年我随校去参加'四清'，我要求入团，团干部要我交出日记，我不愿交，就偷看我的日记，就批我'思想反动'。1966年文革开始，就贴大字报揭发我'反动日记'，抄我家，将我'隔离审查'，轮番打我。1968年'清理阶级队伍'，因我有个半导体收音机，又加一条'偷听敌台'，加上'反动日记'，逮捕我入狱。关我一年多，放出来到1970年，好不容易让我毕业，但因档案反动在案，分配不出去，就送我去苏北农场监督劳动。"

玉皇大帝："你在师大折腾八年才毕业，'思想反动'帽子戴着，怎么去教学生呢？送你去农场劳动，你怎么办呢？"

王申酉说："我要在劳动的同时，为自己争取读书权利，首先必须在劳动改造上使监督者无话可说。我早出工，晚收工，出大力，专拣重活、脏活干。我集中精力通读《资本论》三遍，通读《马恩全集》到第十三卷。读了这些书，我逐渐觉得眼睛明亮了，敏锐了。我建立起马克思主义的世界观，来观察世界。我首先对'文革'得出结论，我明白了，'文革'根本不是马列，是挂着马列牌子而已。1972年，把我调回师大做清洁工，和在校农场劳动。不久，又给我戴上'反革命分子'帽子，在学校监督劳动。"

玉皇大帝说："你是没法去教书了，只好做清洁工，再加个'反革命分子'帽，就更重了。"

王申酉说："但我是人，1974年，我二十九岁了，无论怎样，我希望结婚，人家给我介绍对象，我们两人感情渐深，却被师大保卫组破坏了，以后又谈了两个，都被保卫组通报'反革命'，人家家里害怕，都吹了。"

玉皇大帝同情地说："看来'反革命'想结婚，难矣哉！你不能找个也是'反革命'？门当户对啊！"

王申酉说："到1976年，我三十一岁了，人家又给我介绍一个女工，两人感情渐深，我甚至对她说：'我要是坐了牢，你肯给我送衣服吗？'她都表示理解，我恳求保卫组不要干涉，什么都给保卫组汇报了，没想到保卫组还是去通报'反革命'，给她家和工厂很大压力，眼看又要吹了，我还抱一线希望，给女方写长信说明，表白一切。"

玉皇大帝问："信写了吗?结果如何呢？"

王申酉说："那天是1976年9月10日，是个星期日，我起了个大早，赶到学校人防休息室，埋头写还没写完的长信。我以为星期天不会有什么人来。谁知道一个监视我的员工，突然到来，大吼一声说：'写什么？缴出来！'我一惊立即撕碎信纸，一部分塞进口中，一部分丢到水槽里，他扑上去夺，没有吃掉的，没被水冲走的纸片，都被抢夺去。他还大喊：'抓反革命！'保卫组来到，立即把我抓了关起来。他们将撕碎的纸片拼起来，作为'反革命黑文'。当天就把我押解到公安分局关押，当夜就审我。"

玉皇大帝："保卫组真够厉害啊！看来你给情人写封信都难了。抓了你又怎么办呢？"

王申酉："对我审讯一个多月，一直延续到粉碎四人帮后。1976年11月18日那次审讯，给了我一支笔、一叠纸，责令我把万言黑文，全文重新写出来。我那封长信，是我长期学习马列，思索社会问题的思想结晶，凭着我的记忆，用了五天时间，把原意写清楚又完整，把两万字原信，扩充到六万字。扩充后与原信意思相同，我引征大量马列的话，如行云流水，一泻千里，一天写一万多字，五天写完。"

玉皇大帝问："你写的六万言，就是给你定罪的罪证吗？"

王申酉说："不错，定罪就是这六万言。"

玉皇大帝："就这样你被枪毙了？你到底有些什么反动思想，反革命言论呢？"

王申酉说："我写的六万言，包括我的马克思主义世界观，关于苏联历史，关于中国历史，关于'文化大革命'，关于毛泽东等。我对反右派、反右倾和文化大革命都持否定态度，对毛泽东一分为二，认为大跃进、人民公社化运动有空想社会主义成分。我提出毛泽东的民粹主义问题。我还认为中国社会非变革不可，必须充分发展商品经济，不可再'闭国自守'，要开展对外贸易等等。"

玉皇大帝说："你年纪轻轻，在监狱里就写出既有理论，又有实际，多方面的见解，真是少见啊！"

王申酉说："我对毛的批评，白纸黑字写在六万言中，已经出版，但不能在国内出，只能拿到香港出。我写道：'在六万万人民中，空前地培植起同封建时代类似的个人迷信、个人崇拜。古今中外，从来也没有出现过如此疯狂的大独裁者，但越独裁，越搞个人迷信，个人崇拜，最听不见别人的话，也越受孤立，现在真是'众叛亲离'的时候。'完全以毛泽东的理论，独裁一切。置一人之思想，于亿万人的

350

脑袋。这恐怕是空前绝后的。在六万万人的、占地球六分之一的土地上，以一个同类生物的思想，作为神圣的意志，来主宰一切，实在是难以想像的。'

玉皇大帝说："你写的真是针针见血，句句到位呀，难怪我一看你的气质，就不是凡人。"

王申酉接着说："再摘二句给你听听：'三面红旗一出，三年困苦降临到六亿人头上。人民公社，一种乌托邦式的社会，与马克思的科学社会主义，格格不入。'毛在十年前划了五十五万以上右派份子，他们绝大多数是无权无势的耿直志士。'"

玉皇大帝问："你真会解剖呀！"又问道："你对文革有什么批评吗？"

王申酉说，"我对文革写道：打倒刘邓，文革使中国倒退了。"

玉皇大帝说："你的六万言，我知道个大概了。文革时期你能提出这样的独到见解，而且写出来成文，我只听到你是第一个，没听到第二个，把你毙了，是可惜了。"

王申酉说："1977年4月27日，我被押去上海卢湾区体育场，三万人公审大会宣判我死刑，我第一次听到判决书，没有时间申辩，随即押赴刑场枪决。"

玉皇大帝："你独立思考，追求真理，精神可贵。后来怎么样？你死后给你平反了吗？"

王申酉说："新来的师大书记施平，1979年就开始奔波为我平反，经过上海市，区委，中央，上上下下，反复核实批示，差不多用了近二年时间，终于在1981年4月为我彻底平反，市委书记钟民主持全市大会宣布。说我'好学上进，有理想，有抱负，好青年。'过后施平书记把平反前后的过程，写了近二万字报道，花了很大心力。"

玉皇大帝说："平反也花了两年时间，很难啊！那么现在你还有什么问题呢？"

王申酉说："我肉体消灭了，不遗憾；思想还在，我高兴。问题是我写的东西，还不能跟大家见面，刚才我给你列的几条，在中国还不能出版。既然认为我写得有道理，为什么不能跟大家见面，让大家来评论呢，四十多年过去了，我的六万言只能在香港出，上海人看不到，我心中迷惑，我在天国不得安息。这不是只是我的个人问题，现在中国，整个国家，在毛泽东死后四十多年，还没有思想言论自由，知识分子的正义呼声，继续受打压，教授发表些言论，与政府不同调，就被抓去无踪。律师帮助冤案受害者伸诉，也被抓起来。毛的继承人，跟毛一样。毛不悔罪，他们就学毛泽东照样犯罪。"

玉皇大帝说："毛的问题我们将在大审判中彻底解决。你耐心等待吧。"

王申酉得到玉皇大帝承诺，就起身告辞，渐渐远去。

98、王容芬（1947年－？）

一日，玉皇大帝听说有个叫做王容芬的想向他反映文革中她写信给毛泽东后遭到的迫害。通常，这样的人在文革中已经被无产阶级专政的铁拳砸得稀巴烂。没想到还有幸存者。

玉皇大帝当即召见。

玉皇大帝问："你给毛泽东写的是一封什么样的信？"

王容芬拿出她带来的文件，抽出一张纸，念到：尊敬的毛泽东主席：请您以一个共产党员的名义想一想，您在干什么？请您以党的名义想一想：眼前发生的一切意味着什么？请您以中国人民的名义想一想：您将把中国引向何处去？文化大革命不是一场群众运动，是一个人在用枪杆子运动群众。我郑重声明：从即日起，退出中国共产主义青年团。此致敬礼！北京外国语学院东欧语系德语专业四年级一班学生王容芬。一九六六年九月二十四日"

玉皇大帝仔细听了后说："并没听到有什么反对毛泽东的话啊！要害之处，无非是说毛用枪杆运动群众，这只是点明而已。毛就是特别穿上军装，来运动群众，说的没错啊！另一点是质疑毛，把中国引向何处去？很有思考水平啊！"

玉皇大帝又问容芬："是什么促使你，有那么大的劲头，来写这封信呢？"

王容芬说："记得 1966 年 8 月 18 日这一天，毛和林彪检阅几十万北京红卫兵，红卫兵代表宋彬彬，给毛献上红卫兵袖标。毛戴上后说，不要文质彬彬，'要武嘛'。在百万人齐呼'万岁'的声浪里，毛抬起带着袖标的那只手臂，高呼'红卫兵万岁'"。

宋彬彬是什么人？她是北京师大女附中造反头目之一。造反派在 8 月 5 号，用钉头皮带，活活打死了副校长卞仲耘。毛给她改名'要武'，8 月 20 日《人民日报》就发表了署名宋要武的文章，叫做《我给毛主席戴上了红袖章》。

红卫兵奉旨"要武"后，一场杀人狂潮就开始了。据北京市公安局统计：从 8 月 20 日到 9 月底 40 天里，被打死的有名有姓的北京名人和教师，有一千七百七十二人，就是每天打死四十四个人，死在红卫兵的铜扣皮带下。

我所在的 101 中，在 8 月，有三名教过我的老师，被红卫兵活活打死。从 8 月 18 日这一天起，毛泽东把国家暴力和红卫兵暴力，联到一起，向八亿中国人宣了战，全中国开始红色恐怖。

8 月 18 日那天，广场上有人捡了不少金条，那些金条是红卫兵抄家抄来的。他们向毛泽东欢呼跳跃时，金条从衣服兜里掉到地上了。可见红卫兵不仅是暴力分子，还是刑事犯罪分子。

我看到这一切，激起我的义愤，就是这一股义愤，促使我给毛泽东写那封信。"

玉皇大帝听了觉得有理，又问道："那么你的那封信，是怎样寄到呢？寄出了又发生什么？"

王容芬说："我手里拿着那封信，郑重地走到天安门广场人民英雄纪念碑，神圣地向烈士们行注目礼，然后走到邮局，买了邮票，贴上，发出，同样的信有六封。接着走到王府井药店，买了四瓶敌敌畏，把一封同样内容用德文写的信，带在身上，出发向东。到苏联大使馆附近，量好距离，开始一瓶一瓶喝。我想，那么多老师都被打死了，我这条小命值什么，他们会第一个发现我的尸体，会传出去，我以死来反抗文革，会传遍全世界。我喝完了DDT，就不醒人事倒下了，接着就不知发生了什么。当我醒来，发现我已经躺在公安医院里了。"

玉皇大帝说："你就是这样，想当烈士没当成，进了监狱。那么你在监狱，是怎么过来的呢，蹲了十三年？"

王容芬说："实际是十二年半。一开始在北京的二年多，还好，没对我用刑，只是牢房又阴又湿，全年不开窗，被子上都是绿毛，潮得受不了，一个月才放一次风。关节很快肿起来了，肿得老大，站不起来，只能柱着棍子蹓。到了山西是十年。山西的审讯员，我可不敢恭维，那么一帮子，好象没上过几年学，对我审讯重点，是转弯抹角揪后台，我'作案'才十九岁，谁在背后指使？那怕揪出个把老师也行。他们让我交待，从小到大所认识的人。我先是拒绝，后来干脆写了好几百。他们问：'这里边谁对你影响最大？'我说，'我觉得我对他们影响大。'他们说我顽抗，日夜轮番审。有一次我脱口而出：'想起来了，那是个外国人。'他们高兴极了，忙说：'哪国的？叫什么？写在黑板上！'我转身写了：'俄国、拉赫美托夫'几个字，他们忙问：'现在还在外语学院么？'他们很快明白受了愚弄，就给我用刑。

我因为'捣乱'，受过好多次刑。这次受刑用的是铁匠铺打出来的那种小铐，背到身后，吊把大锁。这种铐，我上过不止一次，最长的一次，戴了半年。那次是因为山西省的一个派头头，从窑洞走烟的窟窿里，给我塞过来一个条子，让我出去以后，到中央替他告状。这条子我看过，就放在身上了，看守翻的时候，还没来得及销毁。我见条子被他翻出来了，就一把从他手里抢过来，丢进嘴里。他一把卡住我的脖子。叫：'吐！吐！'接着又来了三、四个看守，都是男的，压在我身上，使劲卡，想让我张嘴。我咬住牙不放，他们就找来钳子，从嘴两边夹，现在我这两边的牙没了，就是那次夹掉的，我觉得已经死过去了，谁知硬把我嘴撬开了。嘴一开，进了一口气，我把那字条咽下去了，满嘴都是血，吐了他们一身一脸。当时大小便都失禁了。

他们太野蛮了，缓过劲就骂他们，就这么又上了背铐，还戴了四十斤的镣，两个半环扣在脚腕上，皮肉全磨烂了，根本不能走；可我不敢不走，多疼也得站起来走。戴着背铐，几个月的月经没法料理，全流在身上身下；人家扔过来一个窝窝头，我就在地上滚着吃；象牲口一样，在砖上蹭蹭。后来狱医来验伤，说这人活不了多久了，这条命你们看着办吧，他们就给摘了。摘不下来，锁已经锈住，拿锯锯开的；铐连着皮肉，扔到炉子上，我还听见油炙在热铁板上，吱吱啦啦的声音。你看我这只手，现在还抬不起来。"

玉皇大帝听了，也很同情她受的刑罚，说："对一个女人太残酷了！后来你是怎么从监狱走出来的呢？"

王容芬说："1976年9月9日。毛驾崩了。毛去世后，慢慢听到一点风声，到了允许亲属来探望时，我妈来看我，悄悄告诉我，我的案子可能快定了，是'错案'，让我谨慎再谨慎，千万别再说什么。这些年，妈为我可受苦了。吴德当权时，北京一点风都不透。我妈说，我豁出去了，一个老婆子，怕什么？她就整日坐在法院门口，踢打都不走。后来，她得了白内障，两只眼睛全看不见了，头发全白了。我哥那次扶着她，到榆次来探望我。哥哥希望我早早了事，怕我再生枝节，叫我好好认罪，靠拢政府，争取从宽。我一听就火了，我说我没罪。看守对我妈说：'看你女儿有多嚣张，你知道她判的什么？无期！什么叫无期，脑袋在肩膀上晃着哪！加刑会加成什么知道吗？'我妈吓得跪下了。直到1979年3月，我妈和北京中级法院两位审判员，一起到了榆次。来给我改正。释放时，读宣判词：'出于对林彪、四人帮的无产阶级义愤。'我立即说：'我没有反四人帮。'他们乱加上去的。妈把我接回北京，自由了，我那年已经32岁，只想找点书看，把这十二年来想过的东西，清理清理。"

王容芬最后说："我知道许多像我这样抗议你的青年，都不幸死去了，我是极少难得的一个幸存者。我一直记住无数受难者遇害者，我要继续发挥我力所能及的一份努力，为无数冤魂说话，不愧我的良心。"

玉皇大帝答道："这也是我正要做的。谢谢你的信息。这些信息都是给毛定罪的好材料。"

王容芬听了玉皇大帝的承诺，不再说什么，就起身告辞离去。

99、方忠谋（1926年－1970年）

毛泽东阶级斗争意识强力灌输，毒化了很多人的灵魂，极权统治下的恐惧，使儿子举报母亲，母亲被杀。1970年安徽固镇县一个母亲说，要为刘少奇翻案，儿子得父亲支持，举报母亲，母亲很快被捕被杀。这位母亲叫方忠谋，她到天国快50年，一直愤愤不平，冤屈难伸。

最近她在阴间听说玉皇大帝要公审毛泽东，开放大门接受冤魂上访，以了解毛泽东的罪行，遂径直来到天宫见玉皇大帝。

玉皇大帝看这位妇人，像是四十多岁憨厚的母亲，可能又是有冤情来找了，就开口问她："你叫什么，有什么冤情吗？"

方："我叫方忠谋。受毛泽东阶级斗争毒害，我被儿子举报，被杀了，真冤。"

玉皇大帝一听她的名字，不像女人，就好奇问她："你爸怎么给你起个男人名字呢？"

方："我爸本来给我起名'忠模'，要我忠实继承祖辈的'模子'。可是我爸土改被冤划地主，又冤戴特务帽子，被杀了。我为了对党忠，与父亲划清界限，改名'忠谋'。其实我家只是六亩地的普通农民。"

玉皇大帝："原来如此。那么儿子举报你什么，让你被杀呢？"

方："1970 年 2 月 13 夜晚，我们家庭辩论文革，我说，'我就要为刘少奇翻案！资产阶级反动路线是毛泽东搞的，偷梁换柱，安在刘少奇身上。'我责问：'为什么苏联从前和我们友好，现在除了阿尔巴尼亚，其他那么多马克思主义的党，都是修正主义？修正主义不是别人，恰恰是毛泽东自搞的。'我还说：'为什么毛泽东搞个人崇拜，到处都是毛像。'我还写下：'为了革命需要，应立即撤销毛泽东一切职务，叫他靠边站'；'为了革命需要，应立即恢复刘少奇一切职务。''要解放刘少奇、彭德怀。''李葆华，邓小平，要立即解放，该干什么干什么。'我坚定表示：'头可断，血可流，革命意志不可丢！'当夜，我毁坏、焚烧了贴在墙上的毛泽东像，高呼：'共产党万岁！'"。

玉皇大帝："你们家庭辩论好激烈，那么儿子把你怎么样呢？"

方："我丈夫张月升和儿子张红兵非常恐惧，立即对我批判斗争。我丈夫说：我坚决和你划清界限，你把你刚才放的毒，全部给我写出来。我立即写完一张纸，他就拿着出了家门，说要去检举。儿子写了检举信，与红卫兵袖章一起，塞进了军代表的门缝。揭发信最后写：'打倒现行反革命分子方忠谋！枪毙方忠谋！'军代表接到举报后，来到家里，对着我踹了一脚，我一下倒地上。然后像捆粽子一样，把我捆起来，带走关押。"

玉皇大帝："就是这样把你抓起来了，给你刑讯了吗？"

方："审讯我多次，我坚持信念不屈，并谴责江青是美女蛇，表示要去北京找江青算账，算她犯下的滔天罪行，江青踏着别人肩膀上去，害了多少干部，害了多少红卫兵。我还继续批判毛泽东，把历史车轮倒拉二十一年，我要把它颠倒过来。"

玉皇大帝："你对毛的谴责如讨伐，好厉害啊！后来就把你枪毙了？"

方："我已意识到会叫我死，果然不出二个月，1970 年 4 月 11日把我枪毙了，我死时四十四岁，留下五个孩子。"

玉皇大帝："我惊奇你对刘少奇，彭德怀，对毛泽东，对江青，有如此敏锐的眼力，看得如此深刻，是否与你的经历有关呢？"

方："我生于 1926 年，在农村自幼读书、劳动，初中文化，土改我父亲被冤杀，我背上黑五类子女黑锅，对我心灵伤害很大，我忍痛划清界限。1949 年 2 月，我参军，当卫生员、护士、护士长。一贯进步，工作积极，两次当劳动模范，立三等功，出席英模大会，得奖章奖品。1950 年 11 月，让我转业，到安徽宿县医院当护理副主任，1956 年 3 月，我出席安徽省社会主义建设积极分子大会。1965 年 7 月，调我到安徽固镇县医院门诊部当副主任。"

玉皇大帝："从你一系列经历来看，你一直是上进积极分子，看不出有什么不好啊。什么原因促使你反毛呢？"

方："我丈夫是固镇县卫生科科长、党总支书记，文革开始，就被定为走资派，戴高帽，挂黑牌，游街批斗，打到尿血，我被拉上台陪斗；我大女儿在大串联中病死，我身心重创，患高血压，心脏病。在'清理阶级队伍'中，我又被扣上'特务嫌疑'、'地主分子'

帽子，隔离审查，批判斗争、监督劳动。一系列遭遇，促使我深刻反思，对毛文革产生怀疑，反感。"

玉皇大帝："我明白了，文革你们被批斗，隔离审查，监督劳动，促使你反思，你说的有理。文革过后，给你平反了吗？"

方："我死后，固镇县还搞什么'大义灭亲'展览，直到 1980 年，才给我平反，也修了墓。"

玉皇大帝："那么还有什么问题呢？"

方："问题是，我的儿子六十岁了，四十年来，他一直背着沉重的'大义灭亲'包袱，经常梦见我，嚎啕大哭。社会上也尖锐谴责他，说他'一颗红心献给党，一颗子弹送给娘。'他无地自容，忏悔不已。我原谅他，他毕竟是我的亲生骨肉，年幼无知，他先前不是这样的，他本名张铁夫，毛搞文革听了毛的话他才自改叫张红兵。毛是教唆犯，他是从犯，主谋是毛，毛是老狐狸，他年幼无辜，那时还不到十七岁，未成年。主谋不认罪，从犯顶罪一辈子，我可怜我的孩子。"

玉皇大帝："他大义灭亲，你护犊情深，真感人啊！"

方："在毛煽动红卫兵造反那个疯狂时代，儿子变疯子，恶魔洗脑，人成恶魔，灭妻弒母，灭绝人性，天地不容。可是我儿子说：不表忠心，无法生存，上了大当，遗憾终生。儿子狼心，总算变回人心。可恨毛的大像还挂天安门，还躺在百元大钞上，赖着不肯下来。刘少奇纸面上平反了，但毛依然在台上，毛是文革陷害的主谋，从未认罪。毛的继承者也继续为毛掩盖罪行，我怎能平静，怎能安息？所以今晚我来找你，求你清算毛的罪行。"

玉皇大帝说："我明白你的意思了。你的材料很好，我会用于对毛的公审。"

方忠谋随即起身告辞。

100、丁祖晓（1946－1970年）李启顺（1947－1970年）

1970年，湖南苗族自治州女知青丁祖晓，李启顺，因反对崇拜毛泽东，以反革命罪枪决，他们两个到了灵界近五十年，始终愤愤不平，不得安息。

她们听说玉皇大帝将要公审毛泽东，并收集毛泽东的罪证，便向玉皇大帝控诉她们遭到迫害的过程。

玉皇大帝问她们："你们叫什么名字？有什么冤情吗？"

领头的一个说："我叫丁祖晓，枪决我时二十四岁。她叫李启顺，枪决她时二十三岁。我们是同学。都是普通回乡知识青年。1965年高中毕业后，我回到家乡苗族自治州大庸县枫香岗公社大溶溪大队，决心做建设新农村一代新人。我被评为"先进社员"、"五好"标兵，群众称我是"回乡知识青年的标兵"。

玉皇大帝："你们两个都是很好的女知青啊，为什么要枪决你们呢？"

丁："在毛泽东煽动起来的文革疯狂造神运动中，开会前跳'忠字舞'，讲话前要'表忠心'，每天要站在毛像前'早请示'，'晚汇报'，在我们公社，家家升起'忠字旗'，挂起'忠字匾'，村村树起'忠字牌'，过去敬祖的神台，变成了'宝书台'。还把'早请示''晚汇报'这一套，称为'五个第一'。吃饭时要先做'五个第一'，做完再吃。农民因为识字不多，背语录掉字错句，就被批斗；有的社员不慎损坏一点'领袖光辉形象'，就被戴高帽、挂黑牌、打锣游乡；有的被打成现行反革命。在村里，哪怕再穷，农民也要把仅有的财物，鸡、鸭卖掉，弄点钱去买毛泽东领袖像、红宝书，做忠字旗、忠字牌。"

玉皇大帝："你说吃饭前要先做'五个第一'？你就因为不满这一套，被整了吗？"

丁："我对这一套有意见，我说，毛泽东还没死，就把他当死神来拜。七亿人每天喊十四亿声'万寿无疆'，毛泽东也不会真的活到一万岁。我看不惯这一套崇拜形式，1969年3月17日，我写信给自治州州委《团结报》，提出我对这场"献忠心"运动的意见，并要求报纸答复。但一个多月，不见回复。实际上，上面已把我的信，作为"重大反革命"案件，组织人马秘密调查。我不见答复，就在4月'九大'闭幕前夕，在我姐姐帮助下，写成传单，连夜到县城散发。7月5日深夜，我和我姐姐在家里被捕入狱。"

玉皇大帝问李启顺："你也被抓了吗，你是怎么回事呢？"

李："我和我妹妹李启才，同情和支持丁祖晓，在她被捕后，我们在经济十分困难下，花了十多元钱，买了钢板、铁笔、腊纸、油墨，刻印了声援丁祖晓的《告革命人民书》，称赞丁祖晓是'当之无愧的革命先锋'。1969年9月27日凌晨，我们在县城主要街道，张贴了25份传单，还把传单寄去北京《红旗》杂志编辑部。传单再次轰动了大庸县城。我们姐妹二人被捕入狱，还有六名无辜青年，因与我们有往来也遭逮捕，罗织成了以丁祖晓、李启顺为首的反革命集团。"

玉皇大帝："你们被捕入狱，又怎么处理呢？"

丁："我被关押了十个月，对我进行两百多场审讯，几乎每天都折磨我，我始终没有低头认罪，1970年5月3日，在最后一场审讯中，我慷慨陈词：'我始终认为应该忠于人民，忠于祖国，忠于真理，不应该忠于哪个人。现在提倡的'忠'字，是搞个人崇拜，是奴隶主义。'1970年5月5日，办案人员向我宣读了死刑书，问我：'丁祖晓，听清楚没有？'我高声回答：'听清了。'然后转身入牢房，'砰'的一声把门关上，我拒绝在宣判书上签名、按手印。"

玉皇大帝："就是这样判你死刑，后来执行了吗？"

丁："1970年5月8日，把我押去宣判大会场，我在刑车上吟着烈士诗：'带镣长街行，告别众乡亲。'大会宣判书读完后，我猛地从看押我的武装人员手中挣脱，冲到话筒跟前要讲话，当我刚进发出'真理'两个字，就被强行按倒。我的头被埋进一堆生石灰。我紧咬的牙关，被刺刀撬开，一团棉纱塞进我嘴里。当我再次挣扎，挺立起来时，我脸上粘满石灰，从眼睛里流出两行鲜血。我在刑场上拒绝下跪，两次被强行按下，我随即又挺身而起。第一声枪响过后，我突然一个转身，瞪大眼睛，怒视对准我胸膛的枪口。从这枪口射出的第二发子弹，穿过了我的胸脯，我仰天倒下。就在同一天，李启顺也在自治州首府吉首被枪杀了，死前身体被刺刀多处刺戮。我姐姐丁祖霞，被判二十年徒刑；她的妹妹李启才十七岁，被判十年徒刑。"

玉皇大帝："你到死还如此顽强抗争，是什么力量支持你呢？"

丁："我坚定信念，我忠于人民，忠于真理，死也值得，问心无愧。"

玉皇大帝："后来上面给你们平反了吧？"

丁："1980年8月，大庸县委宣布平反，给我们举行骨灰安葬仪式，被判刑的无罪释放。"

玉皇大帝："我知道你的案情了。这笔账要算在毛泽东头上。"

丁："下面是平反了，但上面没认罪。问题发生在下面，祸首在上面。祸首是毛泽东。毛的继承者还为毛掩盖着，怎能说彻底平反了呢？现在我们到了灵界，依然不得安息。毛不认罪，谁也别想安息。"

玉皇大帝："我会还你一个公道，还中国人民一个公道。"

丁祖晓、李启顺听到玉皇大帝的承诺后，起身告辞。

101、忻元华（1934年－1970年）

忻元华1934年生于浙江，1952年赴新疆，参加铁路建设。1963年他任哈蜜水电段经济计划员期间，深入思考"三面红旗"引发的大饥荒，认识到主要是领导问题。他给毛写信，先后向毛泽东和其他领导人及全国48家报社杂志社，投寄了九封共一百七十七份信件和诗词。1963年7月3日，忻元华被捕。1965年，忻元华被判处管制三年，交群众监督改造。

1967年1月24日，在监督改造期间，他交给哈蜜水电段保卫股一封信，是他写的第十封信。第二天就被拘押又游斗。1970年5月被判死刑枪决。

忻元华到灵界近五十年，一直愤愤不平，心想我只是给领导写信，又没有给外国写信，也没有向外人宣传，完全合法，连写信反映意见，都要枪毙，我纯粹是'写信犯'，怎么都想不通。他一直想找玉皇大帝讨个说法。终于有一天，他的心愿得遂。

玉皇大帝看他只有三十多岁的样子，心想他一定又是一个冤鬼了，就开门见山问道："你叫什么，有什么冤情吗？"

忻："我叫忻元华。我要你主持公道。我只是写信给毛泽东反映意见，毛共就把我枪毙了，你说我冤不冤？我今天来找你伸冤。"

玉皇大帝："你给毛反映什么意见呢？"

忻："1963年我深入思考'三面红旗'引发大饥荒，大跃进错误继续三年，主要是领导问题，我写信希望毛泽东改进领导，可是我被捕了，你说有理吗？"

玉皇大帝："看来你的意见，跟彭德怀差不多。彭德怀1959年给毛写信，也是讲大跃进问题，他被毛打下去了。你1963年再来重复，而且还有所发展，在毛眼里，你是小彭德怀，没有接受教训，你的信到不了毛手，就被打下去了。谁敢向毛泽东递你这样的信呢？"

忻："1960年冬天最困难时，经过两年饥荒，我几个昼夜反复苦思，祖国又笼罩着个人崇拜阴云，两面派是在个人迷信泛滥下的必然现象。1957年反右派和1959年反右倾之后，党内外有志之士，都不敢说真话。我们勤劳勇敢智慧的伟大民族，退化到普遍说假话的民族了。毛泽东生活在歌颂的迷雾中，脱离现实世界，脱离工农大众，这是糖衣核弹啊！我坚信：个人崇拜、个人迷信的乌云，必将在觉醒的亿万人民的冲击下被驱散。"

玉皇大帝："你说的是事实，全国只能按毛定的调子来说话，说走板了就要抓起来。不崇拜不行，毛最喜欢被吹捧。喊'毛主席万岁！'是他亲自定的。"

忻："我说就算毛是个太阳，毛也要承认，他只是银河系普通的一员。"

玉皇大帝："你听说过吗？毛说他是'和尚打伞，无法无天'，天都没有了，那里还有什么银河系？"

忻："毛自我陶醉，政治上成了瞎子和聋子，白痴，像斯大林晚年，孤独得可怕，我早就看出，毛对接班人林彪，也是有戒心的，沉浸在歌功颂德的汪洋大海里，闭眼不看祖国的奇灾大祸，不顾人民痛苦灾难。毛泽东缺失正常人的人性！"

玉皇大帝："你说的不错，毛谁也信不过，唯一是信老婆和侄子，但他们资历太浅，烂泥扶不上墙。元帅老将被整得七零八落，孤独无依了。只剩下个邓小平。"

忻："我只不过是小蚂蚁，但我坚守信念，不顾安危，1967 年我给毛写了最后的第十封信，我做了被斗、被捕，被杀的精神准备。无数次对我审讯，是宣讲我思想的机会，最后一次审讯，我说：'谁是谁非，历史判断。'无论什么时候，我脸不改色，心不跳。就是这样，1970 年把我枪毙了。这一年我才三十六岁！"

忻又说："如果毛接受我 1963 年给他信的劝告，国家还有一丝希望，可惜毛一条黑路走到底。虽然毛像，现在还挂天安门，但只剩空殼，就像一道符咒！只有极少数利益集团在借助毛这个神主牌继续招摇撞骗。毛的阴魂还在中国上空飘荡！毛的继承者，至今不敢公开毛的罪行，继续掩盖毛的罪恶，继续借助毛的邪恶伎俩诓骗天下。毛的罪行会公之于世，毛终将被钉在历史耻辱柱上！"

玉皇大帝："这正是我下面要做的。"

忏元华听到玉皇大帝的这个承诺，起身告辞离去。

102、徐惠昌（1949 年－1972 年）

徐惠昌 1971 年底写信寄香港，反映上海准备接待尼克松访华的社会情况，被以"反革命泄露机密"罪判死刑，1972 年被枪决。他到灵界四十多年，一直愤愤不平，冤屈难伸。他打听到玉皇大帝遍访冤魂，寻找毛泽东迫害生灵的罪证，便到玉皇大帝的天宫上访。

玉皇大帝一看这个二十岁上下的年轻人，一定有什么冤情，就直接了当问："你叫什么，有什么冤情吗？"

徐："我叫徐惠昌，就因为我写了一封信，反映上海准备接待尼克松访华的社会情况，就把我枪毙了，我今夜来找你伸冤。"

玉皇大帝："信写的什么内容呢？"

徐："我是上海人，父母只有我一个儿子，不让我上山下乡，在家待业。我在家没事做，喜欢音乐，学油画，我联系当时的社会现实，思考问题。我收听到了台湾《中央电台》的广播，里面说有什么情况什么问题，可以写信到香港ＸＸ号信箱。我不知道信寄不出去的，按照广播上讲的地址寄了信，内容是关于上海街道，为了接待美国国务卿基辛格，准备尼克松访华，清理街道，要求基层对地富反坏右，严加控制，把他们集中起来管理，把出身不好的流放边疆等。"

玉皇大帝："信写了寄了，怎么就把你抓了呢？"

徐："信寄出很快被截获，我没写真名，被定为"李明反革命匿名信事件"，罪名是'泄露国家机密'。上海反映到中央，周恩来要求作为重点打击对象，下令公安部副部长于桑，到上海破案。公安局把那封信翻印，发给上海每个单位，叫大家查对笔迹，十三天就破案了。我被抓进了监狱。"

玉皇大帝："什么时候把你枪毙呢？"

徐："1972 年 9 月 30 号，在虹口体育场，开万人公审大会，我是十三人死刑之一，宣判后游街，我挂着一块大牌子，写着：'现行反革命犯徐惠昌'，我的头颈被尼龙绳勒住，舌头被绳子勒出来了，最后到闸北射击场枪毙。"

玉皇大帝："你家人有没被牵连？"

徐："我被捕后，父亲为了救我的命，把事情揽到自己身上，说是他写的，结果不但没能救我，连自己的命，也陪上去了，父亲因此被判刑十年，死在监牢里。我母亲本来就是瘫痪的。我有个姐姐，姐夫在空四军工作，因为我的事，就和我姐姐离婚了。"

玉皇大帝："文革过后，给你平反了吗？"

徐："到 1980 年，才平反了。平反只是一张纸，反革命帽子没了，家里什么问题都没解决。我在灵界一直感到冤屈未伸。我写的都是人人眼见的社会现实情况，哪里有什么机密？把我杀了，父亲也死了，家毁了，我何处伸冤？"

玉皇大帝说："我会替你伸冤。"

徐惠昌听到玉皇大帝的承诺，略感安慰，起身告辞。

103、毛应星（1925 年－1970 年）

女教师毛应星，1957 年被打成右派，发配到甘肃夹边沟农场劳改，四年幸存下来，却逃不过文革"一打三反"，以"思想反动"等罪名被枪决。文革过后，她虽被平反，追认她为党员，烈士，但她在灵界四十多年，始终感到冤屈未伸，愤恨不平。

她得知玉皇大帝将公审毛泽东，便到天国上访。

玉皇大帝："你叫什么名字？"

应星："我叫毛应星。夹边沟劳改没饿死，文革把我枪决了，我死得冤枉。"

玉皇大帝："因什么判你死刑？"

应星："一是说我思想反动，一是说我国际间谍。"

毛："国际间谍从何说起？"

应星："文革抄我家，抄出我哥哥留下的照片和邮票，其中有蒋介石的头像。成了罪证。抗日战争期间，我哥毛应斗，在西南联大图书馆工作，与当时在联大附中任教的杨振宁，同住一屋。我哥曾参加西南联大的假期旅行活动，与杨振宁等一起，受到过地方军政首脑接待并合影。我哥喜欢集邮、收藏一些国家领导人肖像邮票。我哥赴美留学前，将一些私人物品，包括照片和邮票，交我保管。他后来在联合国供职。就因为有我哥这些海外关系，我就成了'国际间谍'"

玉皇大帝："文革很多事是捕风捉影。说你思想反动，反动什么呢？"

应星："我看到社会上对毛越来越荒唐的神化，我说：这是'资产阶级的哗众取宠，奴颜媚骨地宣传捧场，捧场者投革命之机，受损失是革命事业和人民，包括毛泽东自己。'我还说搞'忠字化'，分明是唯心论。林彪突出的是歌功颂德，是假崇拜，真丑恶。就是这样，我被宣布为反革命分子被批斗。"

玉皇大帝："你不仅批毛，也点出了林彪假崇拜，真不简单啊。可惜批斗你的人那时'不识货'。后来怎么逮捕你呢？"

应星："1968 年夏天，我被反剪双手，拉到静宁县城广场批斗，我不服，去北京上访，被抓回拘留。入看守所，多次受刑，1969 年 1 月宣布正式逮捕，押到平凉监狱。在监狱我不屈服，不断写，戴着手铐写了七本笔记，一百多篇文章、书信和申诉书，加上入狱前的笔记，总共三十多万字。"

玉皇大帝："后来怎么一下就枪决了呢？"

应星："1970 年我被扣上'死心塌地，不堪改造的现行反革命分子'罪名，宣判死刑。4 月 14 日清晨，我被五花大绑，押往静宁县城西八里桥畔枪决。"

玉皇大帝："这样对你刀下不留情，是太绝了。你的家人一定受到连累。"

应星："我的家是右派之家。1956 年，我到兰州农校当教师第二年，我就写了三万多字的入党申请书，1957 年我因在'红与专'认识上不合调，被打成右派。我的丈夫因为'一言不发'，被认定是'对党不满'，也打成右派。我们是1961年结婚的。文革期间，他为我奔走申诉，被打成'现行反革命'，判刑十二年。"

玉皇大帝："你刚才说当右派劳改四年没饿死，侥幸活下来了。夹边沟我听说过，但不大了解详细，你能否说说夹边沟呢？"

应星："夹边沟太惨了，人间地狱，比蹲监狱还惨。从1957年到1961年初，近三千名右派分子，被关押在这里劳改。恰逢大饥荒，一千五百人饿死。这里原本是关押犯人的劳改农场。在甘肃酒泉沙漠边缘，风大沙多，多为盐碱荒滩，这个小型农场，只能容纳四五百劳改犯。几千右派到了夹边沟，劳累、寒冷、饥饿。一年四季，天天繁重劳动，每天劳动十二小时，超出体能可忍受的极限，天寒地冻，1958年后，粮食降为每月26斤，再降为20斤，15斤。每天五两粮食，体力严重透支，冬天到来，天寒地冻，死神随至，一批体弱不堪的，最先命赴黄泉。"

玉皇大帝："一天五两，不干活也难熬下去啊。但挨饿的人太多了，根本是饿死的。"

应星："1960年春天播种，农场有一半人累垮了，下不了地。每天吃食堂作的树叶和菜叶子煮成的糊糊汤，蜷缩在没有一点热气的地窝子里，等待下一顿糊糊汤。如果有一点力气，就到草滩挖野菜、捋草籽，煮着吃。体质稍好的，到草滩上挖鼠穴，掏地鼠过冬的口粮，看到蜥蜴，抓来烧着吃，有人因此中毒身亡。到了寒冬腊月，野菜没了，只能煮干树叶和草籽吃。草籽吃了胀肚，树叶吃了便秘，无奈之下，只好趴在洞外太阳地上，撅着屁股相互掏粪蛋，已经不像人了。"

玉皇大帝："这样活着，真是生不如死。"

应星："1960年4月，兰州中医院右派高吉义等，被场部派往酒泉拉土豆，装完货后，饿极了的右派兄弟，知道机会千载难逢，便煮熟了一麻袋土豆，九个人一口气将一百六十斤土豆，统统吃光。返回途中，一名吴姓右派在颠簸下，活活胀死。高吉义也上吐下泻，和他住在一起的右派工程师牛天德，整晚都照顾着他。第二天，高吉义醒

367

来，惊呆了：年近六十的牛天德，竟然将他的呕吐物和排泄物，收集起来，仔细地挑拣土豆疙瘩吃。"

玉皇大帝："这已经不像人样了，狗才吃这些，现在连狗都不吃了。人不如狗。"

应星："是的，毛泽东时代，人连狗不如。1960 年 9 月，夹边沟农场除了三四百名老弱病残之外，其余全部迁往高台县明水滩农场。明水滩比夹边沟更恶劣，光秃秃一片旱滩。一千多名右派就像原始人一样，穴居在山洪冲出的两道水沟里的地窝子和窑洞里。我们这些右派大量浮肿，死神无情降临，1960 年 11 月，每天都有数十人死去。场部书记梁步云慌了神，跑到张掖地委汇报，说这样死下去了得，请地委调点粮吧。得到回答是：死几个犯人怕什么？干社会主义哪有不死人的？"

玉皇大帝："一天死几十个，够寒心够惨的。毛泽东说，革命就是要死人。这笔血债要算到他头上。"

应星："那时很多人活活饿死。由于死亡太多，连掩埋死者的右派都很难找到了，他们也没有足够体力去埋人。对死者掩埋越来越草率，用肮脏破被子裹一裹，拉到附近沙包，简单用沙子盖一下了事。人们称之为'钻沙包'。更难以忍睹的，有的死者遗体，被饿得难忍发狂的人们，从沙地里扒出来，开肠破肚掏出内脏，割下大腿和屁股肉，躲到沙堆后面，用干草烧着吃，也有悄悄焙干了，存着慢慢吃。俞兆远是吃过人肉的一个，狼吞虎咽。"

玉皇大帝："这是活生生的人相食啊！"

应星："这就是毛执政时犯下的滔天罪行。这些史实，毛的继承者为毛掩盖，叫人遗忘，不许公开说。"

玉皇大帝："那么后来夹边沟怎么被人知道的呢？"

应星："夹边沟是刘澜涛 1961 年初发现纠正，决定关闭农场，全部右派送回原单位。随后二十多年里，当时被草草掩埋的众多尸骨，频频暴露于野，当地农牧民持续反映。直到 2000 年，甘肃籍作家杨显惠来调查，走访了一百多幸存者，五年写成《夹边沟记事》，还原真实，动人心魄，引人深思。2010 年王兵导演电影《夹边沟》出来，只能在香港上映。香港观众看得难过，忍受不了，有的中途退场。"

玉皇大帝："后世对夹边沟悲剧，有什么纪念吗？"

应星："2013 年遇难者石碑树立，还准备树立刻上逝者名字的石碑，但不到一个月，纪念碑就被政府摧毁。2017 年香港又新出和上映了纪录片《夹边沟》，说明大家没有遗忘。但照例不能在国内上映。"

玉皇大帝："这样太不人道了。共产党从来不讲人道不人道。"

应星："从来不讲人道，人命在毛泽东眼里如小蚂蚁。这就是为什么我来找你，向你伸冤，求你为那些埋在夹边沟沙堆地下的冤魂伸张正义。为我伸张正义。我们右派，纸面上平反了，实际上还被政府歧视，电影不能上映，墓碑不能立，不能纪念，共产党让大家忘记。抹杀历史，一片空白，我们冤屈能伸吗？"

玉皇大帝："能，一定能！我向你保证！"

毛应星倾诉完毕，又得到玉皇大帝的保证，遂起身告辞。

104、鲁志立等三人

1970 年春节刚过，宁夏银川以"现行反革命集团"罪名，处死鲁志立、吴述樟、吴述森三名知青，另陈通明、张维智、张绍臣等十名知青，被捕判刑。这个"反革命集团"就是"共产主义自修大学"。鲁志立等三人到灵界快五十年了，他们一直愤愤不平，冤屈未伸。

最近他们打听到玉皇大帝到灵界寻找在毛泽东时代的受害者的冤情，便联袂向玉皇大帝诉冤案。

玉皇大帝一看是三个二十多岁知青，意识到他们一定又是有什么冤情了，就直接了当问："你们都叫什么，有什么冤屈吗？"

鲁："我叫鲁志立，他们俩叫吴述樟，吴述森。我们组织'共产主义自修大学'，学习交流，出过二期《学刊》，就说我们是反革命，1970 年过春节不久，把我们三个毙了，另外十个判刑，其中一个女知青熬不住，自杀了。我们一直冤屈难伸，求你为我们伸冤。"

玉皇大帝："你们自修大学，自己都学习什么呢？"

鲁："我们带着现实问题学，1966 年我们满怀热情，参加文化大革命，随着运动深入，我们感到迷茫，退下来埋头读书。我们是中学生，1968 年都成了下乡插队知识青年。吴述樟在宁夏山区西吉县玉桥公社范沟二队，他在小屋门前贴出'茅屋通天下，残书达万里'对联。我们决不随波逐流，决不意志消沉，每天劳动完了，每到夜深人静，我们聚集在小茅屋里，读马列著作。1969 年 11 月 23 日，我们以'认识真理、坚持真理，为真理斗争'为目的，正式成立了'共产主义自修大学'。在两年时间内，我们带着文革现实问题，阅读了《马恩选集》《资本论》等著作，在《学刊》上，登了二十多篇读书心得，其中三篇农村调查报告。"

玉皇大帝："你们都有些什么刺激他们的观点？"

鲁："我们在一篇《什么是法西斯主义？》中写道：'禁止世界公认的民主权利，压制人民思想和言论自由，残酷镇压反对暴力统治的人民，采取恐怖手段。竭力推行种种仇视人类的反动谬论，反动血统论，人为制造阶级划分与阶级斗争，来迷惑一部分人，达到镇压人民的目的。还推行愚民政策，实行奴化教育，提倡奴隶主义，盲目服从，宣扬个人迷信，领袖至上的神话。'我们高喊：'打倒法西斯！'"

玉皇大帝："你们对法西斯看得很敏锐啊，看到法西斯的实质。你们还有什么尖锐的评论？"

鲁："我们看到九大确定林彪为毛的接班人，我们议论，林彪像当年袁世凯一样，利用文革篡权。我们在林彪为《毛主席语录》写的'再版前言'旁边，批了'放屁'二字。"

玉皇大帝听了哈哈笑，说："你们真有眼力啊。"

鲁："1970 年 3 月，根据毛泽东发的最高指示搞'一打三反'，银川迫不及待，把我们三个拉去枪毙了，另外三个分别判十五年、八年、三年徒刑，六人被关押、批斗。二十二岁女知青熊曼宜，在囚禁中熬不住，触电自杀身亡。"

玉皇大帝："你们是冤枉了。后来给你们平反了吗？"

370

鲁："1978 年 3 月，刚好八年后，宁夏才给我们平反了，开了平反大会，《宁夏日报》《人民日报》，都报导了。问题是，给我们平反是纸面上的，是虚的。实际上，杀害无数人的文革那一套，并没有清理清算，最重要的，毛泽东作为罪魁祸首，没有认罪。毛的继承者，也没有代表党认罪，我们这些冤鬼，没有记录，没有纪念，没有总结历史教训，没有留给后人。我们这些冤魂，怎能安息？所以我们来找你伸冤。"

玉皇大帝："我明白了。伸冤在我，我必为你们伸冤！"

鲁志立等三人控诉罢，也得到了玉皇大帝的承诺，转身离去。

105、任大熊（1932 年－1970 年）等十三人

任大熊和徐关增在山西劳改农场，分别组织了"中国共产主义联盟"和"科学共产主义"两个组织。山西 1970 年以"现行反革命暴乱'罪名，杀害任大熊，徐关增等十三人。

任大熊到灵界近五十年，始终愤愤不平，冤屈未伸。终于有一天，他决定向玉皇大帝伸冤。

玉皇大帝正在收集毛泽东治理期间的冤案，以为公审的证据材料，便热情地接待了这几个代表一群受害人的集体上访者。

玉皇大帝见到一位三十多岁年轻人，就直接了当问道："你叫什么，有什么冤情吗？"

任："是的，我是冤枉，我叫任大熊，1967 年起，我和徐关增，组织'科共'和'共联'，宣传真正的马克思主义，写过文章六十五篇、诗词三百多首、书信一百七十九件，从政治上、经济上阐述我们的见解，就说我们攻击社会主义和毛泽东。1970 年按照毛泽东的'一打三反'指示，把我们十三人枪毙了。还有二十六人判刑。至今这些人除了我，音信全无，我在灵界，也找不到他们。人间就更找不到了，你说冤屈怎伸？"

玉皇大帝："你写了什么内容刺激了当权者？"

任："我的冤案始于1957年反右运动。我是浙江杭州人，1955年北京大学毕业，1957年在北大数学系当助教，被划为'右派份子'。"

玉皇大帝："根据什么划你右派呢？"

任："1956年，我在北大图书馆阅报栏上，贴出我翻译的赫鲁晓夫'秘密报告'，一段一段的，几天贴一段，就是因为这个，说我'泄露党的机密'，把我打成右派。"

玉皇大帝："你是从哪里得到赫鲁晓夫秘密报告呢？"

任："我从图书馆英文报纸，英国《工人日报》，看到《赫鲁晓夫报告》的英文版，从那里一段一段翻译出来的。参与翻译另外两个人，也被打成右派。你还记得人大右派林希翎吧，她的男朋友曹梦飞是胡耀邦的秘书，她向男友借读赫鲁晓夫报告，也被判7年徒刑，罪名是'泄露机密'。"

玉皇大帝"当时中共定《赫鲁晓夫报告》为机密文件，限定十三级以上高干，可到机要室阅读，不许扩散。看来你是犯了这条法，把你抓起来的。"

任："其实哪里有什么机密？苏联人大家都知道，世界各国报纸都有，只是到了毛泽东手里，就成了机密，谁要泄露，就打成右派，判刑。人家都不保密，毛还替人家保什么密？"

玉皇大帝："斯大林罪行过多公开，对毛不利。所以毛要替他保密。毛要保密，你来泄露，就是反革命。"

任："把我划了右派，就送进北京第一监狱。1966年毛泽东发动文革，又押我去山西大同大青窑煤矿劳动，又到劳改农场。我们'科学共产主义'，就是在劳改农场成立的。"

玉皇大帝："毛泽东已经在搞科学共产主义，你为什么还要另起炉灶呢？"

任："毛泽东的哪里是什么科学？我们看到，他已经把马克思主义全糟蹋了，全抛弃了，只剩下一句话：'造反有理'。'和尚打伞，无法无天'，随心所欲。毛的'最高指示'，就是真理。我们看不过去，想找回马克思，所以组织'科学共产主义'，宣传原本的真马克思主义，挽救共产党，挽救中国。未想到只要不合毛泽东口味，就要杀掉。"

玉皇大帝："现在你们那帮人，都到哪里去了呢？"

任："都被毛共杀了，不留痕迹，消失得无影无踪，只剩个判决书还有名字，历史学家要查档案，也不允许。民众当然无从所知，你说我们这些冤鬼，怎能安息？"

玉皇大帝："给你们平反了吗？"

任："没有人管我们。文革过后，原单位不见人归来，不明生死下落，猜想是死掉了，平反无据。到了灵界，我才知道，俄罗斯2004年，就出版了有一百三十四万受难者名字和案件的光盘，大家都可以看到。中国现在还完全掩盖。我们这些冤鬼，就是到了天国，也无名无记录，唯有我一人还有记录，所以今晚能来找你伸冤。只有主谋认罪了，我们这些冤鬼才得安息。"

玉皇大帝说："我明白了，罪孽在毛，毛在灵界要遭到报应。和你一起受害人的名字，也会在灵界有牌位的。"

任大熊点头离去。

106、谢洪水和幸福会

文革期间，福建龙岩适中公社农民谢洪水等几十人，成立"中国共产党幸福委员会"，拥护刘少奇"三自一包""四大自由"推翻毛泽东。有近三百人参加幸福会，1967年骨干分子四十多人被捕，入狱劳改，1970年枪决二十一人，加上被迫自杀，打伤致死二十人，共四十一人遇害。

这是一宗骇人听闻的冤案。幸福会为首的谢洪水在被枪决的时候，宁死不屈。他穿上厚厚的棉衣，子弹打了数十发都没有打死。他和一帮冤魂至今不能安息。听说玉皇大帝到龙岩寻找他们，就在灵界集中，一起去见玉皇大帝。

玉皇大帝问年长农民："你叫什么名字？有什么冤情？"

年长农民说："我叫谢洪水，1938年生。文革期间，我们成立幸福会，拥护刘少奇'三自一包'，给农民活路，我被抓了枪决，几十年冤屈未伸，今晚来找你伸冤。"

玉皇大帝问年轻农民："你叫什么？是否一起犯案？"

年轻农民说："我叫谢永祺，我读过中学，是幸福会笔杆，幸福会的文件宣传品，都是我执笔的。"

玉皇大帝："你们为什么要成立幸福会呢？"

谢洪水："我们农民，只求一碗饭吃，'三自一包'我们包过，日子过得比文革时好，所以我们拥护'三自一包'。文革来了，我们才知道'三自一包'是刘少奇主张的，是毛泽东反对的，所以我们说，拥护刘少奇，刘主席万岁！"

玉皇大帝："公社化那时，你们怎么样呢？你是否也吃过苦？"

谢洪水："公社化不如合作化，合作化不如土改前。到了1960年，我们公社家家户户断粮，全公社饿死四百多人。我那年二十二岁，被迫出外找活路，帮人打铁，做苦工，但被当作'盲流'被抓，押回村里。我的孩子饿死了，老婆出走他乡，家破人亡。后来幸得'三自一包'，出现生机，有了活路。饥荒折磨，生死经历，让我衷心拥护刘少奇。"

毛问谢永祺："你怎么样呢？"

谢永祺："我1960年几乎饿死，切身体验，我积极响应幸福会，我们出版了两期《大众之声》，拟定了中央委员名单，有刘少奇，彭德怀，彭真，邓小平，周恩来，朱德，宋庆龄，董必武，还有龙岩农民熟悉的邓子恢，张鼎丞，没有毛泽东，没有林彪，江青。"

玉皇大帝："你还主持出了什么文件呢？"

谢永祺："我们编写过《军委密件》，强调'要跟刘少奇走''要推翻毛泽东''以人民利益为重''兴起学习刘少奇《论共产党员修养》高潮'。1967年五一节，我们印发口号：起来，争自由争幸福！坚决打消不合理制度，反对统购统销！拥护缴公粮，拥护三自一包、

374

四大自由！中国共产党万岁！幸福委员会万岁！刘主席万岁！

1967 年 6 月我们编写了《党章》，主要内容是："坚持执行三自一包、三和一少、四大自由，取消阶级，取消集体；消灭毛林集团，为人民争取自由幸福。"

玉皇大帝："在毛泽东看来，这是公然对抗他的政治组织。"

谢洪水说："'幸福会'在龙岩，成了半公开组织，近三百人参加。农民入会决心书上，写明'拥护刘少奇'，入会相片反面，写着"为共产主义奋斗"。相邻南靖县农民闻讯，赶来要求入会。蒲田、仙游等县，也有农民自行成立了幸福会。"

玉皇大帝："后来怎么把你们镇压下去呢？"

谢洪水："1967 年 8 月，幸福会四十多名骨干，全部被抓入狱，我们针锋相对为刘少奇辩护。我在狱中抗辩说：'大跃进造成国家困难，那是毛泽东的错，刘少奇提出三自一包，才扭转了困难局面。'审讯人问谢永祺，为什么顽固不化？他回答：'不愿做刘少奇的叛徒！'"

玉皇大帝："你们被捕入狱，什么时候判你们死刑呢？"

谢洪水："1967 年我们入狱后，一直劳改，直到 1970 年'一打三反'运动，把我们二十一人判死刑枪决。另外十二人被迫自杀，还有八人被打伤致死。"

玉皇大帝："毛泽东打倒刘少奇，你们拥护刘少奇。这是跟毛泽东对着干。后来给你们平反了吗？"

谢洪水："直到 1980 年 11 月，龙岩地委宣布给'幸福会'彻底平反。宣布是纸面上的，没有什么善后处理。我们到了灵界四十多人，和还在人间的亲属，都感到没有申冤。特别是毛泽东，作为罪首，并没有认罪，我们天天愤愤不平，在灵界也不得安息。我们憋不住，求你为我们伸冤。"

玉皇大帝："这正是我遍访冤魂的目的。我会为你们伸冤。"

谢洪水："我们都等着那一天。"

107、马伯华与沙甸惨案

老回民马伯华，是云南沙甸的回民代表，在 1975 年震惊中国的"沙甸惨案"中被打死。五十年来，他在灵界冤魂不散。玉皇大帝听说他的案子，因涉及穆斯林信仰，故招他了解情况。

玉皇大帝："你能说说你的冤情吗？"

马："我叫马伯华，云南个旧市沙甸回民村代表，1975 年云南镇压回民死了一千六百多人，沙甸死的最多，我是最后死的一个。毛泽东搞文革，反对宗教，发生大量杀人惨案，我和回民同胞死得冤枉。"

玉皇大帝："这个惨案，我只听说过一点，不知其详。你给我说说，怎么反对你们信教呢？"

马："军宣队进村，驻扎在沙甸大清真寺。清真寺被再次关闭。军人在清真寺里吃猪肉，把猪骨头丢在清真寺水井里；在清真寺唱歌跳舞，乱踩乱踏。军宣队在沙甸搞'以信教不信教划线'，宣布：'信教就是反对马列毛泽东，就是反党。'对做礼拜、把斋者，一经发现，就批斗。军宣队一面反宗教，一面清理阶级队伍，两百多人被打成'反军乱军黑干将'、'宗教复辟急先锋'、遭到惨无人性批斗，捆绑吊打，强迫回民把猪头挂在脖子上，用舌头去舔，回民不从，便遭毒打。1969 年一次批斗会上，强迫六十个回民挂上'宗教复辟急先锋'牌子，游街批斗，把他们押到厕所旁，强迫他们学猪，用嘴拱厕所墙，学猪爬，学猪叫，还说这是'猪拱长城'。这样的批斗、侮辱，长达一年，沙甸回民心中，埋下了愤怒火焰。"

玉皇大帝："这样的宗教侮辱，闻所未闻，太出格了。"

马："这些都是根据毛泽东的最高指示来的。1973 年 10 月，沙甸群众请求打开清真寺，供群众正常宗教活动。要求遭到拒绝，回民强行打开沙甸金鸡寨清真寺，蒙自县当权领导认定这是"反革命煽动宗教复辟"，派出七十多人工作队，再次进驻沙甸。工作队关闭清真寺，被群众阻止，就放广播，干扰群众礼拜活动，过开斋节会礼被诬为'反革命集会'，进行武装阻拦。工作队在群众肃穆礼拜时，跑到大殿"宣传中央文件"。对宗教亵渎，激起回民强烈愤慨。

376

1974 年 4 月"批林批孔",工作队又提"批林批孔结合批清真寺",点了沙甸代表马伯华、马绍华等人的名,逼得我们进京上访。中央责成云南省委第一书记周兴,抓民族政策落实。"

玉皇大帝:"周兴解决问题了吗?"

马:"周兴谎报'沙甸问题已经解决。'却说'打开清真寺,是对文化大革命的否定,已经关闭改作他用的清真寺,不得再打开作宗教活动。'在批林批孔中,掀起了批判伊斯兰教高潮。沙甸回民不接受,几百人到昆明上访,又有红河、文山、玉溪等地回族一千多人,到昆明游行,周兴等人将回民到昆明上访,定性为'闹事'、'反对党领导'。"

玉皇大帝:"周兴如此处理,更激化了矛盾。后来发展怎样呢?"

马:"1975 年 5 月,部队和工作队,又强行进驻沙甸。成千群众在村口阻拦部队和工作队进村。1975 年 7 月 29 日,部队几个团,对沙甸军事包围,拉断了整个村的电源。凌晨三点,部队打掉了回民哨兵,进入村里,沙甸民兵自卫反击,与军队激烈巷战。天亮时,回民几百人被打死,但夺回了一些民房据点,继续顽强抵抗。中午,部队开始使用大炮,三所清真寺被炮击。入夜,沙甸村成了一片火海。所有房屋全部被炸毁烧光。这场战斗持续了七天八夜,炸毁民房四千四百多间,回民死亡九百多人,伤残六百多人。部队也有伤亡。

8 月 4 日,一百五十七名男女老幼回族群众,举起双手,列队从金鸡寨走出来,指望求生。走到大田埂上时,部队几挺机枪一齐开火,回民纷纷倒下,尸横遍地,军队随即验尸,给未亡者补枪。五名幸存者中,三名是补枪也未打死的。下午六时,炮火摧毁了金鸡寨南面几间仅存小民房,我们最后几个人被打死,我是其中之一。入夜,部队又进行最后"清剿",惨杀始告结束。

整个惨案,回民死亡一千六百多人,伤残近一千多人。事后,因'沙甸事件'被判死刑和重刑数十人,被强行进学习班数百人。"

玉皇大帝:"死这么多人,正是惨绝人寰。后来给你们平反了吗?"

马："1979 年才平反，被关押的释放了。1980 年清真寺重建，1987 年又补充，彻底平反。问题是遗毒未消，现在还有人说那是'暴动''叛乱'，官方还掩盖

全部真相，上面无人承担罪责。使我们这些遇难者，在灵界依然冤屈难伸。"

玉皇大帝："文革是毛泽东发动的，乱起来反对宗教，罪责也在毛泽东。穆斯林的冤魂，一定要伸冤。现在毛的继承者，还为继续毛的政策，在新疆关押了上百万穆斯林信徒，办学习班给他们洗脑。新账旧账一起算。请等待我的判决结果。"

108、石仁祥（1942 年－1970 年）

石仁祥，安徽和县人。十七岁就工作，做过小学教师，区宣传干事，二十三岁入伍，先后当工程兵实验员，文书，1968 年退伍，回到和县，在水利局工作。他在毛主席生日 1968 年 12 月 26 日，寄信分别给党中央、毛泽东、周恩来和济南军区、南京军区和他原来所在部队，列举林彪二十八条罪状，信中说："林彪打着红旗反红旗，耍弄反革命两面手法，口是心非，妄图颠覆无产阶级专政。"信末尾写着：革命战士石仁祥。1969 年 1 月被捕，1970 年 7 月被枪毙。

石仁祥到了灵界五十年，一直愤愤不平，给党中央写信，就被枪毙，这是何等大的冤案。后来林彪逃跑死了，他更加感到冤屈。决定向玉皇大帝告状，还他的灵魂一个公正。

玉皇大帝照例询问："你叫什么，有什么冤情吗？"

石："我叫石仁祥，我反对林彪，给毛泽东写信，就把我枪毙了，你说我冤不冤？"

玉皇大帝："你为什么反对林彪呢？"

石："我在部队，就察觉林彪不对头，我逐字逐句，分析林彪 1966 年 5 月 18 日关于政变的讲话，写下了评语：这个讲话，举了中外政变例子，用反马克思主义唯心主义随意解释，存在'英雄造时势'的

反动观点，是变相的在革命词藻掩盖下，一篇反革命'白皮书'。"

玉皇大帝："你的信寄出去后，把你怎么处置？"

石："1969 年 1 月 6 日，南京空军保卫部派出二名军官到安徽，向省革委会和人保组，传达吴法宪的口头指示：'这是一个罪大恶极的现行反革命分子，要组织专人立即侦破，依法惩办，不准再扩散。'二天后，我就被捕。我在监狱墙上写'打倒林彪！'多次审讯我，我始终如一，战斗到底，绝不屈服。"

玉皇大帝："后来就把你枪毙了？"

石："我蹲监牢一年多，1970 年 7 月 12 日，我被处决。我的喉管先被割断，不让我再发声。"

玉皇大帝："割喉，太残忍了。相信你死不瞑目。林彪出事后，给你平反了吗？"

石："林彪 1971 年出逃死了，按理应很快给我平反，但是拖到 1978 年才平反，因为毛那时还活着，不好处理。县政府开万人大会，宣布平反，追认我为党员，烈士，还在西梁山山顶，建烈士墓，举行隆重骨灰安葬仪式。"

玉皇大帝："我还是惊讶你二十几岁，就看出林彪本质。"

石："我是从各方面观察思考的。我看出他言不由衷的颂扬毛，实际上是打着红旗反红旗，我从国家命运，人民利益出发，把个人生死，置之度外。不过林彪死后，我在灵界又有新的认识。"

玉皇大帝："你现在有什么新的看法呢？"

石："林彪的问题，不过是共产党内为了争权夺利的狗咬狗。林彪与毛，1969 年开'九大'，就产生严重分歧。林彪与陈伯达起草政治报告，以抓生产为主。毛不同意，找张春桥另起草，以阶级斗争为纲。林彪憋着气，读张春桥起草的报告。毛通过挑起党内斗争渔利。阶级斗争是毛的命根子。他青年时代就立下'与天斗，与地斗，与人斗，其乐无穷！'立志一生就是斗人，整人。抓生产，他不会，他怎能接受？他一生是斗争的一生，多少无辜成了他的陪葬。他到快死还抓住阶级斗争不放，最后撞墙了。林彪出逃，是毛逼出来的。毛南巡到处给将军打招呼，发出要整林彪的信号，他看势头不好，又不愿向毛低头检讨，就冒险出逃。毛和林彪分歧，都是权力斗争。林彪大捧毛。毛用得上时就高兴，感到林的权力膨胀威胁自己的位置，就毫不留情抛弃。"

玉皇大帝："你言之有理。没有林彪制造的'大树特树，四个伟大，最高指示，一句顶一万句'，毛不会红得那么厉害。毛也发现，他继续拿'大树特树'，当他的政治资本。但等毛觉得林彪威胁他的位置了，用不着了，就抛弃他。最后毛只能信任老婆江青，侄子毛远新。"

石："林彪跑了，毛公开批他叛党叛国，但大家心知肚明，实际是内部权力斗争，文革'万寿无疆！永远健康！'的神话破了，大家感到都被骗了，加速毛的末日到来。"

玉皇大帝："林彪出逃，确实对毛精神严重打击，心情沮丧。毛一生整人，只有两个不服，跑了。张国焘逃出延安，王明跑去莫斯科，其余不是死了，就是低头认罪，张闻天是检讨认罪最彻底的，文革还是被逼死了。周恩来不知检讨多少次，他是真服毛，直到他死之前，毛还是批林批孔批周公。林彪死不检讨，跑了，对毛权威是极大打击。"

石："林彪实际上是被毛逼死的。毛一直没有认过罪，我们许多冤鬼，都仍然愤愤不平，即使到了天国，也不得安息，所以我来找你，求你在大审判时，做出公正的判决。"

玉皇大帝："我明白你的意思，我正在收集证据，准备大审判做出全面的公正的审判。"

109、马绵珍（1940年－1970年）

马绵珍1940年生于贵阳，1970年因为贴大字报，批评省领导，被拘留批斗，会上喊出"打倒林彪！打倒江青！"被正式逮捕。1970年5月，被判决枪毙。

她在灵界一直感到冤屈未伸，最近她打听到大审判的消息，径直找到玉皇大帝伸冤。

　　玉皇大帝猜她来找，一定又是有什么冤情了，就开门见山问她："你叫什么，有什么冤屈吗？"

　　马："我叫马绵珍，是贵阳建筑公司的技术员，1970年初，我给省领导提意见，贴大字报，就把我抓起来，开大会批斗我。2月25日，我被拉到贵阳糕点厂批斗，我在会上忍不住喊出'打倒林彪！打倒江青！'的口号，当场被击倒，嘴里堵上浸了油漆的抹布，宣布我反革命，正式逮捕。"

　　玉皇大帝："1970年林彪还是毛的亲密战友，副统帅，江青又是毛的夫人。你为什么反对他们二人呢？"

　　马："我看这两个人，都是搞阴谋，不正道。林彪大树特树毛，是虚的，有他不可告人的目的。江青挑拨造反派，把天下搞得大乱，乱中好夺权，都是有个人阴谋。这两个人，是文革大乱的根源，所以该打倒。"

　　玉皇大帝："可是林彪，江青是毛信任的接班人，毛要他们出来指挥文革的啊。"

　　马："你说的是事实，我当时已经意识到，背后是毛，但我怯于毛的巨大权威，没敢公开提出打倒毛。"

　　玉皇大帝："后来把你怎么样处置了呢？"

　　马："我进了监狱就绝食，省里指示要让我活到枪毙那一天，强行给我鼻饲。1970年5月10日，贵阳开二十万人公审大会，我被拉上卡车，满城游街，直到下午四时，把我拉到刑场，嘴里塞进弹簧，不许我喊，把我按成跪姿，我挣扎站立起来，对我连开五枪，我还未倒，监刑官又过来补了二枪，我才毙命。"

　　玉皇大帝："后来林彪，江青都打倒了，证明是你对。可是江青是毛夫人，毛反对打倒她。"

　　马："林彪，江青都是毛信任的人，是毛让他们出来乱天下，背后罪责是毛。毛从来没有认过罪。我纸面上被称烈士，但我感到冤屈未伸，总根子在毛。主谋不认罪，所有受害者不可能安息。我四十多年不得安息，所以今晚来找你，希望你为我伸冤。"

玉皇大帝："我明白你的想法。伸冤在我，时间不远。请注意天庭的公告。"

马绵珍得到玉皇大帝的允诺，高兴地离去。

110、周群与道县大屠杀

文革湖南道县大屠杀中，有个在死人坑里七天七夜没死，被救出来的幸存者，至今还活着，八十多岁了。玉皇大帝觉得是个罕见的奇迹，很想亲自了解这个案件。因为周群还活着，玉皇大帝不能暴露身份，就装扮作一个记者去向她了解情况。

周群现在是道县政协委员。周群根据通知，已经先到政协贵宾室等候。跟周群一起接受玉皇大帝采访的还有写出道县大屠杀的作者谭合成。玉皇大帝走进贵宾室，跟周群、谭合成寒暄几句，就坐下喝茶叙谈。

玉皇大帝问周群："你就是在死人坑呆了七天七夜，被救出来的幸存者。我惊讶你居然大难不死，七天七夜被救出来，真是不可思议的生命奇迹。你能不能给我讲讲你的来龙去脉。"

周群："我和丈夫属黑五类，1967 年 8 月在道县屠杀黑五类的黑风中，一天夜晚半夜，我们全家五人，被民兵轰起来，我被绳子捆绑，全家一起被押去村外山上那个溶洞旁边，大队贫下中农最高法院的头头，逐个点名宣布我们死刑，我丈夫是第三名，他被铁丝捆绑，把他拉到溶洞边上，用硬家伙击他头，他倒下，就推他滚下溶洞去。我是第八名，用同样刑法，用钢钎向我头部猛击，我昏过去，被推下溶洞。我们三个小孩，八岁、六岁、四岁。在我之后，都被一一打倒，推下溶洞。当夜被这样处决的总共二十五人。大部分人不久都死了，有七八个还活了三四天，包括我丈夫和三个孩子。我是唯一熬了七天七夜不死，被救出来的。"

玉皇大帝："我惊奇你怎能在黑洞里，跟死尸混在一起，没吃没喝，还居然活下来。黑洞是怎样的呢？你是怎样被救出来的呢？"

周："黑溶洞不知深浅，岩石一层层错杂，谁也没下去过，我们被处决的二十五人，大部分都滚到最底层死了。初时我们全家五人没死，睡在尸体上熬了几天，之后我丈夫和三个孩子，都先后死了，我摸黑把他们拉在一起，坐在他们旁边，平静地等死。没想到第七天，听到上面有人喊我的名字，我应声。上面人找来绳子放下洞里，要我抓绳子吊上来，我不肯，我觉得一家四个都死了，我也已经不像人样，活下来没意思，一起死了归天自在。上面的人从早劝我到中午，还特意吊下来一竹筒水让我喝。一个我过去的学生劝我，不能这样不明不白死去，天大的罪，要经过政府判。我最后同意了，他们用四根棕绳接在一起，绑了个铁壶，里面放小石头，吊下来有响声，我顺着响声，抓到绳子，拴在腰间，把我吊上来。我上来一见光，昏死过去了。"

玉皇大帝："就这样把你吊上来，把你救活了。上来把你送医院检查治疗吧？"

周："没有。那时杀人气氛还紧张，救我上来的人，把我放在阴凉处，拿稀饭来喂我，忙了一夜。第二天大队贫协主席闻风赶来，训斥：谁叫你们把她吊上来的？举起鸟铳要冲我开枪，被救我的乡亲制止，他们把我揹起，藏在一条旱沟里，用稻草盖上。但带枪民兵搜查到我，逼着乡亲用箩筐抬回天坑扔下去，乡亲闹起来，一个老贫农看不过去，站出来说：不杀她也会死的，不如先关起来，上面问起来也好说。于是把我抬回村里，关在生产队的仓库里。"

玉皇大帝："救出了不是送去医院治疗，而是关在仓库里，还是把你往死里整，太不人道了。你后来在仓库怎样呢？"

周："我那时身体已极度虚弱，一身血痂子，头上摔了一个洞，身上长满虱子，两个乡亲给我洗了头，收拾了血污，我原来的学生，又偷偷送来被子和衣服，给我送吃的。被大队支书发现了，宣布：周群是地主婆，从今天起，哪个给她送饭，就是反革命，与她一样下场。但还是有好心人，打发小孩晚上从窗口或门缝，塞些吃的，就这样我在仓库半个月没死。到八月中秋节，我思家破人亡，又一身伤痛折磨，不想活下去了，就撕被子搓绳子，准备上吊了事。我搓绳子被一个老太太看到了说：你还年轻，千万别寻短啊！我去想法把你救出去。我听了老人的话，心又活起来。"

玉皇大帝："你几乎就要吊死在仓库了，后来怎么把你救出去呢？"

周："老大娘第二天给我娘家透了消息，我弟弟找到公社开证明，再三交涉，终于把我领回去了。我弟弟给我治伤，欠了一身债，连被子都卖掉了。"

玉皇大帝："就这样你大难不死，终于活下来了。老天爷不让你死，留你活口报冤情。你后来又怎么生活呢？你那时才三十出头吧，又成家了吗？"

周："我那年三十一岁，虽然在乡亲和亲人开导帮助下，勉强活下来了，但我的心好像已死，失去生活信心，丈夫和三个孩子都死了，剩下我孤独活着，感到没意思。后来有转折，是因为我去投靠一个伯母，伯母当时带一个两岁丧母孤儿李玉新，想起我失去的三个孩子，我对这个孤儿起了同情怜悯心，把他看作自己的孩子。我重新有了精神寄托。这个孤儿的父亲，是大队党支书李自贵，他妻子的父亲，当过国民党兵，与邻居吵架时，人家骂她国民党兵痞，她在政治压力下上吊自杀了。李自贵看我抱他的孩子，心有愧疚，要我伯母做媒嫁给他。我开始坚决拒绝，我丈夫孩子尸骨还在黑洞里，我怎能嫁他？但后来在伯母开劝下，又想到这个孤儿，我心软了，终于与李自贵成婚。"

玉皇大帝："就这样你又开始了新生活。但我不明白，当初说你的罪名是地主婆，你真的是地主婆吗？"

周："不是，我纯粹是女学生，父亲抗日时是国民党青年军，1949年作为起义人员，受到礼遇，还被邀请参加道县和平建设会议，但1952年就因历史不清白，被宣判死刑。我一个弟弟，十几岁参加出身不好同学的一个篮球队，被诬为反动组织，被判二十年徒刑，1970年代才

384

出来，像个小老头了。我中师毕业，就因家庭问题，被分配去最偏远的瑶族山区，与世隔绝，像流放西伯利亚，在深山教小学。我丈夫是复员军人，地主家庭出身，也分配到同一小学教书。我们都表现很好，每年都被评为优秀人民教师。我们相爱结婚，生了三个小孩。"

玉皇大帝："你们不是都很好吗？家庭历史有点小问题，也算清白，把你父亲枪毙了，完全是错误。不过即使给你们分配到偏僻山区，你们表现还挺好，后来又有什么问题呢？"

周："1964年搞四清，一定要我们向党交心，我们没什么可交代的，我无奈把读师范的一本日记，上交凑数，就被诬为反动日记。我老公管学校一点伙食帐，交代了私自炒菜用油，就批地主分子还在吸血，我们两个被押到台上，向毛主席低头认罪，随后被赶出小学，清退回我丈夫老家村子，借别人一间稻草房，住下成了农民，小孩也帮做小活，勉强生活下来。"

玉皇大帝："四清大多是借故整人，绝大多数是错的。鸡毛蒜皮小事找藉口，你们教书也教不成了，其实就因为什么家庭出身问题，你们头上永远揹着黑锅，到哪里都不行。到1967年文革，又把你们当黑五类揪出来，全家杀掉。后来你是怎么生活的呢？"

周："我后来再嫁。第二个丈夫是大队党支书，为人不坏。文革接到杀人指示，他很矛盾，不忍下手，但是上面指示一个接一个压下来，不杀人，就是站在黑五类一边，自己都有危险，所以他也参加杀人。我嫁给了他，从此变成农妇，放牛，清牛粪，砍柴，什么都干。村里还是有风言风语，说党员讨了地主婆，支书中了美人计。支部会议批评他阶级立场出了问题。我又生了一个男孩，一个女孩。女孩大了，出嫁没钱，我去做了绝育手术，拿回二十元补助，给她出嫁。"

玉皇大帝："你就是嫁了党支书，也洗不清自己，永远是黑五类。都是毛的阶级斗争论惹祸。后来给你平反了吗？"

周："直到毛死后，1980年，道县大屠杀事件平反，我回到教师队伍，回到村里小学当教师，后来又调我到县城教书，先后三次被评为模范教师，又当政协委员，全家在县城住下，孩子都成家了，又有了孙子，总算圆满了。2008年李自贵病故，他走得安详。2011年，我在记者陪同下，回到枫木山，我前夫和三个孩子死去的天坑，洞口已盖上大石块。我不由自主喊了一声：孩子，妈妈来看你们了。后来，我在天坑口立了个碑，碑上刻着：蒋汉镇老大人及子女林海，林松，雪原之墓，下面是：贤妻慈母周群立。我一生的伤痛，刻在脑子里，无法磨灭。"

玉皇大帝："把你折腾了几十年，你家破人亡，暴行发生在下面，根子在上面，最上面是毛泽东，他是罪主。"

玉皇大帝转过来问写出道县大屠杀的作者谭合成："你就是道县大屠杀纪实的作者？你是怎么采访写成的呢？"

谭："说来话长，我写的这部纪实，是2010年在香港出版的。但早在1986年，就完成初稿，准备付印，可是多个出版社，都通不过，被拦住搁下来。"

玉皇大帝："为什么不许出版呢？是真实性有问题，还是什么原因呢？"

谭："真实性是板上钉钉的，我敢说：一字不实，砍头示众。1984年，零陵地区抽调一千三百多干部，专门调查处理文革大屠杀事件，搞了整整两年，我采访工作组，得到大量第一手材料，掌握了杀人事件全貌，又多次深入采访调查，核实充实材料，记录有几百万字，我发表这五十万字纪实，是在此基础上整理出来的。如有不实，杀我不悔。"

玉皇大帝："既然真实，为何不许发表呢？"

谭："原因大家心知肚明，只是不说出来。政府对文革灾难，什么态度？你难道不知道吗？"

玉皇大帝："我明白了，党中央至今掩盖文革罪行，不许揭露，只能说些大概话。"

谭："我多次采访调查，给我灵魂莫大震撼，像唐山大地震。我忍不住三次哭起来。其中一次就是采访周群。我作为记者，不能瞒住良心，不能麻木不仁，国内不能出，我最后只能拿去香港出，那已经是二十年以后了。"

玉皇大帝："据你调查，总共杀了多少人呢？都怎么杀法？"

谭："零陵地区杀了九千零九十三人，其中道县最多，四千五百一十九人。杀法有枪杀、刀杀、沉水、炸死、丢岩洞、活埋、棍棒打死、绳勒死、火烧等，叫人心惊肉跳，直刺人心，不忍目睹。"

玉皇大帝："你说的这些杀人法，与当年毛泽东在江西打 AB 团杀人，杀法差不多，二三十年过后，还是那老套。道县杀人，是怎么开始的呢？"

谭："很明显，风是从北京刮过来的。早在 1966 年，北京城里所谓红八月风暴，就杀了一千七百多教师等知识分子，城外大兴县杀了几百地富反坏黑五类。1967 年就传到湖南来了。这不是毛泽东煽动文革纵容暴行吗？问题是，直到现在，习近平更加为毛掩盖，不许这，不许那。我写的道县大屠杀，国内看不到，受害人和亲属，继续蒙冤，国家文明，何以复兴？"

玉皇大帝说："你说的是，根子在毛泽东。"

玉皇大帝说完与周群，谭合成告别，离开道县。

111、史云峰（1950 年－1976 年)

史云峰是长春一个工人，文革期间 1974 年，他贴大字报，发传单，为刘少奇鸣不平，批江青，批王洪文，被捕入狱，1976 年判死刑枪决，嘴里塞纱布，嘴被缝上，是年二十七岁。

史云峰的阴魂听说玉皇大帝正在收集毛泽东的罪证，准备在天庭审判毛泽东，不由分说，找到玉皇大帝。

玉皇大帝问道："你是谁？有什么冤情吗？"

史云峰说："我叫史云峰，我无罪，执行毛路线的人杀了我，我是枉死的冤魂。"

玉皇大帝问："你能不能详细告诉我，是怎么回事？"

史云峰说："我本名史正宝，从小读了很多革命故事，烈士的书，

《红岩》里的许云峰，我非常敬佩，上高中时，我就申请改为史云峰，我要像革命烈士那样做人。"

玉皇大帝说："从你改名看，你是非常刚烈倔强的，你中学毕业经历了什么事呢？"

云峰说："1968年我十八岁下乡插队，1970年到工厂当工人。文革发生许多乱事，引起我思考，我觉得不对头，忍了好长时间。终于在1974年贴出大字报，发传单，反对文革的错误。"

玉皇大帝问："你反对文革，具体反什么呢？"

云峰说："请你看看我当时写的大字报标语吧：

必须给刘少奇主席恢复名誉！打倒刘少奇主席违反党纪国法！广大干部党员工人怀念刘主席！文化大革命是极左路线大泛滥！"

玉皇大帝说："撤刘少奇是1969年'九大'定的，你怎能反呢？"

云峰说："九大是根据毛泽东1966年《炮打司令部》的调子定的，毛要炮打谁，谁就要下台，请看我写的另一条大标语：

刘少奇同志是野心家以非法形式，用极左浪潮阴谋搞掉的！千古奇冤！

打倒刘少奇主席违背党纪、国法，是阴谋手段，是先戴帽子后打倒！"

玉皇大帝说："你说一切都是毛说了算，这很符合当时的情况，你一语道破。你还有什么主张呢？"

云峰说："请再看我写的二条大标语：

必须给受到不应有打击和以莫须有罪名，非法罢官的各级干部，恢复名誉，解放他们。文化大革命让党组织瘫痪，靠边站，挨整挨斗，是严重反党事件，是政变暴乱，坏人上台，党国全变！"

玉皇大帝说："这二条你也指出了实际情况，毛要打倒刘少奇，就要把原来的党组织搞乱，让造反派上台。你还反对谁呢？"

云峰说："我还反对江青，请看我写的大标语：

江青！还我八亿人的文艺生活，民族文化，传统文化，必须恢复！

不能全盘否定建国十七年的文化艺术电影戏剧！"

玉皇大帝说："你这一条也对，江青不能只要她的样板戏。但是江青树样板戏是树她，有样板戏才好树江青。你有没有反对毛泽东呢？"

云峰说："我没有点名反对毛泽东，但有那个意思，请再看我写的大标语：党的领袖也是普通党员，反对个人迷信！反对个人崇拜！共产党不要党皇帝！"

玉皇大帝说："你的标语，不点自明了。毛是党皇帝，这一点被你点破了。那么你支持谁呢？"

云峰说："我支持周恩来，邓小平，请看我写的大标语：

我们信任周恩来同志！祝周恩来同志、邓小平同志身体健康！"

玉皇大帝说："你也说出了全国多数人的心声。你对文革总的怎么看呢？"

云峰说："文革倒行逆施，一片混乱，生产每况愈下，老太太过年，一年不如一年，毛还说八年又要搞一次呢，请看我写的大标语：

八年搞一次运动，是亡党亡国路线！"

玉皇大帝说："你的看法都有道理，但我奇怪你这些见解怎么来的，还是你自己想出来的？"

云峰说："像我这样思想的人，从党内到党外很多。不少人都有所流露，比我写的还多！我不过是有勇气去正视，不怕打击，其它同志的思想进入我脑中，我反映出来罢了，我的标语和传单，反映了群众的呼声，也代表了厌倦文化大革命的广大干部群众的党心军心民心。"

玉皇大帝说："你写的确实很有代表性，所以影响很大。最后判你死刑，从共产党的角度看，非这么判不可。我同意，这是政治案，是大冤案。你没有上诉吗？"

云峰说："向我宣布判决书时，我当即反对，拒绝按手印，但被两个管教员强行拽住在回执上按了手印。当晚，我要写上诉，但戴着刑具不能书写，就口述由同监犯人代笔。上诉书送去高院，答复是：

'仍按省委意见办'。我母亲也上诉,书面上诉省院,两天内她跑遍市法院、公安局、市委,甚至拦车喊冤,但遇到的都是冷冰冰的面孔。"

玉皇大帝说:"最后就这样把你处决了?还把你嘴封住?"

云峰说:"我这个人很刚烈,有冤一定喊。他们怕我再呼喊,就用纱布塞进我嘴里,又打麻药,用针线缝上我的嘴巴,五花大绑,我不能动,不能喊。"

玉皇大帝:"真是太残忍了。"

云峰说:"但我留下几句诗:请三山五岳作证,请江河湖泊明察,让马克思在天之灵,掏出我的心来看吧。"

玉皇大帝说:"你肝胆相照。以后给你平反了吗?"

云峰说:"1980年彻底平反,还追认我为共产党员,革命烈士,还号召全省向我学习。"

玉皇大帝说:"你真的像那个许云峰,又一个革命烈士,如你当初之愿了。那么现在你还有什么冤情呢?"

云峰说:"基本没有了,我反对江青,江青也倒了,但我反对个人崇拜,反对党皇帝,还没解决。我拥护刘少奇,反对毛泽东,但到现在,刘少奇还是默默无闻,而毛泽东的大像还是高高挂在天安门上,党和国家的极权问题,并未公正解决。毛泽东也从来没认过罪。毛的继承人,也没有代表毛认过罪。还提出两个三十年不能互相否定的谬论。主谋不认罪,所有案子不算结案,受害者不能安息。而且这不是我个人问题,是整个国家的问题,现在就看你玉皇大帝怎样判决?"

玉皇大帝说:"你最后说到底了,罪责在毛,毛是祸首。我一定做出公正判决。"

史云峰得到玉皇大帝的承诺,不再说什么,起身告辞,退后渐渐远去了。

112、王实味 (1906年－1947年)

1942年,有十六年党龄,三十七岁的青年作家王实味,在延安《解放日报》，发表《野百合花》，批评延安一些缺少人性的丑恶与冷淡，官僚与等级制度，引发延安"反官僚，争民主"群众浪潮。随着毛发动整三风，反击民主，选定王实味"杀鸡警猴"。王实味被批斗，戴上反党、托派、特务三项黑铁帽，被捕入狱。1947 年 7 月 1 日，已入狱四年的王实味，被秘密用铁锹打死，丢进枯井，时年四十一岁。

王实味，在延安被杀死，死不瞑目。他获知玉皇大帝出巡，收集毛泽东的罪证，就与妻子刘莹一道就拦住玉皇大帝告状。

玉皇大帝："你有何冤情禀告？"

王实味："我是因为发表了著名的《野百合花》被处死的王实味。我没想到一篇杂文，被捕整四年，最后被杀。"

玉皇大帝："你的《野百合花》，批评延安官僚，等级制度等，毛泽东不能容忍作家自由批评，只能接受颂扬。你的死根源在毛。"

王："延安那时毛泽东已经是升起的太阳，共产党的皇帝，我并没有指明或暗中批评他，我只是批评那种现象。"

玉皇大帝："那也触犯了他的权威。延安在毛统治下，社会现象追根会追到毛。毛整你，是杀鸡给猴看。谁也不许搞自由独立批评。民主只能对国民党蒋介石要求，对共产党没有民主可讲，只有服从领导。"

王："我后来被押去山西看守所了，关起来劳改。毛的亲信走狗康生下令杀我，他有生杀大权。我这个小作家，不在话下。我是夜里被秘密砍死，丢进枯井的。"

玉皇大帝："以后你的案子怎么下落呢？"

王："我死了，一直对我家属保密，无人通知我妻子，甚至她到处打听询问，也不告诉她。"

刘莹："我和他同年生，同年入党。我因当时要堕胎，没能跟他一道去延安。后来交通困难，去不成了。解放后我到处寻找他，几次去中组部查询，得到的答复，都是不确定的，一时说去了敌后，一时说去了东北，一时说去了台湾，就是没说他死了。"

玉皇大帝："解放后，康生还当权，直到文革还是政治局常委，当然不能给你说实情，只能应付你。"

刘莹："我从湖南去东北查访，一去东北多年，在那里工作，又从东北去湖北寻访，三十年折来折去，直到毛去世了，1978 年我偶然在收音机广播中，听到王实味的名字，才知道被杀害了。此后我多次去北京，要求平反，直到 1991 年，才平反了。公安部给了一万元慰问金，我不要，那时我已八十五岁了，给了文联作文学奖金。"

玉皇大帝："其实你写的《野百合花》，歌颂殉难烈士，批评延安一些阴暗面，是些小牢骚，小儿科而已，没什么天要塌下来的事。但毛要杀鸡给猴看，以免后患。"

王："为了整死我，给我戴三顶黑铁帽呢，什么反党，托派，特务，直把我往死里整，杀了我。"

玉皇大帝："你是冒头的尖子，毛要杀鸡儆猴。在延安无所谓自由，民主，毛泽东不许搞独立批评，要大家去掉小资情调，不能保留什么美丽幻想，大家都要脱裤子，割尾巴。"

王："既然连发一下牢骚，批评一下阴暗面都不许，我不配做党员，我就退党吧，可是退党也不许。"

玉皇大帝："共产党只能进，不能出。进了铁桶子，就休想再逃出去。张国焘是偶然意外让他逃跑了。延安是可奔不可逃，共产党不是旅馆，你是退不了，跑不掉的。"

王："我只是想呼唤一下人道的民主的社会主义，这样对共产党，对人民，不是很好吗？"

玉皇大帝："什么人道，民主，平等，都是乌托邦。共产党是你死我活，夺权第一。要得胜利，只能听毛的。什么小资情调，都要打掉。党员个人，只能作齿轮，螺丝钉，驯服工具。"

王："我没想到参加革命，有这样的结果，原来共产党会吃人的。"

玉皇大帝："不刮场红色风暴，没点恐怖，怎能把大家镇住？"

王："把我杀了，还不通知家属。上门询问，也不告诉，保密三十年，太不人道了吧。"

玉皇大帝："共产党是不讲人道的，冤案实在太多了，组织部也处理不过来。冤死的人成千上万，在他们看来死了就死了。但是，在上帝看来，每一个生命都是有价值的。我要替这些冤魂伸冤。"

王："现在关键是，共产党还没认错，所以一大群冤鬼，还不得安息。"

玉皇大帝："我明白你说的话。我会替你伸冤。"

王实味和刘莹听到玉皇大帝的承诺，随即告辞，退后远去。

113、储安平（1909年－1966年）

储安平是1957年批评共产党"党天下"的三大右派之一。1980年全国给五十五万右派平反，但留下五个大右派不改正，其中就有储安平。1966年9月文革之初，储君就失踪了，下落不明。自杀？他杀？至今是一团历史疑雾。不但北京找，发动全国找，都没线索，何处去了？还有人说，在美国一个小镇街上，看见了他，追上去，没人影了，成为全国第一谜案，生不见人，死不见尸。但人们大多认为他已死去，是年五十七岁。

储安平究竟去了哪里？这成了文革后人们争相提出的疑问。原来，储安平的结局跟王实味一样，都是"被失踪"。他死后，阴魂一直不得安宁，了解到玉皇大帝的大审判计划，他便找玉皇大帝寻求对他的案子的公正裁决。

玉皇大帝一日看到一位英俊但已憔悴不堪的的老者走过来，就问道："你是谁？有何冤屈？"

储说："我就是储安平。"

玉皇大帝说："你大名鼎鼎，早就听过你的大名。你失踪了，你到底生死？大家都猜疑，你说个明白吧。"

储说："我下落何处不重要，反正是消失了，人肉体总要消失的，但思想还在，灵魂不灭。"

玉皇大帝说："你死后不得安息，是一桩大悬案。"

储说："是的。我的事还没完啊，大右派是毛泽东定的，我现在还戴着这顶帽子。帽子头上戴，对我个人来说，我已经不在乎，全国人民都认识了，整死我是毛，不管毛认不认罪。"

玉皇大帝说："你说的是事实。你 1957 年公开说毛泽东是'党天下'，正好把你抓住当成典型来整。"

储说："我写的《向毛主席周总理提些意见》，一千二百字，白纸黑字，《人民日报》全文发表，至今犹在，说毛泽东'党天下'，语句非常温和，比我批国民党'党天下'，婉转客气多了。事实就是这样。建国之初，毛泽东坐得还不稳，要党外支持，安排六个副主席，三个是党外，四个副总理，两个是党外。到 1957 年，毛觉得江山坐稳了，党外副主席只剩一个，十二个副总理，党外一个都没有了。"

玉皇大帝说："你说的都是事实，毛对民主党派，就是利用。等利用价值完了，就一脚踢开。"

储说："毛泽东说的'长期共存，互相监督'，是口头说说而已，后来人们已看穿，建国之初，八个民主党派，是八个花瓶，到 1957 年，缩成八朵小花了，加起来一束。毛说'长期共存'，大家说'幸之幸之'；毛说'互相监督'，大家说'岂敢岂敢'。"

玉皇大帝："毛泽东执行斯大林那一套，民主党派就是陪衬，当他觉得陪衬碍事，就不要了民主党派这个陪衬。"

储说："其实早在国共内战时期，我就看穿毛泽东。他讲民主，不过是拿来反蒋，讲自由，也是为反蒋用。我1947年写的《评中国政局》，白纸黑字，现在还有重印出版。我说，讲自由，国民党是'多'与'少'的问题；共产党呢，是'有'与'无'的问题。共产党高喊'民主'，是鼓动大家起来，反对国民党的'党主'；就共产党的真精神言，也是'党主'，决非'民主'。"

　　玉皇大帝："既然你早就看穿了，你为什么还到北京来陪毛泽东建国呢？"

　　储："那时我被热情邀请，一时冲昏了头脑。不过，我确实还抱一线希望，共同建国。没想到毛等大家回来了，就封关闭国，关门打狗，谁也跑不掉。1957年反右，毛整了五十五万以上精英，劳改摧残整死。实际人数超过三百万，国中精英尽毁。"

　　玉皇大帝说："你说的是事实。共产党的本质，照斯大林的模子，就是如此，说专制法西斯，不假。毛比老蒋更专制，更无自由。你认为现在还是'党天下'吗？"

　　储说："'党天下'如故，有目共睹。八个民主党派，基本从公共视野消失，离彻底消灭不远了。不过我乐观，我不祈求民主党派恢复，在300万军队，8000万共产党员的巨压下，几个小虾米还算什么？但共产党在蜕变，斯大林死了，苏联变了，斯大林那一套，被丢掉了。国民党也变了，老蒋那一套，也改了。中共党，也正在变，何时转型？只是时间问题。毛泽东那一套，将被历史抛弃。历史潮流，谁也没法阻挡。"

　　玉皇大帝说："不过现在国内还有不少人歌颂毛，每天排队去看腊肉。我们要清除毛的流毒，把他钉在历史的耻辱柱上，中国的未来才有希望。"

　　储说："今天，毛继承人，还拿毛当招牌，好混好统治，毛的罪过，不许出书，群众还被蒙着，得过且过。毛不认罪，玉皇大帝不结案，我不得安息。毛的病毒将继续连累所有受害者，不得安息。"

　　玉皇大帝说："这次大审判，就是为了结案。"

储安平说："我相信你的话，我等待你对毛做出的严厉的判决，安抚天下不平的亡灵。"

114、顾准（1915年－1974年）

顾准是旷世奇才。早在1930年，十五岁就在会计学方面，在上海工商界崭露头角，被称为"奇特的少年天才"。十九岁时，出版了中国第一部银行会计学专著，二十三岁时，一面担任高级职员，一面从

事地下活动，同时还在圣约翰、之江、沪江三所教会大学教书，他能用英文和日文讲课，1950年代到了社科院，博览群书，学贯中西。精通数学、历史学、经济学，在哲学、法学、宗教学、社会学、政治学方面，都有研究成果，跨越自然科学和社会科学、东方文化和西方文化。五十年代开始，因为政见不同，遭到迫害。

玉皇大帝："你就是人家说的'点燃自己，照破黑暗的人'？文革时代的思想家，活力十足啊！"

顾准说："我死时五十九岁。长年挨批斗，农场劳改，家破人亡，贫病交加，不管成什么样子，能活到五十九已经不错了。"

玉皇大帝不知顾准的来龙去脉，就说："你从头给我说说，你是怎样走过来的。"

顾准说："好。说我思想家，是文革逼出来的，我从小喜欢会计，建国后从会计学又跳到其他领域。我本来在上海做得不错，1949年，我三十四岁，就掌管上海财政税务大权，与陈毅，方毅同为市党组成员，副市长候选人，1951年，财政部要调我去担任预算司长。陈毅找我谈话，我表示愿意留在上海，我说'入阁就成了盆景，长不成乔木

了'。1952年搞'三反'，什么事都反不到我，我却莫名其妙被撤职了，不要我当官了，我就研究学问，后来到了社科院。"

玉皇大帝又问："那么你怎么成右派呢？"

顾准说："我对上海工商业资产重估，上级严斥，说我抗上'反党'。我参加中苏联合考察，苏联专家蛮横霸道，被我顶回去，就说我'反苏'，我说'现在老和尚认一下错，也不可能了'，就说我'反毛'，我成了'三反'分子，康生说：'顾准不是右派，谁是右派？'我就这样当上了右派。"

玉皇大帝说："我看不出有多么严重的问题，你是权力斗争的牺牲品。后来怎么处理你呢？"

顾准说："当了右派就不能再作研究了，把我下放去河北农村劳动改造。1958年大跃进搞'土法炼钢'，我本性难移，忍不住，说'什么土法炼钢？一场蛮干！我不能不反对你们蛮干！'我变成反对大跃进，罪上加罪。"

玉皇大帝说："不管土法洋法，大炼钢铁是毛泽东提的，你反对大炼钢铁，在毛看来就是反对他，所以你罪上加罪。"

顾准说："1959年，我被发配去河南信阳劳改，遇到大跃进后大饥荒，到处饿死人，哀鸿遍野，有的全家饿死，冬天来了，几个月就饿死百万人，我作了许多记录，写了很多日记。这时期我腰不好，拿的是短锄头，只好跪在地上劳作。后来又叫我捡粪，什么都干。最大问题是饿肚子，我饿得受不了，甚至在地里偷青吃，人变得下流了，还是要活下去，保存自己。1961年看我劳动不错，给我摘右派帽了，我回家就大声说'我不反对三面红旗？胡说八道，我就是反对三面红旗！'好在别人没听见。1964年开会一面倒批张闻天，批孙冶芳反党，我站起来宣布'我顽固坚持自己的世界观和政治思想，我等着挨整。'1965年给我第二次戴右派帽，而且是'极右'，下放劳改。"

玉皇大帝："两次右派真是少见啊，人家都是一次摘帽就完了。你第二次戴上右派帽子，第二年文革来了。"

顾准说："文革初期，牛鬼蛇神都要老老实实，遵命把自己的"罪行"写成大字报贴出来，我却只在一张白纸上，写下两个大黑字"读史"，贴到布告牌上，贴上还不走，守候在那里，我就是要读历史，看中国往何处去？造反派说我对抗运动，公然叫板，批我斗我。"

玉皇大帝："你的日子一定非常难过。"

顾准说："拿鸡蛋碰石头，日子熬不下去了，还连累家人孩子。为了保护他们，我同意离婚，和五个孩子断绝关系。1968年我妻子熬不下去了，喝药自杀。那时我在劳改，得知她的死讯，忍不住哭出声来。留下五个孩子无依无靠，孩子埋怨我，我身不由己。"

玉皇大帝说："家破人亡，确实很惨。这笔账我要替你和妻子清算。"

顾准："我的妻子叫汪璧，她本叫方采秀，汪璧是我们结婚参加地下活动后，她喜欢叫汪璧，自己起的。妻子死后，以后我文章就用笔名'怀璧'，就是怀念妻子汪璧。"

玉皇大帝问："你死前孩子来看你吗？"

顾准说："我死于癌症。死前我唯一希望孩子来见一面，但是10多年了，孩子真以为我是坏人，不认我了，他们说要跟毛泽东走。"

玉皇大帝："五个孩子一个都不来？"

顾准说："一个也不来。幸亏我还有个好弟弟来看我，又把我的文稿带出去，让我的思想还能活着。"

玉皇大帝："你的思想究竟是什么得罪了当权者？"

顾准说："我的思想简单说，就是醒悟到毛的路线错了，革命胜利后往何处去？毛泽东继续走俄国路，革命变成专制，全错了。"

玉皇大帝："毛走俄国路，全错了。你是怎么认识到他的错误的呢？"

顾准说："我研究欧洲文明史，写《从理想主义到经验主义》、我论证革命理想主义，转变为反动的专制主义，因此应该走上经验主义，也就是多元化，中国要反对专制，才有出路。"

玉皇大帝："你反对专制，就是反对毛泽东了。"

顾准说："我没点毛泽东的名，虽然反对毛泽东的意思很明显。

直到死我的文稿也没暴露这种思想，否则变成'现行反革命'，那就不是病死，而是另一种死法，被枪毙。可惜我的研究只做了一半，后面我要对比中国文明和欧洲文明的来龙去脉，说明从革命走向专制错了，但是上帝不给我时间了，我的一生，从革命理想，走向破灭结束，我怀着遗憾，离开了人世。"

玉皇大帝："后来给你平反了吗？"

顾准说："直到1980年，才给我平反，开了追悼会。民主派说我是文革时代第一思想家，'众人皆醉我独醒'，政府没什么表示，但是我的著作文稿，都能出版。尽管有些纪念文章，还是被删去了，例如学者朱学勤一篇《愧对顾准100年》，就被删了。我感到满足。孩子也知道错了，抱团痛哭。我不怨他们，怨我和汪壁没跟他们说真话。"

顾准接着说："虽然给我平反了，著作也能生存下去，但我依然不能安息。罪主还没认罪。唯有主谋下跪了，所有受害人，才得完全安息。"

玉皇大帝："正是。我们一起清算毛泽东的罪恶。只有彻底清算毛泽东的罪恶，死去的冤魂才能安息。这一天很快就会到来。"

115、陈寅恪（1890年－1969年）

毛泽东对民国时代的知识分子有一股发自内心的仇视愤恨。源于他当年在北大当一个小小图书馆管理员的屈辱。传说由于毛做事不踏实毛糙，又一次被时任北大校长的傅斯年打了一巴掌，从此落下病根。也许是自觉气禀不凡却不受重视、也许是曾经不被大教授们待见。传说归传说，毛恨知识分子，却有来由。

后来，毛泽东和美国著名记者、作家埃德加·斯诺谈起当年自己在北大图书馆时说："由于我的职位低下，人们都不愿同我来往。我的职责中有一项是登记来图书馆读报的人的姓名，可是他们大多数不把我当人看待。在那些人当中，我认出了一些新文化运动的著名领导者的名字，如傅斯年、罗家伦等等，我对他们抱有强烈的兴趣。我曾经试图同他们交谈政治和文化问题，可是他们都是些大忙人，没有时间听一个图书馆助理员讲南方土话。"一句"不把我当人看待"，道出毛心中对那知识分子怀恨的根源。他后来人格的变异与这段经历不无干系。就像当年希特勒考不上艺术系学生、当不成画家，结果演变成心理障碍，非得在某个方面出人头地不可。

当毛执掌国家权柄时，对知识分子的整肃格外用心。从立国之初就对所有知识分子下马威、洗脑，人人过关向统治者低头、让他们自我作践自我贬低，从人格上极尽羞辱之能事，哪怕那些来自海外一心向往"新中国"的热血青年学者专家也不放过，每一个知识分子都必须向他的淫威屈服，大到像郭沫若那样早与共产党同穿一条裤子的奴才，几乎变成一条哈巴狗，整天视毛泽东的眼色摇尾乞怜。

直到 1957 年搞"阳谋"、引蛇出洞，号称整肃五十五万右派，真实数字是三百多万！饿死整死不计其数。即便如此，毛意犹未尽，借发动"文革"整倒刘少奇等同党之时，继续蹂躏知识分子的灵与肉，被其囚禁、鞭笞、整死者不知凡几！唯有陈寅恪，居然不听使唤，是新中国唯一敢向共产党讲条件的学者：邀请他到社科院当历史所所长，竟提出不讲马列主义！是可忍孰不可忍。他的独立人格、士人风骨一直使毛泽东耿耿于怀。文革时，中山大学的红卫兵替他收拾了这位硬骨头的教授，让他惨死于红卫兵之手。

一日，玉皇大帝在天庭翻阅资料，读到陈寅恪文章，知道他在文革中遭到红卫兵迫害，便招他到天庭，叫他陈述他如何被迫害，为大审判举证。

玉皇大帝："我久仰你的大名。你是新中国在毛泽东治下，唯一敢要求不讲马列的学者。当时毛泽东很生气，但那时他机会未到，暂时压下这股怒气。结果，让你逍遥了十几年。"

陈："记得是 1953 年，叫我去北京中科院，当历史第二所所长。我提二条件：1 允许不崇奉马列主义，不学习政治。2.请毛公或刘公给允许证明书，以作挡箭牌。我并且说：我认为最高负责人，也应与我有同样看法，应从我之说。否则谈不上学术研究。结果未能赴任，仍任教于中大。此事至 1980 年代，披露于世。"

玉皇大帝："你胆子真大，独立人格，让我佩服。难怪傅斯年说：陈先生学问胆识，近三百年来一人而已。你是最渊博最有识见的人。"

陈："我治学不问政治，一问政治就偏了。我既不疑古，亦不拘泥于古，亦古亦今，又旧又新。不为政治左右。"

玉皇大帝："我看了你的著作，你说游牧文明对农业文明周期性激活，野蛮精悍之血，注入中原文化颓废之躯，旧染既除，新机重启，扩大恢张，别创空前世局。你的这个创见，很有意思。"

陈："我研究秦汉，知中华文化，乃关中本位，重心西北。"

玉皇大帝："你晚年双目失明了，思虑仍非常清醒，难怪余英时说你：看尽兴亡目失明，残诗和泪写孤贞，才兼文史名难隐，智澈人间劫早成。你是国学大师，教授的教授。"

陈："共产党内关照我的只有陶铸。我在广州中山大学时，陶铸对我不错。1962 年我滑倒在浴盆，右腿折断，陶书记专门派 3 名护士轮班照顾。但到文革，陶铸垮了，我也熬不住了，冻结我工资，勒令检查交代。我声明：平生没做不利人民的事情，只专心教书著作。我珍藏的大量书籍文稿被洗劫。聊作诗曰：低泣对牛衣，废残难豹隐。刘节代我受批斗，但造反派把批斗高音喇叭设我床前。我熬煎不住，1969 年心力衰竭去世。我死后十一天，官方登报说：全国政协常委，中央文史研究馆副馆长，中山大学教授陈某某逝世，终年七十九岁。总共一百字吧。骨灰存银河公墓。2003 年归葬江西，在庐山植物园内。"

玉皇大帝："你是文革的受害者。这笔账要算到毛泽东头上。你阅尽神州沧桑，你对判决毛泽东有什么想法？"

陈："毛泽东与朱元璋差不多，打了二十、三十年得天下。朱立即修孔庙，与民生息，太平建国家。毛泽东则方是大杀特杀之始，死人无数，饿孚遍野，同胞死去超过一亿人，骇人听闻。古今中外，毛泽东是残忍暴君第一人。毛泽东是个大奴隶主，全国子民都是他的奴隶。他是最残忍的奴隶主。美国许多开国元勋，包括华盛顿，也是奴隶主，但他们惜奴如命，因为奴隶是他们的宝贵财产，要拿钱买来的，奴隶生了病，华盛顿夫人给奴隶熬药，奴隶生孩子要照顾，他们是财产啊，少不得。"

玉皇大帝："毛泽东严重的子民不仅是奴隶，甚至连奴隶都不如，简直是一堆一堆蝼蚁。他说过：'不怕原子弹，死三亿人，我还有三亿。我还要世界革命，全世界死三分之一，我就当世界王。'对于毛泽东这样的魔鬼，我不会饶过，他只配待在地狱。"

陈："像毛这样的残忍奴隶主，你把他打入十八层地狱是正确的！这就是我的建议。"

玉皇大帝："谢谢你的建议。我会认真考虑。"说完离去。

116、傅雷（1908年－1966年）

傅雷，字怒安，号怒庵，原江苏省南汇县人，中国著名的翻译家、作家、教育家、美术评论家。早年留学法国巴黎大学。他翻译了大量的法文作品，其中包括巴尔扎克、罗曼·罗兰、伏尔泰等名家著作。

傅雷一生嫉恶如仇，其翻译作品也是多以揭露社会弊病、描述人物奋斗抗争为主，比如《欧也妮·葛朗台》、《高老头》、《约翰·克里斯朵夫》等。傅雷对其子家教极严，而又父爱至深，其家书后由傅敏整理成《傅雷家书》，至今影响深远、广为流传。傅雷有两子傅聪、傅敏，傅聪为世界范围内享有盛誉的钢琴家，傅敏为英语教师。

傅雷翻译的《贝多芬传》，虽然薄薄一本，却精彩无比。把贝多芬奋斗一生浓缩在富有韵律的中文里，让人读来激情澎湃，具有无穷的感染力。傅雷又是美术批评家，多艺兼通。他的翻译作品强调神似，传神写照。

　　1957 反右，傅雷并没有被打成右派。1958 年，在上海"反右补课"中，傅被上海市作协划为戴帽"右派分子"。上海市中共领导柯庆施执意要划傅雷为右派，时任上海市委宣传部副部长兼上海作协党组书记周而复则认为傅雷属于"可划可不划"的范围，恰逢周扬赴上海听取意见，柯庆施同意了周而复、周扬的意见，事后上海市中共委员会派柯灵通知傅雷该消息。但正当傅雷做了检讨，准备放下包袱时，阴谋家柯庆施却变卦拍板把傅雷定为"右派"。

　　1958 年 12 月，留学波兰的傅雷长子傅聪坐飞机出逃英国。从此后，傅雷闭门不出。1961 年 9 月，傅雷"摘掉帽子"。1966 年 8 月底，文革初期，傅雷遭到红卫兵抄家，受到连续四天三夜批斗、罚跪、戴高帽等各种形式的凌辱。傅雷与妻子面对如此横祸，不堪羞辱，双双自杀身亡。

　　玉皇大帝了解到傅雷的冤情，不等傅雷来申诉，直接找到傅雷询问冤情。

　　玉皇大帝："天庭将审判毛泽东。你在文革中受罪了，且与妻子双双自尽。有何冤情尽管道来。"

　　傅："文革暴起，红卫兵就来抄家，殴打罚跪戴高帽凌辱。我是个有个性的铁汉，把人格看得比生命都重。连续四天三夜批斗凌辱，我就一走了之，留下知识分子最后的体面。我要妻子活下去，但她说：你走我相随，只有死别，再无生离，我一个人活不下去。我与她一生刚柔相济，和谐美满。我准备的毒药不够两人用，我全部吞下了，她却自缢身亡。"

玉皇大帝："你留下遗书了吗？"

傅："我给妻兄写下千言书，将生前未尽之事，一一详列叮嘱，把遗下的五十三元人民币，一齐装进信封。"

玉皇大帝："给儿子有遗言吗？"

傅："我给儿子傅聪遗言：第一做人，第二做艺术家，第三做音乐家，第四做钢琴家。"

玉皇大帝："你为何非要自杀呢？像章乃器，熬到八十岁，屡打不死。"

傅："章乃器有气功，我生来就是铁，暴如雷，我本名怒安，十五岁改名雷，就像天上雷公，结果我在毛治下，碰得头破血流。1957－1958 年批我反党反社会主义，批判数十次，又批我亲美反苏，那时那样批是真冤枉。那时我最无反党情绪，是最想党变得好一点的人。六十年后今天，我才觉悟了，我现在才是货真价实反党，非反掉不可。"

玉皇大帝："为何非反掉毛不可呢？"

傅："因为毛没有人性，只有魔性，毛不是人，是魔。代表黑暗。我相信总有一种美好能穿越黑暗，它的名字叫人性。人性终将战胜魔性。"

玉皇大帝："毛这个魔王要横扫一切。"

傅："毛的狠毒，人类居冠。挑动十几岁不懂事中学生来杀人，施展魔法。1966 年 8 月红色风暴，北京一天几十个中学老师，就被毛煽动起来的学生活活打死。笔笔血债，罄竹难书。"

玉皇大帝："这些血债，都要清算。"

傅："毛逃得过人间，逃不出阴间。求玉皇大帝终将他打入十九层地狱。"

117、刘文彩（1887 年－1949 年）

刘文彩是中共塑造的十恶不赦的地主典型。他自 1949 年去世，至今快七十年了，他在四川当地，民众却叫他刘大善人。刘文彩在阴间一直愤愤不平，闷闷不乐，最近他听说要公审毛泽东，于是找到玉皇大帝，申诉他死后在中国大陆的遭遇。

刘："我在阴间七十年了。我一直观察和等待玉皇大帝审判毛泽东的罪行，却一直没有动静。最近我耐不住了，今天特来求见。"

玉皇大帝："你是1949年中共建政之前去世的，有何冤情？"

刘："好在我在中共到来之前就升天了，不然等待我的一定是残酷批斗，至死方休。非常可怕，我会不得好死。我不知道土改中共杀了多少地主，我如果不在建国前死去，一定会被斗死。"

玉皇大帝："毛不在乎死多少，死人对他来说，只是一堆统计数字。他要通过杀人威吓农民，好让农民不搞和平土改。他要把土改搞

得轰轰烈烈，杀声震天，不见血不算数，不然他怎能煽动贫下中农，怎敢起来斗地主？"

刘："毛把农村精英乡绅都消灭了，让无产无业无文化无教养的流氓来专政，中国三千年形成的农村文明根基，被毛毁了，看看他把农村糟蹋成何样？解放前，我治下的农村好好的，天下太平，安居乐业。毛泽东来了，暴力土改，分了田，农民开始还有点自

由，但不出几年，1955年搞合作化，开始半绑，到1958年公社化，就完全绑死农民了。1960年农民动弹不得，被绑着大批饿死，饿死三千万以上，至今共产党掩盖着真相。共产党名为解放，实乃奴役！"

玉皇大帝："你死后，共产党把你的庄园拿来做阶级教育展览，说明地主万恶不赦，还编造了一些根本没有的东西。什么水牢，铁笼，关押犯人。还迫害你的管家，莫须有判他十五年，使他自杀冤死。你能不能详细说说？"

刘："1962年，毛又要大抓阶级斗争，四川顺应毛的圣旨，1965年搞成了大型泥塑《收租院》，就是以我的庄园做模型，周扬向毛邀功，说是与'人民英雄纪念碑'并列的两大创造。就在泥塑完成时，抓我管家曹克明入狱，何故？因泥塑有'杀人霸产'，谁杀人？说是曹克明。艺术创作'杀人霸产'，说曹克明杀了三个贫下中农，霸了土地，纯是编造。事实上，曹克明杀了三个土匪凶犯。1979年到了邓小平时代，改判他五年，释放出来。此时曹已坐牢十四年。曹不服，到处找法院伸冤，1980年在县法院门前，绝望服毒自杀。曹克明到了阴间，冤魂不散，天天处处游荡。有一天我偶然碰到，他向我求助。我说我大罪重帽未除，压得我喘不过气来，目下自身不保，无法助你。所以我向大帝你求援。"

玉皇大帝："我听说一些有正义感的作家，去当地调查，采访有关人员，写成书出版，说当地人称你为'刘大善人'，你修桥修路，开学校办教育，接济穷人，发展地方经济，没有做过什么'十恶不赦'的事。看来你和管家是冤枉。你们冤魂不散。我要替你们伸冤。"

刘："我的坟墓1958年就被挖，尸骨至今下落不明。后人一直为我平反奔呼，但一直无着落。2010年清明祭祖，就在我的庄园旁边，刘氏宗亲会，海内外来了一千多人，最大九十五岁，最小一岁。祭后聚餐，两百多人无座，因原来准备最多来七、八百人。我的管家，仆从后人，也来参加了。光宗耀祖，声势浩大。共产党打算何时把真相告白天下？我已经等了七十年了！"

玉皇大帝："这一天很快就会到来。"

刘："我等着。"

大审判

地点：天国法庭大厅

主审：玉皇大帝

助审：孔子耶稣

旁证：马克思、 斯大林、希特勒、赫鲁晓夫、秦始皇、朱元璋、道光帝

毛泽东辩护律师：司马北，孔爱东

旁听：受害人林昭，张志新，遇罗克，李九莲，鍾海源，王申酉，丁祖晓，毛应星，史云峰，任大熊，石仁祥，马绵珍，蔡铁根，赵健民，周扬，陈伯达，吴晗，冯雪峰，彭真，杨尚昆，乌兰夫，贺龙，翦伯赞，张东荪，黄炎培，蒋经国，傅作义，老舍，郭沫若，鲁迅，巴金，曹禺，颜福庆，丁玲，丰子恺，侯宝林，马思聪，何家栋，史沫特莱，吴莉莉，齐奥塞斯库，萧子升，罗瑞卿，袁世凯，慈禧太后，傅连璋，邓拓，周恩来，邓小平，高岗，朱德，瞿秋白，蒋介石，司徒雷登，陈独秀，贺子珍，梁启超，利玛窦，孙中山，汪精卫，陈璧君，宋庆龄，赫鲁晓夫，勃烈日涅夫，霍查，章伯钧，马寅初，梁漱溟，胡适，尼克松，华盛顿，江青，陈云，西哈努克等。

第一天开庭

玉皇大帝：本大帝数十年来，收到对毛泽东的控诉案件千千万万，无法统计，今次开审只能择其中 23 件，公审于众。

（毛泽东站在被告席上）

（第 1 个上场：袁文才）

大帝：你叫什么名字？

袁：我叫袁文才，井冈山土匪头。

大帝：你有何冤情？请讲。

袁：我在井冈山当土匪称山大王，有武装数百人，靠收租收税维持，山上秩序井井有条，我从来不扰民，治安良好，百姓安居乐业，称我为"善匪"。不幸毛泽东暴力造反，带几百武装上山，求我容纳。我给他吃住安顿下来，他就以"打土豪"为名，四出到处搜刮百姓粮食财物，农民视为饿狼，一次毛泽东派出数十人进村搜粮食，被数百村民围困痛打教训。毛泽东经常胁迫农民开会斗地主，严重破坏生产，影响民生。毛泽东攻打县城，抓到县长就开万人大会，用恐怖杀人手段立威，叫农民齐用标枪乱刺戳死，连我这个土匪头子，都看得心惊胆颤，民众称他"恶匪"。毛泽东以共产党革命名义，反客为主，耍手段收编我为他手下的红军，后来把我和王佐都杀了，把我们的队伍也处理掉了。我和王佐就这样被他欺骗死去。

大帝：毛泽东，袁文才对你的指控，你有何申辩？

毛：袁文才指控属实，我承认是恶匪。但袁文才和王佐，非我下令所杀。

辩护律师：实际上是奉斯大林之命所杀。斯大林下令说："土匪用过即杀"。

大帝：斯大林，是你下的指令吗？

斯大林：是的。是我通过国际共产下的指令。

大帝：毛泽东，你是否接受指控？

毛：我不接受。既然是斯大林下的命令，责任当由斯大林完全承担。执行命令的是朱昌楷，边界特委书记，彭德怀部队参与，我没参与。袁文才，王佐之死，罪责不在我。不过斯大林的命令，我是同意的，如果交给我办，我也会执行。

（第2个：李文林和刘敌上场）

大帝：你们两个叫什么名字？

李文林：我叫李文林，他叫刘敌。我们是同案，即所谓 AB 团。

大帝：你们指控毛泽东什么？

李：我是江西土共头子。毛泽东是湖南外来洋匪头子。毛泽东要称霸江西，用尽各种手段，诬蔑我们是反革命 AB 团，杀害江西无数革命党人，他指示亲信制造"富田事件"，杀害江西省委干部 40 多人，逼出刘敌"富田兵变"，喊出"打倒毛泽东"口号。毛泽东以权势无情镇压，又以谈判为名，诱骗并抓捕兵变干部，枪决副排长以上到军级干部 700 多人。我被打成 AB 团总头，1932 年被毛泽东杀害。江西被杀害 AB 团有名有姓 7 万多人，加上没留下姓名共 9 万人，使用刑讯逼供，残忍刑法 100 多种。江西红区在毛泽东统治下，人口大大减少。

大帝：毛泽东，你对李文林的指控，有何申辩？

毛：李文林所指完全不属实，富田事件是朱德背着我制造的，说我残杀 AB 团 9 万人，更是污蔑。江西红区在我统治下，人称小苏联，人民生活幸福，我是有功，不是有罪。

大帝：你这是狡辩。有证据表明，富田事变是你派人去抓 AB 团，激起反毛兵变，非朱德制造。你的江西红区小苏联，农民生活困苦，人口减少，哪来幸福？

（第 3 个：杨开慧上场）

大帝：你叫什么名字？对毛泽东有何指控？

杨开慧：我叫杨开慧。1927 年毛泽东急于造反夺权，丧尽天良，丢弃我和 3 个孩子，带队伍上山为匪。去了井冈山 3 个月，就娶 17 岁女子。毛泽东是不折不扣的流氓。早在与我结婚前后的几年，就同时与不知多少个女子鬼混发生性关系。毛泽东上山为匪杀人放火，而我还看在孩子面上，维护与他的夫妻关系而被处决。他为应付社会舆论，还假惺惺说什么"开慧之死，百身莫赎"。他上北京当了皇帝还写什么"蝶恋花"，假惺惺纪念我，为自己脸上贴金，欺骗舆论。实际上他早已把我忘得干干净净。对毛泽东来说，天下女人有的是，他有了权势，不知多少女人被他糟蹋了。

大帝：毛泽东，你对杨开慧的指控，有什么申辩？

毛：杨开慧对我的指控，无过之有不及，我承认她的所有控诉。

杨开慧：毛泽东是流氓，在男女关系上，他是典型的生活流氓，他最先糟蹋我，后来又糟蹋贺子珍，再后来糟蹋天下青年女子无数。

毛泽东同时是政治流氓，他打着革命旗号，杀人放火，无恶不作，比土匪还恶，还声称是为工农，他抛弃我后，我听到他的所有消息，都是杀杀杀。我的遗书写明"生活流氓，政治流氓"八个大字，但都被他的继承人删掉了。

大帝：毛泽东，你对杨开慧的指控，是否接受？

毛：我不接受她的指控。我承认我是生活流氓，但不是政治流氓。

杨开慧："毛泽东上井冈山之前，谎称去湘南发动秋收起义，骗取队伍，私自拉队伍上山为匪，这不是政治流氓行为吗？

他去拉队伍路上被民团扣捕，撒谎叛变出卖同党，后来又给美国记者斯诺编造体面挣脱的故事，这不是政治流氓行为吗？

毛泽东口头说为穷人干革命，行动上烧杀抢无恶不作，比土匪还厉害，这不是流氓行为吗？"

（第1天开审结束，全体退场）

第二天开庭

（第1个：张国焘上场）

大帝：你叫什么名字？

张国焘：我叫张国焘，红四方面军总头。

大帝：你对毛泽东有什么指控？

张：我在所谓"长征"（实为流窜）中，被毛泽东欺骗，错走险路，使8万部队折去一半，到达甘肃陕西我又被毛泽东诱骗离开大队伍，失去指挥权。毛泽东随即指示我的队伍，去新疆远征，走上死亡之路，被马家军消灭，2万多人所剩无几。剩下几百人在陕北被毛泽东活埋。我在延安成了孤家寡人，多次被开会批斗。我不堪凌辱，借机逃出延安，从此新生。

大帝：毛泽东，你对张国焘指控有何申辩？

毛：张国焘指控不属实，他的红四方面军，是他自己分裂中央造成的。几万人之死，罪不在我。

张："实际上是毛泽东分裂红军，私自把红军拉走，挟持党中央，分裂中央。随后分裂红四方面军，让四方面军去西征送死，几万红军被他毁了。"

大帝：张国焘，你说后半生新生有何陈述？

张：我前半生年轻无知，被斯大林欺骗，组建中国共产党造反，去莫斯科受训，被派回国煽动农民造反，发展 8 万红军，被毛泽东欺骗瓦解消灭，我只身逃出虎口，写了回忆录，最后到了加拿大，忏悔我前半生之罪过，归信上帝，获得新生。

大帝：你是唯一忏悔获得新生的共产党领导者，上帝保佑你。

（第 2 个：刘志丹上场）

大帝：你叫什么名字？

刘志丹：我叫刘志丹，陕北红军创建人。

大帝：你有什么冤情？对毛泽东有何指控？

刘：毛泽东指挥的江西红军，流窜到陕北来，有了安身之地，很快反客为主，他要独霸天下，害死我和其他红军头目。

大帝：毛泽东如何害死你呢？

刘：1936 年初，毛泽东指派我率军去山西"打羊"，搜刮山西粮食财物。4 月特令我去中阳县三交口指挥作战。我在距离前线 250 米的一个山头，用望远镜观看战情。突然一颗子弹从背后穿过我的心脏，我立即毙命。

大帝：当时你身边有什么人呢？

刘：有两个人。一个是毛泽东指派的保卫局特派员，一个是警卫员。我怀疑是毛泽东指派的那个特派员，对我下毒手。毛泽东对外宣称是我被敌人机关枪打中牺牲。我妻子要求看我遗体被拒绝。

大帝：毛泽东，你如实说来，刘志丹是怎么死的？

毛：刘志丹说的对，是我特派那个特派员打死的。刘志丹指控属实，我认罪。

大帝：毛泽东承认罪责。刘志丹，你还有什么指控吗？

刘：有，我的两个左右手，也离奇死亡。杨琪死于 3 月，杨森死于 5 月，我是死于 4 月。毛泽东都谎报是"死于战场"。

大帝：毛泽东，你如实说来，他们是怎么死的？

毛：他们都是我指派人秘密处死的，我要彻底根除刘志丹势力，由我独霸陕北。

大帝：毛泽东全部承认罪责。刘志丹，你还有什么指控吗？

刘：在我死后20多年，1962年有人要写小说《刘志丹》，触动了毛泽东的神经，他指示把一大批人打成"反党集团"，许多人被批斗关押迫害致死，又把我与彭德怀等联系起来，打成"西北反党集团"，牵连受害6万人。

辩护律师：整个"反党集团"迫害，确实是冤案，但是案子处理是康生，不是毛泽东亲为。

大帝：毛泽东，你对"反党集团"一案有何申辩？

毛：刘志丹，彭德怀"反党集团"案，主理是康生，不是我亲办。康生办的案，为何赖到我的头上？

大帝：康生是你手下的一条狼狗，狼狗听主人的指令。这个案子，即使不是你亲为，也是你指使和授权，无需再辩。

（第3个；斯诺上场）

大帝：你叫什么名字？

斯诺：我叫斯诺（Edgar Snow），美国人。

大帝：你对毛泽东有什么指控？

斯诺：毛泽东欺骗我，我受他欺骗为他写书，在全世界为他宣传。

大帝：毛泽东怎么欺骗你的呢？

斯诺：1927年9月的一天，毛在湖南被国民党民团逮捕，1936年我在延安采访他的时候，他编造故事说："当我组织军队准备上井冈山，我被国民党属下的民团抓到了，我被送到民团总部去，我从一位同志那里借了几十块钱，打算贿赂押送者放我。但是，负责押送我的队长不肯。因此，我决定逃脱，在距离民团总部约两百码的地方，我才有了逃脱的机会。在那一刹那间，我挣脱了绳子，逃到田野里去。士兵追赶我，并且强迫一些农民协助他们搜寻。他们有许多次走得很近，有一两次我几乎接触他们。可是，我终于没有被发现。虽则有五、

412

六次我曾放弃了希望，觉得我肯定会再被抓到，最后，天黑了，他们放弃了搜索。

我立即爬越山岭，走了整夜。我没有鞋子，脚伤得很厉害。在路上我碰到一个农民，他对我很好，给我住宿，随后又领我到邻县去。我身上有7块钱，买了一双鞋子，一把伞和一些食物，当我终于安全到达农民起义军那里时，口袋里只剩两个铜板了。"

这就是当年毛给我编造的被捕故事。我听得美美的，就照版宣传了。实际的情况是，那年8月中秋节前，毛背着个包袱在镇上经过，因为包袱沉重，又东张西望鬼头鬼脑，被民团怀疑背的是枪枝，把毛抓住，一搜查原来背的是100多块银元和一些衣服信件。毛谎说是做生意的，当即被解到民团团部审问，才知道毛是共产党一个头头。毛供出好几个同党，后来他们也被捕获。因为毛能说会道，愿意和政府合作，民团头子见毛举报同党，为国军立了一些功，又是同乡关系，就扣下100多银元，给毛留下几元，放毛回乡教书，谁知毛就逃向井冈山去了。

1936年，我根据他编造的故事，为他写成《红星照耀中国》（Red Star Over China），在国际上出版，起了很坏欺骗宣传作用。1965年和1970年我又两次访问北京，得知饿死几千万人的真相，文革大批死人和整人真相，使我认识毛泽东的真面目，我非常后悔为他写书，为他在全世界做欺骗宣传。我1972年在日内瓦去世，遗嘱一半骨灰葬北大，因为我在那里教过书，我喜欢中国。我夫人后来不满共产党血腥镇压天安门学生运动，到北京要求归还我的骨灰，被无理拒绝，又阻拦她的行动，使她受辱，我非常愤怒。

大帝：毛泽东，你对斯诺的指控有何申辩？

毛：斯诺指控我欺骗，我不承认。说我当叛徒，死无对证，我当然不承认。我的这一段历史，不能当成我的罪证。我让他写书，在国际上为我宣传。他的书的确很管用，以后许多美国人跟着受骗。中国青年看了也受骗，很多人因此投奔延安，壮大我的势力。他写书骗人，骗了多少算多少，斯诺写书骗人的责任不在我。至于他太太的问题，

413

在我死后多年发生，责任也不在我。

第三天开庭

（第 1 个：张学良上场）

大帝：你叫什么名字？

张学良：我叫张学良。

大帝：你有什么冤情？对毛泽东有何指控？

张：毛泽东欺骗我，他说苏联支持我反蒋，煽动我兵变杀蒋，可让我成立西北政府当头，毛泽东来背后操纵。1936 年 12 月，我发动"西安事变"，把蒋介石抓起来。殊不知苏联发表声明，指责我反蒋。我一看就傻眼了，我被毛泽东骗了。没有苏联支持，蒋军打过来，我肯定完了。我只好向蒋悔过，送他回南京，求他宽恕我。好在蒋公没杀我，也没投我入监狱，只是软禁。我失去统领 30 万大军大权。

大帝：毛泽东，你承认欺骗罪吗？

毛：我承认对张学良犯了欺骗罪。说苏联支持，是我自编的，苏联方面事先从没说过支持张学良反蒋杀蒋。我认为张学良反蒋，对我有很大利益，所以煽动他采取行动。

大帝：张学良反蒋，对你有何利益？

毛：张学良一发动"西安事变"，我就居中与蒋谈判，使蒋承认共产党合法，红军合法，陕北政府合法，给我军费和政府开支，不再围攻我，所以我称张学良为"千古功臣"。

张：毛泽东损人利己，我 30 万大军没了，去了台湾被软禁起来。他却乘机发展壮大，一路高升，直到夺取全中国，进北京做皇帝。

大帝：张学良指控你利用他一路高升，你有何申辩？

毛：张学良指控完全符合事实，我全部承认。

张：邓小平上台后，一再说派专机来接我回大陆访游，我婉言谢绝。我帮毛泽东夺得政权，他胡作非为，搞得神州灾难连连，死人数千万，民不聊生，我有何面目回去见东北父老？最后我在美国信了上帝，忏悔我前半生罪恶，我死在美国，我的灵魂得到新生。

大帝：张学良指控毛泽东，毛泽东完全承认欺骗罪。张学良同时忏悔自己，

上帝保佑他。

（第2个：潘汉年上场）

大帝：你叫什么名字？

潘汉年：我叫潘汉年。

大帝：你对毛泽东有什么指控？

潘：毛泽东要我做汉奸，叫我去沟通日本皇军，同时与汪精卫通水。我与日本交换过很多情报，主要是给日本提供蒋介石军队的信息动向。我也见过汪精卫，互相达成和平妥协默契。1955年我在北京与陈毅交谈中，重提过这些情况，我随即被毛泽东指示抓进监狱，一直监禁劳改22年至死。我夫人亦被监禁。同时被牵连数十人受害。

大帝：毛泽东，潘汉年对你的指控，你有什么申辩吗？

辩护律师：毛泽东没有给潘汉年下过任何此类指示，有关于日本和汪精卫通奸的事务，都是周恩来主理的。

大帝：毛泽东，你是否给周恩来下过此类指示？

毛：是，我只给周恩来一人下此类指示。然后周恩来与潘汉年单线联系。潘汉年不向我报告，他只向周恩来报告，然后周恩来向我报告。因此，潘汉年全部活动，我都知道。

大帝：那么你是否承担全部罪责，承认你是罪首呢？

毛：我承担全部罪责，我是罪首。我怕泄露出去，说我是汉奸，我无地自容，就把潘汉年抓进监狱封口，把我当汉奸的罪恶事实，永远掩盖起来。

大帝：毛泽东承认当汉奸，嫁祸属下官员，害死潘汉年。有个问题请毛泽东回答：日本侵略，打日本是民族大义。你为什么不打日本，却帮日本打自己同胞？

毛：我的目标是夺权，做中国皇帝。日本皇军能帮我削弱蒋介石军队，便于我最终打败蒋介石，夺得政权。当汉奸也无所谓，只要政权到手，我就可以为所欲为。但当汉奸不好听，所以我嫁祸给潘汉年。

415

大帝：毛泽东直认不讳。

（第3个：王实味上场）

大帝：你叫什么名字？

王实味：我叫王实味，投奔延安的青年作家。

大帝：你有什么冤情？对毛泽东有什么指控吗？

王：我对延安共产党领导享受特殊化，搞等级制度不满，只不过写了几篇《野百合花》的杂文，希望共产党兑现自由平等的主张，不要令革命青年失望，就遭到毛泽东发动党机器围剿批斗，抓我入狱，刑讯逼供，整到我精神失常，语无伦次，最后用大刀把我砍死，丢进枯井，还一直对我妻子隐瞒，让我妻子10年寻夫不明下落。

大帝：你对王实味指控，有何申辩呢？

毛：王实味对我发动党机器，围剿批斗他的《野百合花》，完全属实。不过砍死他不是我下令的。

辩护律师：实际上，是康生下令处死王实味，毛泽东当时不在延安，对王实味的处决不知情。

大帝：既然你当时不知康生处决的处理，那么你是同意处决呢，还是反对？

毛：我实际上是同意处决，事后我得知了没有表示过任何异议。我心想王实味也是该死了，保留他没有什么用处。康生是我手下的第一亲信，他有权处决王实味。归根到底，王实味枉死，罪责在我，康生是我的一条狼狗，是我放他出来咬人的。

大帝：毛泽东承认了罪责，王实味归根到底是他害死的。王实味，你对毛泽东还有什么指控吗？

王：有，我指控毛泽东"革命为工农"的口号，是骗人的。

大帝：毛泽东，你是否承认王实味的指控？

毛：我承认。王实味指控属实，他指控的"衣分三色，食分五等"，都是事实。我从上山为匪起，就是打着"革命为工农"旗号，欺骗群众。实际上是为我自己做山大王，有权有势，要什么特殊享受都有。在江西我就住大别墅，享受特别饮食，大鱼大肉，补品不断。长征我

416

全程躺在担架上，不顾担架夫死活。延安只有一辆华侨送来的救护车，我和江青独霸使用。党干部吃饭按级别分大灶，中灶，小灶，我吃特灶，有专门厨师，专门奶牛。进了北京就更不用说了，全国有我专用行宫别墅 20 座，别人不能进住，耗费人民无数血汗。

大帝：毛泽东全部招供，直认不讳。

（第 4 个：王明上场）

大帝：你叫什么名字？

王明：我叫王明。

大帝：你对毛泽东有什么指控？

王：毛泽东指使医生对我下毒，损坏我脑子。医生会诊有结论，是吃下的含汞药中毒，损坏我的思维能力。

大帝：毛泽东，你是否蓄意对王明下毒？

毛：我曾说过对王明放手用药，不管有毒没毒，有毒的药，也许能以毒攻毒，能治好病。我没说过毒死他。

大帝：毛泽东不承认对你蓄意下毒毒死你。你对他还有什么别的指控？

王：毛泽东面对日本侵略，不打日本，他一心只做两件事，一是发展他的兵力和地盘，二是整风整人树立他的权势。我奉斯大林命与周恩来等，联合蒋介石打日本，他整风整我和周恩来，我们做了无数检讨，只是最后因斯大林不同意，才保住我和周恩来。毛泽东所谓"整风"，是搞集中营，把几千人抓起来，刑讯逼供，比监狱还残忍，晚上用刑传出惨叫声，令人毛骨悚然，千百人自杀。

大帝：毛泽东，王明对你的指控，你是否承认？

毛：我承认，王明指控属实。整风确实是残忍整人，树我权威，把人整到忠于我。

大帝：王明，你还有什么指控？

王：毛泽东专权独裁，把持共产党，他像帮派老大一样，一人说了算。"七大"早在 1940 年，就决定召开，因为"六大"是 1928 年开的，再不开，时间太长了，500 多名代表都已在延安集中，但毛泽

417

东觉得他的绝对权威，还没树立，他要把大会开成拥护他的大会，不是民主大会，因此他借故一延再延，那500多名代表，全部集中在党校学习，参加整风，审干，被整的很多，自杀的，精神失常的都有。到1945年，500多名代表就只剩下一半了。

大帝：王明对你这个指控是否属实？

毛：王明指控完全属实。我当时借故拖延不开"七大"，就是因为我觉得开会时机还不成熟，我要先整风，整到所有人都对我服服贴贴，我才开"七大"。

大帝：王明，毛泽东承认你的指控。你还有什么补充吗？

王：到1945年开"七大"，那真正成了毛泽东的大会，全部代表换成对毛泽东忠心耿耿服服贴贴的人马，会场正中挂着毛泽东的巨大画像，上面大标语"在毛泽东旗帜下胜利前进"。刘少奇报告，提到毛泽东名字105次，大家喊"毛主席万岁！"，在下面说"毛泽东是共产党皇帝"。在5人核心中，明定毛泽东拥有否决权，就是说，他成了绝对权威，一人说了算。我因患重病，向大会请假，毛泽东一定要我出席开幕式，为他撑门面。我被抬着担架送入会场，我交出长篇书面检讨，我不检讨过不了关。我躺在担架上，看到毛泽东一个人站在主席台上，起劲地招手，把刘少奇，周恩来，朱德，任弼时请上来，同他一起站在主席台长桌的后面。毛泽东左顾右盼，彷徨不定，其他4人面红耳赤地你拉我扯，你推我让，就像做客似的，各人都不知坐在哪里才对。最后，由毛泽东把他们安置在指定的座位上，就是：刘少奇第二，周恩来第三，朱德第四，任弼时第五，5个人才一齐坐下来。这就是帮派老大，指定老二，老三，老四，老五，哪里有什么选举？对外发表的公报，都是冠冕堂皇的选举结果。

大帝：毛泽东，王明对你这些指控，你有什么申辩吗？

毛：王明指控属实，我实际上是帮派老大，我不喜欢搞什么民主，我说要民主是向蒋介石要，共产党没有民主。

大帝：王明，你还有什么指控？

王：毛泽东口是心非。1938年我奉斯大林命回延安时，他带头喊

"王明同志万岁!"实际上,他恨死我了,恨不得把我整死。1945年,毛泽东在重庆喊"蒋委员长万岁!",实际上,他正准备打倒蒋介石夺权。他说一套,做一套,政治流氓,阴险毒辣,无恶不作。

大帝:毛泽东,王明对你指控,你还有什么申辩?

毛:王明所指,符合实际。我就是说一套,做一套的人。

大帝:王明,你还有什么指控吗?

王:1956年我离开了北京去莫斯科,毛泽东到文革还不放过我,我被缺席批斗,亲属被抄家,父亲坟墓也被毁了。1974年我死在莫斯科,葬在莫斯科。

大帝:毛泽东,王明这些指控是否属实?

毛:完全属实。我对王明的确怀恨终生,我在延安写过9篇批他的文章,没有公开发表,但到我逝世前,还叫人拿出来读给我听。

大帝:毛泽东直认不讳。

第四天开庭

(第1个:刘文彩)

大帝:你叫什么名字?

刘:我叫刘文彩,四川地主。

大帝:你就是大名鼎鼎的地主刘文彩,你有什么冤情?对毛泽东有什么指控?

刘:我是地主,我为人善良,在乡间行善多,修桥修路,办教育,接济穷苦人,人称我"刘大善人",幸亏我在1949年毛共到达之前,就去世了,不然我一定被残酷斗争,血腥死去。可恶的是,我的坟墓1958年被挖,尸骨被毁。到了1965年,毛泽东又拿我做典型,搞了大型泥塑《收租院》,编造"地主罪恶",在全国宣传,我成了全国地主代表人物。同时抓我的管家曹克明入狱,曹杀了3个土匪凶犯,诬蔑他杀了3个贫下中农,编造"杀人霸产"故事,曹冤狱14年,出狱又到处找法院申冤被拒,最后绝望在法院门前服毒自杀。

辩护律师:1965年以刘文彩为原型的系列泥塑《收租院》,是宣传部长周扬主持制作，不是毛泽东所为。

大帝：毛泽东，周扬是你手下的宣传大臣，周扬所为你是否知晓？

毛：我当然知道，我也赞扬他做得好。刘文彩《收租院》在全国宣传地主罪恶，影响很大，无人不晓，给我鼓吹的"阶级斗争"，助力很大。

大帝：刘文彩提到你搞残酷斗争，血腥土改，你究竟杀了多少地主？

毛：无法统计，我也不要求报上统计数字，只是要杀，杀得越多越厉害，我越高兴。我估计杀了200万到300万。我记得那时叶剑英在广东搞和平土改，只分田不杀人，我就批他右倾，派陶铸替换他。陶铸一到，就大开杀戒。

大帝：毛泽东，土改就是分田，你为什么非杀人不可？

毛：我以"阶级斗争"为纲搞土改，不能和平分田。分田不是我的主要目的，我的主要目的是铲除地主的统治基础，让无教养无文化的流氓无产者上台专政，彻底打倒原来的乡绅人士，我所信赖的所谓贫下中农，不是老老实实的农民，而是敢打敢杀的流氓无产者，让他们杀人就是交"投名状"，这样他们最听我的话，农村靠他们专政。大杀地主，才能为专政扫清道路。上下都是匪就一条心了。

大帝：毛泽东坦承大杀地主的罪责。

（第2个：胡风上场）

大帝：你叫什么名字？

胡风：我叫胡风。

大帝：你有什么冤情？对毛泽东有什么指控？

胡：我在文艺界坚守鲁迅精神，坚持独立自由创作，坚持批判精神，不为毛泽东所容，子虚乌有，给我戴上反革命帽子，1955年把我投入监狱，判我无期徒刑，狱中受尽折磨，我患精神分裂症，精神几乎崩溃，最后6年幸得我妻子自愿入狱，陪我生活，抚慰我心灵，使我1979年能平安出狱，24年冤狱，我被折磨得基本上报废了。

大帝：毛泽东，胡风对你伪造反革命，陷害他的指控，你有什么申辩吗？

毛：胡风对我指控完全属实。1954 年胡风写了 30 万言书，申述他坚持的文艺路线，不为我所容，我把他打成反革命，彻底去掉他，杀鸡警猴，文艺只能按我路线走，歌颂我和我的阶级斗争路线，不能搞独立自由创作，更不能批判，一句话，只能歌颂我，歌颂党。

大帝：胡风，毛泽东承认了你对他的指控，你还有别的指控吗？

胡：毛泽东把我打成反革命同时，发动所谓"清查胡风分子运动"，清查运动触及文艺界 2100 人，逮捕 92 人，1956 年正式定为"胡风反革命集团"分子 78 人，都投进监狱，全部是冤案。这都是毛泽东所为。

大帝：毛泽东，胡风对你制造"胡风反革命集团"冤案的指控，你有何申辩？

毛：胡风指控属实。清查所谓胡风反革命集团，是我亲自部署操办，实际上全部为伪造冤案，我承担全部罪责。

大帝：毛泽东承担迫害所谓"胡风分子"全部罪责。

（第 3 个：储安平上场）

大帝：你叫什么名字？

储安平：我叫储安平。

大帝：你有什么冤情？对毛泽东有何指控？

储：1957 年毛泽东欺骗人，用流氓手段耍"阳谋"，引诱大家向党提意见整风，然后抓住一网打尽。我写了一篇《向毛主席周总理提些意见》，语句很温和。我提到，建国之初，毛泽东安排 6 个副主席，有 3 个是党外人士。4 个副总理，2 个是党外人士。到 1957 年，毛泽东觉得江山坐稳了，不需要民主党派了，党外副主席只剩下 1 个，就是宋庆龄。12 个副总理，党外一个都没有了。毛泽东抓住批我，罪名是"攻击共产党"，"反党"，随即划定为攻击"党天下"大右派，撤掉我光明日报总编辑，下放农场劳改。1966 年文革开始，我不堪再次被批斗凌辱，逃走自尽。

大帝：储安平指控你使用流氓欺骗手段，迫害善意批评人士致死，你有何申辩吗？

毛：储安平指控属实，1957年反右派运动，我就是耍阴谋，设陷阱，迫害敢提批评意见人士，邓小平说打了55万右派，其实超过300万。他们被流放到偏远农场劳改，不少病残死在那里。到我去世才被释放回来，20年劳改许多人残疾失去工作能力，我承担全部责任。储安平失踪，我还指示周恩来一定要追查归案。他发动全国公安追寻，也无下落。

大帝：储安平，你失踪无下落，是全国第一专案，你到底死于何处，遗体何在？

储：我也不知道叫什么地方。毛泽东暴政从土改起，镇反，肃反，三反五反，反右，直到文革，运动不断，冤案不断，各地河流浮尸不断，腐尸怎能认出来？好在我儿子已在家乡，为我立了坟墓，是个衣冠冢。

毛：全国死不见尸的确很多，我承担全部罪责。

大帝：毛泽东承担所有罪责。

第五天开庭

（第1个：彭德怀上来）

大帝：你叫什么名字？

彭德怀：我叫彭德怀。

大帝：你有何冤情？对毛泽东有什么指控？

彭：1959年庐山会议，我写了一封私人信给毛泽东，要求他矫正所谓"三面红旗"大跃进的错误，毛泽东抓住诬蔑我"反党"，发动全党批判我，撤销国防部长，关禁起来。文革又拉出来残酷批斗，我被折磨垮了，1974年死在四川，骨灰化名为"王川"。

大帝：毛泽东，彭德怀对你指控是否属实？你有什么申辩？

毛：彭德怀对我指控完全属实，无过之有不及。

大帝：毛泽东承认罪责。彭德怀，你还有什么指控？

彭：毛泽东不但害死我，而且制造打击了一个与我有关的很大的

"反党集团"，发动声势很大的"反右倾运动"，全国整了 1000 万人，牵连影响几千万人。

大帝：毛泽东，彭德怀的指控，你有什么申辩？

毛：彭德怀指控完全属实，我承担全部罪责。

大帝：毛泽东承认罪责。彭德怀，你还有什么指控？

彭：大跃进，反右倾，全国出现大饥荒，大批饿死人，1959 年就饿死几百万人。毛泽东不顾人民死活，不救灾，不开仓，相反集中全国人力物力财力，加速制造原子弹，数十万人大协作，无数次轰爆试验，一切为原子弹让路。使大饥荒加剧发展，到 1962 年就饿死 4000 万人。1964 年原子弹爆炸成功，不顾科技落后，6000 科技参与人员被原子微尘辐射伤害。原子弹成功，3000 歌舞团员专门为他欢呼，毛泽东作诗："原子弹爆炸，其乐无穷"。

大帝：毛泽东，彭德怀指控你不顾人民死活，爆炸你的原子弹，你有何申辩？

毛：彭德怀指控属实，我不在乎饿死多少人，死几千万，还有几亿，原子弹是我的命根子，不管什么代价，死人多少。

大帝：毛泽东承认罪责。彭德怀，你还有什么指控？

彭：1950 年毛泽东派我去朝鲜指挥作战。实际上全盘是毛泽东在北京指挥，我是执行。毛泽东不顾士兵死活，朝鲜严冬零下 20 度没有棉衣棉鞋，也要赶去作战，士兵无数冻伤冻死。毛泽东搞人海战术，明知打不过也要士兵当炮灰，打到美军机枪手不忍再打。我几次回北京求情转变战略，毛不为所动。朝鲜战争公布死 18 万人，实际上死 40 万，连伤残 100 多万。整个解放军 300 万，都轮番去过朝鲜作战。

大帝：彭德怀指控你搞人海战术，不顾士兵死活，拿人当炮灰，你有何申辩？

毛：彭德怀指控属实，我一向认为中国人多的是，军队死 100 万也没什么，很快招新兵又补充上去。朝鲜战争我想以多胜少，用人海战术。

大帝：毛泽东直认不讳，罪责成立。

（第2个：班禅上场）

大帝：你叫什么名字？

班禅：我叫班禅

大帝：你有什么冤情？对毛泽东有何指控？

班：我不忍心看到西藏人被毛泽东镇压的惨况，1961年据我亲历调查，写了《七万言》报告，要毛泽东矫正错误，被打成反党反革命，抓我入狱，10年冤狱，受尽折磨，毛泽东死后我才被释放，1989年回西藏，心脏病发作去世，终年51岁。

大帝：毛泽东，班禅对你指控，你有何申辩？

毛：我对班禅迫害属实，我承认罪责。

大帝：班禅，毛泽东承认对你迫害，你还有什么指控？

班禅：毛泽东对西藏犯下滔天罪行，1956年毛泽东发动所谓三大改造，爆发50多万藏胞骚乱，6万武装起义，毛泽东派军队残酷镇压，动用轰炸机，数千藏胞死亡。毛泽东对西藏宗教无情毁灭，西藏寺庙2500多座，减少到70多座，11万喇嘛被迫减少到7000多人。1959年拉萨又发生大规模骚乱，毛泽东再次无情镇压，达赖带600人被迫逃亡，几万藏胞跟他逃去印度。

大帝：毛泽东，班禅对你指控无情镇压西藏，你有何申辩？

毛：班禅指控完全属实。

大帝：班禅，毛泽东承认罪行，你还有什么指控？

班禅：毛泽东的继承人，继续毛泽东镇压西藏的恶行，毛泽东死后，有100多喇嘛先后自焚抗议身亡，至今继续迫害西藏宗教，达赖继续流亡不能回西藏。

大帝：毛泽东，班禅对你继承人指控，是否属实？

毛：班禅指控属实。

大帝：毛泽东承认对西藏全部罪行。

（第3个：张闻天上场）

大帝：你叫什么名字？

张闻天：我叫张闻天。

大帝：你有什么冤情，对毛泽东有什么指控？

张：1959 年庐山会议彭德怀上书毛泽东，我支持他发言 3 小时，批评毛泽东大跃进祸国殃民，被毛泽东打为"反党集团"，从此在政坛消失。1966 年文革抓我批斗 16 场，我体力不支，几次心脏病发。1969 年流放我去广东肇庆，武装监守，改我名为"张普"，张闻天从此消失。1976 年我在监守中去世，张普骨灰无存。

大帝：张闻天对你指控，你有何申辩？

毛：张闻天指控完全属实。

大帝：张闻天，毛泽东承认你的指控。你还有什么其他指控吗？

张：历史上，从 1936 年长征路上，我当总书记，到 1943 年正式卸掉总书记。这 7 年毛泽东掌军权，他说了算，把我当傀儡，他要做什么，会议怎么开，指示我主持开会，我不过做他的开会召集人，一切由他操纵。我实际上只是在中央资料组管四五个人。又要我做无数次反省检讨，我违心做一次又一次长篇书面检讨，一生不放过我。毛泽东整人一直整到死为止。

大帝：毛泽东，张闻天对你指控是否属实？

毛：张闻天对我指控完全属实，我整人就是一直不放过，整到死为止。

大帝：毛泽东承认所有指控。

第六天开庭

（第 1 个：李达上场）

大帝：你叫什么名字？

李达：我叫李达。

大帝：你有什么冤情？对毛泽东有什么指控？

李：1958 年毛泽东疯狂发动所谓大跃进运动，宣传什么"人有多大胆，地有多高产"的胡话。他来到武汉，我拼命插了个空，见他 10 分钟，当面语重心长警告他："你不要脑子发烧到 40 度，下面就会达到 41 度，中国人民就要遭大灾大难"。我还说："林彪吹你是马列顶峰，你不要头脑发昏"。毛泽东听不进去，还对我怀恨在心。

1966年文革开始，批斗我2个月，把我折腾到胃大出血。7月毛泽东到武汉游泳，我叫秘书送信向他求救，无下文。8月再开10万人大会批斗，我倒在地，口吐鲜血，不省人事，两天就一命呜呼了。

大帝：毛泽东，李达指控你害死他，你有什么申辩吗？

毛：文革之初，王任重请示我，对李达怎么办？我说校内批判，不要整死。我也知道批判一开，就会控制不住。我心想李达对我不好，批我大跃进，又批我顶峰，跟彭德怀差不多，整死活该，我无所谓。

大帝：李达，毛泽东承认放开整你，承担整死你的罪责。你对他还有什么指控呢？

李：文革之初，毛泽东已经是红太阳了，成了党的"创始人，缔造者"，红卫兵来调查我，叫我印证，因为我在"一大"处于仅次于陈独秀，张国焘的地位。我如实讲了当时的情况，毛泽东"一大"时，还未入党，只是入了共青团（CY），不是CP（共产党），我说"你就参加CP吧，回湖南就组织CP"。当时马马虎虎承认了他是"一大"代表。我没有"为君者隐"，我太老实了，也成了我"诬蔑红太阳"的一条罪状。

大帝：毛泽东，李达对你指控，情况是否属实？

毛：李达原原本本讲出"一大"情况，对我描述属实。他没有维护我"红太阳"的地位，我确实怀恨在心。

大帝：毛泽东承认李达指控属实。

（第2个：傅作恭上场）

大帝：你叫什么名字？

傅作恭：我叫傅作恭，傅作义的堂弟。

大帝：你有什么冤情？对毛泽东有何指控？

傅：我祖父傅文鼎有两子，傅庆泰和傅庆雨，他们共育有10子，依次按孔子伦理"仁、义、礼、智、信、温、良、恭、谦、让"取名。傅作仁，傅作义，傅作良为我叔傅庆泰之子。我傅作恭为傅作义堂弟。我大学学园艺，毕业后在绥远陕霸农场当场长，在傅作义创办的奋斗

426

小学当校长。1950年我去北京探望傅作义，遇见甘肃主席邓宝珊，他邀我去甘肃工作，我堂叔同意，去当甘肃林业厅造林科科长，主持植树造林。1957年我被划为右派，开除公职，发配去夹边沟劳改农场，1960年饿死在夹边沟。我堂兄得知，大惊失色，1960年底特意参加监察部钱瑛的检查团，亲到夹边沟找我下落，问"人死了埋在哪里？"场长谎称"听说他可能跑了？"其实是尸体集体乱埋找不到了，没法交代。我堂兄痛哭，悔不当初，追悔莫及。

大帝：毛泽东，你对傅作恭是否知情？你有什么申辩？

毛：傅作义给我提过他堂弟傅作恭的事，但傅作恭饿死在夹边沟我不知道。反右派运动迫害大批右派致死，全国右派劳改农场上千，我是始作俑者，我承担全部罪责。

大帝：毛泽东承担你被饿死的罪责，你还有什么指控吗？

傅：夹边沟饿死劳改右派1500人，情况非常残忍，我只是其中之一，我是饿得不行了，到猪圈抠点猪食充饥，一下倒在猪圈起不来死去了。3000右派像原始人，穴居水沟旁的地窝子里，冬天来了，连野菜都没有了，煮干树叶和草籽吃，吃了胀肚便秘，无奈之下，趴在地上，翘起屁股相互掏粪蛋，已经不像人了。1960年11月，每天都有数十人死去，连找人掩埋都困难，大家没有足够体力去埋人，草草拖到沙包盖一下了事，叫做"钻沙包"。更有饿得发狂难奈的，把尸体扒出来，开肠破肚吃内脏，吃尸体，活生生人吃人。

1961年刘澜涛发现夹边沟惨况，关闭农场，全部幸存右派送回原单位。劳改的一名医生被留下来，编写死者病历，写了半年，病历上全不见"饥饿"二字，明显特意掩盖饿亡真相。直到2000年，作家杨显惠来调查，走访100多个幸存者，3年写成《夹边沟纪事》，还原史实，惊动大众。2010年王兵又拍成电影《夹边沟》，但只能在香港上映，观众看到忍受不了，有不少中途退场。

几十年过去，草草掩埋的尸骨，频频暴露于荒野，当地农牧民看不过去，持续反映无人理。2013年一些有心者收拾了附近遗骨，树立了一个墓碑。但不到一个月，墓碑就被当地政府奉命摧毁。不过香港

2017 年又新出了纪录片《夹边沟》，大家没有遗忘。但是照例不能在国内上映。现在国内幸存者和受难家属仍然压抑，只能私下在家里谈论纪念。受难者遗骨依然遍弃荒滩，受难冤魂仍然在夹边沟上空游荡。

大帝：毛泽东，傅作恭的陈述控诉，是否属实？为什么不许纪念？

毛：傅作恭陈诉完全属实，所指对右派迫害，有不及无过之。至于不许纪念，因为我是主谋，邓小平是反右运动执行者。他要"四个坚持"，就不能全盘否定我反右斗争，他只能说"扩大化"了，留个尾巴，含糊其词一风吹，让过去的事过去，平反吹掉了就不许再提，让大家忘记，所谓"向前看"。因此墓碑不能立，电影不能放映。

大帝：毛泽东，你认为这样处理对吗？

毛：我现在彻底承担罪过，对右派应彻底平反，幸存者应得赔偿慰问，死亡家属应得安抚慰问，对被迫害右派应隆重纪念。

大帝：毛泽东彻底承担反右派罪责，对右派彻底平反。

（第 3 个：刘少奇上场）

大帝：你叫什么名字？

刘少奇：我叫刘少奇。

大帝：你对毛泽东有什么指控？

刘：毛泽东发动文革，是为了打倒我。1966 年，毛泽东与林彪伙同，发动政变，把持党中央，我被迫一再检讨，靠边站，不管事了。我向毛泽东提出辞去国家主席，回乡种田，结束文革。毛泽东不准，他要"痛打落水狗"，布置残酷批斗，把我置于死地。

1967 年，江青导演清华大学红卫兵，"智擒王光美"，慌称我们女儿车祸压断腿，要我们去医院，扣下王光美，押去清华开 30 万人批斗大会，凌辱王光美。江青又煽动红卫兵，在中南海周围，搭起几千个帐篷棚子，架起几百个高音喇叭，1 万多人日夜围攻我。中央文革在天安门广场开百万人大会批斗我，我被打得鼻青脸肿，鞋子被踩掉，光着脚押回去。我举起宪法，说我是国家主席，这样凌辱我，是侮辱国家。

我被关在办公室，不许回家。办公室成了囚犯房，看守一天只送一次饭。接着王光美被捕入狱。我被关押折磨一年多，直到神志不清，大小便失禁，靠鼻胃管灌食维生，1968年把我抬上直升机，送去河南开封，不准进医院，在开封一个密室熬死，被秘密火化，骨灰化名"刘卫黄"，死讯不公布。我妻子王光美和几个孩子也一直不知。我被开除出党的罪名是"最大走资派，叛徒，内奸。"

大帝：毛泽东，刘少奇对你指控，你有什么申辩？

毛：刘少奇指控，完全属实，我就是要不但把他打倒，而且要斗臭，把他活活整死。所谓"走资派，叛徒，内奸"，都是强加的罪名，子虚乌有。

大帝：毛泽东承认活活整死刘少奇的全部罪责。刘少奇，你还有什么指控吗？

刘：毛泽东不但抓我妻子入狱，连她70多岁的母亲，也被抓入狱，几年后就死在监狱。王光美被单独囚禁12年。

大帝：毛泽东，刘少奇对你的指控，是否属实？

毛：完全属实。我就是要整到他妻离子散，家破人亡。

大帝：毛泽东承认全部罪责。

（第4个：林彪上场）

大帝：你叫什么名字？

林彪：我叫林彪。

大帝：你对毛泽东有什么指控？

林：毛泽东利用我来管军队，为他保驾护航。我也有私心，想随毛升上去。我吹捧他四个伟大，一句顶一万句，使他成为"红太阳"，笼罩全国全民。打倒了刘少奇，我成为老二。1969年"九大"，我和毛泽东产生分歧，我要抓生产，他要继续抓阶级斗争，不再信任我，要我臣服江青，他要把我整下去。我纵容儿子组织反抗，但是势单力薄，斗不过他，他要把我置于死地，我被迫仓惶逃亡。飞机在蒙古上空爆炸起火坠毁，我和妻子孩子死亡，毛泽东害死我一家。

大帝：毛泽东，林彪指控你害死他一家，你有什么申辩？

毛：林彪指控属实。我利用他打倒了刘少奇，就不要他再当老二了，我要江青来接我班，就要把他整下去。林彪飞机出逃，是我秘密指示炸死他，别让他逃去苏联惹麻烦。对外我谎称"天要下雨，娘要嫁人，随他去吧。"

大帝：毛泽东承认谋害林彪，承担罪责。

第七天开庭

（第1人：艾地上场）

大帝：你叫什么名字？

艾地：我叫艾地（D.N.Aidit）印尼人，前印尼共产党领袖。

大帝：你对毛泽东有什么指控？

艾地：毛泽东输出革命，煽动印尼发动政变，冒险夺权，结果被军方镇压，我和印尼共全部领导人和50万共产党人被杀。

大帝：艾地，请你详细陈述你的指控。

艾地：毛泽东对印尼野心很大，鼓励我大力发展共产党。我自1957年起，5次秘密去中国讨教，接受援助，到1965年，印尼共产党发展壮大到号称300万人。1965年苏哈诺总统健康恶化，毛泽东鼓励我们发动政变夺权，我得到总统警卫队3个军官支持，秘密暗杀军队将领，以便夺权，不幸密谋走漏，被苏哈托将军反击收拾，共产党所有领导人，被一网打尽，只有一个政治局委员幸存下来，他当时在中国，以后就一直在中国养老。印尼共产党被屠杀50万人。印尼共产党从此被宣布非法，少数流亡国外，国内连个影都找不到了。

印尼共被屠杀惨败，毛泽东还高高在上发指责，开脱自己，说我们印尼共产党犯了错误，动摇了，没有打到底。我们拿什么去打？根本脱离实际。印尼人恨毛泽东，印尼与中国外交关系中断了20多年。

大帝：毛泽东，艾地对你的指控，你有什么申辩？

毛：艾地指控属实。我害了他，害了印尼共产党，害了印尼人民。我承担全部罪责。

大帝：毛泽东承认罪责。艾地，你还有什么指控？

艾地：我的女儿离开了苏联到中国，又离开中国到了法国，得到自由，入了法国籍，又能回到印尼。我非常感慨。印尼现在不错，没有共产党了，大家自由，安居乐业。但是我看到中国，还是毛泽东共产党那一老套，专制之下无自由，我很遗憾。

大帝：艾地指责中国还在毛泽东影响下，专制无自由。

（第2个；斯特朗上场）

大帝：你叫什么名字？

斯特朗：我叫斯特朗（Anna Strong），美国人。

大帝：你对毛泽东有什么指控？

斯：我为毛泽东宣传"美帝是纸老虎"，当毛的喇叭筒。毛泽东欺骗我，把我像人质一样扣留在北京，我失去自由，最后孤独一人死在北京。

大帝：斯特朗，你从头来陈述好吗？

斯：我一生被共产党骗了，我走错了路。1920年代，我被苏联宣传骗了，跑到苏联去，为苏联向世界作共产宣传，还跟一个共产党员作家结婚，他在二战中死了，我在苏联一住20年。1940年代，我转去中国，1946年在延安见到毛泽东，他说"美帝是纸老虎"，我就为他在全世界宣传："美帝纸老虎"，为他在非洲等穷人世界，扩大影响。1949年我要再去中国，路经莫斯科，被苏联扣留，谎称我是美国间谍，关了我6天，把我送回美国。其实是斯大林阻止我去中国，怕我为毛泽东作太多宣传，甚至超过斯大林。

1958年，我终于得到机会，再来中国。我继续为毛泽东作宣传，向世界宣传中国成就。但是后来我发现，共产党给我的宣传资料，是虚假的，大跃进放卫星的宣传，是假的。大饥荒饿死人，却隐瞒了。我没能向世界报道中国的真实情况，我成了共产党的喇叭筒。我只能报道官方给我的宣传资料。

1966年文革开始，我和一些在北京的美国人，都受了骗，参加了红卫兵，1968年当我听到刘少奇被作为"走资派，叛徒，内奸，工贼"打倒，开除党籍，我很纳闷，不知所措，一个人呆坐了几个小时。1969年我的侄孙要来中国看我，我连续申请5个月，就是不批准。我非常生气，我要求去金边见他，也不允许。我失去自由，像关在笼子里。我想回美国，但是没有希望。

1970年，我身体恶化，我觉得生命没意思了，我拒绝吃药，拒绝住医院。他们硬把我抬去医院，我绝食。最后周恩来看我，劝我吃饭，吃药，又马上下令通知让我的侄孙来北京。但是一切都晚了，第2天我就去见上帝了。

大帝：毛泽东，斯特朗对你的指控，是否属实？你有什么申辩？

毛：斯特朗对我的指控，完全属实。她是有名的老资格马列老太太，为我做了大量宣传，我很感谢她。她进了我的铁桶，失去自由，最后孤家寡人一个死在北京，连一个亲属都不能见，我承担全部罪责。

大帝：毛泽东承认欺骗了斯特朗，使她失去自由，让她像人质一样孤独死在北京。

（第3个：波尔布特上场）

大帝：你叫什么名字？

波尔布特：我叫波尔布特（PolPot），柬埔寨"红色高棉"领袖。

大帝：你对毛泽东有什么指控呢？

波：我首先忏悔自己，我是柬埔寨的罪魁祸首，我的"红色高棉"杀人200万，是世界有名的屠杀大王。我的"红色高棉"最后分崩离析，纷纷弃暗投明，我被自己人抓去公审，判我终身监禁。1998年我心脏病发作死亡，我对柬埔寨犯下滔天罪行，死有余辜。

大帝：你承认对柬埔寨犯了滔天罪行。你对毛泽东有什么指控呢？

波：毛泽东是我的老师，我杀人那一套，都是从毛泽东那里学来的。毛泽东给我援助，从武器弹药到穿的用的，都从中国送来。可以说，没有毛泽东，就没有我。早在1965年，我就秘密去北京学习3个月，毛泽东叫陈伯达，张春桥详细给我传道，给我讲枪杆子，阶级斗争，我回去就照办搞起来。我按毛泽东教的办，青出于蓝，胜于蓝。毛泽东赶学生上山下乡，我则把城市人全部赶去农村，什么家具，小汽车，都全部丢掉。毛泽东发明粮票，布票，我连粮票，布票都不用，连钞票都废掉，完全实物分配，连婚姻都有专人配对，平时男女分开，男劳动队，女劳动队，比毛泽东人民公社还进一步。

1975 年我又去北京，毛泽东亲自给我讲共产党路线斗争，说中共搞了 10 次路线斗争，100 年还有阶级斗争和路线斗争，我完全照他指示办，我在"红色高棉"也搞了 9 次大清洗，高层领导和许多干部都被处决，搞到人人自危。

大帝：毛泽东，波尔布特指控你是柬埔寨灾祸的后台老板，你有什么申辩吗？

毛：波尔布特指控完全属实，我是他的导师和后台老板，柬埔寨的灾难，根源来自我。

大帝：毛泽东承认他是柬埔寨灾难的根源。波尔布特，你还有什么指控吗？

波：毛泽东死后，他的巨大影响传给继承人。1977 年他的继承人华国锋邀请我去北京，我受到 10 万人空前夹道欢迎，这是我一生最风光之时，使我忘乎所以。可是仅过了 1 年多，越南人就攻下金边首都，因为我不但杀柬埔寨人，也杀越侨，华侨，越南出兵打我得人心。我被迫重返丛林，又坚持武装斗争 20 年。1979 年初，邓小平出兵 20 万打越南，名义上叫"自卫反击"，实际上是报复越南出兵打我，邓小平还要救我呢，一个月战争造成几万人死亡，双方损失巨大，可见毛泽东留下的祸根之深，对他的继承人影响之深。

大帝：毛泽东，波尔布特指控你继续影响你的继承人，继续支持波尔布特，对柬埔寨是不义之举。

毛：波尔布特指控属实。

大帝：毛泽东承认你的指控。你还有什么要说吗？

波：柬埔寨现在已清除我的罪恶影响，实行君主立宪，三权分立，自由民主制度。但中国继续存在毛泽东巨大罪恶影响，依然实行共产专制，令全世界不安不宁。

大帝：波尔布特指出毛泽东罪恶，依然影响今日中国。

第八天开庭

（毛泽东依然站在被告席上）

大帝：23 位受害人对毛泽东指控和审判到此结束。出席审判的多位著名人士，有意见要发表。首先请秦始皇发表意见。

秦始皇：（站立起来）听了 23 位受害人的指控，和玉皇大帝的审判，我认为毛泽东罪大恶极。毛泽东屡次说"我是马克思加秦始皇"，他拿我跟他相比，想说明他行专制正确，他镇压谋害知识分子正确。

我草创帝国之初，不专制何以维护统一？我专制非如毛泽东"无法无天"，只凭"最高指示"一句话。我以法治国，以秦法为基础，吸收六国法律某些条文，统一法律，特制处惩罚官吏法，每年考绩。至于"焚书坑儒"，乃处置以古非今，妨害国家统一之徒。我统一典章法制，诸事有法可循，车同轨，书同文，行同轮，废分封，创郡县，底定有史以来第一帝国。历史家说我是中国第一大帝，千古一帝。

而毛泽东是破坏中国文明第一大罪人，杀害同胞最多的第一大罪人，是'千古一魔'。我 2000 年来为人传颂，毛泽东今后 2000 年将被人唾骂。我的历史一清二白，毛泽东的历史罪过，至今被党国掩瞒，不敢公之于世。

毛泽东建所谓"新中国"，实际上是"腥中国"，30 年血腥斑斑，是文明大倒退，开历史倒车。毛泽东倒向俄国共产党，按俄国模子，来搞所谓'新中国'，搞得乌烟瘴气，一塌糊涂，我从天国往下看，饿殍遍野，哀嚎惊天，惨不欲睹，大好山河，千疮百孔，看得我老泪横流，不断叹息。毛泽东搞所谓大跃进，要搞出共产样板，拿几亿同胞做试验品，搞什么人民公社，三面红旗，搞到死人几千万，不把百姓当人看，毛泽东不认罪，不担罪责，嫁祸下属，整人杀人，颠倒黑白，制造大批冤假错案，整个中国成了特大冤狱。

秦朝灭亡在于我意外早逝，还未来得及安排接班，被小儿子搞糟了。中华大厦还未建成，留给刘邦续建了，基础是我打下。有人说我苛政，焚书坑儒，是夸大其词，我活埋的大多是江湖骗子，并非正派儒生。我哪有毛泽东杀人百分之一，我那时强力推行法制，大帝国底定

434

之初，完全必要，非此不足以维护统一。直至今天，仍然经得起历史检验。

人类自美国 18 世纪实行立宪民主，三权分立起，进入 20 世纪，世界历史潮流全面实行立宪民主，大清帝国慈禧太后，亦于 1900 年代决定改行君主立宪。不幸大清被推翻，毛泽东及他的继承人，百年后现在仍坚持共产专制，必难逃历史惩罚。

大帝：秦始皇驳斥和谴责毛泽东完毕。现在请朱元璋发表意见。

朱元璋：（站立起来）毛泽东除了喜欢跟秦始皇比，还好跟我比，说我们都是靠农民战争起家夺取政权，想拿我来替他辩护。我开国治国有功，为后人纪念，连大清康熙帝每次南巡，都必到南京明孝陵祭拜我，给我立"隆高唐宋"碑，我十分感激。

毛泽东与我不同。我是推翻文化落后的蒙人统治，开国就与民休养生息，使明朝成为又一个黄金时代。我得天下后，不忘祖宗，继续尊孔，只是不喜欢孟子说'君为轻'，不让孟子入孔庙。我尊'儒道佛'，视为民族魂。反观毛泽东，开国说是"解放"，实是"捆绑"，"绑架"，使百姓失去自由。他忘掉祖宗，丢掉'儒道佛'，从遥远的天边，搬来个洋人，立作神主牌，搞莫名其妙的阶级划分，阶级斗争，让几亿子民，刀枪相向，血流成河，死人无数，全国大乱，民不聊生。几千年来，没有一个帝王，像他如此大罪。

毛泽东认贼作父，引狼入室。俄国人在清朝，就趁机夺我中华大片领土，实贼无疑。民国之初，又趁机唆使外蒙独立，划入他的势力范围，使我中华丧失大片领土。毛泽东共产党，又拿他钱和枪炮，请俄国人来中国当顾问，不惜引狼入室，乱我神州。毛泽东学斯大林，认他作大老板，他当伙计，开共产分店，搞得神州天昏地暗一塌糊涂。

毛泽东狂妄自大，要当世界共产王，不惜拿民脂民膏，撒钱收买外国人，为他一人当共产王，全国百姓遭殃。从所谓抗美援朝起，就不惜牺牲几十万人，向斯大林争取共产国际地位，斯大林一死，他就想取而代之，当共产王，不惜任何代价。印尼共产党被他鼓吹夺权失败，50 万人被杀；毛泽东对柬埔寨输出革命，令柬埔寨 200 万人死于非命。中国自汉朝起，就是世界第一大国，但历代帝王，从来没想过称霸世界，都是人家自愿'万邦来朝'。

我曾提出"高筑墙，广积粮，缓称霸"，毛泽东模仿我，提出："深挖洞，广积粮，不称霸"。我说"缓称霸"，是实事求是，心口如一。毛泽东讲："不称霸"，是心是口非，骗人骗世界。实际上，他就是想称霸，而且行动上拿无数百姓血汗钱，去收买非洲欧洲那些小国家，满足他的霸王欲。

毛泽东与他的继承人，至今掩盖30年罪恶，继续绑架14亿人民，为非作恶。当今统治者习近平，必须从共产制度脱胎换骨出来，中华民族才得新生，中国文明才能复兴。

大帝：朱元璋揭穿毛泽东想拿他当掩护的阴谋，他讲完了。现在请道光帝发表意见。

道光帝：（站立起来）1840年，我以空前决心禁烟，不顾缓禁派反对，不惜与大英一战，爆发鸦片战争。因国力军力悬殊，朝内缓禁派势力大，战争失利，禁烟失败，但是虽败犹荣，我仍史上留名。我果断禁烟，是基于烟毒害民害国，长此下去，民弱国穷，是为挽救国家颓势，100年后，毛泽东竟反吾道而行，为他一人一党私利，不惜害民害国，不但不禁烟，还在延安大举种鸦片贩毒，当贩毒头目，我十分震惊痛心。毛泽东又对外隐瞒罪恶，欺骗舆论，放着日本侵略者不打，蓄意贩毒打肮脏内战夺权。今日暴露天下，百姓哗然。

毛泽东学斯大林之残暴，拜斯大林为大老板，推行共产革命灾难，毁祖宗文明，令中国文明大倒退，实为祖国千古罪人。

大清帝国自朕之后，慈禧太后倡开放革新，举洋务，改积习，历40余年，成绩显著，已定计划，部署立宪，不幸大清被推翻，国家一片混乱，内争内战不已，民不聊生，生民涂炭，毛泽东统治30年，罪恶最大。

大帝：道光帝痛心谴责毛泽东竟然在鸦片战争100年后，仍然大种鸦片，当贩毒头目，毒害同胞，肮脏夺权。今天秦始皇，朱元璋，道光帝发表意见完毕，明天继续开庭。

第九天开庭

（毛泽东依然站在被告席上）

大帝：今天马克思，希特勒，斯大林有意见要讲，现在请马克思发言。

（马克思上场）

马克思：毛泽东喜欢自称'马克思加秦始皇'，其实他半个马克思都没有。毛泽东把我的"马克思主义"歪曲，缩成"造反"2字，他一生专门煽动暴力造反。毛泽东说"马克思主义，千头万绪，归根到底，就是一句话，造反有理。"他是专门搞造反的，因此他说自己就是马克思了。毛泽东断章取义。我和恩格斯1848年写《共产党宣言》，鼓吹暴力革命。那时我30岁，恩格斯28岁，都是年轻人，血气方刚，年轻气盛，学识尚未成熟。毛泽东就抓住一句造反当旗帜。其实中国自古以来，就有农民造反，经验丰富，何必从我书上，捡了一句话当旗子。列宁，斯大林也是'为我所用'，拿我一句话当旗子而己，哪里有依从我的理论行事呢？他们搞了几十年，失败了，说明他们造反无理，被历史淘汰了。

毛泽东做他们的学生，又在中国大搞，结果失败得更惨，说明毛泽东也是造反无理。他还传播给他的学生，结果在柬埔寨也败得更惨。

我的祖国德国，他们说："我们有两个马克思，青年暴力马克思，被俄国人带走了，爆炸了；老年自由民主马克思，被西欧带走了，开花结果了。"毛泽东从俄国带走的，是更暴烈的列宁主义，爆炸得更惨。我死得早，未来得及条理写出理论来，恩格斯在我死后写出来了，明确写出自由民主的社会主义，他代表我的见解。

毛泽东还有个法宝，名叫'马克思主义中国化'，实际是'为我所用'，打着我的旗号，随意发挥，随心所欲，内容是他的，即是所谓'毛泽东思想'。毛泽东根本对我的著作没兴趣，他更喜欢看《水浒传》，在延安不抗日，专门叫人从国统区给他找草莽造反的小说《水浒传》看。我在《共产党宣言》中，反对流氓无产阶级，流氓无产消极腐化。毛泽东则最喜欢流氓，喜欢收买利用流氓，去干反动勾当。

我的《资本论》错了，我讲什么"剩余价值剥削"错了。劳资两利，互相依存合理。剥削论分裂人群，制造阶级斗争，煽动对抗厮杀，为祸世界百年。

我反对私有制，要消灭私有制，我错了。应该是要无产者，上升为有产者，而不是消灭有产者。我在《共产党宣言》中，也讲到"每个人自由发展"，要一切人都能自由发展。毛泽东则反对自由，反对我的理论，他专门写了一篇《反对自由主义》。

大帝：毛泽东，马克思对你的指控，你有什么申辩吗？

毛：马克思对我的指控，完全属实。

大帝：毛泽东承认马克思对他的指控。希特勒有话要说，现在请希特勒发言。

希特勒：（站立起来）我发动二战祸害全世界，遭到惨败，我罪恶极大，接受惩罚，德国人民抛弃我，德国获得新生，获得世界尊重，德国重新站起来了。毛泽东与我不同，我枪口对外，不打自己人。毛泽东拜斯大林为师，学了专整自己人，杀自己人那一套，搞恐怖统治。放着日本人入侵不打，去打自己人。大家说他'外战外行，内战内行'。我是真为穷人奋斗，毛泽东是假的。我对穷人充满同情心，因为我曾穷到在街上讨饭，我是穷人出身，我的名字Hitler，德文意思是'住小房子的人'，我一生勤俭。毛泽东只顾游山玩水，全国专用行宫别墅20处，全国饿死人几千万，他照样到处游山玩水。

我的出发点好，心好，不搞恐怖，不整不杀自己人。毛泽东和斯大林那一套，也是法西斯，也是一个领袖，一个意志，也说为穷人。我跟他们两点不同，第一不同，他们的法西斯，是恐怖杀人，我对内不搞恐怖，还保持民主选举。第二不同，他们嘴说为民，实际上是利用无知人民，煽动他们搞暴力恐怖，毛泽东搞恐怖法西斯。我搞建设，实实在在为人民做好事。我对内搞和平法西斯，但是对外错了，发动战争，杀犹太人，是我的大罪。

2012年，德国出版了小说《希特勒回来了》，热销德国150万册，全球又出版了30多种语言译本，舆论影响很大。2015年又拍成电影。

小说写我恢复为平民，依然道德严谨，理想崇高，待人有礼，爱护动物，关怀弱者，怀使命感，我在电视台做节目，影响力比 70 年前更大。可见我忏悔了，70 年后回到民间，还能生存。毛泽东至今没有忏悔，他的继承人也从未忏悔。

美国是现代世界文明堡垒，一战，二战德国冒犯了美国，都惨败了。苏联与美国冷战，也以解体失败告终。现在毛泽东的继承人不割毛拔毛，不割掉共产主义，还与美国对抗，即是与文明对抗。历史将证明，毛泽东的余党也必惨败。

大帝：希特勒忏悔后还想重新做人。他对毛泽东提出严正警告。斯大林有话要说，现在请斯大林发言。

斯大林：（站立起来）毛泽东是我的学生，但他比我更凶残狠毒。我杀人只会推出去枪毙完事，毛泽东发明整人术，先整后杀，让受刑人痛苦熬煎慢性死亡。我杀人不杀宗教，毛泽东杀人又杀文明。他丧尽人性，饿死几千万人时期，照样大建几十座他的专用别墅，还加速造他的原子弹。1945 年二战结束，我要毛泽东跟蒋介石和平谈判，建立联合政府。他坚持要打，要打到自己独霸全中国。1949 年初，我再次要毛泽东跟蒋介石谈和平，他再次坚持打到底。我最怕他太强硬，惹美国干涉。我知道美国不好惹，一战，二战，都是德国惹美国进来，结果都被美国打败了。二战如果没有罗斯福给我大量飞机大炮坦克，几路船队不断给我输血，我早被希特勒打败了。中国如果再惹美国进来，把我卷进去，我打不过美国，我要吃亏。幸亏美国是鸽派杜鲁门当权，只是温和调停，并不强硬干涉，让毛泽东得机会打到底夺得全中国。对蒋介石，我一直认为毛泽东太狠。我看蒋也不是很坏。1920年代，他来莫斯科学习过，还提出加入共产党，我没同意，只作为观察员，出席共产国际会议。我觉得毛和蒋是革命兄弟，所以国共北伐战争我都出钱出力了。关键还是我顾虑如果太狠了，美国出手干涉就不好办。好在美国不强硬，使毛泽东侥幸夺得全中国，把蒋介石赶到台湾孤岛去了。

毛泽东野心胃口太大，现在他的继承人习近平，继承他的红色帝国称霸世界野心，与美国对抗，拿邓小平时代美国帮助经济发展的本钱，野心"治理全球"，拿我已经破产的共产老套，来搞什么"人类命运共同体"，结局一定比我和毛泽东失败更惨。

大帝：斯大林以亲身经验批判毛泽东，又警告毛泽东现在的继承人习近平。斯大林讲完了。赫鲁晓夫有话要讲，现在请赫鲁晓夫发表意见。

赫鲁晓夫：（站立起来）毛泽东是军国主义者，他以战争为乐。朝鲜战争打了 2 年，斯大林说该结束了，但毛泽东要斯大林援建 90 个军工厂，还要原子弹技术，才肯停战。和平时期毛泽东不要基础和民用工业项目，单要军工。斯大林不给，毛泽东继续打，僵持了 1 年。到 1953 年斯大林死了，我大方答应毛泽东的两大要求，毛泽东才肯签停战协定。

大帝：赫鲁晓夫指控你是军国主义好战分子，你有什么申辩？

毛：赫鲁晓夫指控完全属实，军队是我的命根子，我一生就是战争第一。

大帝：赫鲁晓夫，毛泽东承认你的指控。你还有什么指控吗？

赫鲁晓夫：毛泽东无人性，死人多少不在乎。对外隐瞒死人真相。朝鲜战争他对外公布死人 18 万。刘少奇承认死人 40 万，苏联的情报是死人 100 万。实际死多少？毛泽东从来不说实话。

大帝：毛泽东，赫鲁晓夫指控你无人道，死人不在乎，欺骗舆论。

毛：赫鲁晓夫指控属实，我一向对死人多少无所谓，不重视统计，实际数目我不过问，对外我指示尽量压小数字。

大帝：赫鲁晓夫，毛泽东承认你的指控。你还有什么指控吗？

赫鲁晓夫：1957 年我请毛泽东到莫斯科开共产国际大会。毛泽东非要我答应给原子弹技术才去，我不得已答应了。他在莫斯科大会上，大讲不怕死人，发动全球共产革命，全世界死人 1/3 也值得。毛泽东是战争狂，全球几十个国家代表听得发呆，不知所措。他私下还对我说，全世界那怕死一半人，得到全球共产胜利，非常值得。他想做世界共产王。

大帝：毛泽东，赫鲁晓夫指控你煽动发起全球共产战争，不管死人多少，你有什么申辩？

毛：赫鲁晓夫指控属实，我确实是那样说的，斯大林死后，我就想发动全球革命，做世界共产王。

大帝：毛泽东承认赫鲁晓夫指控。赫鲁晓夫，你还有别的指控吗？

赫鲁晓夫：1959年我访问美国，苏美达成和平共处与和平竞赛共识。访美一结束，我就去北京，满怀希望苏中一起搞和平竞赛，但毛泽东坚持搞他的人民公社共产样板，跟我强辩，我无功提前走了。1961年毛泽东人民公社失败引起大饥荒，死人几千万，我主动提出援助100万吨粮食，毛泽东不要。他把饿死人不当回事，还隐瞒死人真相。不开粮仓救人。同时把资源集中加速造原子弹，同时期全国各地还大建20座行宫别墅。

大帝：毛泽东，赫鲁晓夫指控你不顾百姓死活，不管饿死人，还加速造原子弹，大建你的行宫别墅，你有什么申辩吗？

毛：赫鲁晓夫指控属实，我承认所有指控。

大帝：毛泽东承认所有指控。今天开庭到此结束。

第十天开庭

（毛泽东依然站在被告席上）

大帝：今天最后一天开庭，现在请孔子发表意见。

孔子：（站立起来）毛泽东小时候还读圣贤书，不幸后来走了俄国邪路，把祖宗文明全打翻，煽动野蛮造反，把中国搞得灾难连连，民不聊生，死人无数，罪恶极大。

1966年毛泽东搞起所谓文化大革命，中央文革小组授意北京红卫兵200多人，去曲阜造反，打着"打倒孔家店"的旗号，煽动当地造反派"彻底捣毁孔家店"，召开彻底捣毁孔家店万人大会，砸毁国务院"全国重点文物保护"石碑，他们在曲阜29天，烧毁古书2700余册，各种字画900多轴，许多是国家一级保护文物，珍版书籍。砸毁历代石碑1000余座，捣毁孔庙，破坏孔府，孔林，刨平孔坟。

毛泽东毁坏祖宗，撼动了国本，伤了中国文明根基，使国人无所适从，失魂落魄，像无头苍蝇，道德伦丧，国不将国，恶劣影响何止三代。中国2000年来，改朝换代，尽管也有造反，但无人反孔，祖宗文明一直依然故我，唯独毛泽东无法无天，老祖宗都不在眼里，只剩下他的所谓"最高指示"，他的语录小书。

毛泽东罪恶比希特勒大得多，希特勒只杀人不毁文明。毛泽东毁灭文明罪恶更大。希特勒悔罪彻底。毛泽东必须像希特勒那样彻底悔罪，至少要用3倍希特勒的努力去悔罪。并用他的影响力，推动他的继承人悔罪。

毛泽东的继承人习近平，利用外国人对孔子好感，拿孔子作招牌，在各国建立500个所谓"孔子学院"，做红色文化渗透和间谍活动的基地，现在不少已被外国人识破并被关闭。习近平如有心恢复孔子文明，何不首先在国内建立500个孔子学院？

我说君子之过，如日月之蚀，改之，则人皆仰之。但对毛来说，他不是君子，如他的夫人杨开慧所直言，毛是生活流氓，政治流氓。毛生前也从未表悔意。不像慈禧太后，慈禧有过，且是大过，她之错惹来八国联军，京城沦陷，死人10万。但慈禧知错即改，两次下罪己诏，行新政，证明她是君子，改之，人皆仰之。毛即使现在有口头悔意，但并无行动。他现在的继承人，继续受他影响，为祸神州。

大帝：孔子揭露毛泽东继承人习近平，不去矫正毛泽东反孔错误，在国内恢复孔子文明。相反利用孔子作招牌，在国外进行红色文化渗透。孔子要求毛泽东学希特勒，彻底忏悔罪恶。现在请耶稣发表意见。

耶稣：(站立起来)毛泽东统治中国，毁灭文明，毁灭宗教，罪大恶极。毛泽东打翻孔圣人，也反对上帝，镇压天主教，基督教，煽动人们造反互相打斗，使人们回到原始丛林时代，恢复野蛮兽性，完全丧失人性，并以此为乐。他是文明的敌人。

上帝与中国自古以来所说的天帝相通。天主教使者利玛窦，早在16世纪明朝就来到北京，与中国学者交流，明朝接受了天主教，利玛窦接受了孔子，翻译《论语》在巴黎出版，上帝与孔子相通，东西方架起桥梁，东方文明与西方文明相通，东西方和谐相处，并无任何矛盾冲突。

毛泽东毁灭宗教，毁灭文明，罪恶尚未肃清，毛泽东继承人习近平在中国，继续压制宗教信仰，天主教和基督教，被迫转入地下。新疆维吾尔族人被迫害，不能自由信仰。西藏达赖依然只能流亡国外。藏族喇嘛反对宗教迫害，先后百人以上自焚抗议死亡。习近平现在又乞灵于毛泽东，重讲阶级和阶级斗争。捍卫宗教信仰自由，捍卫世界文明，必须反对毛泽东毁灭宗教，反对习近平继承毛泽东政治遗产，反对他的"红色帝国"野心扩张，反对他继续破坏世界文明。

大帝：耶稣指证毛泽东迫害宗教，破坏信仰自由。

大帝：我们经过 10 天公审，30 人指证毛泽东罪行，对证无误，本大帝综合考量，得出审判结论，公布如下：

"毛泽东是反人类的恶魔。他不顾百姓死活，集中所有资源，加速制造他视如命根子的原子弹，一切为原子弹让路，一手造成大饥荒。使饿死人数量不断惊人增加。天下法理千百条，尊重生命第一条。对生命不尊重，视百姓性命如蝼蚁，是天大之罪第一条。原子弹爆炸，他要 3000 歌舞团员来庆祝。第二，同时在全国饥饿期间，耗费无数民脂民膏，在全国建造他几十座行宫别墅。第三，还要出口粮食履行他的国际共产任务。第四，武装民兵封村，让几千万农民活活饿死在村里，对外封锁消息，欺骗国际，掩盖饿死几千万人真相。

毛泽东毫无人性，丧尽天良，放纵下属残酷杀害百姓，制造人间无数冤案。我亲自接见的 20 多个遇难者，包括张志新，林昭，李九莲，锺海源，遇罗克，王申酉，方忠谋，丁祖晓，祈元华，徐惠昌，毛应星，鲁志立，任大熊，谢洪水，马伯华，石仁祥，马绵珍，史云峰，王实味，储安平，顾准，傅雷等，他们都是有理想抱负，有才华，非常赤诚的民族精英，他们代表千百万无辜的受害遇难者，毛泽东残杀同胞制造的惨案，尸骨如山，血泪滔滔，惊骇古今中外，天理不容。毛泽东狂喊阶级斗争诱发的原始兽性，甚至发生不但杀人，还杀了吃人肉的骇人兽餐，使中国文明倒退几千年。

毛泽东丧尽天良，血腥残忍，罪恶累累，证据确凿，罪大恶极，30年统治造成8000万人死亡，全国人民20年处于食品供应严重缺乏的饥饿状态。他亲自发动和领导的文化大革命，严重破坏中华文明，彻底摧毁中华人伦，实为中国五千年第一罪人。毛的罪恶，在斯大林、希特勒之上，更是人类有史以来三位罪魁中的魁首。下油锅，蹈火焰山，永绑罪恶耻辱柱，永跪死难同胞，已不足惩罚这样的罪人。毛犯泽东，暴君罪恶深重，并无深刻悔过。他理直气壮地承认错误，就像邓小平承认永不翻案一样，是一个花招，目的是为了离开十八层。他内心毫无同情反省之心。为了千万年警示华夏子孙，本大帝特在十八层地狱下再加一层，毛泽东的阴魂将被打入十九层地狱。在十九层地狱，一千年后才得轮回。且毛氏因为罪孽太重，下世投胎，永远不再为人。一千年后的下轮转世，毛泽东将投胎为蛇。本判决为最终历史裁判，千年万年，永远有效。"

　　（玉皇大帝铁面无私，斩钉截铁宣布对毛泽东判决，旁听席百人发出鼓掌欢呼声，热烈拥护玉皇大帝宣判）

　　毛泽东：人命关天，尊重生命大于一切，但我视百姓如蚂蚁，不管饿死千百万人，全国各地照建我几十座行宫别墅，同时调动全国一切资源，加速造我的原子弹，我丧尽天良，指示周恩来销毁饿死人报告，销毁罪证，我若稍有人性，动一点慈悲心，就可少饿死3000万人。我对外还一直隐瞒，谎称中国从未发生饿死人的事。

　　今日习近平，仍打我旗号，狂叫全球治理，但70年大庆，无一外宾，失道寡助，亦无群众看热闹，寒流滚滚，70年噩梦统治，威胁世界，满天灰暗雾霾，似要变天。

　　我接受玉皇大帝判决，永跪死难同胞，忏悔赎罪千年，恳求万民百姓宽恕。

　　（法警押送毛泽东退场）

　　（世纪审判圆满结束，玉皇大帝与孔子，耶稣退场，秦始皇、朱元璋，道光帝退场，众人挥手致意，随后退场）

444

后 记

几年前，看到德国出版小说《希特勒回来了》（Hitler Returns），热销德国 150 万册，全球又出版了 30 多种语言译本，舆论影响很大。2015 年又拍成电影。小说写希特勒恢复为平民，依然道德严谨，理想崇高，待人有礼，爱护动物，关怀弱者，怀使命感，他在电视台做节目，影响力比 70 年前更大。

德国人抛弃希特勒，彻底批判他发动世界大战，毒杀犹太人 600 万，造成二战死人 3000 万的滔天罪行。70 年后有人写出小说，拍成电影，还有许多人愿意看。

读小说，从希特勒联想到毛泽东。德国人早在 1945 年二战结束后，就抛弃了希特勒，回归自由民主世界大家庭，重新获得欧洲各国尊重，成为欧盟的领头羊。

可是中国呢，毛泽东 1976 年去世后，中共领导人还一直维护着他，不许揭露他的罪行，中共宣传毛依然是伟大领袖，百元大钞依然是毛泽东头像，网路管制封杀任何有关毛泽东的负面信息。近几年来，中共领导人更学毛泽东推行个人崇拜，开历史倒车。因此中共不能如德国那样，重新获得中国人和世界各国尊重。

共产灾祸是 20 世纪人类历史的恶瘤，一股逆流漩涡。苏联早已抛弃列宁斯大林，俄国和东欧各国都已回归现代世界潮流，只有中共和朝鲜还处在漩涡之中。但是世界潮流浩浩荡荡不可挡，中共顽固死守的逆流漩涡，终会被世界潮流冲垮。要挣脱共产漩涡，必须抛弃毛泽东，从毛氏魔罩中解脱出来，彻底脱胎换骨，才能回归民族传统和世界大家庭。

抛弃毛泽东，必须从揭露其罪行，从反思反省起，从上而下，思过悔过，彻底忏悔。希望中共领导人得到启示，尽早反省悔罪，带领国家向民主宪政转型，将功补过。前提是首先彻底揭露批判他饿死农民 4000 万人，杀死，斗死，整死 3000 万同胞的滔天罪行。

本书得到纽约中华公所前主席于金山，纽约中文作家蔡天石，居美政治教师蔚虹，徐文立教授等分别为之作序，支持本书出版，在此一并感谢。本书始自锺闻收集资料撰写，因年事已高，精力不济，艾仲华参与，共同完成。先后有几位同道大力协助，才有此书今之面目，与读者见面。

我们写《审判毛泽东》情节是虚构的，其中的对话，都基于史实资料。读者如发现有失实之处，祈望批评指正。

需要说明的是，本书使用的一些照片，来源于网路数据库。使用前未能与原创者联系。如果有任何不当使用之处，请与作者联系（ddeng1203@gmail.com）。

历史非成王败寇，毛生前得志。个人成功，国家遭殃。刘少奇等共产党统治集团内部则大多被整。助纣为虐，咎由自取。青史自有后人评，醒觉了的人民，才是历史的裁判官。也祈望读者对我拙作不吝批评。

清除毛泽东的遗毒，在中国仍然是个巨大的社会工程。我们呼吁中共当权者开放禁令，让人民能看到毛氏的真实资料，识其魔鬼真相，去其恶劣影响，以利于国家民主宪政转型。

锺闻

2017 年 3 月初稿
2019 年 1 月修改
2019 年 8 月完稿

附 文

感到自己跟一头猪、一条狗没有什么区别

莫言

在我的脑袋最需要营养的时候，也正是大多数中国人饿得半死的时候。我常对朋友们说，如果不是饥饿，我绝对会比现在聪明，当然也未必。因为生出来就吃不饱，所以最早的记忆都与食物有关。

那时候我家有十几口人，每逢开饭，我就要大哭一场。我叔叔的女儿比我大四个月，当时我们都是四五岁的光景，每顿饭奶奶就分给我和这位姐姐每人一片发霉的红薯干，而我总是认为奶奶偏心，将那片大些的给了姐姐。于是就把姐姐手中的那片抢过来，把自己那片扔过去。抢过来后又发现自己那片大，于是再抢回来。

这样三抢两抢姐姐就哭了。姑姑的脸也就拉长了。我当然从一上饭桌时就眼泪哗哗地流。母亲无可奈何地叹息着。奶奶自然是站在姐姐的一面，数落着我的不是。姑姑说的话更加难听。母亲向姑姑和奶奶连声赔着不是，抱怨着我的肚子大，说千不该万不该不该生了这样一个大肚子的儿子。

吃完了那片红薯干，就只有野菜团子了。那些黑色的、扎嘴的东西，吃不下去，但又必须吃。于是就边吃边哭，和着泪水往下咽。我们这茬人，到底是依靠着什么营养长大的呢？我不知道。那时想，什么时候能够饱饱地吃上一顿红薯干子就心满意足了。

1960年春天，在人类历史上恐怕也是一个黑暗的春天。能吃的东西都吃光了，草根，树皮，房檐上的草。村子里几乎天天死人。都是饿死的。起初死了人还掩埋，亲人们还要哭哭啼啼地到村头的土地庙去"报庙"，向土地爷爷注销死者的户口，后来就没人掩埋死者，更没人哭嚎着去"报庙"了。但还是有一些人强撑着将村子里的死尸拖到村子外边去，很多吃死人吃红了眼睛的疯狗就在那里等待着，死尸一放下，狗们

447

就扑上去，将死者吞下去。过去我对戏文里将穷人使用的是皮毛棺材的话不太理解，现在就明白了何谓皮毛棺材。

后来有些书写过那时人吃人的事情，我觉得只能是十分局部的现象。据说我们村的马四曾经从自己死去的老婆的腿上割肉烧吃，但没有确证，因为他自己也很快就死了。

粮食啊，粮食，粮食都哪里去了？粮食都被什么人吃了呢？村子里的人老实无能，饿死也不敢出去闯荡，都在家里死熬着。后来听说南洼里那种白色的土能吃，就去挖来吃。吃了拉不下来，憋死了一些人，于是就不再吃土。

那时候我已经上了学，冬天，学校里拉来了一车煤，亮晶晶的，是好煤。有一个生痨病的同学对我们说那煤很香，越嚼越香。于是我们都去拿来吃，果然是越嚼越香。一上课，老师在黑板上写字，我们在下面吃煤，一片咯嘣咯嘣的声响。老师问我们吃什么，大家齐说吃煤。老师说煤怎么能吃呢？我们张开乌黑的嘴巴说，老师，煤好吃，煤是世界上最好吃的东西，香极了，老师吃块尝尝吧。

老师是个女的，姓俞，也饿得不轻，脸色蜡黄，似乎连胡子都长出来了，饿成男人了。她狐疑地说，煤怎么能吃呢？煤怎么能吃？一个男生讨好地把一块亮晶晶的煤递给老师，说老师尝尝吧，如果不好吃，您可以吐出来。俞老师试探着咬了一小口，咯嘣咯嘣地嚼着，皱着眉头，似乎是在品尝滋味，然后大口地吃起来了。她惊喜地说："啊，真的很好吃啊！"这事儿有点魔幻，现在也觉得不像真事，但毫无疑问是真事。

去年我探家时遇到了当年在学校当过门房的王大爷，说起了吃煤的事，王大爷说，这是千真万确的，怎么能假呢？你们的屎拍打拍打就是煤饼，放在炉子里呼呼地着呢。饿到极处时，国家发来了救济粮，豆饼，每人半斤。奶奶分给我杏核大小的一块，放在口里，嚼着，香甜无比，舍不得往下咽就没有了，仿佛在口腔里化掉了。

我家西邻的孙家爷爷把分给他家的两斤豆饼在往家走的路上就吃完了，回到家后，就开始口渴，然后就喝凉水，豆饼在肚子里发开，把胃胀破，死了。十几年后痛定思痛，母亲说那时候的人，肠胃像纸一样薄，一点脂肪也没有。大人水肿，我们一般孩子都挺着一个水罐般的大

448

肚子，肚皮都是透明的，青色的肠子在里边蠢蠢欲动。都特别地能吃，五六岁的孩子，一次能喝下去八碗野菜粥，那碗是粗瓷大碗，跟革命先烈赵一曼女士用过的那个差不多。

后来，生活渐渐地好转了，基本上实现了糠菜半年粮。我那位在供销社工作的叔叔走后门买了一麻袋棉籽饼，放在缸里。夜里起来撒尿，我也忘不了去摸一块，放在被窝里，蒙着头吃，香极了。

村子里的牲口都饿死了，在生产队饲养室里架起大锅煮。一群群野孩子嗅着味道跑来，围绕着锅台转。有一个名字叫运输的大孩子，领导着我们高唱歌曲。手持大棒的大队长把他们轰走，一转眼我们又嗅着气味来了。在大队长的心目中，我们大概比那些苍蝇还要讨厌。

趁着大队长去上茅房，我们像饿狼一样扑上去。我二哥抢了一只马蹄子，捧回家，像宝贝一样。点上火，燎去蹄上的毛，然后剁开，放在锅里煮。煮熟了就喝汤。那汤的味道实在是太精彩了，几十年后还让我难以忘却。

"文革"期间，依然吃不饱，我便到玉米田里去寻找生在秸秆上的菌瘤。掰下来，拿回家煮熟，撒上盐少许，用大蒜泥拌着吃，鲜美无比，在我的心中是人间第一美味。后来听说，癞蛤蟆的肉味比羊肉的还要鲜美，母亲嫌脏，不许我们去捉。

生活越来越好，红薯干终于可以吃饱了。这时已经是"文革"的后期。有一年，年终结算，我家分了290多元钱，这在当时是个惊人的数字。我记得六婶把她女儿头打破了，因为她赶集时丢了一毛钱。分了那么多钱，村子里屠宰组卖便宜肉，父亲下决心割了五斤，也许更多一点，要犒劳我们。把肉切成大块，煮了，每人一碗，我一口气就把一大碗肥肉吃下去，还觉不够，母亲叹一口气，把她碗里的给了我。吃完了，嘴巴还是馋，但肚子受不了了。一股股的荤油伴着没嚼碎的肉片往上涌，喉咙像被小刀子割着，这就是吃肉的感觉了。

我的馋在村子里是有名的，只要家里有点好吃的，无论藏在什么地方，我总要变着法子偷点吃。有时吃着吃着就控制不住自己，索性将心一横，不顾后果，全部吃完，豁出去挨打挨骂。我的爷爷和奶奶住在婶婶家，要我送饭给他们吃。我总是利用送饭的机会，掀开饭盒偷点吃，为此母亲受了不少冤枉。这件事至今我还感到内疚。我为什么会那样馋呢？这恐怕不完全是因为饥饿，与我的品质有关。一个嘴馋的孩子，往往是意志薄弱、自制力很差的人，我就是。

世纪 70 年代中期，去水利工地劳动，生产队用水利粮蒸大馒头，半斤面一个，我一次能吃四个，有的人能吃六个。

1976 年，我当了兵，从此和饥饿道了别。从新兵连分到新单位，第一顿饭，端上来一笼雪白的小馒头，我一口气吃了八个。肚子里感到还有空隙，但不好意思吃了。炊事班长对司务长说："坏了，来了大肚子汉了。"司务长说："没有关系，吃上一个月就吃不动了。"果然，一个月后，还是那样的馒头，我一次只能吃两个了。而现在一个就足够了。

尽管这些年不饿了，肚子里也有了油水，但一上宴席，总有些迫不及待，生怕捞不到吃够似的疯抢，也不管别人是怎样看我。吃完后也感到后悔。为什么我就不能慢悠悠地吃呢？为什么我就不能少吃一点呢？让人也觉得我的出身高贵，吃相文雅，因为在文明社会里，吃得多是没有教养的表现。好多人攻击我的食量大，吃起饭来奋不顾身啦，埋头苦干啦，我感到自尊心受到了很大的伤害，便下决心下次吃饭时文雅一点，但下次那些有身份的人还是攻击我吃得多，吃得快，好像狼一样。

我的自尊心更加受到了伤害。再一次吃饭时，我牢牢记着，少吃，慢吃，不要到别人的面前去夹东西吃，吃时嘴巴不要响，眼光不要恶，筷子要拿到最上端，夹菜时只夹一根菜梗或是一根豆芽，像小鸟一样，像蝴蝶一样，可人家还是攻击我吃得多吃得快，我可是气坏了。

因为我努力地文雅吃相时，观察到了那些攻击我的小姐太太们吃起来就像河马一样，吃饱了后才开始文雅。于是怒火就在我的胸中燃烧，下一次吃那些不花钱的宴席，上来一盘子海参，我就端起盘子，拨一半到自己碗里，好一顿狼吞虎咽，他们说我吃相凶恶，我一怒之下，又把那半盘拨到自己碗里，挑战似的扒了下去。这次，他们却友善地笑了，说：莫言真是可爱啊。

我回想三十多年来吃的经历，感到自己跟一头猪、一条狗没有什么区别，一直哼哼着，转着圈子，找点可吃的东西，填这个无底洞。为了吃我浪费了太多的智慧，现在吃的问题解决了，脑筋也渐渐地不灵光了。

9 781714 2552